Unternehmensbewertung

Von

Dr. habil. Thomas Hering
o. Professor der Betriebswirtschaftslehre
an der Fern-Universität in Hagen

2., vollständig überarbeitete und stark erweiterte Auflage

R. Oldenbourg Verlag München Wien

Erstauflage unter dem Titel „Finanzwirtschaftliche Unternehmensbewertung" erschienen im Deutschen Universitäts-Verlag, Gabler Edition Wissenschaft, Wiesbaden 1999.

Bibliografische Information Der Deutschen Bibliothek

Die Deutsche Bibliothek verzeichnet diese Publikation in der Deutschen Nationalbibliografie; detaillierte bibliografische Daten sind im Internet über <http://dnb.ddb.de> abrufbar.

© 2006 Oldenbourg Wissenschaftsverlag GmbH
Rosenheimer Straße 145, D-81671 München
Telefon: (089) 45051-0
www.oldenbourg.de

Das Werk einschließlich aller Abbildungen ist urheberrechtlich geschützt. Jede Verwertung außerhalb der Grenzen des Urheberrechtsgesetzes ist ohne Zustimmung des Verlages unzulässig und strafbar. Das gilt insbesondere für Vervielfältigungen, Übersetzungen, Mikroverfilmungen und die Einspeicherung und Bearbeitung in elektronischen Systemen.

Gedruckt auf säure- und chlorfreiem Papier
Gesamtherstellung: Druckhaus „Thomas Müntzer" GmbH, Bad Langensalza

ISBN   3-486-57921-5
ISBN 978-3-486-57921-5

Vorwort zur zweiten Auflage

Das vorliegende Lehrbuch ist die Neuauflage meiner Habilitationsschrift, welche im Jahre 1999 unter dem Titel „Finanzwirtschaftliche Unternehmensbewertung" in Wiesbaden erschien und schon ein Jahr später ausverkauft war. Seitdem hat das Thema nicht an Bedeutung verloren, eher im Gegenteil: Teile der betriebswirtschaftlichen Theorie und Praxis treten zunehmend für eine „wertorientierte Unternehmensführung" ein. Während sich das externe Rechnungswesen dem bilanzpolitisch leicht manipulierbaren „fair value" öffnet, schwindet gleichzeitig das bisherige Verständnis für die jeweils deutlich unterschiedlichen Zwecksetzungen von interner und externer Unternehmensrechnung sowie für den betriebswirtschaftlichen Wertbegriff (Kapitalwert, Ertragswert) überhaupt.

Diese Erosion seit Jahrzehnten gesicherter Erkenntnisse besitzt ihre Triebfeder vermutlich in dem Wunsch großer international tätiger Unternehmen und ihres Berater- und Prüferumfelds, aus kommerziellen Gründen (Standardisierung) möglichst nur noch eine einzige Sprache (amerikanisches Englisch) und ein einziges akademisches Gedankengebäude (die neoklassische Gleichgewichtstheorie) weltweit gelten zu lassen. Gerade in Bewertungsfragen hat aber noch niemand den „Stein der Weisen" gefunden, und insofern ist es eine Notwendigkeit, verschiedene konkurrierende Theoriewelten für nachfolgende Forschergenerationen am Leben zu erhalten.

Vor diesem Hintergrund ordnet sich die hiermit vorgelegte Schrift in die geistige Tradition der subjektiven Wertlehre (auch: österreichische Grenznutzenschule) ein, die maßgeblich von deutschen Nationalökonomen und Betriebswirten des 19. und 20. Jahrhunderts geschaffen wurde und die begrifflich streng zwischen Wert und Preis unterscheidet. Aus dieser Warte würdigt sie auch die Bemühungen der angelsächsischen Marktwertlehre, den Wert mit einem aus neoklassischen Annahmen abgeleiteten Gleichgewichtspreis in eins zu setzen. Ordnet man die aktuell verfügbaren deutschsprachigen Lehrbücher zur Unternehmensbewertung auf einer Skala von „strikt angelsächsische Schule" bis „deutsche Schule", so ergibt sich das folgende Kontinuum: Spremann, Drukarczyk, Ballwieser, Krag/Kasperzak, Mandl/Rabel, Matschke/Brösel. Das vorliegende Buch verstärkt den Flügel der subjektiven Wertlehre.

Die Neuauflage hat sich erst jetzt verwirklichen lassen, zumal sinnvollerweise vorher die 2. Auflage der für das Verständnis der Unternehmensbewertung grundlegenden, aber ebenfalls nicht mehr lieferbaren „Investitionstheorie" zu besorgen war. Der große zeitliche Abstand zu den Erstauflagen hat aber auch sein Gutes, denn viele Entwicklungen der Bewertungstheorie zeichnen sich heute klarer ab, und natürlich konnten neben der Berücksichtigung neuer Literatur auch eigene neue Bewertungsmodelle aufgestellt und eingearbeitet werden. Dadurch hat der Umfang des Buches um fast neunzig Seiten zugenommen, von denen der größte Teil auf den Einschub gänzlich neuer Abschnitte zur Unternehmensbewertung bei der Fusion und, daraus abgeleitet, bei Börsengang und Kapitalerhöhung sowie bei der Spaltung zurückzuführen ist. Die Neubestimmung dieses ursprünglichen Forschungswerks als Lehrbuch erforderte außerdem einen erweiterten Grundlagenteil, zusätzliche Erläuterungen zu Herleitungen und Beispielen sowie einen Anhang mit Handwerkszeug zur Rentenrechnung. Wie schon beim Vorgängerwerk „Investitionstheorie" sind die Kapitelseiten mit Münzabbildungen illustriert worden, für deren EDV-technische Bearbeitung ich mich erneut bei Herrn Dr. Frank Hering bedanke.

Dieses Vorwort meiner „Unternehmensbewertung" kann unmöglich schließen, ohne Manfred Jürgen Matschke, der gerade sein eigenes gleichnamiges „Lebenswerk" vorgelegt hat, Reverenz zu erweisen. Daher möge das Buch zugleich eine inoffizielle „Festschrift" zum zehnjährigen Bestehen seines Lehrstuhls in Greifswald sowie zum fünfjährigen Bestehen seines Hagener „Ablegers" sein.

Hagen (Westf.), im August 2005 THOMAS HERING

Geleitwort zur ersten Auflage

Unter den vielfältigen Bewertungsproblemen, mit denen sich die Betriebswirtschaftslehre wissenschaftlich auseinanderzusetzen hat, nimmt die Bewertung ganzer Unternehmungen traditionell eine herausragende Stellung ein, weil sie sowohl theoretisch als auch praktisch außerordentlich anspruchsvoll ist.
Im deutschen Sprachraum hat sich die funktionale Bewertungslehre in den siebziger Jahren als theoretische Basis gegen ältere Vorstellungen von einem „objektiven" Unternehmenswert durchgesetzt. Diese funktionale Bewertungslehre stellt einerseits ab auf die schon von Schmalenbach betonte Zweck- und Zukunftsbezogenheit einer jeden Bewertung und fußt andererseits auf investitionstheoretischen Prinzipien, wonach erstens eine Bewertung aus der Sicht interessierter Entscheidungsträger (Subjektivität) mit unterschiedlichen Handlungsmöglichkeiten im Hinblick auf die Unternehmung selber (Planungsbezogenheit) als auch außerhalb von ihr (Entscheidungsfeldbezogenheit) vorzunehmen ist und zweitens einer Bewertung der aus der Unternehmung als einheitlichem Objekt (Bewertungseinheit, Bewertung als Ganzes) zu erwartende Erfolgsstrom zugrunde zu legen ist. Aus der Individualität des Entscheidungsfeldes folgt, daß nicht die Vorstellung vom vollkommenen, sondern vom unvollkommenen (Kapital-)Markt für die funktionale Bewertungslehre prägend ist. Die Modellierung von interpersonalen Konfliktsituationen (hier werden zumeist prototypisch freie, nicht dominierte Aushandlungssituationen genommen) impliziert, daß es im Rahmen der funktionalen Bewertungslehre nicht um die Analyse von Kapitalmarktgleichgewichtssituationen geht, sondern um Grundlagen des Zustandekommens von Marktprozessen; denn Marktprozesse resultieren aus der Verschiedenheit von Wertvorstellungen der Marktteilnehmer, aus der Verschiedenheit von Wert und Preis, während im allgemeinen Marktgleichgewicht Wert und Preis für alle Marktteilnehmer (und nicht bloß für Grenzanbieter und Grenznachfrager) gleich sind, so daß unmittelbare Vorteile aus der Marktkooperation in Form von Anbieter- oder Nachfragerrenten vollständig entfallen und damit die mächtigste Motivationsbasis für Markthandeln wegbricht.
Die Stärke wie die Schwäche der funktionalen Bewertungslehre ist ihre Realistik. Realistik beugt unüberlegten Vereinfachungen vor und verlangt nach individueller Problembearbeitung, sie schließt damit aber weitgehend „griffige", scheinbar überall nutzbare „Lösungen" für schwierige praktische Probleme aus – und dies hat die funktionale Bewertungslehre „marketingmäßig" in jüngster Zeit in Bedrängnis gebracht. Denn aufgrund der hohen Komplexität, der weitgehend unsicheren Datenbasis und der großen finanziellen Bedeutung von Unternehmensbewertungen ist auch die Unternehmenspraxis in besonderem Maße an der Lösung einschlägiger Probleme interessiert.
Unter dem Einfluß von Unternehmensberatern und anglo-amerikanisch geprägten Kapitalmarkttheoretikern gewinnen seit einigen Jahren Bewertungskonzepte an Ver-

breitung, die in mancherlei Hinsicht durchaus als Rückschritt gegenüber dem in Deutschland erreichten Forschungsstand gewertet werden müssen. Der überwunden geglaubte „Objektivismus" kehrt im „neuen Gewand" des sich im allgemeinen Kapitalmarktgleichgewicht ergebenden „Marktwertes" zurück. Die Unterscheidung zwischen Wert und Preis wird hinfällig. Die alte, aber äußerst wichtige betriebswirtschaftliche Erkenntnis der Abhängigkeit der Bewertung von der Zwecksetzung ist wieder verlorengegangen, weil die Grundlagen dieser kapitalmarkt- oder finanzierungstheoretischen Ansätze nicht betriebswirtschaftlicher Art sind. In Dutzenden von Dissertationen und sonstigen Schriften werden die „modernen" kapitalmarkt- oder finanzierungstheoretischen Ansätze diskutiert, ohne daß man erkennen kann, daß den Autoren die „alten" bekannt gewesen seien. Wie zu Zeiten vor der funktionalen Bewertungslehre gibt es letztlich einen undurchdringlichen Dschungel an Vorschlägen, wie denn dem „Marktwert" konkret auf die Spur zu kommen sei. Und es „darwinisiert" sich wieder das Bemühen heraus, zu beweisen, welche Vorgehensweise die „richtige" sei, oder wenigstens zu zeigen, wie man die verschiedenen Methoden „eichen" kann, um zu „äquivalenten" Ergebnissen zu gelangen, kurz: das gleiche Prozedere wie vor 30 bis 40 Jahren, nur auf einem anderen, freilich erheblich anspruchsvolleren Fundament!

Aus wissenschaftlicher Sicht ergibt sich angesichts dieser Sachlage die Notwendigkeit, die zueinander beziehungslosen oder auseinanderdriftenden Strömungen der Bewertungslehre differenziert zu beurteilen und – wenn möglich – in einer einheitlichen Theorie zusammenzuführen. Privat-Dozent Dr. Hering hat sich in der vorliegenden Schrift dies ehrgeizige Ziel gesetzt, und er bewältigt diese Aufgabe mit dem Instrumentarium der Investitions- und Finanzierungstheorie.

Die investitionstheoretische funktionale und die finanzierungstheoretische marktorientierte Bewertungslehre haben auf den ersten Blick wenig miteinander zu tun und stehen sich scheinbar unverbunden gegenüber. Das Anliegen des Verfassers besteht darin, diese beiden Richtungen der Bewertungslehre zueinander in Beziehung zu setzen, nach gleichen Maßstäben zu beurteilen und schließlich zu einem einheitlichen Theoriegebäude zu verschmelzen. Wie er zeigt, lassen sie sich auf ein gemeinsames mathematisches Grundmodell zurückführen, welches er als Zustands-Grenzpreismodell bezeichnet. Dieses Modell ist geeignet, eine vereinheitlichte Investitions- und Finanzierungstheorie zu begründen und damit einen wichtigen Beitrag zur Integration der betriebswirtschaftlichen Teildisziplinen zu leisten.

Ich bin überzeugt, daß die vorliegende Schrift, die im Frühsommer 1999 von der Rechts- und Staatswissenschaftlichen Fakultät der Ernst-Moritz-Arndt-Universität als Habilitationsschrift für das Gebiet der Betriebswirtschaftslehre angenommen worden ist, der Unternehmungsbewertungstheorie wichtige neue Impulse geben wird, und wünsche ihr daher eine breite Beachtung in Forschung und Praxis.

Greifswald, im Juli 1999   MANFRED JÜRGEN MATSCHKE

Vorwort zur ersten Auflage

Die vorliegende Arbeit wurde im Dezember 1998 eingereicht und im Mai 1999 von der Rechts- und Staatswissenschaftlichen Fakultät der Ernst-Moritz-Arndt-Universität zu Greifswald als Habilitationsschrift angenommen. Daraufhin konnte an der traditionsreichen Pommerschen Landesuniversität erstmals nach über 55 Jahren wieder der akademische Grad eines Dr. rer. pol. habil. verliehen werden.

Danken möchte ich an erster Stelle meinem verehrten akademischen Lehrer, Herrn Prof. Dr. Manfred Jürgen Matschke. Er hat mir 1995 angeboten, am Wiederaufbau der Betriebswirtschaftslehre an der ältesten ununterbrochen existierenden Universität Preußens mitzuwirken, sowie darüber hinaus meine Beschäftigung mit dem Thema „Unternehmensbewertung" angeregt und nachhaltig gefördert. Die von ihm geschaffene angenehme Atmosphäre am Lehrstuhl für Allgemeine Betriebswirtschaftslehre und Betriebliche Finanzwirtschaft, insbesondere Unternehmensbewertung trug im Verein mit den mir gewährten großen Freiräumen für eigenständige wissenschaftliche Arbeit maßgeblich zum Gelingen des Habilitationsprojekts bei. Dank gebührt auch den Gutachtern Herrn Prof. Dr. Karl Lohmann (TU Bergakademie Freiberg) und Herrn Prof. Dr. Gerhard Speckbacher (Kath. Universität Eichstätt), die trotz großer zeitlicher Belastung die Einhaltung des gewünschten Zeitplans ermöglicht haben.

Zu Dank verpflichtet bin ich besonders Herrn Dr. Roland Rollberg (TU Dresden) und Herrn Dr. Michael Olbrich, welche die gesamte Arbeit lasen und detailliert kommentierten. Nicht unerwähnt bleiben sollen auch die Herren Dipl.-Wirtschaftsing. Heinz Eckart Klingelhöfer und Bac. oec. Dipl. oec. Matthias Reicherter, mit denen ich manche fruchtbare Diskussion geführt habe, sowie meine studentischen Hilfskräfte, die jede von mir gewünschte Literatur zuverlässig und schnell beschafften. Durch den freundschaftlichen Zusammenhalt der ganzen Lehrstuhl-Gründungsmannschaft fiel es leichter, in der alten Hansestadt Greifswald heimisch zu werden und an sieben Tagen in der Woche „den Raum" (Nr. 322) zu betreten.

Nicht zuletzt danke ich am Ende meiner fast dreizehn Jahre langen akademischen „Ausbildung" nochmals sehr herzlich meinen Eltern für ihre nimmermüde Unterstützung.

Greifswald, im Juni 1999 THOMAS HERING

Inhaltsverzeichnis

	Seite
Abkürzungsverzeichnis	XIV
Symbolverzeichnis	XVII
Abbildungsverzeichnis	XX
Tabellenverzeichnis	XXI

1 Grundlagen der Unternehmensbewertung   1

  1.1 Wesen der Unternehmensbewertung   3
  1.2 Anlässe und Konfliktsituationen der Unternehmensbewertung   14
  1.3 Nebenzweige der Unternehmensbewertung   18

2 Investitionstheoretische Unternehmensbewertung   21

  2.1 Rahmenbedingungen investitionstheoretischer Unternehmensbewertung   23
     2.1.1 Die zugrunde gelegte Entnahmezielsetzung   23
     2.1.2 Das individuelle Entscheidungsfeld   25
     2.1.3 Die Rechengröße   30
  2.2 Investitionstheoretisches Fundament der Unternehmensbewertung   35
     2.2.1 Der Spezialfall des vollkommenen Kapitalmarkts   35
     2.2.2 Unternehmensbewertung beim Kauf   43
         2.2.2.1 Grenzpreisermittlung bei Einkommensmaximierung   43
             2.2.2.1.1 Basis- und Bewertungsprogramm   43
             2.2.2.1.2 Herleitung und Grenzen der Ertragswertmethode   50
         2.2.2.2 Grenzpreisermittlung bei Vermögensmaximierung   57
             2.2.2.2.1 Basis- und Bewertungsprogramm   57
             2.2.2.2.2 Herleitung und Grenzen der Ertragswertmethode   59
             2.2.2.2.3 Einperiodiges Zahlenbeispiel   63
         2.2.2.3 Vollreproduktions- und Liquidationswert als spezielle Ertragswerte   69
     2.2.3 Unternehmensbewertung beim Verkauf   71
         2.2.3.1 Grenzpreisermittlung bei Einkommensmaximierung   71
             2.2.3.1.1 Basis- und Bewertungsprogramm   71
             2.2.3.1.2 Herleitung und Grenzen der Ertragswertmethode   73
             2.2.3.1.3 Mehrperiodiges Zahlenbeispiel   76

2.2.3.2 Grenzpreisermittlung bei Vermögensmaximierung ... 81
   2.2.3.2.1 Basis- und Bewertungsprogramm ... 81
   2.2.3.2.2 Herleitung und Grenzen der Ertragswertmethode ... 82
2.2.3.3 Der Liquidationswert als spezieller Ertragswert ... 84
2.2.4 Unternehmensbewertung bei der Fusion ... 85
  2.2.4.1 Ermittlung der Grenzquote ... 85
    2.2.4.1.1 Einkommensmaximierung ... 85
    2.2.4.1.2 Vermögensmaximierung ... 94
    2.2.4.1.3 Zahlenbeispiele ... 95
  2.2.4.2 Ermittlung des Grenzemissionserlöses ... 101
    2.2.4.2.1 Einkommensmaximierung ... 101
    2.2.4.2.2 Vermögensmaximierung ... 106
    2.2.4.2.3 Zahlenbeispiele ... 110
  2.2.4.3 Ermittlung der Grenzemissionsquote ... 114
    2.2.4.3.1 Einkommensmaximierung ... 114
    2.2.4.3.2 Vermögensmaximierung ... 118
2.2.5 Unternehmensbewertung bei der Spaltung ... 122
2.2.6 Ermittlung bedingter Grenzpreise ... 127
  2.2.6.1 Entscheidungswert in jungierten Konfliktsituationen ... 127
  2.2.6.2 Mehrdimensionaler Entscheidungswert ... 132
2.3 Unternehmensbewertung mittels approximativer Dekomposition ... 135
  2.3.1 Heuristische Investitionsrechnung bei unvollkommenem Kapitalmarkt und Unsicherheit ... 135
  2.3.2 Einbindung der Unternehmensbewertung in ein Investitionsrechnungssystem nach dem Prinzip der approximativen Dekomposition ... 143
2.4 Beurteilung der investitionstheoretischen Unternehmensbewertung ... 148

3 Finanzierungstheoretische Unternehmensbewertung ... 151

3.1 Rahmenbedingungen finanzierungstheoretischer Unternehmensbewertung ... 153
  3.1.1 Die Zielsetzung Marktwertmaximierung ... 153
  3.1.2 Die Vorstellung des Kapitalmarktgleichgewichts ... 160
  3.1.3 Die verschiedenen Rechengrößen ... 163
3.2 Finanzierungstheoretisches Fundament der Unternehmensbewertung ... 168
  3.2.1 Theorie der Kapitalstruktur ... 168
    3.2.1.1 Klassische These versus Irrelevanzthese ... 168
    3.2.1.2 Die Irrelevanzthese bei Existenz von Steuern ... 173

3.2.2 Theorie des Rendite-Risiko-Zusammenhangs ... 176
3.2.2.1 Theorie der Wertpapiermischung ... 176
3.2.2.2 Theorie der Wertpapierpreise ... 179
3.2.3 Theorie der arbitragefreien Bewertung ... 185
3.2.3.1 Die starke Arbitragefreiheitsbedingung ... 185
3.2.3.2 Das Prinzip der Bewertung von Optionen ... 200
3.3 Kapitalmarkttheoretische Unternehmensbewertung ... 206
3.3.1 Varianten der „Discounted Cash Flow"-Methode ... 206
3.3.1.1 „Adjusted Present Value"-Ansatz ... 206
3.3.1.2 „Weighted Average Cost of Capital"-Ansatz ... 209
3.3.1.3 „Equity"-Ansatz ... 212
3.3.2 Kritik der kapitalmarkttheoretischen Ansätze ... 215
3.3.2.1 Das ungelöste Problem der Kapitalstruktur ... 215
3.3.2.1.1 Irrelevanz der Irrelevanzthese ... 215
3.3.2.1.2 Zur Fragwürdigkeit einer Zielkapitalstruktur ... 216
3.3.2.2 Das ungelöste Problem der Kapitalkosten ... 223
3.3.2.2.1 Die künstliche Spaltung des Kapitalkostensatzes ... 223
3.3.2.2.2 Zur Fragwürdigkeit von Renditeforderungen und ihrer empirischen Ermittlung ... 225
3.3.2.2.3 Künftiger Zins oder Stichtagszins? ... 229
3.4 Strategische Unternehmensbewertung ... 232
3.4.1 Zum Begriff der strategischen Bewertung ... 232
3.4.2 Qualitative strategische Bewertung ... 234
3.4.3 Pseudo-quantitative strategische Bewertung ... 236
3.5 Beurteilung der finanzierungstheoretischen Unternehmensbewertung ... 240

4 Finanzwirtschaftliche Unternehmensbewertung ... 245
4.1 Einheitliche Investitions- und Finanzierungstheorie nach dem ZGPM ... 247
4.2 Zusammenfassende Thesen zur Unternehmensbewertung ... 255

Anhang ... 259
1. Rentenrechnung ... 261
2. Grenzpreis bei Versteuerung des Veräußerungsgewinns ... 266

Literaturverzeichnis ... 267
Stichwortverzeichnis ... 289

Abkürzungsverzeichnis

Abb.	Abbildung
AG	Die Aktiengesellschaft
AktG	Aktiengesetz
APT	Arbitrage Pricing Theory
APV	Adjusted Present Value
Aufl.	Auflage
BB	Betriebs-Berater
Bd.	Band
BFuP	Betriebswirtschaftliche Forschung und Praxis
BWL	Betriebswirtschaftslehre
bzw.	beziehungsweise
CAPM	Capital Asset Pricing Model
DB	Der Betrieb
DBW	Die Betriebswirtschaft
DCF	Discounted Cash Flow
d.h.	das heißt
Diss.	Dissertation
DM	Deutsche Mark
DStR	Deutsches Steuerrecht
dt.	deutsch
d. Verf.	des Verfassers/der Verfasser
EDV	elektronische Datenverarbeitung
EGAktG	Einführungsgesetz zum Aktiengesetz
e.V.	eingetragener Verein
evtl.	eventuell
f.	folgende
FB	Finanz-Betrieb
FCF	freier Cash-flow
ff.	fortfolgende
ggf.	gegebenenfalls
GuV	Gewinn- und Verlustrechnung
Hrsg.	Herausgeber
i.a.	im allgemeinen
i.d.R.	in der Regel
IdW/IDW	Institut der Wirtschaftsprüfer in Deutschland e.V.

IGA	Zeitschrift für Klein- und Mittelunternehmen/ Internationales Gewerbearchiv
IJTM	International Journal of Technology Management
i. Pr.	in Preußen
Jg.	Jahrgang
JoF	The Journal of Finance
lat.	lateinisch
LO	lineare Optimierung
max.	maximiere
min.	minimiere
MS	Management Science
o.B.d.A.	ohne Beschränkung der Allgemeinheit
p.a.	per annum oder pro anno
per def.	per definitionem
q.e.d.	quod erat demonstrandum
S.	Seite
sog.	sogenannt
Sp.	Spalte
Tab.	Tabelle
u.a.	und andere, unter anderem
UM	Unternehmensbewertung und Management
UmwG	Umwandlungsgesetz
US	United States (Vereinigte Staaten)
usf.	und so fort
usw.	und so weiter
u.U.	unter Umständen
vgl.	vergleiche
VOFI	vollständiger Finanzplan
WACC	Weighted Average Cost of Capital
WiSt	Wirtschaftswissenschaftliches Studium
WISU	Das Wirtschaftsstudium
WP	Wirtschaftsprüfer
WPg	Die Wirtschaftsprüfung
z.B.	zum Beispiel
ZfB	Zeitschrift für Betriebswirtschaft
ZfbF	Schmalenbachs Zeitschrift für betriebswirtschaftliche Forschung
ZfhF	Zeitschrift für handelswissenschaftliche Forschung
ZGPM	Zustands-Grenzpreismodell

ZGQM	Zustands-Grenzquotenmodell
ZIP	Zeitschrift für Wirtschaftsrecht
ZögU	Zeitschrift für öffentliche und gemeinwirtschaftliche Unternehmen
ZP	Zeitschrift für Planung
ZPM	Zustandspreismodell
z.T.	zum Teil

Symbolverzeichnis

0	Nullvektor
a	Anzahl Aktien im absichernden Portefeuille
α	Anteilsquote
α^*	Grenz(anteils)quote bei der Fusion oder Kapitalerhöhung
A	Anteilsquote
A_n	Endausschüttung an die Neueigentümer bei EW-Zielfunktion
AA	Ausschüttungsanteil
AN	Ausschüttungsanteil
AW	Ausschüttungswert der Neueigentümer gemäß GW-Zielfunktion
b_t	fest vorgegebene Zahlung im Zeitpunkt/Zustand t
β_j	Betafaktor des Objekts j
B	Basispreis der Option
B	Matrix der zustandsbedingten Rückflüsse
Basis	Index (kennzeichnet „im Basisprogramm")
BW	Buchwert
C_j	Kapitalwert des Objekts j
d_t	Dualvariable der Liquiditätsrestriktion des Zeitpunkts/Zustands t
δ	Dualvariable der Mindestzielwertrestriktion
Δx_j^P	Veränderung des j-ten privaten Zahlungsstroms
E	Ertragswert
E_K	Ertragswert des Käufers
E_V	Ertragswert des Verkäufers
EE	Emissionserlös
EK	gleichgewichtiger Marktwert des Eigenkapitals (EK = V – FK)
EN	Breite des Entnahmestroms
Entn	Breite des Entnahmestroms
EW	Endwert
F	Index für das Fusionsprogramm
FCF	erwarteter freier (Netto-)Cash-flow
FCF^{br}	erwarteter freier Brutto-Cash-flow
FCF_t^{br}	freier Brutto-Cash-flow des Bewertungsobjekts in t
FCF^e	erwarteter freier (Brutto- = Netto-)Cash-flow bei hypothetischer reiner Eigenfinanzierung
FK	gleichgewichtiger Marktwert des Fremdkapitals (FK = V – EK)
g_j	Zahlungsreihe des Objekts j

g_{jt}	Zahlungsüberschuß des Objekts j im Zeitpunkt/Zustand t
G_t	Entnahme im Zeitpunkt/Zustand t bei Vermögensmaximierung
GW	Summe der gewichteten Entnahmen bei Vermögensmaximierung
i	Kalkulationszinsfuß auf dem vollkommenen Markt
i_{EK}	erwartete Rendite der Eigenkapitalgeber
i_{Ht}	Habenzins der Periode t
i_{St}	Sollzins der Periode t
i_t	endogener Grenzzinsfuß der Periode t
k	durchschnittlicher Kapitalkostensatz („WACC")
k^e	Kapitalkostensatz bei hypothetischer reiner Eigenfinanzierung
K	Kurs (Preis) des Basistitels einer Option
KO	Kurs (Preis) der Kaufoption
λ	Koeffizientenvektor einer Linearkombination
L	LAGRANGE-Funktion
m	Anzahl der Objekte
μ_j	Erwartungswert der Rendite des Objekts j
n	Anzahl möglicher Zustände, d.h. bei sicheren Erwartungen Länge des Planungszeitraums (Anzahl der Perioden)
ν	Zahl der Spaltungsunternehmen
ω	Dividendenwachstumsrate
p	Preis des zu bewertenden Unternehmens
p	Vektor der p_j
p_j	Marktpreis des Objekts j
p^L	Liquidationswert
p^R	Vollreproduktionswert
p^*	Grenzpreis des zu bewertenden Unternehmens
p^{*s}	Grenzpreis bei Versteuerung des Veräußerungsgewinns
p^{**}	Grenzpreis bei Reproduktions- und Liquidationsmöglichkeit
P	Index für das Privatprogramm
q	Zinsfaktor $1 + i$
r_j	interner Zinsfuß des Objekts j
ρ	Vektor der ρ_t
ρ_t	Zustandspreis des Zustands t, d.h. bei sicheren Erwartungen Abzinsungsfaktor vom Zeitpunkt t auf den Zeitpunkt 0
$\mathbb{R}$	Körper der reellen Zahlen
$RBF_{i,n}$	Rentenbarwertfaktor beim Zinssatz i und der Laufzeit n
$REF_{i,n}$	Rentenendwertfaktor beim Zinssatz i und der Laufzeit n
s	Ertragsteuersatz für das Unternehmen

σ_j	Standardabweichung der Rendite des Objekts j
σ_{jk}	Kovarianz zwischen den Renditen der Objekte j und k
T	transponiert
u_j	Dualvariable der Obergrenzenrestriktion des Objekts j
U*	Grenzpreis des zu bewertenden Unternehmens
V	Unternehmensgesamtwert im Gleichgewicht (V = EK + FK)
V^e	Unternehmensgesamtwert im Gleichgewicht bei hypothetischer reiner Eigenfinanzierung
w_t	Gewicht einer Entnahme im Zeitpunkt/Zustand t
$\overline{w}_t$	Gewicht der Breite des Entnahmestroms im Zeitpunkt/Zustand t
x	Vektor der x_j
x_j	Anzahl der Realisationen des Objekts j
x_j^{max}	maximale erlaubte Anzahl der Realisationen des Objekts j
Y	Zielfunktionswert des Dualproblems zum Bewertungsansatz
Z	Zielfunktionswert des Dualproblems zum Basisansatz

Abbildungsverzeichnis

Abb.		Seite
1-1	Anlässe der Unternehmensbewertung	15
1-2	Konfliktsituationen der Unternehmensbewertung	17
2-1	Simulativ geschätzte Dichtefunktion des Ertragswerts	41
2-2	Basisprogramm im Einperiodenfall	64
2-3	Bewertungsprogramm im Einperiodenfall	65
2-4	Basisprogramm im Einperiodenfall ohne eigene Mittel	66
2-5	Bewertungsprogramm im Einperiodenfall ohne eigene Mittel	67
2-6	Jungierter Entscheidungswert	131
2-7	Jungierter Entscheidungswert (Ausschnitt)	132
2-8	Heuristische Investitions- und Finanzierungsplanung	136
2-9	Approximativ dekomponierte Unternehmensbewertung	146
3-1	Wertentwicklung von Aktie und Kaufoption	202
3-2	Wertentwicklung des absichernden Portefeuilles	202
3-3	Marktanteil-Marktwachstum-Matrix	235
3-4	Inkompatible Prämissen der DCF-Modellbausteine	241
4-1	Einheitliche Investitions- und Finanzierungstheorie	249
4-2	ZGPM bei Vermögensmaximierung	250
4-3	ZGPM bei arbitragefreier Bewertung	251

Tabellenverzeichnis

Tab.		Seite
1-1	Daten des Beispiels zur Delegation von Entscheidungen	32
1-2	VOFI zur Optimallösung bei Endwertmaximierung	33
2-1	Daten des Einperiodenbeispiels	63
2-2	Daten des Mehrperiodenbeispiels	77
2-3	Basisprogramm im Mehrperiodenfall	77
2-4	Bewertungsprogramm im Mehrperiodenfall	78
2-5	Basisprogramm im Mehrperiodenfall	79
2-6	Bewertungsprogramm im Mehrperiodenfall	80
2-7	Bewertungsprogramm im trivialen Fusionsfall	96
2-8	Bewertungsprogramm im vereinfachten Fusionsfall	98
2-9	Bewertungsprogramm im komplexen Fusionsfall	100
2-10	Bewertungsprogramm im vereinfachten Kapitalerhöhungsfall	112
2-11	Bewertungsprogramm im komplexen Kapitalerhöhungsfall	113
2-12	Jungierter Grenzpreis für den Verkauf	128
2-13	Jungierter Grenzpreis für den Kauf	130
2-14	Bewertungsprogramm bei Nicht-Übernahme	134
3-1	Ein nicht arbitragefreier Markt	189
3-2	Ein Markt mit inverser Zinsstruktur	193
3-3	Arbitrageplan	194
3-4	Vollständiger Markt	203
3-5	Ausgangsbilanz bei Zielkapitalstruktur	218
3-6	GuV bei Zielkapitalstruktur in $t = 1$	219
3-7	Bilanz bei Zielkapitalstruktur in $t = 1$	219
3-8	GuV bei Zielkapitalstruktur in $t = 2$	220
3-9	Bilanz bei Zielkapitalstruktur in $t = 2$	220
3-10	GuV ohne Zielkapitalstruktur in $t = 1$	221
3-11	Bilanz ohne Zielkapitalstruktur in $t = 1$	222
3-12	GuV ohne Zielkapitalstruktur in $t = 2$	222
3-13	Unternehmensintern „vollständiger Markt"	238

1. Kapitel

Grundlagen der Unternehmensbewertung

1 Grundlagen der Unternehmensbewertung

1.1 Wesen der Unternehmensbewertung

Ein Kauf ist genau dann wirtschaftlich nicht nachteilig, wenn der *Wert* des erworbenen Gegenstandes mindestens dem gezahlten *Preis* entspricht.[1] Jedes Urteil über die ökonomische Angemessenheit des Preises für die Übereignung eines ganzen Unternehmens beruht daher notwendig auf einer *Unternehmensbewertung*. Aus finanzwirtschaftlicher Sicht wird mit dem Kauf eines Unternehmens ein künftiger Zahlungsstrom erworben, welcher i.d.R. in hohem Maße unsicher ist. Diesen Zahlungsstrom gilt es zu bewerten. Das betriebswirtschaftliche Problem der Unternehmensbewertung erweist sich darum als ein Anwendungsfall der Investitions- und Finanzierungstheorie.[2]

Das vorliegende Lehrbuch stellt der in Deutschland vorherrschenden investitionstheoretischen Sichtweise (Kapitel 2) die von der anglo-amerikanischen Forschungsrichtung bevorzugte finanzierungstheoretische Sicht (Kapitel 3) der Unternehmensbewertung vergleichend gegenüber. Beide Perspektiven dienen jeweils schwerpunktmäßig unterschiedlichen Zwecken und sind im Rahmen der funktionalen Bewertungslehre gut miteinander vereinbar. Ihre Zusammenfassung unter dem Oberbegriff der finanzwirtschaftlichen Unternehmensbewertung (Kapitel 4) erscheint daher naheliegend. Wesensbestimmend für eine derartige Bewertung sind zwei Merkmale, zwischen denen eine nicht zu übersehende Spannung besteht:

1. die Notwendigkeit, unsichere Zahlungsströme wirtschaftlich zu beurteilen, und
2. die Unmöglichkeit, die hierzu erforderlichen Informationen zu erlangen.

Beide Merkmale treffen auch für viele andere Investitions- und Finanzierungsprobleme zu. Das zweite Merkmal hingegen kennzeichnet die Unternehmensbewertung als umfassendste und schwierigste „Königsdisziplin" unter den Bewertungsproblemen der Betriebswirtschaftslehre in ganz besonderem Maße. Es berührt den philosophischen Kernbereich jeder Wissenschaft, nämlich das Maß des menschlichen Erkenntnisvermögens. Die Grundhaltung des Bewerters zu dieser in vielen Abhandlungen ausgeklammerten oder pragmatisch beiseite geschobenen Frage hat nicht nur gravierende Auswirkungen auf die ökonomische Einschätzung einer Bewertungsmethodik,

---

1 Zum Verhältnis von Wert und Preis vgl. ENGELS, Bewertungslehre (1962), S. 37-39, MÜNSTERMANN, Wert und Bewertung (1966), S. 151. „Évaluer, c´est déterminer une valeur, pas un prix!" PIERRAT, Évaluer (1990), S. 9.

2 Vgl. ENGELS, Bewertungslehre (1962), S. 110-113, MÜNSTERMANN, Wert und Bewertung (1966), S. 151, MOXTER, Unternehmensbewertung (1983), S. 14, COENENBERG, Unternehmensbewertung (1992), S. 93 und 96.

sondern auch auf die inhaltliche Bestimmung des Begriffs „Unternehmenswert". Ohne eine Klärung der betriebswirtschaftlichen und erkenntnistheoretischen Grundpositionen zum Wesen der Unternehmensbewertung sind Mißverständnisse zwischen den Vertretern der „klassischen" investitionstheoretischen und der „modernen" finanzierungstheoretischen Sichtweise beinahe unvermeidlich.

Um die Voraussetzungen der späteren Argumentation unmißverständlich darzulegen, seien die beiden angeführten charakteristischen Merkmale der finanzwirtschaftlichen Unternehmensbewertung im folgenden eingehender kommentiert. Zunächst wird der betriebswirtschaftliche und alsdann der diesem zugrunde gelegte erkenntnisbezogene Rahmen für die nächsten Kapitel abgesteckt.

Die wirtschaftliche Bewertung künftiger unsicherer Zahlungsströme steht vor drei hauptsächlichen Problemkomplexen:

1. Ermittlung, d.h. Abgrenzung und Quantifizierung der relevanten Zahlungen;
2. Überführung des relevanten Zahlungsstroms in den Unternehmenswert;
3. Operationalisierung im Sinne eines praxistauglichen Verfahrensvorschlags.

Der erste Problemkomplex steht nicht im Mittelpunkt der Theorie der Unternehmensbewertung, sondern ist vielmehr von der Bewertungspraxis am jeweils gegebenen Einzelfall in Angriff zu nehmen.[1] Angesichts des stetig zunehmenden Wettbewerbs auf sich immer schneller wandelnden Märkten verlieren vergangenheitsorientierte mathematisch-statistische Prognoseverfahren an Glaubwürdigkeit. Fundierte Schätzungen der Bandbreiten, Streuungen und Interdependenzen künftiger Zahlungsüberschüsse sind am ehesten von den marktnah agierenden Führungskräften zu erwarten.

Die zentrale Aufgabe des Unternehmensbewerters besteht darin, die von Fachleuten gelieferten quantitativen und qualitativen Informationen über künftige Zahlungsströme in die gesuchte Größe „Unternehmenswert" zu transformieren und dabei das rechte Maß zwischen theoretischer Exaktheit und den Erfordernissen praktischer Anwendbarkeit zu halten. Für diesen Zweck hat die Theorie der finanzwirtschaftlichen Unternehmensbewertung geeignete Modelle zu entwickeln. Je nach Wahl der Annahmen hinsichtlich Kapitalmarktumgebung, Entscheidungsfeld und Zielsetzung der Rechnung gelangt man zu höchst unterschiedlichen Modellen des Unternehmenswerts. In den nächsten beiden Kapiteln sollen diese Modelle systematisch geordnet und hinsichtlich ihrer Eignung für verschiedene Bewertungszwecke beurteilt werden.

---

1 Die dafür erforderlichen betriebswirtschaftlichen Techniken zur Unternehmens- und Umweltanalyse werden in der Bewertungsliteratur üblicherweise nicht vertieft dargestellt; eine Ausnahme bildet das Werk von *BALLWIESER*, Unternehmensbewertung (2004), S. 16 ff. Vgl. auch *MATSCHKE/HERING/KLINGELHÖFER*, Finanzplanung (2002).

1.1 Wesen der Unternehmensbewertung

Ob ein mit einem bestimmten Modell ermittelter Unternehmenswert brauchbar ist oder nicht, richtet sich nach dem mit der Rechnung verfolgten Zweck.[1] Die Lehre von der *funktionalen Unternehmensbewertung* unterscheidet in dieser Hinsicht drei Hauptzwecke oder Hauptfunktionen, denen ein Unternehmenswert dienen kann: Entscheidung, Vermittlung und Argumentation.[2] Da die Beurteilung der einzelnen Modelle finanzwirtschaftlicher Unternehmensbewertung auf die funktionale Lehre Bezug nehmen wird, sollen die drei Hauptfunktionen kurz skizziert werden.[3]

Die wichtigste Funktion der Unternehmensbewertung besteht in der Bereitstellung des *Entscheidungswerts*.[4] Dieser gibt als subjektiver *Grenzpreis* die äußerste Schranke der Konzessionsbereitschaft einer Verhandlungspartei an.[5] Der Käufer eines Unternehmens wird nicht mehr als seinen Grenzpreis zu zahlen bereit sein, weil anderenfalls der Kauf wirtschaftlich unvorteilhaft wäre. Analog akzeptiert der Verkäufer nur ein Preisangebot, das über seinem Grenzpreis liegt oder diesem zumindest gleichkommt. Der Entscheidungswert entspricht investitionstheoretisch dem *kritischen Preis*, bei dem der unsichere Zahlungsstrom aus wirtschaftlicher Sicht gerade noch nicht unvorteilhaft ist. Der kritische Preis markiert also die letzte Möglichkeit eines vorteilhaften oder zumindest genau zielsetzungsneutralen Geschäfts – jeder Preis jenseits des Grenzpreises bewirkt eine Zielwertverschlechterung und damit ein unvorteilhaftes Geschäft.[6]

Im Rahmen der Vermittlungsfunktion wird ein Schieds- oder *Arbitriumwert* aus dem Intervall zwischen dem Grenzpreis des Verkäufers und dem Grenzpreis des Käufers gesucht (z.B. das arithmetische Mittel beider Grenzpreise). Die Aufgabe des Ver-

---

1 Zur Zweckabhängigkeit der Bewertung vgl. schon RICHTER, Bewertung (1942), S. 106.

2 Die Entscheidungsfunktion wird sehr häufig und weniger treffend als Beratungsfunktion bezeichnet. Auch Vermittlungs- und Argumentationswerte können einem Beratungszweck dienen.

3 Überblicksdarstellungen der funktionalen Unternehmensbewertung liefern z.B. SIEBEN/SCHILDBACH, Bewertung ganzer Unternehmungen (1979), S. 455-458, SIEBEN, Unternehmensbewertung (1993), Sp. 4316-4320, SERFLING/PAPE, Unternehmensbewertung 1 (1995), S. 811 f., BRÖSEL, Unternehmenswerte (2003), MATSCHKE/BRÖSEL, Unternehmensbewertung (2005), S. 49 ff.

4 Vgl. MATSCHKE, Gesamtwert (1972), MATSCHKE, Entscheidungswert (1975), MOXTER, Unternehmensbewertung (1983), S. 9, DRUKARCZYK, Unternehmensbewertung (2003), S. 119 f., 132, MATSCHKE/BRÖSEL, Unternehmensbewertung (2005), S. 109 ff.

5 Zur Grenzpreiseigenschaft des Werts vgl. schon VON OEYNHAUSEN, Kapitalwert von märkischen Steinkohlenzechen (1822), S. 306, MIRRE, Ertragswert (1913), S. 163, LIEBERMANN, Ertragswert (1923), S. 55, AXER, Verkaufswert (1932), S. 5, 19.

6 Im Idealfall entsteht zum Grenzpreis „weder Gewinn noch Verlust"; man beachte aber, daß die gerade gegebene Definition auch für Ausartungs-, Unstetigkeits- bzw. Unteilbarkeitsfälle gilt, in denen der Grenzpreis einen sprunghaften Übergang von einem klar vorteilhaften zu einem klar unvorteilhaften Geschäft markiert. In solchen Situationen liegt kein genau zielsetzungsneutraler Grenzfall vor, für den es gleichgültig wäre, ob das Geschäft zum Grenzpreis stattfindet oder unterlassen wird. (Vgl. auch HERING, Quo vadis? (2004), S. 105.)

mittlers besteht darin, die wirtschaftlichen Vorteile aus der Unternehmensveräußerung möglichst *gerecht* auf Käufer und Verkäufer zu verteilen. Sofern das Einigungsintervall leer ist, weil der Entscheidungswert des Verkäufers den Grenzpreis des Käufers übersteigt, muß evtl. der Schiedswert diejenige Partei schützen, der die Transaktion aufgezwungen wird (z.B. Abfindung mindestens in Höhe des Grenzpreises eines zwangsweise ausscheidenden Gesellschafters).[1] Als Vermittler kann auch der (z.B. anonyme[2]) Markt fungieren: Jeder frei gezahlte Preis trägt als Marktergebnis Züge eines offenbar beiden Parteien akzeptablen Kompromisses und ist insofern ein Arbitriumwert.[3] Umgekehrt braucht aber nicht jeder – etwa von einem Gutachter vorgeschlagene – Arbitriumwert auch tatsächlich zu einem Marktpreis zu werden.

Als Verhandlungs- oder *Argumentationswert* bezeichnet man einen vorgeblichen Entscheidungs- oder auch Arbitriumwert, der in der Verhandlung[4] der anderen Partei gegenüber vertreten wird, um die eigenen Preisvorstellungen zu begründen. Beide Parteien halten ihre Grenzpreise natürlich geheim und streben ein Verhandlungsergebnis an, das möglichst weit von ihrem Entscheidungswert entfernt ist. Der Argumentationswert ist *parteiisch* und dient nur der Verhandlungstaktik.[5]

Außer den Hauptfunktionen Entscheidung, Vermittlung und Argumentation sind noch einige Nebenfunktionen erwähnenswert. Während in der *Bilanzfunktion* das Unternehmen nach handelsrechtlichen Normen im Jahresabschluß abzubilden ist, steht für die *Steuerbemessungsfunktion* die Ermittlung von steuerrechtlichen Bemessungsgrundlagen im Mittelpunkt. Schließlich geht es bei der *Vertragsgestaltungsfunktion* um bindende Bewertungsregelungen im Rahmen gesellschaftsrechtlicher Verträge.[6]

---

1 Vgl. MATSCHKE, Kompromiß (1969), MATSCHKE, Arbitriumwert (1979), MOXTER, Unternehmensbewertung (1983), S. 22, DRUKARCZYK, Unternehmensbewertung (2003), S. 132 f., MATSCHKE/BRÖSEL, Unternehmensbewertung (2005), S. 399 ff.

2 Man denke etwa an den amtlichen Handel der Aktienbörse, welcher den „unparteiischen" Kassakurs als Marktpreis des Börsentages aus den einzelnen Geboten errechnet.

3 Vgl. z.B. HERING/OLBRICH, Entschädigung (2003), S. 1519.

4 Zum Aspekt der Informationsasymmetrie im Rahmen der Unternehmensbewertung vgl. VINCENTI, Unternehmensbewertung (2002), BERENS/STRAUCH, Unternehmensbewertungen (2003).

5 Vgl. MATSCHKE, Argumentationswert (1976), BRÖSEL, Argumentationsfunktion (2004), HERING/ BRÖSEL, Argumentationswert (2004), MATSCHKE/BRÖSEL, Unternehmensbewertung (2005), S. 501 ff. In den offiziellen Verlautbarungen des Instituts der Wirtschaftsprüfer (IdW) wird man das Eingeständnis der Existenz von Argumentationswert(gutacht)en allerdings nicht finden – die rein interessengeleitete Überredungskomponente eines Argumentationswerts kollidiert mit dem hehren, aber ebenso interessegeleiteten (und uneinlösbaren) Anspruch der WP-Standesvertretung, einen sogenannten „objektivierten Wert" mit Brief und Siegel feststellen zu können.

6 Zu den Nebenfunktionen vgl. umfassend MATSCHKE/BRÖSEL, Unternehmensbewertung (2005), S. 57 ff. Vgl. auch unten, Unterkapitel 1.3.

1.1 Wesen der Unternehmensbewertung

Die funktionale Lehre arbeitet als wesentliches Ergebnis deutlich heraus, daß es nicht „den" Unternehmenswert gibt, sondern lediglich subjektive (vom Bewertungssubjekt in seiner individuellen Bewertungssituation abhängige) Entscheidungswerte und darauf bezogene weitere Werte (in Abhängigkeit vom Bewertungszweck). Dagegen bleibt die amerikanisch geprägte Literatur immer noch weit hinter dem in Deutschland erreichten Forschungsstand zurück. Die Veröffentlichungen zur kapitalmarktorientierten Unternehmenssteuerung und -bewertung setzen sich i.d.R. nicht mit der Literatur zur funktionalen Lehre auseinander.[1] Der Anspruch, die Unternehmensbewertung „demystifizieren" zu wollen,[2] kontrastiert auf seltsame Weise mit der gleichzeitigen Wiedereinführung des überwunden geglaubten, durchaus mystischen „tatsächlichen Unternehmenswerts",[3] der auch als „wahrer", „eigentlicher", „innerer", „intrinsischer", „wirklicher", „fairer", „objektiver" oder „marktorientierter" Wert durch die Literatur geistert.

Daß es einen tatsächlichen Unternehmens*wert* in der Realität nicht geben kann, gilt selbst dann, wenn nur der subjektive Entscheidungswert eines konkreten Käufers oder Verkäufers betrachtet wird; denn die Ermittlung des Grenzpreises vollzieht sich unter den Rahmenbedingungen eines *offenen Entscheidungsfeldes*.[4] Unsicherheit[5] über zukünftige entscheidungsrelevante Sachverhalte besteht unter diesen Bedingungen in dreierlei Hinsicht: Die Zahlungsströme bleiben mehrwertig, Entscheidungsvariable und Nebenbedingungen sind nur unvollständig bekannt, und ein (nicht willkürlich definierter) Planungshorizont fehlt. Dem Bewertungsproblem bei offenem Entscheidungsfeld haften alle Defekte eines schlechtstrukturierten Planungsproblems an:[6]

---

[1] Vgl. z.B. SPREMANN, Unternehmensbewertung (2002) oder die Überblicksartikel von BÜHNER, Unternehmenssteuerung 1 und 2 (1996) und die dort zitierte Literatur. Selbst etliche neueste Zeitschriftenaufsätze zum Thema „Unternehmensbewertung" glauben die vorhandene Literatur zur funktionalen Lehre vollständig übergehen zu können. Sie dürfen daher auch hier ohne Schaden übergangen werden.

[2] Vgl. COPELAND/KOLLER/MURRIN, Unternehmenswert (1998), S. 24.

[3] RASTER, Shareholder Value (1995), S. 207. Auf S. 208 findet sich eine bemerkenswerte These, die, wenn sie zuträfe, die Bewertung börsennotierter Unternehmen zu einer trivialen Übung werden ließe: „Eigentlich ist davon auszugehen, daß der Wert einer Unternehmung bekannt ist, da Wertpapieranalysten die Unternehmenssituation kennen ...". Man braucht also nur diese sog. „Analysten" zu fragen!

[4] Zum offenen Entscheidungsfeld vgl. ADAM, Planung und Entscheidung (1996), S. 16-25.

[5] Unsicherheit ist abzugrenzen von Unschärfe. Zur unscharfen Logik und Arithmetik vgl. ZADEH, Fuzzy Sets (1965), STEINRÜCKE, Fuzzy Sets (1997). Zu „unscharfen Unternehmenswerten" vgl. KEUPER, Unternehmensbewertung (2002), S. 465-467, VINCENTI, Prognoseunsicherheit (2004). Im Bereich der Investitionstheorie liegen bislang keine praktikablen unscharfen Modelle vor; vgl. HERING, Investitionstheorie (2003), S. 306 f.

[6] Zu strukturdefekten Problemstellungen vgl. ADAM, Planung und Entscheidung (1996), S. 10-15, BALLWIESER, Kalkulationszinsfuß (1981), S. 99.

1. *Wirkungsdefekte* resultieren daraus, daß keine Gesetze bekannt sind, nach denen sich der Erfolg bestimmter Maßnahmen richtet (z.B. Beeinflussung der von der Konkurrenz verfolgten Strategie, Verschlechterung der Unternehmenskultur nach einer Akquisition,[1] Werbeerfolg).

2. *Bewertungsdefekte* ergeben sich vor allem aus dem Unvermögen, künftige unsichere Größen wie Absatzmengen, Zinssätze, Rohstoffpreise und Tarifabschlüsse korrekt zu antizipieren. Nach welchen Kriterien sollen außerdem Vermögensgegenstände am Planungshorizont bewertet werden? Andere Größen wie beispielsweise Dividendenausschüttungen hängen zwar (mit) von eigenen Entscheidungen ab, sind aber im Planungszeitpunkt ebensowenig vollständig vorhersehbar. Auch wenn die Verknüpfung von bestimmten Planungsparametern im Hinblick auf ihre Erfolgswirkung keine Schwierigkeiten bereiten sollte, bleibt man in hohem Maße auf ungenaue Schätzungen angewiesen.

3. Der *Zielsetzungsdefekt* ist die Folge des Umstandes, daß bei Unsicherheit ein Optimalverhalten nur ex post und für einen willkürlich abgegrenzten Planungshorizont definiert ist.[2] Damit bleibt unklar, welche kürzerfristigen Ersatzziele das Unternehmen *ex ante* wählen soll, um das Oberziel der langfristigen Behauptung am Markte zu erreichen. Hinzu tritt das unlösbare Problem, divergierende Ziele mehrerer Eigentümer gleichzeitig zu verfolgen.

4. Selbst wenn alle Daten und Zusammenhänge bekannt wären, führte die Komplexität des unternehmensweiten Totalmodells zum *Lösungsdefekt*. Die optimale Lösung des Planungs- und Bewertungsproblems ließe sich nicht mit wirtschaftlich vertretbarem Aufwand bestimmen.

Um unter solchen Voraussetzungen überhaupt planen zu können, sind massive *heuristische Komplexitätsreduktionen* unvermeidlich. Alle in diesem Zusammenhang zu treffenden Entscheidungen – beispielsweise die pragmatische Wahl eines Planungshorizonts, einer Ersatzzielsetzung und einer Bewertungstechnik am Planungshorizont – beeinflussen unmittelbar die Ergebnisse des Bewertungsmodells. Es kann also von

---

1 Vgl. *OLBRICH*, Unternehmungswert (1999).

2 *Beispiel*: Ein Produktionsbetrieb plant die Auftragsreihenfolge und Maschinenbelegung für die in den ersten zehn Kalendertagen aktuellen Aufträge. Erst nach Ablauf dieses Planungszeitraums von zehn Tagen kann festgestellt werden, welche weiteren Aufträge inzwischen eingegangen sind, welche Produktions-, Lager-, Verzugs- und Fehlmengenkosten (letztere aufgrund mangelnder Termintreue) die verschiedenen möglichen Auftragsfolgen verursachen und welches die optimale Reihenfolge der alten und neuen Aufträge aus Kostensicht gewesen wäre. Wird jedoch willkürlich der Auftragseingang des elften Tages mit hinzugenommen, kann es optimal sein, auch Aufträge der ersten zehn Tage wieder umzuplanen, sofern dadurch Maschinenbelegungen ab dem elften Tag verbessert werden und sich damit ein optimales Ergebnis für den elftägigen Planungszeitraum einstellt. Aber auch dieses Ergebnis ist in Frage zu stellen, wenn man zusätzlich den zwölften Tag mit in Betracht zieht, usw. usf.

vornherein nicht davon ausgegangen werden, daß ein eindeutiger, tatsächlicher Entscheidungswert *ex ante* auch nur theoretisch möglich sei. Der *Begriff* des Unternehmenswerts als Entscheidungswert umfaßt notwendig eine *Bandbreite* verschiedener möglicher Werte, die auf keine Weise zu einer einzigen Zahl verdichtet werden kann. Selbst die umfassendste und exakteste theoretische Analyse vermag keine einwertige Festlegung des Entscheidungswerts herauszukristallisieren.

Die theoretischen Strukturierungsversuche, unsichere Zahlungsströme zu beurteilen, führen demnach auf natürliche Weise zu dem zweiten Wesensmerkmal der Unternehmensbewertung: der Unmöglichkeit, die erforderlichen Informationen zu erlangen. Bislang wurde dargelegt, aus welchen Gründen der Entscheidungswert im Planungszeitpunkt begrifflich nur als Bandbreite und nicht als Zahl denkbar ist. Anschließend sei noch erörtert, warum diese Tatsache gegenüber allen Bemühungen resistent bleibt, den Unternehmenswert durch Fortschritte der Wissenschaft, besonders der Kapitalmarkttheorie, doch noch eindeutig zu bestimmen.

In der modernen Finanzierungstheorie ist die Tendenz unverkennbar, die Lösung klassischer Bewertungsprobleme von einer zunehmenden Vollkommenheit, Vollständigkeit und Informationseffizienz der Märkte zu erhoffen. Der Markt gilt als die höchste Autorität der Wirtschaftswissenschaft – daher scheint es auf den ersten Blick naheliegend, den Entscheidungswert als *Marktpreis* bestimmen zu lassen. Solch eine Sichtweise verkennt jedoch den Umstand, daß finanzielle Transaktionen gerade deswegen stattfinden, weil Wert und Preis auseinanderfallen: Wenn der Preis genau dem Wert des Unternehmens entspricht, bringt der Kauf keinen Vorteil und kann deshalb ebensogut unterbleiben. Das Geschehen auf Finanzmärkten lebt aber geradezu davon, daß Käufer und Verkäufer glauben, zu dem vereinbarten Preis jeweils ein vorteilhaftes Geschäft zu tätigen. Die Existenz von Marktpreisen löst also noch nicht das Bewertungsproblem, weil (subjektiver) Wert und (objektiver) Preis i.a. voneinander verschieden sind.

Besonders in bezug auf die Lösung von Prognoseproblemen sind Hoffnungen auf eine vermeintliche Bewertungskompetenz des Kapitalmarktes zu dämpfen: Wie empirische Untersuchungen im Zusammenhang mit der sog. Marktzinsmethode belegen, tendiert beispielsweise die Prognosezuverlässigkeit von Terminzinssätzen gegen null.[1] Selbst wenn – was ja gar nicht der Fall ist – ein vollkommener und vollständiger Markt für unsichere Zahlungsströme existierte, wären seine Wertansätze nicht für alle Wirtschaftssubjekte verbindlich, weil subjektive Wertvorstellungen vom objektiven Marktpreis abweichen können und deshalb erst die Motivation für Kauf- oder Verkaufsentscheidungen liefern.[2] Der Markt ist kein von Gott eingesetztes Orakel,

---

1 Vgl. *ADAM/HERING/JOHANNWILLE*, Prognosequalität (1995), *GISCHER*, Terminzinsen (1998) sowie *SCHMITZ/PESCH*, Abweichungsanalyse (1994). Vgl. detaillierter Unterabschnitt 3.3.2.2.3.

2 Vgl. unten, Abschnitt 3.1.1.

dessen täglich variierende Sprüche zwingend zuverlässiger wären als (von der allgemeinen „Markterwartung") abweichende individuelle Prognosen. Im derzeitigen Marktpreis spiegeln sich lediglich die aktuellen, nicht selten einander entgegengesetzten Erwartungen der einzelnen Marktteilnehmer wider. Der Markt kann somit nicht klüger sein als die einzelnen Wirtschaftssubjekte, die auf ihm agieren. Nur wer keine eigene Prognose wagt, wird immer dem Urteil der anderen folgen und die „heilige Kuh" des augenblicklichen Marktwertes respektieren. Natürlich ist damit nicht gesagt, daß eine individuelle Prognose grundsätzlich zuverlässiger sei als die Marktprognose. Es gibt lediglich keinen rationalen Anhaltspunkt, in die Meinung der Masse prinzipiell mehr Vertrauen zu setzen als in die eigene.

Gegen die oft ausdrücklich oder unterschwellig geäußerte Belehrung, der Bewerter solle sich keine vom augenblicklichen Marktpreis abweichenden Vorstellungen (etwa über die künftige Zinsentwicklung) anmaßen, sprechen gewichtige naturwissenschaftliche und metaphysische Einwände. Der menschlichen Vernunft gezogene *unüberwindliche Erkenntnisgrenzen* gemahnen zur größten Zurückhaltung mit allen Aussagen, die irgendwelche apodiktischen Regeln des Rationalverhaltens für Planungssituationen bei offenem Entscheidungsfeld postulieren. Die Einsicht des großen Königsberger Philosophen IMMANUEL KANT, daß „wir, mit aller Anstrengung unserer Vernunft, nur eine sehr dunkele und zweideutige Aussicht in die Zukunft haben,"[1] bleibt unumstößlich.

Ungeachtet aller wissenschaftlichen Bemühungen, durch statistische Verfahren, neuronale Netze, unscharfe Logik oder Marktmultiplikatoren den Schleier der Unsicherheit zu lüften, ist nicht nur die Erkenntnis, sondern – weitaus grundlegender – das Erkenntnisvermögen über die Zukunft für den Menschen definitiv begrenzt. Prognosen beruhen auf dem *Kausalgesetz*, und eben dieses Gesetz gilt nur in einem begrenzten Erfahrungsbereich. Die Quantenmechanik liefert mit der von WERNER HEISENBERG entdeckten *Unschärferelation* den Beweis, daß die Vorgänge in der Atomphysik nicht vollständig determiniert sind. Demnach enthalten auch naturwissenschaftliche Prognosen ungenaue und subjektive Komponenten, und es entsteht ein Komplementaritätsverhältnis zur metaphysischen Frage nach der Freiheit des Willens.[2]

Die *Freiheit* ist nach KANT eine reine Vernunftidee und somit ein transzendenter Begriff, dessen objektive Realität nicht erklärlich ist, aber gleichwohl auf natürliche Weise durch seine Wirkung einleuchtet.[3] Sie offenbart sich durch das moralische

---

1 KANT, Kritik der praktischen Vernunft (1788), S. 265 f.
2 Vgl. HEISENBERG, Der Teil und das Ganze (1969), S. 97-100 und S. 108-112. Zur Unschärferelation vgl. z.B. auch GERTHSEN/VOGEL, Physik (1997), S. 894-896.
3 Vgl. KANT, Grundlegung zur Metaphysik der Sitten (1785), S. 120, KANT, Kritik der Urteilskraft (1790), S. 461.

1.1 Wesen der Unternehmensbewertung

Gesetz.[1] Freiheit basiert auf der Unabhängigkeit der Vernunft und unterliegt insofern nicht dem Kausalitätsgesetz der Natur.[2] Ihr kommt eine eigenständige Kausalität zu, die beispielsweise im kategorischen Imperativ[3] aufscheint und keinen Einwirkungen der äußeren Naturgesetze unterworfen ist.[4] Daher können freie Entscheidungen vernünftiger Wesen niemals von Dritten deterministisch vorhergesagt werden.[5]

Im Wirtschaftsleben spielen die Entscheidungen anderer Wirtschaftssubjekte eine herausragende Rolle. Um den unsicheren Zahlungsstrom für eine Unternehmensbewertung abzuschätzen, sind u.a. Annahmen über die Pläne und Reaktionen von Kunden, Lieferanten und Konkurrenten vonnöten. Häufig bedient man sich dabei der Prämisse des ökonomischen Rationalverhaltens. Die übliche Voraussetzung eines *homo oeconomicus* bildet jedoch nur einen Teil der Wirklichkeit ab. Einerseits sind nicht alle Wirtschaftssubjekte in der Lage, das vermeintlich ökonomisch Vernünftige zu erkennen und danach zu handeln, und andererseits ermöglicht Freiheit, vom Rationalverhalten auch bewußt abzuweichen. *Pflicht* nach KANT fordert die Achtung des moralischen Gesetzes;[6] sie kann durchaus in einen Widerspruch zum ökonomischen Rationalitätsgebot geraten und dieses außer Kraft setzen.

Physik und Metaphysik bestätigen die Grenzen aller Vernunfterkenntnis. Die Zukunft ist nicht vorhersehbar, weil äußere, beobachtbare Kausalität weder die physische Natur vollständig determiniert noch die freien Entscheidungen des Menschen. Am zuverlässigsten an einer Prognose ist deshalb ihre Unzuverlässigkeit.

Welche Konsequenzen diese Einsicht für das Wesen der Unternehmensbewertung zeitigt, sei an einem ganz einfachen Beispiel verdeutlicht: Ein Unternehmen bestehe aus einer einmal durchführbaren Lotterie, die den Wurf eines idealen sechsseitigen Würfels beinhalte und zu einer DM-Einzahlung in Höhe der geworfenen Augenzahl führe. Wieviel soll man für dieses Unternehmen zahlen, oder: Was ist diese Lotterie wert? Vorausgesetzt, der Würfel sei wirklich ideal, kann aufgrund der Quanteneffekte

---

1 Vgl. *KANT*, Kritik der praktischen Vernunft (1788), S. 5.
2 Vgl. *KANT*, Grundlegung zur Metaphysik der Sitten (1785), S. 117.
3 „Handle so, daß die Maxime deines Willens jederzeit zugleich als Prinzip einer allgemeinen Gesetzgebung gelten könne." *KANT*, Kritik der praktischen Vernunft (1788), S. 54.
4 Vgl. *KANT*, Kritik der reinen Vernunft (1781), S. 547-557.
5 Einige zeitgenössische Hirnforscher bestreiten die Willensfreiheit. Abgesehen von den verheerenden moralischen Auswirkungen einer solchen Prämisse, die den Menschen zum Objekt zwanghaft verlaufender Prozesse erniedrigt, ist eine derartige Annahme auch für die Theorie der Unternehmensbewertung nicht zweckmäßig: Wäre alles unbewußt determiniert, bräuchte man sich über Grenzpreise und Verhandlungsergebnisse keine Gedanken mehr zu machen – es käme sowieso alles, wie es kommt, weil die Vertragsfreiheit eine Illusion wäre. Freiheit bleibt also auch betriebswirtschaftlich ein Postulat der praktischen Vernunft.
6 Vgl. *KANT*, Kritik der praktischen Vernunft (1788), S. 144.

mit keiner Macht der Welt vorausgesagt werden, welche Zahl fallen wird. Über den Entscheidungswert des Unternehmens läßt sich dann nur aussagen, daß er *ex ante* die Bandbreite der sechs möglichen Werte {1, 2, 3, 4, 5, 6} umfaßt. Der Käufer wird keinesfalls mehr als 6 DM zahlen, und er darf bedenkenlos weniger als 1 DM bieten. Eine weitere Verdichtung des Entscheidungswerts zu einer Zahl ist im voraus *nicht sinnvoll*, da erst ex post, wenn der Würfel gefallen ist, feststeht, welcher Preis sich gerade noch gelohnt hätte. Falls z.B. eine 4 gewürfelt wird, offenbart sich der Grenzpreis des Käufers ex post als 4 DM. Damit ist jedoch nichts gewonnen, weil die Planung der Realisation zeitlich vorausgeht und man natürlich „hinterher immer schlauer ist". Der Entscheidungswert erweist sich als Bandbreite.

Die Aufgabe der Unternehmensbewertung ist im Grunde beendet, wenn der Entscheidungswert in diesem Sinne glaubwürdig ermittelt wurde. Sofern der Verkäufer einen Preis fordert, der in die Bandbreite fällt, muß der Käufer eine *unternehmerische Entscheidung* fällen, die alle Chancen und Risiken des Gesamtunternehmens im Auge behält und aus den oben diskutierten Gründen *nicht formalisiert* werden kann.[1] Es ist ein großes Mißverständnis, diese Entscheidung im Zuständigkeitsbereich der Unternehmensbewertung zu sehen. Nur wenn der Preis der Gegenpartei außerhalb der Bandbreite des Entscheidungswerts bleibt, gibt bereits die Bewertung eine eindeutige Entscheidungsempfehlung.

Während die investitionstheoretische Analyse eine Bandbreite liefert, die bestenfalls noch durch Verteilungsinformationen ergänzt wird (im Beispiel diskrete Gleichverteilung zwischen 1 und 6), strebt eine finanzierungstheoretische Analyse ungeachtet aller erkenntnistheoretischen Einwände nach verdichteten Werten.[2] Was wird aber damit gewonnen, den Erwartungswert (im Beispiel: 3,5) oder den BERNOULLI-Nutzen[3] (z.B. 1,8053 bei Verwendung der Quadratwurzelfunktion) als Entscheidungswert zu verwenden? Beide Werte überzeugen schon deshalb nicht als Grenzpreise, weil der unsichere Rückfluß aus dem Unternehmen ganzzahlig ist und darum bei unterstellter

---

1 Vgl. *HERING*, Investitionstheorie (2003), S. 258.

2 So z.B. SCHMIDT und TERBERGER, die entschieden die entgegengesetzte Auffassung vertreten und den Entscheidungs*wert* als Zahl (ab der 4. Aufl. präzisiert als *Preis*) sehen: „Der Kapitalwert kann aufgrund seiner Funktion und Interpretation nicht unsicher sein, deshalb gibt es für ihn auch keine Wahrscheinlichkeitsverteilung. [...] Der Kapitalwert ist ein Grenzpreis ... . [...] Von seiner inhaltlichen Bedeutung und seiner Funktion her ist der Kapitalwert ein (sicherer) Preis [*sic!*, *d.Verf.*] und keine Wahrscheinlichkeitsverteilung, auch wenn die den Kapitalwert bestimmenden zukünftigen Zahlungen unsicher sind. [...] er ist ein Entscheidungswert und keine unsichere Größe." *SCHMIDT/TERBERGER*, Investitions- und Finanzierungstheorie (1997), S. 303 f. Dieser Argumentation kann nicht gefolgt werden, da sie Bewertung und Entscheidung, Wert und Preis vermengt und den Grenzpreis *apodiktisch* als sichere Zahl bestimmen will (obwohl sich das modellanalytisch unter Unsicherheit nicht ableiten läßt). Warum ein solch kühner Anspruch in einem offenen Entscheidungsfeld nicht einlösbar ist, wurde oben mit Verweis auf KANT und HEISENBERG begründet.

3 Vgl. *BERNOULLI*, Specimen theoriae novae (1738), *BITZ*, Entscheidungstheorie (1981), S. 153 ff.

Einmaligkeit der Lotterie nie ein Rückfluß von 3,5 oder 1,8053 eintreten kann. Eine Übereinstimmung des Entscheidungswerts (als Ex-ante-Grenzpreises) mit dem Ex-post-Grenzpreis (im Beispiel: 4) ist dadurch von vornherein ausgeschlossen. Gravierender wirkt sich allerdings der Informationsverlust durch Verdichtung aus. Die Angabe, der Entscheidungswert umfasse die Zahlen {1, 2, 3, 4, 5, 6} mit gleicher Wahrscheinlichkeit, ist (im Beispiel sogar objektiv) richtig und besitzt ungleich mehr Informationsgehalt als die für den Entscheidungsträger intransparente und willkürlich anmutende Verkürzung, er dürfe höchstens 1,8053 DM bieten. Der Entscheidungswert als Punktgröße ist nichts weiter als „eine gelehrte Form des Nichtwissens"[1].

Natürlich steht es jedem frei, die Bandbreite für Entscheidungszwecke auf irgendeine subjektive Weise weiter zu verdichten, um zu einem konkreten Punktwert als genau definierter „Schmerzgrenze" für die Verhandlung zu gelangen.[2] Da es hierfür aber, wie gezeigt, in einem offenen Entscheidungsfeld keine allgemeinverbindlichen Regeln geben kann, läßt sich nicht sagen, welches von mehreren möglichen Ergebnissen das richtige sein soll. Ist es z.B. der Erwartungswert oder lieber der BERNOULLI-Nutzen? Oder gar ein Rechenergebnis aus einem finanzierungstheoretischen Gleichgewichtsmodell, wie es weiter unten im Kapitel 3 diskutiert werden wird?

Die Abwegigkeit eines punktuellen Entscheidungswerts geht auch aus folgendem Gedankenexperiment hervor: Angenommen, der Grenzkaufpreis für ein Unternehmen betrüge *bei offenem Entscheidungsfeld* nach irgendeinem Modell 8 Millionen DM. Ließe es sich dann wirklich wissenschaftlich begründen, den Kauf kategorisch abzulehnen, wenn der Verkäufer noch *einen Pfennig* mehr forderte als 8 Millionen DM? Wer nun überlegt oder auch nur gefühlsmäßig mit „Nein" antwortet, hat das Wesen des Entscheidungswerts schon nach diesen wenigen Überlegungen erfaßt. Die betriebswirtschaftliche Theorie kann – außer in sehr einfachen, lehrbuchmäßigen Modellsituationen – das reale Unternehmensgeschehen und die Kunst der Unternehmungsführung unter Unsicherheit nicht auf ein von Automaten ausführbares Rechenexempel vereinfachen, welches zu zahlenmäßig eindeutigen Resultaten gelangt.

Damit ragt das Hauptergebnis weiterhin hoch aus dem Getümmel aller Diskussionen um einzelne Bewertungsmethoden bei Unsicherheit hervor: Der Entscheidungswert ist seinem Wesen nach eine Bandbreite, oder: Der Grenzpreis ist keine Zahl, sondern unsicher. Bei Vorliegen entsprechender Informationen kann die Bandbreite allenfalls noch um Hinweise auf die vermutete Wahrscheinlichkeitsverteilung ergänzt werden.[3]

---

1 NIEHANS, Ungewisse Erwartungen (1950), S. 368 (im Zusammenhang mit Indifferenzlinien). Vgl. auch BORN, Investitionsplanung (1976), S. 116 f.

2 Entscheidungstheoretisch handelt es sich um das subjektive *Sicherheitsäquivalent* der Bandbreite oder Verteilung. Vgl. BITZ, Entscheidungstheorie (1981), S. 88 und 428, BAMBERG/COENENBERG, Entscheidungslehre (2004), S. 88.

3 Vgl. unten, Abschnitt 2.2.1 und Unterkapitel 2.3.

Mehr läßt sich mit den Mitteln der Wissenschaft nicht aussagen, auch wenn das für die praktische Anwendung, in der gerne Punktwerte nachgefragt werden, natürlich betrüblich ist. Falls ein Bewertungsgutachter in der Praxis punktuelle Werte festlegen muß, kann er nur auf entscheidungswertbasierte „gerechte" Schiedswerte oder aber auf geschickt vorgetragene Argumentationswerte zurückgreifen.[1] Je fundierter seine theoretische Modellkenntnis ist, desto bessere Chancen hat er, in einer Preisverhandlung seine Vorstellungen durchzusetzen.

1.2 Anlässe und Konfliktsituationen der Unternehmensbewertung

Unternehmensbewertungen erfolgen im Vorfeld von Verhandlungen, welche die Konditionen einer *Änderung der Eigentumsverhältnisse* von Unternehmen betreffen.[2] Immer wenn ein Kauf (Akquisition), ein Verkauf (Desinvestition[3]), eine Fusion (Verschmelzung) oder eine Spaltung von ganzen Unternehmen oder Unternehmensteilen erfolgen soll, stellt sich zuerst die Frage nach dem Entscheidungswert als dem gerade noch akzeptablen geldlichen Äquivalent für die Änderung der Verfügungsmacht über das Unternehmen.[4] Unter Berücksichtigung des Entscheidungswerts können im nächsten Schritt Argumentations- und Arbitriumwerte entwickelt werden.

Die Änderung der Eigentumsverhältnisse kann aus rein *betriebswirtschaftlichen* Gründen erfolgen (z.B. Investitionsrechnung, Unternehmensstrategie), aber auch aus *persönlichen* wie Alter (Unternehmensnachfolge[5]) und familiären Beweggründen (Ehescheidung[6], Erbauseinandersetzung). Schließlich erzwingen u.U. *gesetzliche Vorschriften* die Festsetzung einer unternehmenswertabhängigen Abfindung (z.B. für

---

[1] Dabei mag er durchaus auch sich selbst gegenüber einen „Argumentationswert" verwenden, um die Bandbreite auf ein von ihm akzeptiertes subjektives Sicherheitsäquivalent zu verdichten. Methoden dafür liefert die Entscheidungstheorie. Vgl. *BITZ*, Entscheidungstheorie (1981), S. 312 ff.

[2] Bewertungsanlässe ohne (beabsichtigte) Änderung der Eigentumsverhältnisse werden im folgenden nicht näher betrachtet und nur im Rahmen der Nebenzweige (Unterkapitel 1.3) kurz angerissen. Vgl. ausführlich *MATSCHKE/BRÖSEL*, Unternehmensbewertung (2005), S. 57 ff.

[3] Kürzer und sprachlich treffender wäre der Terminus Devestition; vgl. *KLINGELHÖFER*, Umweltschutzinvestitionen (2004), S. 1.

[4] Vgl., auch zum Folgenden, *DRUKARCZYK*, Unternehmensbewertung (2003), S. 122 ff., *HERING*, Investition und Unternehmensbewertung (2002), S. 62-64, *MANDL/RABEL*, Unternehmensbewertung (1997), S. 12-15, *MATSCHKE/BRÖSEL*, Unternehmensbewertung (2005), S. 49 f., 111 ff.

[5] Vgl. z.B. *HERING/OLBRICH*, Unternehmensnachfolge (2003), *OLBRICH*, Unternehmungsnachfolge (2005).

[6] Vgl. *OLBRICH*, Scheidung (2005).

1.2 Anlässe und Konfliktsituationen der Unternehmensbewertung

außenstehende Aktionäre gemäß §§ 304, 305 AktG oder für die Inhaber von Mehrfachstimmrechtsaktien nach § 5 EGAktG[1]).[2]

```
                    Anlässe der Unternehmensbewertung
                                  |
        ┌─────────────────────────┼─────────────────────────┐
Betriebswirtschaftliche:      Persönliche:              Gesetzliche:

Kauf, Verkauf oder Fusion   Unternehmensnachfolge       Abfindungen
          aus                    aufgrund
 finanzwirtschaftlichen      Alter, Krankheit, Unlust   §§ 305, 320 AktG
          oder                                          §§ 19, 174 UmwG
      strategischen         Familiäre Vermögensteilung:     § 5 EGAktG
Vorteilhaftigkeitsüberlegungen  Erbauseinandersetzung
                                    Ehescheidung
```

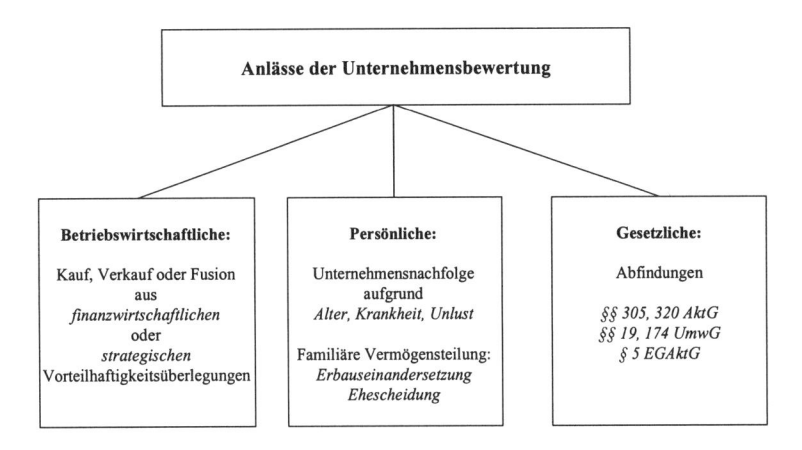

Abbildung 1-1: Anlässe der Unternehmensbewertung

Neben der Differenzierung von eigentums(struktur)ändernden Bewertungsfällen nach den Anlässen ist auch eine solche nach den abstrakten *Konfliktsituationen* möglich.[3] Die Grundtypen sind Konfliktsituationen der Art Kauf/Verkauf oder Fusion/Spaltung, nicht dominierte versus dominierte Konfliktsituationen, disjungierte versus jungierte Konfliktsituationen sowie eindimensionale versus mehrdimensionale Konfliktsituationen.

Unter die Konfliktsituation vom Typ *Kauf/Verkauf* fallen jene Anlässe, bei denen eine der Konfliktparteien (Verkäufer) das Eigentum am Bewertungsobjekt (Unternehmen oder Unternehmensanteil) zugunsten der anderen Konfliktpartei (Käufer) aufgibt und dafür vom Käufer eine Gegenleistung erhält. Eine Fusionssituation liegt vor, wenn die Konfliktparteien mehrere Unternehmen verschmelzen möchten und die Eigentümer der bisher selbständigen Teile dabei Eigentum an dem entstehenden neuen Ganzen

---

1 Vgl. HERING/OLBRICH, Mehrstimmrechte (2001), HERING/OLBRICH, Abfindung (2001), HERING/OLBRICH, Aktionärsabfindung (2001), HERING/OLBRICH, Siemens (2003), HERING/OLBRICH, Entschädigung (2003), HERING/OLBRICH, Unsicherheitsproblem (2003).

2 Überblicksdarstellungen mit weiteren möglichen Bewertungsanlässen finden sich in MANDL/RABEL, Unternehmensbewertung (1997), S. 14, DRUKARCZYK, Unternehmensbewertung (2003), S. 123, MATSCHKE/BRÖSEL, Unternehmensbewertung (2005), S. 62.

3 Zum Folgenden vgl. MATSCHKE, Entscheidungswert (1975), S. 30-55, MATSCHKE, Arbitriumwert (1979), S. 30-42, MATSCHKE/BRÖSEL, Unternehmensbewertung (2005), S. 75 ff.

erwerben. Der einer *Fusion* entgegengesetzte Fall heißt *Spaltung* (des Ganzen in mehrere Teile). Die Ermittlung des Entscheidungswertes bei Kauf, Verkauf, Fusion und Spaltung wird Hauptgegenstand des Kapitels 2 sein.

Dominierte und *nicht dominierte* Konfliktsituationen unterscheiden sich im Hinblick auf die einseitige Durchsetzbarkeit einer Änderung der Eigentumsverhältnisse des Bewertungsobjekts. In einer nicht dominierten Konfliktsituation besitzt keine der Konfliktparteien die Machtposition, die Eigentumsverhältnisse ohne Zustimmung der jeweils anderen Partei zu ändern. Falls jedoch die Transaktion auch gegen den erklärten Willen einer Partei durchgesetzt werden kann, spricht man von einer dominierten Konfliktsituation. Die dominierte Situation ist *fragmentiert*, wenn die dominierte oder die dominierende Partei nicht deckungsgleich ist mit entweder der Käufer- oder der Verkäuferpartei. Sofern sowohl die dominierte als auch die dominierende Partei jeweils genau mit entweder der Käufer- oder der Verkäuferpartei übereinstimmen, liegt eine *nicht fragmentierte* dominierte Konfliktsituation vor.[1]

Beispiele: Nicht dominiert ist der Fall freier Verhandlungen zwischen gleichberechtigten Partnern über den Kauf oder Verkauf von Unternehmen(steilen). Dominiert ist hingegen eine Bewertungssituation bei Ausscheiden eines Gesellschafters durch Tod (Erbauseinandersetzung), Kündigung oder Ausschluß.[2]

Eine verbundene oder *jungierte* Konfliktsituation ist dadurch gekennzeichnet, daß sich mindestens eine Verhandlungspartei gleichzeitig noch in anderen Kauf-, Verkauf- oder Fusionskonfliktsituationen befindet, woraus sich Auswirkungen auf den betrachteten Grenzpreis ergeben können.[3] Eine *disjungierte* oder unverbundene Konfliktsituation setzt voraus, daß die Parteien beide zeitgleich nur über eine einzige Transaktion verhandeln oder aber daß mit möglichen anderen Verhandlungen keinerlei Interdependenzen bestehen. Auf jungierte Situationen wird später noch exemplarisch eingegangen.

Wenn die Parteien lediglich über einen einzigen konfliktlösungsrelevanten Sachverhalt verhandeln – etwa den Preis bei einem Kauf/Verkauf oder die Beteiligungsquote bei einer Fusion –, spricht man von einer *eindimensionalen* Konfliktsituation. Sobald noch andere Sachverhalte zum Verhandlungsgegenstand werden, beispielsweise die Fortführung der Firma, die Übernahme des alten Personals, die Haftung für Altlasten, die Wahl des Sitzes der Gesellschaft oder die Schließung von Standorten, stellt sich die Konfliktsituation *mehrdimensional* dar. Die eine ein- oder mehrdimensionale Situation begründenden Verhandlungssachverhalte heißen *originär*. Dagegen stehen *derivative* konfliktlösungsrelevante Sachverhalte wie etwa die Wahl der Bewertungs-

---

[1] Zum Merkmal der Fragmentierung vgl. HERING/OLBRICH, Mehrstimmrechte (2001), S. 23-25.
[2] Vgl. DRUKARCZYK, Unternehmensbewertung (2003), S. 124 ff.
[3] Vgl. MATSCHKE, Entscheidungswert (1975), S. 336 ff.

1.2 Anlässe und Konfliktsituationen der Unternehmensbewertung 17

methode oder die Bemessung des Zinsfußes nur in einem Mittel-Zweck-Zusammenhang zu einem originären Sachverhalt, beispielsweise dem Kaufpreis.

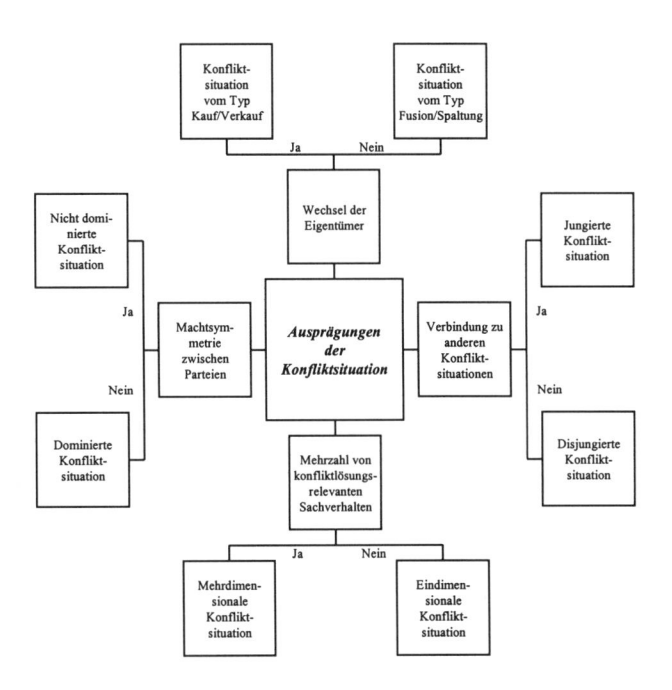

Abbildung 1-2: Konfliktsituationen der Unternehmensbewertung[1]

Das Modell des *mehrdimensionalen Entscheidungswertes* nach MATSCHKE[2] umfaßt im ersten Schritt die Bestimmung des maximalen Zielerreichungsgrades, der in der Ausgangssituation noch ohne eine Änderung der Eigentumsverhältnisse des zu bewertenden Unternehmens realisierbar ist. Im zweiten Schritt werden unter Berücksichtigung des Eintritts der Änderung der Eigentumsverhältnisse jene Ausprägungskombinationen aller konfliktlösungsrelevanten Sachverhalte ermittelt, die mit genau[3] dem maximalen Zielerreichungsgrad der Basissituation (erster Schritt) verbunden sind. Damit ist der mehrdimensionale Entscheidungswert als Grenze der Konzessionsbereitschaft bestimmt.

---

1 Abbildung entnommen aus *OLBRICH*, Unternehmungswert (1999), S. 13.

2 Vgl. im folgenden *MATSCHKE*, Entscheidungswert (1975), S. 356-390, *HERING*, Investition und Unternehmensbewertung (2002), S. 66 f.

3 Falls die Gleichheit der Zielerreichungsgrade aus Unstetigkeitsgründen nicht erzielbar ist, muß (per def., siehe Unterkapitel 1.1) für den Entscheidungswert gefordert werden, daß er gerade noch keinen schlechteren Zielwert liefert als das Basisprogramm.

Beispiel: Neben dem Preis p (≥ 0) einer Akquisition möge auch noch die Frage nach der Übernahme der älteren Mitarbeiter durch das kaufende Unternehmen (Ausprägungen: „ja" oder „nein") als konfliktlösungsrelevanter Sachverhalt Verhandlungsgegenstand sein. Der zweidimensionale Entscheidungswert des Käufers umfaßt dann die beiden Vektoren (p_1*, „ja") und (p_2*, „nein"), für die jeweils gilt, daß die Zielfunktion des Käufers sie als gleichwertig (oder gerade noch nicht schlechter) zu der Ausgangssituation ohne Übernahme des Akquisitionsobjekts ansieht. Aus der Sicht des Käufers wird die Übernahme der älteren Mitarbeiter u.U. zu einem Abschlag beim maximal zahlbaren Preis p* führen, weil die Bereitschaft der kurz vor der Pension stehenden Belegschaft, sich noch auf die neue Unternehmenskultur des Käufers einzustellen, möglicherweise gering ist. In diesem Falle wäre die Relation p_1* < p_2* plausibel.

Im Kapitel 2 soll vor allem der eindimensionale Fall mit dem Preis p (oder der Beteiligungsquote α) als einzigem konfliktlösungsrelevanten Sachverhalt behandelt werden. Dadurch tritt die Quantifizierung des Grenzpreises p* (oder der Grenzquote α*), welcher dann dem Entscheidungswert entspricht, in den Mittelpunkt der Betrachtung. Die Vielzahl möglicher Konfliktsituationen der Unternehmensbewertung zwingt im folgenden zur Konzentration auf besonders wichtige und lehrreiche Konstellationen. Vertiefungen finden sich in der längst unübersichtlich gewordenen einschlägigen Literatur.[1] Es gibt übrigens neu gegründete (und teils schon wieder eingestellte) (Praktiker-)Zeitschriften, die sich nur oder doch ganz wesentlich mit (Spezial-)Problemen der Unternehmensbewertung befassen.

1.3 Nebenzweige der Unternehmensbewertung

Neben den noch ausführlich darzustellenden Bewertungsverfahren, welche sich investitions- und finanzierungstheoretischer Modelle bedienen, existiert noch eine Klasse theoretisch *unfundierter* Verfahren.[2] Da diese überholten Verfahren aber durchaus einmal sehr große praktische Verbreitung genossen haben und auch heute noch in der Argumentationsfunktion oder in Nebenfunktionen[3] der Unternehmensbewertung immer wieder auftauchen können, sollten sie dem Bewerter dennoch zumindest bekannt sein.[4]

---

1 Zu verweisen ist insbesondere auf das umfassende Kompendium der funktionalen Bewertungslehre, *MATSCHKE/BRÖSEL*, Unternehmensbewertung (2005), und die darin genannten weiteren Quellen.

2 Zum Folgenden vgl. *HERING*, Investition und Unternehmensbewertung (2002), S. 80 f.

3 Vgl. oben, Unterkapitel 1.1.

4 Zur detaillierten Kritik an den unfundierten Verfahren vgl. z.B. *MANDL/RABEL*, Unternehmensbewertung (1997), S. 258 ff., *OLBRICH*, Börsenkurs (2000).

1.3 Nebenzweige der Unternehmensbewertung

Vor dem Hintergrund des Unsicherheitsproblems bei der Schätzung von Zukunftserfolgen flüchteten sich viele Bewerter bis weit in die zweite Hälfte des vergangenen Jahrhunderts hinein in schematisiert berechenbare Werte auf der Basis von Bilanzen oder Vermögensaufstellungen. Die Tatsache, daß solche *Substanzwerte* in Gestalt von *Wiederbeschaffungs-* oder *Liquidationspreisen* einzelner Vermögensgegenstände vordergründig leichter ermittelbar sein mögen als die dem Unternehmen zukünftig entziehbaren Zahlungsströme, darf jedoch nicht darüber hinwegtäuschen, daß sie für die Ermittlung des Entscheidungswerts irrelevant sind. „Für das Gewesene gibt der Kaufmann nichts", lautet ein geflügeltes Wort.[1] Wenn es unmöglich oder auch nur technisch oder wirtschaftlich unzweckmäßig ist, Vermögensteile in der vorliegenden Form erneut zu beschaffen, ergibt es keinen Sinn, Wiederbeschaffungswerte zu ermitteln. Und wenn der Betrieb fortgeführt werden soll, kann auch sein Liquidations- oder Zerschlagungswert keine sinnvolle Richtschnur für den Grenzpreis sein. Aufgrund der Marktenge für gebrauchte oder technisch-wirtschaftlich veraltete Vermögensgegenstände dürfte es schließlich gar nicht immer einfach sein, Wiederbeschaffungs- oder Liquidationswerte zu schätzen. Die vermeintlich größere numerische Präzision eines Substanzwerts gegenüber einem Zukunftserfolgswert (Ertragswert)[2] erweist sich dann als trügerisch.

Sowohl finanzwirtschaftliche *Vollreproduktionswerte* (*Vollrekonstruktionswerte* im Sinne der für eine identische Nachbildung des zukünftigen Ausschüttungsstroms erforderlichen Auszahlungsbarwerte) als auch Liquidationswerte (im Falle einer beabsichtigten Zerschlagung des Unternehmens) entsprechen unter bestimmten Bedingungen durchaus Entscheidungswerten. In genau solchen Fällen handelt es sich aber jeweils zugleich um spezielle finanzwirtschaftliche Ertragswerte.[3]

Kombinationswerten als gewogenen Mitteln von Ertrags- und Substanzwerten kommt keinerlei Entscheidungsrelevanz zu, ebensowenig den bei manchen Praktikern beliebten, auf (z.B. Umsatz-) *Multiplikatoren* beruhenden einfachen „Daumenformeln". Das gleiche gilt schließlich auch für die mehr oder weniger willkürlichen *Vergleichswerte*,

---

1 Zitiert z.B. bei MÜNSTERMANN, Wert und Bewertung (1966), S. 21.

2 Die in der Literatur seit langem eingebürgerten Begriffe Zukunftserfolgswert und Ertragswert sind beide nicht recht glücklich gewählt, sollen aber dennoch als gewachsene Fachbegriffe in diesem Buch verwendet werden: *Wert* ist schon *per def.* nur an der Zukunft orientiert (siehe das zitierte geflügelte Wort und Unterkapitel 1.1), so daß „Zukunftserfolgswert" einen Pleonasmus darstellt. „Ertragswert" ist – besonders regelmäßig für Studenten – mißverständlich: Schon die Altvorderen meinten stets die Differenz von Erträgen und Aufwendungen, also den *Erfolg* (oder Gewinn), wenn sie im Zusammenhang mit der Unternehmensbewertung verkürzend vom Ertrag sprachen. (Ähnlich spricht man bis heute gerne verkürzend von der Kostenrechnung, auch wenn die Kosten- und Leistungsrechnung gemeint ist.) Nach heutigem Stand der Theorie bezeichnet der Ertragswert einen Bruttokapitalwert, also einen aus Zahlungs- statt aus Erfolgsgrößen abgeleiteten finanzmathematischen Barwert (dies im Vorgriff auf Kapitel 2).

3 Vgl. unten, Unterabschnitte 2.2.2.3 und 2.2.3.3, sowie MATSCHKE/BRÖSEL, Unternehmensbewertung (2005), S. 259 ff., SIEBEN, Substanzwert (1963).

welche auf Preisen aktueller Transaktionen anderer Gesellschaften oder schlicht auf *Börsenkursen* beruhen.[1] Alle derartigen Verfahren gewichten die gewollte Einfachheit der Methode schwerer als die Brauchbarkeit des Ergebnisses und sprechen sich allein dadurch schon ihr eigenes Urteil.[2]

Abschließend sei noch auf das *Stuttgarter Verfahren* hingewiesen, das im Rahmen der Steuerbemessungsfunktion zur möglichst einfachen und standardisierten Schätzung des „gemeinen Werts"[3] für die Substanzbesteuerung weite Anwendung findet.[4] Um ein Verfahren zur Ermittlung des Entscheidungswerts handelt es sich bei diesem substanzwertorientierten Vorgehen natürlich nicht.

Nachdem die begrifflichen Grundlagen geklärt sind, sollen in den folgenden beiden Kapiteln die Hauptzweige der finanzwirtschaftlichen Unternehmensbewertung detaillierter analysiert, miteinander verglichen und nach den Maßstäben der funktionalen Bewertungslehre beurteilt werden. Um die Darstellung auf das Wesentliche beschränken zu können, sei von Spezialproblemen (wie beispielsweise der Wahl der optimalen Beteiligungsquote[5] oder der Einbeziehung unternehmungskultureller[6] und umweltrechtlicher[7] Aspekte) und auch von einer detaillierten Abbildung des Steuersystems[8] abstrahiert. Betrachtet wird die Bewertung eines ganzen Unternehmens (oder einer Beteiligung in bereits festgelegter Höhe). Es versteht sich leicht, daß Substanzwerte, steuerliche Werte, „objektive" und andere Praktikerwerte keinen Platz in einer finanzwirtschaftlichen Unternehmensbewertung haben, da sie „nichts über zukünftige Zahlungen aussagen"[9].

---

1 Vgl. OLBRICH, Börsenkurs (2000), OLBRICH, Elektronisches Geschäft (2002), S. 688 ff.

2 Vgl. MATSCHKE/BRÖSEL, Unternehmensbewertung (2005), S. 429 ff., 455, 544 ff.

3 Preußisches Allgemeines Landrecht von 1794: „Der Nutzen, welchen die Sache einem jeden Besitzer gewähren kann, ist ihr gemeiner Werth."

4 Zum „Stuttgarter Verfahren" vgl. z.B. SCHNEELOCH, Besteuerung (2003), S. 376 ff., MATSCHKE/ BRÖSEL, Unternehmensbewertung (2005), S. 447 ff.

5 Vgl. hierzu KROMSCHRÖDER, Unternehmungsbewertung und Risiko (1979), S. 26 f.

6 Vgl. hierzu OLBRICH, Unternehmungswert (1999).

7 Vgl. TILLMANN, Unternehmensbewertung (1998) sowie KLINGELHÖFER, Entsorgung (2000), KLINGELHÖFER, Umweltschutzinvestitionen (2004).

8 Vgl. hierzu DIRRIGL, Bewertung von Beteiligungen (1988), WAMELING, Steuern (2004) sowie zu einem Einzelaspekt unten, Anhang 2.

9 BALLWIESER, Komplexitätsreduktion (1990), S. 31.

2. Kapitel

Investitionstheoretische Unternehmensbewertung

2 Investitionstheoretische Unternehmensbewertung

2.1 Rahmenbedingungen investitionstheoretischer Unternehmensbewertung

2.1.1 Die zugrunde gelegte Entnahmezielsetzung

Der von Vertretern der betriebswirtschaftlichen Theorie und Praxis in den neunziger Jahren des vergangenen Jahrhunderts stark propagierte „Shareholder Value" (Eigentümerwert des Unternehmens) weist viele Merkmale eines Modebegriffs auf. Im Grunde besagt er nichts weiter, als daß ein Unternehmen nach den monetären Zielen seiner Eigentümer zu führen sei.[1] So erwarten beispielsweise Aktionäre neben einer angemessenen Dividende vor allem eine zufriedenstellende Kurssteigerung ihrer an der Börse gehandelten Aktien.[2]

Vergleichbare Zielsetzungen sind in der Investitionstheorie schon seit Jahrzehnten bekannt. Bereits 1964 formulierte HAX einen Ansatz, der die Maximierung des Endvermögens (Endwerts) unter der Nebenbedingung regelmäßiger Ausschüttungen an die Eigentümer vorsieht.[3] Das Endvermögen entspricht als Endausschüttung(smöglichkeit) dem Unternehmenswert am Planungshorizont. Falls das Unternehmen eine Aktiengesellschaft ist, wird es von der Börse um so höher bewertet, je größer das angehäufte Endvermögen ausfällt. Die fest vorgegebenen Konsumentnahmen der Eigner entsprechen den Dividendenzahlungen im „Shareholder Value"-Ansatz. Auch die Theorie der Unternehmensbewertung hat die Zielsetzung einer eignerbezogenen Ausschüttungsmaximierung schon frühzeitig übernommen.[4] Aus Sicht der investitionstheoretischen Unternehmensbewertung kredenzt der „Shareholder Value"-Ansatz daher nur „alten Wein in neuen Schläuchen".

---

1 Vgl. *ALBACH*, Shareholder Value (1994), S. 273, *BALLWIESER*, Shareholder Value (1994), S. 1379; zu den Merkmalen einer Mode in der Betriebswirtschaftslehre vgl. *KIESER*, Moden und Mythen (1996), S. 23.

2 Vgl. z.B. *GOMEZ*, Shareholder Value (1995), Sp. 1721.

3 Vgl. *HAX*, Investitions- und Finanzplanung (1964), S. 435 f. Die Orientierung an der Zielsetzung der Anteilseigner ist auch aus Sicht der Finanzierungstheorie nicht neu; vgl. z.B. *KROMSCHRÖDER*, Unternehmungsbewertung und Kapitalstruktur (1973), S. 453.

4 Vgl. *KÄFER*, Bewertung der Unternehmung (1946), *BUSSE VON COLBE*, Zukunftserfolg (1957), *MÜNSTERMANN*, Wert und Bewertung (1966), *LAUX/FRANKE*, Bewertung von Unternehmungen (1969), S. 207 f., *SCHREIBER*, Unternehmensbewertung (1983), S. 79 und 87, *BALLWIESER*, Shareholder Value (1994), S. 1391, *BALLWIESER*, Unternehmensbewertung (1995), Sp. 1869.

Natürlich läßt es sich kritisieren, Konsumentnahmen in bestimmter Höhe als Nebenbedingung vorzusehen, anstatt sie unter Berücksichtigung der Nutzenfunktionen der Eigner simultan mit den Investitions- und Finanzierungsentscheidungen festzulegen, wie es z.B. im HIRSHLEIFER-Modell[1] geschieht.[2] Konsumnutzenfunktionen stellen allerdings für Entscheidungsmodelle kein praktikables Konzept dar und lassen sich erst recht nicht ermitteln, wenn eine Vielzahl von Eignern vorliegt.[3] Ein Entnahmeziel, welches entweder das Endvermögen oder die Konsumausschüttungen zu maximieren trachtet und dabei die jeweils andere Größe fest vorgibt, kommt den Interessen der Eigner in bezug auf Vermögen und Einkommen prinzipiell entgegen und besitzt dabei den Vorzug der Operationalität und Flexibilität.[4] Es korrespondiert außerdem mit dem beobachtbaren Verhalten deutscher Aktiengesellschaften, möglichst eine feste Dividende (z.B. 20% auf das Grundkapital) zu zahlen und im übrigen zugunsten des zu maximierenden Endvermögens oder Kurswerts zu thesaurieren. Steuerliche Präferenzen der Aktionäre lassen sich dabei nur grob berücksichtigen;[5] eine stetige Dividendenpolitik erleichtert den Eignern allerdings ihre Planung. Das mehrheitlich gewünschte Verhältnis von Ausschüttung zu Thesaurierung kann durchaus auf den Hauptversammlungen in Erfahrung gebracht werden.

Der Entscheidungswert eines Unternehmens hängt von dem verfolgten unternehmerischen Ziel ab.[6] Eine pragmatische Umsetzung der Eigentümerorientierung führt aber, wie gezeigt, auf die beiden in der Investitionstheorie bekannten Varianten der Wohlstandsmaximierung bei unvollkommenem Kapitalmarkt. Streben nach Wohlstand beinhaltet den Wunsch, das Vermögen zu mehren und gleichzeitig über ein hohes Einkommen zu verfügen.[7] Damit existieren zwei grundsätzliche, im allgemeinen nicht äquivalente Möglichkeiten zur Operationalisierung der Entnahmezielsetzung:

---

1 Vgl. HIRSHLEIFER, Optimal Investment Decision (1958), MATSCHKE, Investitionsplanung (1993), S. 86-95.

2 Vgl. DRUKARCZYK, Konsumpräferenz (1970), S. 82 f., LEUTHIER, Interdependenzproblem (1988), S. 47-50.

3 Dieser Einwand trifft auch das Modell von LAUX, welches den Nutzen des Endvermögens maximiert. Vgl. LAUX, Unternehmensbewertung (1971). Zu verschiedenen entscheidungstheoretischen (Ziel-)Konzepten der Unternehmensbewertung vgl. BAMBERG/DORFLEITNER/KRAPP, Intertemporale Abhängigkeitsstruktur (2004).

4 Vgl. KROMSCHRÖDER, Unternehmungsbewertung und Risiko (1979), S. 26, LEUTHIER, Interdependenzproblem (1988), S. 107 f., SPECKBACHER, Shareholder Value (1997), S. 631. Als weitere Restriktion kann z.B. auch die Ertragswerterhaltung gefordert werden; vgl. HELLWIG, Bewertung (1987), S. 138-141.

5 Vgl. RICHTER, Finanzierungsprämissen (1996), S. 1086 f.

6 Vgl. MATSCHKE, Gesamtwert (1972), S. 147.

7 Vgl. SCHNEIDER, Investition (1992), S. 65.

1. *Vermögensmaximierung*. Unter der Nebenbedingung eines fest vorgegebenen Einkommensstroms wird dasjenige Investitions- und Finanzierungsprogramm gesucht, welches eine maximale Geldausschüttung gemäß der Konsumpräferenz ermöglicht. Für jeden Zeitpunkt ist ein Gewichtungsfaktor vorzugeben, der die subjektive Wertschätzung einer Ausschüttung (Konsumentnahme) in Relation zu den anderen möglichen Ausschüttungszeitpunkten widerspiegelt. Die Zielfunktion entspricht der Summe der gewichteten Entnahmebeträge. Als wichtigster Spezialfall der Vermögensmaximierung gilt die Endvermögens- oder *Endwertmaximierung*: Sie liegt vor, wenn Ausschüttungen am Ende des Planungszeitraums mit eins und zu allen übrigen Zeitpunkten mit null gewichtet werden. Bei offenem Entscheidungsfeld kommt es u.U. nie zur tatsächlichen Ausschüttung des Endvermögens, weil sich der Planungshorizont im Zeitablauf in die Zukunft vorschiebt. In jedem Planungsdurchlauf wird also nach verbessertem Informationsstand stets nur eine hypothetische Endausschüttung und damit insgesamt der (langfristige) Unternehmenswert maximiert.

2. *Einkommensmaximierung*. Unter der Nebenbedingung fest vorgesehener Ausschüttungen zu einzelnen Zeitpunkten (insbesondere am Planungshorizont) wird das Ziel verfolgt, die Breite eines Entnahmestroms mit gegebener Struktur zu maximieren. Im einfachsten Fall eines „uniformen" Entnahmestroms steht den Eignern in jeder Periode der gleiche Betrag als Einkommen neben den fixen Entnahmen zur Verfügung.

Welche Zielsetzung die Unternehmensleitung verfolgen soll, hängt von den individuellen, subjektiven Präferenzen der Anteilseigner ab. Durch ein in der Restriktion für den Planungshorizont enthaltenes Mindestendvermögen läßt sich ggf. gewährleisten, daß zügellose Konsumwünsche der Eigner nicht ungewollt in Konflikt mit dem strategischen Oberziel geraten, das Unternehmen als langfristig attraktive Einkommensquelle zu erhalten.

2.1.2 Das individuelle Entscheidungsfeld

Die Kenntnis der Zielsetzung ist für die Ermittlung des Entscheidungswerts allein noch nicht hinreichend. Als mindestens ebenso bestimmend erweist sich das Entscheidungsfeld, welches durch die individuellen Handlungsmöglichkeiten und Restriktionen des Bewertungssubjekts abgegrenzt wird.[1] Nach der von HERMANN HEIN-

---

[1] Vgl. MATSCHKE, Gesamtwert (1972), S. 147, KROMSCHRÖDER, Unternehmungsbewertung und Kapitalstruktur (1973), S. 454, MOXTER, Unternehmensbewertung (1983), S. 23, 142, LEUTHIER, Interdependenzproblem (1988), S. 38-40, MATSCHKE, Mehrdimensionale Entscheidungswerte (1993), S. 3.

RICH GOSSEN[1] und CARL MENGER[2] begründeten *subjektiven Wertlehre* ergibt sich der Wert eines Gutes aus seinem *Grenznutzen* im Hinblick auf die zugrunde gelegte Zielsetzung. Dieser Grenznutzen ist aber nicht objektiv, sondern lediglich individuell, d.h. nach den ureigenen Vorstellungen des Bewertungssubjekts definierbar.[3]

So wird beispielsweise sehr häufig ein Gut subjektiv als um so wertvoller angesehen, je weniger davon verfügbar ist (Gesetz des abnehmenden Grenznutzens).[4] Ein Unternehmen, das bisher keine positiven Verbundeffekte realisiert, bewertet deshalb eine Akquisitionsmöglichkeit mit produktionswirtschaftlichen Synergien höher als ein anderes Unternehmen, das bereits über derartige Synergien verfügt. Ebenso wird ein geschickter Unternehmer ein und derselben Handlung möglicherweise günstigere Zahlungskonsequenzen beimessen als ein ungeschickter. Unterschiedliche persönliche Steuersätze, (nicht) ausgeschöpfte Freibeträge und (ggf. nicht) nutzbare Verlustvorträge gestalten den konsumzielrelevanten Nach-Steuer-Zahlungsstrom einer wirtschaftlichen Betätigung jeweils steuersubjektindividuell. Ein Bewertungsobjekt kann daher aus vielen Gründen für verschiedene Bewertungssubjekte durchaus sehr unterschiedliche Nettozahlungskonsequenzen zeitigen. Da das Ganze oftmals mehr ist als die Summe seiner Teile, kann der bewertungsrelevante subjektive Gesamtzahlungsstrom eines Unternehmens nicht aus Zahlungsströmen einzelner Unternehmensteile oder Werten einzelner Wirtschaftsgüter additiv ermittelt werden, sondern resultiert unter Einschluß sämtlicher Steuer- und Synergieeffekte aus einer *Gesamtbewertung* der Wirtschaftseinheit.[5]

---

1 Vgl. GOSSEN, H.H., Gesetze (1854). Etwas unbescheiden vergleicht GOSSEN auf S. V die Bedeutung seiner „Gesetze des menschlichen Verkehrs" mit derjenigen der Erkenntnisse des KOPERNIKUS.

2 Vgl. MENGER, Volkswirtschaftslehre (1871).

3 Zur subjektiven Wertlehre vgl. STREIßLER, Carl Menger (1997), KOLB, Grenznutzenlehre (2001); speziell für die Unternehmensbewertung vgl. schon KREUTZ, Wertschätzung (1909), S. 31, BERLINER, Wert des Geschäfts (1913), S. 12 f., 25, MIRRE, Ertragswert (1913), S. 156 ff., 160, 165, LIEBERMANN, Ertragswert (1923), S. 5 f., 59 ff., 75, RICHTER, Bewertung (1942), S. 106. Häufig zu findende Darstellungen, denen zufolge am Anfang der Unternehmensbewertungslehre eine objektive Wertauffassung gestanden habe, sind unrichtig; vgl. dazu auch HENSELMANN, Unternehmenswert (1999), S. 19, Fußnote 51.

4 Vgl. ADAM, Kostenbewertung (1970), S. 30-33. Alltagsbeispiele bemühen oft den Wert eines Glases Wasser für den in der Wüste Durstenden oder das Nachfrageverhalten eines Biertrinkers in der Kneipe: Das erste Bier hat für den Gast einen höheren Wert als das letzte, welches er zu sich nimmt; ab einer bestimmten Bierausstattung fragt der Kneipenbesucher nichts mehr nach, weil der subjektive Bierwert inzwischen den objektiven Bierpreis (konstant gegeben gemäß Speisekarte) unterschritten hat und das Weitertrinken somit einen negativen „Kapitalwert" stiften würde. Der abnehmende *Wert* ist streng zu unterscheiden vom gleichbleibenden *Preis*.

5 Zum Gesamtbewertungsgrundsatz vgl. schon MIRRE, Ertragswert (1913), S. 167, AULER, Wirtschaftseinheit (1926), S. 42.

Der schon subjektive (Gesamt-)Zahlungsstrom des zu bewertenden Objekts fließt noch dazu in ein subjektives Entscheidungsfeld ein, so daß seine Wertschätzung zusätzlich auch davon abhängt, mit welchen individuellen Opportunitäten er zu vergleichen ist. Selbst ein und derselbe Zahlungsstrom braucht in verschiedenen Entscheidungsfeldern nicht den gleichen Wert zu besitzen, da er mit womöglich unterschiedlichen Grenzverwendungen (Opportunitäten) konkurriert: Ein verschuldetes Bewertungssubjekt könnte beispielsweise mit einer zusätzlichen Geldeinheit einen teuren Kredit tilgen, während ein unverschuldetes mit dem gleichen Zahlungsmittelzufluß nur eine mäßig verzinsliche Geldanlage tätigte. Da, wie sich zeigen wird, der Wert eines Zahlungsstroms von seiner Grenzverwendung abhängt, bedeuten unterschiedliche Grenzverwendungen auch unterschiedliche Werte.

Zusammenfassend ergibt sich der Wert eines Gutes aus der subjektiven Zielsetzung im Zusammenwirken mit dem individuellen Entscheidungsfeld des Bewertungssubjekts. Dieses individuelle (d.h. subjektive) Entscheidungsfeld umfaßt die derzeitige Güterausstattung des Bewertungssubjekts sowie die Gesamtheit seiner Handlungsmöglichkeiten, weitere Güter zu erwerben oder zu veräußern und auf diese Weise die Knappheitsrelationen zu verändern. Aus Sicht der finanzwirtschaftlichen Unternehmensbewertung entspricht das Entscheidungsfeld dem finanziellen Aktionsraum, der in erster Linie durch die strikte Nebenbedingung der jederzeitigen Zahlungsfähigkeit (Liquidität) begrenzt wird. Zusätzlich können von Fall zu Fall weitere Restriktionen wirken, z.B. Kreditbeschränkungen, Ausschlußbedingungen bei Wahlproblemen, Ganzzahligkeitsforderungen, Grundsatz-I-Beschränkungen bei Kreditinstituten, freiwillige Kapitalstrukturrestriktionen oder steuerliche Limitierungen (Freibeträge).[1]

Sofern das Entscheidungsfeld durch die Bedingungen eines vollkommenen Kapitalmarkts bei Sicherheit gekennzeichnet ist, steht der Knappheitspreis der Liquidität (Lenkzins des Kapitals) für den Bewerter ex ante fest: Der Kalkulationszins ist in diesem Falle ein Marktdatum.[2] Wenn die Annahme sicherer Erwartungen fällt, läßt sich der periodenspezifische Zins i.d.R. nur noch als Bandbreite schätzen. Sobald zusätzlich Kapitalmarktunvollkommenheiten bestehen, kann nicht einmal mehr die Opportunität ex ante identifiziert werden. Der Kalkulationszins wird dann zu einer *subjektiven* Größe, einem Lenkpreis, dessen Quantifizierung von der verfolgten Zielsetzung und dem Entscheidungsfeld abhängt. SCHMALENBACH bezeichnete einen derartigen Grenzzins als *optimale Geltungszahl* und die Lenkpreissteuerung der betrieblichen Entscheidungen als *pretiale Lenkung*.[3] Die Beschaffenheit des Entscheidungsfeldes bestimmt, ob die Bewertung von Zahlungsströmen vergleichsweise einfach ist (vollkommener Markt) oder beachtliche Probleme aufwirft (unvollkommener Markt).

---
1 Vgl. HERING, Investitionstheorie (2003), S. 185 ff., HERING, Zinsfreibetrag (1998).
2 Vgl. FISHER, Theory of Interest (1930).
3 Zur pretialen Lenkung vgl. SCHMALENBACH, Über Verrechnungspreise (1909), SCHMALENBACH, Pretiale Lenkung (1947); zur optimalen Geltungszahl als Grenzzins des Kapitals vgl. ebenda, S. 86 und JAENSCH, Wert und Preis (1966), S. 26-32, MATSCHKE, Lenkungspreise (1993).

Leider sind Unternehmensbewertungen im Normalfall unter den Bedingungen eines unvollkommenen Kapitalmarkts durchzuführen,[1] mit der Konsequenz, daß neben den realwirtschaftlichen Elementen des Entscheidungsfeldes auch die finanziellen Opportunitäten von der individuellen Situation des Bewertungssubjekts abhängen. Eine vereinfachte Bewertung von Zahlungsströmen ist dann nicht mehr möglich. Kapitalmarktunvollkommenheiten wie z.B. Kreditbeschränkungen und Unterschiede zwischen Soll- und Habenzins lassen sich vielfach durch Informationsasymmetrien und Transaktionskosten erklären.[2] Sie sind bis zu einem gewissen Grade selbst für Großunternehmen unausweichlich und bilden vor allem auch für mittelständische Bewertungssubjekte ein wesentliches Charakteristikum des Entscheidungsfeldes.[3]

Nachdem der Bewerter die individuell maßgeblichen real- und finanzwirtschaftlichen Handlungsmöglichkeiten und -beschränkungen ermittelt hat, steht er noch vor einer letzten Schwierigkeit: der Offenheit des Entscheidungsfeldes.[4] Die pragmatische Wahl eines Planungshorizontes und die Festlegung einer Bewertungsmethode für das Endvermögen erfolgen notwendigerweise subjektiv, denn ein anderes Vorgehen ist schlechterdings nicht begründbar. Im so abgegrenzten Planungszeitraum sind weder alle Variablen und Restriktionen bekannt, noch können den einzelnen Handlungsmöglichkeiten eindeutige Zahlungskonsequenzen zugeschrieben werden. Künftige unsichere Rückflüsse von Investitionen, spätere Finanzierungsmöglichkeiten, ungewisse Lohn- und Zinsänderungen usw. determinieren den für die Bewertung allein ausschlaggebenden *Zukunftserfolg*. Der Entscheidungswert leitet sich aus dem vom Bewertungssubjekt für die Zukunft erwarteten Geschehen ab.[5]

Grenzpreiseigenschaft, Zukunftsbezug, Unsicherheit und Subjektivität des Werts sind – entgegen mancherlei Darstellungen nicht nur in der Lehrbuchliteratur – keine Erfin-

---

1 Vgl. COENENBERG, Unternehmensbewertung (1992), S. 100 f., SIEBEN/SCHILDBACH, Bewertung ganzer Unternehmungen (1979), S. 460, LEUTHIER, Interdependenzproblem (1988), S. 176-181, DRUKARCZYK, Finanzierung (1993), S. 38-44.

2 Vgl. AKERLOF, Lemons (1970), S. 500, SWOBODA, Finanzierung (1994), S. 103, SCHMIDT/TERBERGER, Investitions- und Finanzierungstheorie (1997), S. 389 ff., VINCENTI, Unternehmensbewertung (2002).

3 Vgl. z.B. BURCHERT/HERING/HOFFJAN, Mittelstand (1998).

4 Vgl. oben, Unterkapitel 1.1.

5 Zur Zukunfts(erfolgs)bezogenheit der Unternehmensbewertung vgl. VON OEYNHAUSEN, Kapitalwert von märkischen Steinkohlenzechen (1822), S. 306, FAUSTMANN, Wert (1849), S. 442, FAUSTMANN, Geldwert (1854), S. 81-84, FREYBERG, Wertbestimmungen (1907), KREUTZ, Wertschätzung (1909), S. 34, PÜTZ, Wertschätzung (1911), S. 89 f., SCHMALENBACH, Wert des Geschäftes (1912), S. 36, BERLINER, Wert des Geschäfts (1913), S. 9 ff., 25, MIRRE, Ertragswert (1913), S. 175, STRATE, Erwerb (1915), S. 12 f., SCHMALENBACH, Werte von Unternehmungen (1917), S. 1-4 und S. 11, NUTHMANN, Kauf (1922), S. 8, LIEBERMANN, Ertragswert (1923), S. 79, AXER, Verkaufswert (1932), S. 6, BRANDTS, Bewertung (1934), S. 3, BERGER, Geschäftswert (1941), S. 301, RICHTER, Bewertung (1942), S. 109 f., BUSSE VON COLBE, Zukunftserfolg (1957), S. 5.

2.1 Rahmenbedingungen investitionstheoretischer Unternehmensbewertung 29

dungen des 20. Jahrhunderts.[1] Als Beleg sei der erste Absatz einer fast 200 Jahre alten Abhandlung des Ober-Bergamts-Referendarius CARL VON OEYNHAUSEN zu Dortmund zitiert, die sich der Bewertung von Steinkohlenzechen des westfälisch-märkischen Reviers widmet:

„Jede Taxe, oder Berechnung des Kapitalwerthes, soll den wahren Geldwerth des zu taxirenden Gegenstandes, nach den Verhältnissen des gemeinen Lebens ausmitteln; nicht aber einen imaginairen, oder einen solchen, den er als Handels- oder Spekulationswaare haben könnte. Eine gute Taxe soll so beschaffen seyn, daß der Käufer, welcher nach derselben kauft, weder Gewinn noch Verlust hat. Liegt bei Verkäufen eine gute Taxe zum Grunde, so wird ein vorsichtiger Käufer nie den ganzen Taxwerth bieten, denn jede Taxe geht von Wahrscheinlichkeiten aus und ist daher ihrer Natur nach mehr oder weniger unsicher. Ein vorsichtiger Käufer kann daher mit Recht einigen Gewinn für sein Risiko verlangen; da dieser aber unbestimmt ist, und von dem größeren oder geringeren Muth des Käufers abhängt, so ist es der Zweck einer guten Taxe, die äußerste Summe zu bestimmen, welche bei vernünftigen Speculationen gewagt werden darf."[2]

Eine Vergangenheitsanalyse kann allenfalls Anhaltspunkte oder Plausibilitätskontrollen für die Schätzung künftiger unsicherer Größen liefern; ihre Verläßlichkeit ist aber i.a. um so geringer, je dynamischer und sprunghafter sich die zu prognostizierende Größe entwickelt. Dennoch bilden die Kenntnis und Analyse der Vergangenheit i.d.R. eine gute Basis für fundierte Prognosen.[3] Um einen künftigen Zahlungsstrom im Rahmen des Entscheidungsfeldes zu quantifizieren, bedarf es *subjektiver Annahmen* über die Bandbreite und ggf. auch die Verteilung der Zahlungsgrößen.[4] Sofern für bestimmte Güter Versicherungen oder Terminmärkte bestehen, läßt sich die Unsicherheit durch Abschluß entsprechender Geschäfte zum Marktpreis reduzieren. Ob solche Versicherungs- oder Termingeschäfte allerdings betriebswirtschaftlich vorteilhaft sind, hängt ausschließlich von der ex post eingetretenen Situation ab, die dem anonymen Markt ex ante genauso verborgen ist wie einem einzelnen Bewertungssubjekt. Die Existenz von Terminmärkten löst nicht das individuelle Prognoseproblem.[5]

Zusammenfassend gilt: Das schon im Ansatz individuell definierte, offene Entscheidungsfeld wird durch subjektiv plausibel erscheinende Annahmen künstlich geschlossen. Die Mehrwertigkeit der Zukunftserwartungen des Bewertungssubjekts läßt sich dabei durch nichts aus der Welt schaffen und muß beim Bewertungsvorgang Berücksichtigung finden. Im Zusammenhang mit Zielsetzung und Entscheidungsfeld erfol-

---

1 Vgl. *HERING*, Quo vadis? (2004), S. 108.
2 *VON OEYNHAUSEN*, Kapitalwert von märkischen Steinkohlenzechen (1822), S. 306.
3 Vgl. *MOXTER*, Unternehmensbewertung (1983), S. 97-99.
4 Zur Notwendigkeit einer Bandbreitenschätzung vgl. *MOXTER*, Unternehmensbewertung (1983), S. 116 f.
5 Vgl. oben, Unterkapitel 1.1 und unten, Unterabschnitt 3.3.2.2.3.

gen so viele subjektive Komplexitätsreduktionen, daß der daraus abzuleitende Entscheidungswert lediglich als subjektive Bandbreite und nicht als eindeutiger oder gar objektiver Wert interpretiert werden darf. Der Entscheidungswert gilt nur für das Bewertungssubjekt und die Bewertungssituation im Bewertungszeitpunkt.

2.1.3 Die Rechengröße

Aus finanzwirtschaftlicher Sicht läuft eine Unternehmensbewertung auf die Beurteilung eines zukünftigen, unsicheren Zahlungsstromes hinaus, der zwischen dem Unternehmen und seinen Eigentümern fließt. Als Rechengröße dienen demnach *Zahlungen*, und zwar die Geldausschüttungen des Unternehmens an die Anteilseigner (einschließlich eventueller Zahlungen aus Synergieeffekten oder anderen Finanzwirkungen im Entscheidungsfeld, die durch das Unternehmen verursacht werden, aber außerhalb von ihm angesiedelt sind). Einlagen der Anteilseigner werden als negative Geldentnahmen mit den Ausschüttungen verrechnet. Bewertungsrelevant ist also die durch das Bewertungsobjekt „Unternehmen" ausgelöste Änderung der Nettozahlungsposition im Entscheidungsfeld des Bewertungssubjekts „Eigentümer".[1]

Die ältere Literatur rechnet nicht mit Zahlungen, sondern mit Erfolgsgrößen wie dem Gewinn, dem „Reinertrag" oder dem Betriebsergebnis.[2] Erfolgsgrößen haben durchaus ihre Berechtigung, insoweit sie den Zahlungsstrom beeinflussen. Beispielsweise benötigt auch die finanzwirtschaftliche Unternehmensbewertung Planbilanzen und Plan-Gewinn-und-Verlustrechnungen, um die Bemessungsgrundlagen für die zahlungswirksamen Ertrag- und Substanzsteuern schätzen zu können.[3] Der Nachteil von Erfolgsgrößen besteht jedoch darin, daß sie nicht ohne Nebenrechnungen mit dem in Zahlungsgrößen ausgedrückten Konsumentnahmeziel der Eigner kompatibel sind. Die Zielsetzung basiert auf Entnahmen, während es beim Gewinn zunächst offenbleibt, in welchem Umfang eine Ausschüttung an die Eigner erfolgt.

---

1 Vgl. BERLINER, Wert des Geschäfts (1913), S. 25, AULER, Wirtschaftseinheit (1926), S. 42, RICHTER, Bewertung (1942), S. 109, KÄFER, Bewertung der Unternehmung (1946), S. 18 f., MÜNSTERMANN, Wert und Bewertung (1966), S. 151, MOXTER, Unternehmensbewertung (1983), S. 79, COENENBERG, Unternehmensbewertung (1992), S. 93 f., LEUTHIER, Interdependenzproblem (1988), S. 27 f., SCHMIDT, DCF-Methode (1995), S. 1095, DRUKARCZYK, Unternehmensbewertung (2003), S. 119 f.

2 Vgl. z.B. SCHMALENBACH, Werte von Unternehmungen (1917), S. 1-3. Zum Übergang auf Zahlungsgrößen vgl. MOXTER, Unternehmensbewertung (1983), S. 81.

3 Vgl. LEUTHIER, Interdependenzproblem (1988), S. 29 f., LÖHR, Ertragswertverfahren (1993), S. 274 f.

2.1 Rahmenbedingungen investitionstheoretischer Unternehmensbewertung

Wie MOXTER an einem einfachen Zahlenbeispiel darlegt, verleiten Rechnungen auf der Basis des Gewinns bei unsachgemäßer Anwendung leicht zu Bewertungsfehlern:[1] Betrachtet sei ein Unternehmen, das im ersten Jahr einen Gewinn von 10 einbehält, reinvestiert und dadurch in allen folgenden Jahren einen Gewinn von 12 erzielt und voll ausschüttet. Bei vollkommenem Kapitalmarkt und sicheren Erwartungen entspricht der Wert des Unternehmens der Summe der abgezinsten Ausschüttungen (Ertragswert). Mit einem Kalkulationszins von i = 10% ergibt sich als Ertragswert:[2]

$$E = \frac{12}{0,1} \cdot \frac{1}{1,1} = 109,09.$$

Dieser Betrag repräsentiert den heutigen Wert der aus dem Unternehmen finanzierbaren Konsummöglichkeiten. Nimmt man hingegen fälschlich an, der Gewinn repräsentiere die Entnahmemöglichkeiten, ergibt sich der zu hohe Barwert

$$\frac{10}{1,1} + \frac{12}{0,1} \cdot \frac{1}{1,1} = 118,18.$$

Der Denkfehler liegt in der Doppelzählung des nicht ausgeschütteten Gewinns der ersten Periode, dessen Thesaurierung ja bereits in den höheren Gewinnen der Folgejahre berücksichtigt ist. Das Ausschüttungspotential des ersten Jahres wird geopfert, um in den späteren Jahren um so mehr ausschütten zu können.

LÜCKE hat gezeigt, daß der Kapitalwert der Gewinne bei richtiger Definition dem Kapitalwert der Zahlungen entspricht (LÜCKE-Theorem).[3] Im Beispiel von MOXTER heißt dies: Die Gewinne der späteren Jahre sind noch um die kalkulatorischen Zinsen auf die durch die Thesaurierung im ersten Jahr entstandene Kapitalbindung zu berichten. Dann ergibt sich der richtige Ertragswert auch als Summe der abgezinsten Gewinne:

$$E = \frac{10}{1,1} + \frac{12 - 0,1 \cdot 10}{0,1} \cdot \frac{1}{1,1} = 109,09.$$

---

1 Vgl. MOXTER, Unternehmensbewertung (1983), S. 79, LEUTHIER, Interdependenzproblem (1988), S. 26-30.
2 Zur hier verwendeten Reihenrechnung vgl. Anhang 1.
3 Vgl. LÜCKE, Investitionsrechnungen (1955). Zum allgemeinen Beweis des LÜCKE-Theorems vgl. für den Fall des vollkommenen Kapitalmarkts HAX, Investitionstheorie (1985), S. 149-151 und für den Fall des unvollkommenen Kapitalmarkts HERING, Investitionstheorie (2003), S. 236 f.

Wenn aber durch (in der Praxis) umständliche Korrekturrechnungen bestenfalls das gleiche (korrekte) Ergebnis erzielt wird, gibt es keinen Grund, den Ertragswert nicht von vornherein auf der Basis von Zahlungsgrößen zu errechnen.

Die im Abschnitt 2.1.1 erörterten Konsumentnahmeziele Vermögens- und Einkommensmaximierung sind unmittelbar zahlungsorientiert, denn sie optimieren einen Strom von Geldausschüttungen an die Eigentümer. Ein großer Vorteil des Rechnens mit Zahlungsgrößen liegt darin, daß die Eigentümer Investitions- und Finanzierungsentscheidungen an Führungskräfte im Unternehmen delegieren können. Entnahmeziele besitzen nämlich eine sehr nützliche Eigenschaft: Die Summe der im Unternehmen berechneten positiven Kapitalwerte aller vorteilhaften Investitions- und Finanzierungsobjekte entspricht genau dem Kapitalwert der Konsumausschüttungen an die Eigentümer. Dieser Sachverhalt sei an dem folgenden Zahlenbeispiel verdeutlicht:

Mehrere nach Endwertmaximierung strebende Eigentümer gründen mit 10.000 DM ein auf drei Jahre angelegtes Unternehmen. Das zu fertigende Produkt erfordert eine Investition (I) in Höhe von 110.000 DM und wirft nach einem Jahr netto 10.000 DM sowie in den letzten beiden Jahren jeweils 80.000 DM ab. Zur Finanzierung kann ein Darlehen (D) mit folgenden Konditionen aufgenommen werden: Nennbetrag 100.000 DM, Laufzeit drei Jahre, Ausgabekurs 98%, Nominalzins 6% p.a., Tilgung zu gleichen Teilen am Ende des zweiten und dritten Jahres. Dem Unternehmen stehen darüber hinaus Kontokorrentkredite (K) zu 10% p.a. und Finanzanlagen (F) zu 5% p.a. zur Verfügung. Die Anteilseigner können dagegen ihr Geld privat nur zu 4% p.a. anlegen und sich zu 15% p.a. verschulden. Es liegt also ein unvollkommener Kapitalmarkt vor. Tabelle 1-1 enthält eine Übersicht der im Unternehmen zur Disposition stehenden Investitions- und Finanzierungsobjekte (in 1.000 DM).

Jahr	I	D	K_0	K_1	K_2	F_0	F_1	F_2
0	−110	98	1			−1		
1	10	−6	−1,1	1		1,05	−1	
2	80	−56		−1,1	1		1,05	−1
3	80	−53			−1,1			1,05

Tabelle 1-1: Daten des Beispiels zur Delegation von Entscheidungen

Es erweist sich als optimal, die Investition durchzuführen und mit dem Darlehen, den verfügbaren eigenen Mitteln sowie einem kleinen Kontokorrentkredit zu finanzieren. Die Einlage von 10.000 DM hat nach drei Jahren einen Endwert von 54.184,50 DM erwirtschaftet. Tabelle 1-2 zeigt den zugehörigen „vollständigen Finanzplan" (VOFI).

2.1 Rahmenbedingungen investitionstheoretischer Unternehmensbewertung

Zeitpunkt t	t = 0	t = 1	t = 2	t = 3
Investition	−110	10	80	80
Darlehen	98	−6	−56	−53
Einlage	10			
Kredit 10%	2	−2		
Geldanlage 5%		−1,8	−24,09	−28,2945
Zinsen		−0,2	0,09	1,2945
Kreditstand	2			
Guthabenstand		1,8	25,89	54,1845

Tabelle 1-2: VOFI zur Optimallösung bei Endwertmaximierung

Im ersten Jahr wird der 10%-Kredit und in den weiteren Jahren jeweils die 5%-Geldanlage zum Grenzobjekt. Nach der Lenkpreistheorie determinieren die Grenzobjekte die Kalkulationszinsfüße für die Kapitalwertmethode. Um die von den Eignern erstrebte endwertmaximale Lösung zu finden, muß also im ersten Jahr mit 10% und in den Folgejahren mit 5% diskontiert werden.[1]

Aus Eigentümersicht ergibt sich demnach für das gesamte Unternehmen ein Kapitalwert von:

$$-10 + \frac{54,1845}{1,1 \cdot 1,05 \cdot 1,05} = 34,67904.$$

Durch die Lenkzinssätze wird es aber möglich, dasselbe Ergebnis auch per Delegation von der beauftragten Geschäftsführung finden zu lassen. Die endogenen Grenzzinsfüße 10%, 5% und 5% erlauben es der Unternehmensleitung, dezentral den gleichen Kapitalwert zu ermitteln, den die an der Geschäftsführung nicht unmittelbar beteiligten Eigner auf der Basis der Ausschüttungen errechnen können. So kalkuliert beispielsweise die Unternehmensleitung für die Investition isoliert den Kapitalwert

$$-110 + \frac{10}{1,1} + \frac{80}{1,1 \cdot 1,05} + \frac{80}{1,1 \cdot 1,05^2} = 34,32076 > 0$$

und schließt wegen des positiven Vorzeichens auf Vorteilhaftigkeit, während die Finanzabteilung ganz unabhängig davon den Kapitalwert des Darlehens berechnet und ebenfalls zu einer positiven Vorteilhaftigkeitsentscheidung kommt:

---

[1] Vgl. z.B. HERING, Investitionstheorie (2003), S. 206-212 und die dort angegebene Literatur.

$$98 - \frac{6}{1{,}1} - \frac{56}{1{,}1 \cdot 1{,}05} - \frac{53}{1{,}1 \cdot 1{,}05^2} = 0{,}35828 > 0.$$

Die Summe beider Kapitalwerte stimmt mit dem Kapitalwert auf Basis der Ausschüttungen überein: 34,32076 + 0,35828 = 34,67904.

Diese Übereinstimmung folgt aus dem Dualitätstheorem der linearen Optimierung.[1] Sie ermöglicht es, Investitions- und Finanzierungszahlungsreihen im Unternehmen dezentral zu beurteilen und dabei dennoch die ausschüttungsorientierte Zielfunktion der Eigner zu maximieren. Auch wenn einzelne Zahlungsströme und nicht Ausschüttungen als Rechengrößen dienen, bleibt also das Interesse der Eigner in vollem Umfang gewahrt. Die finanzwirtschaftliche Vorteilhaftigkeit von Akquisitionen kann somit unter einer geeigneten Konsumzielsetzung der Eigner und unter Beachtung der Rahmenbedingungen des Entscheidungsfeldes durch die Unternehmensleitung beurteilt werden. Hierzu ist es nicht notwendig, die Ebene der Ausschüttungen an die Eigner explizit zu betrachten. Vielmehr reicht es hin, den Zahlungsstrom des zu bewertenden Objekts heranzuziehen. Voraussetzung für einen solchen Übergang vom Total- zum Partialmodell ist allerdings die Kenntnis der investitionstheoretisch korrekten Steuerungszinsfüße.

---

[1] Zum Beweis vgl. HERING, Investitionstheorie (2003), S. 158.

2.2 Investitionstheoretisches Fundament der Unternehmensbewertung

2.2.1 Der Spezialfall des vollkommenen Kapitalmarkts

Das prinzipielle Vorgehen einer investitionstheoretischen Unternehmensbewertung läßt sich am besten veranschaulichen, wenn zunächst von allen Unvollkommenheiten des realen Entscheidungsfeldes abstrahiert wird. Als *Bewertungssubjekt* sei im folgenden derjenige bezeichnet, an dessen Zielsetzung und Entscheidungsfeld sich die subjektive Bewertung ausrichtet. Dies ist i.d.R. der Eigentümer oder die in seinem Interesse handelnde Geschäftsführung des bewertenden Unternehmens. Im einfachsten Fall agiert das Bewertungssubjekt auf einem vollkommenen Kapitalmarkt und kann zum einheitlichen Kalkulationszins i beliebig hohe Geldbeträge anlegen oder als Kredit aufnehmen. Besteht überdies keine Datenunsicherheit (oder rechnet der Bewerter fest mit dem Eintreffen seiner einwertigen Prognose), so ergibt sich der Grenzpreis oder Entscheidungswert eines Unternehmens (des *Bewertungsobjekts*) direkt als *Ertragswert* (Zukunftserfolgswert) zum Kalkulationszins, d.h. als Kapitalwert des zwischen Unternehmen und Bewertungssubjekt fließenden künftigen Zahlungsstroms.[1]

Selbst wenn Käufer und Verkäufer eines Unternehmens auf demselben Kapitalmarkt operieren und (vor Steuern) den gleichen Kalkulationszins verwenden, gelangen sie i.a. nicht zum gleichen Grenzpreis, weil dann zwar die finanzwirtschaftlichen, aber nicht notwendig auch die realwirtschaftlichen Gegebenheiten des jeweiligen Entscheidungsfeldes übereinstimmen. Beide Seiten unterscheiden sich beispielsweise im unternehmerischen Geschick sowie in bezug auf das Synergiepotential und die steuerlichen Rahmenbedingungen (Freibeträge, Verlustvorträge, Grenzsteuersatz). Die Zahlungsreihe des Bewertungsobjekts umfaßt neben den Ausschüttungen an das Bewertungssubjekt auch die indirekten Zahlungskonsequenzen aus den Synergieeffekten:[2] Verfügt z.B. das zu bewertende Unternehmen über unausgelastete moderne Fertigungskapazitäten, die der Verkäufer nicht zu nutzen weiß, so kann (nur) der Käufer sie dazu einsetzen, eigene veraltete Anlagen stillzulegen, die Produktion in das neue Werk zu verlagern und auf diese Weise Kosten zu sparen. Das Unternehmen ist also ceteris paribus für den Käufer wertvoller als für den Verkäufer – anderenfalls gäbe es auch gar keinen Verhandlungsspielraum hinsichtlich des zwischen beiden zu vereinbarenden Preises.

---

1 Vgl. SCHMALENBACH, Werte von Unternehmungen (1917), S. 1-3, MOXTER, Unternehmensbewertung (1983), S. 14, LAUX/FRANKE, Bewertung von Unternehmungen (1969), S. 206, LEUTHIER, Interdependenzproblem (1988), S. 179 f.

2 Vgl. MATSCHKE, Entscheidungswert (1975), S. 309-318, SERFLING/PAPE, Unternehmensbewertung 2 (1995), S. 943, OSSADNIK, Synergie-Controlling (1997), S. 1823.

Ein und dasselbe Bewertungsobjekt ist demnach für den Käufer mit dem Zahlungsstrom $g_K := (0, g_{K1}, g_{K2}, \ldots, g_{Kt}, \ldots, g_{Kn})$ und für den Verkäufer mit dem Zahlungsstrom $g_V := (0, -g_{V1}, -g_{V2}, \ldots, -g_{Vt}, \ldots, -g_{Vn})$ verbunden. Der Käufer gewinnt den Zahlungsstrom aus dem gekauften Unternehmen, während der Verkäufer die Zahlungen verliert, welche ihm ohne den Verkauf zugeflossen wären. Im Bewertungszeitpunkt t = 0 fällt annahmegemäß keine Zahlung an, da – wie in der Investitionsrechnung üblich – alle Zahlungen auf das Periodenende bezogen werden und am Anfang des Planungszeitraums lediglich der erst zu ermittelnde Grenzpreis oder der tatsächlich ausgehandelte Kaufpreis steht. Der Planungszeitraum umfaßt n Perioden, so daß in den Zahlungsüberschüssen zum Zeitpunkt t = n auch geschätzte Endwerte des Vermögens und der Schulden enthalten sind. Bei vollkommenem Kapitalmarkt ergibt sich der individuelle Grenzpreis als Kapitalwert oder, da keine Zahlung in t = 0 vorkommt, als Ertragswert (Zukunftserfolgswert) E.

Der Zahlungsstrom g_K ermöglicht es dem Käufer, am Kapitalmarkt Kredite im Gesamtumfang von

$$E_K := \sum_{t=1}^{n} g_{Kt} \cdot (1+i)^{-t}$$

aufzunehmen, deren Kapitaldienst durch die Rückflüsse des Bewertungsobjekts abgedeckt ist.[1] Die Kreditaufnahme lohnt sich, soweit der Kaufpreis des Unternehmens den Betrag E_K nicht übersteigt, weil nur dann aus der Transaktion (Unternehmenskauf und Kreditaufnahme) ein nichtnegativer Kassenbestand in t = 0 verbleibt, der als „Arbitragegewinn" aus dem Unternehmenskauf interpretiert und gemäß der Konsumpräferenz sofort ausgeschüttet oder am Kapitalmarkt angelegt werden kann. Die Zahl E_K ist der *Ertragswert* und zugleich Grenzpreis (Entscheidungswert) aus der Sicht des Käufers. Die Grenzpreiseigenschaft des Ertragswerts ergibt sich auch aus der folgenden Überlegung:[2] Um durch Finanzinvestitionen am Kapitalmarkt den gleichen Einzahlungsstrom g_K wie aus dem Unternehmen zu erhalten, müßte der Käufer einen Geldbetrag in Höhe von E_K anlegen. Er wird also für die gleichen Rückflüsse aus dem Unternehmen nie mehr als den Ertragswert E_K bezahlen, weil er das Unternehmen finanzwirtschaftlich zum Preis von E_K am Kapitalmarkt nachbilden (duplizieren) kann.

Analog läßt sich für den Verkäufer argumentieren: Um die Finanzlücken aus dem Zahlungsstrom g_V, d.h. dem Wegfall der Überschüsse des verkauften Unternehmens zu kompensieren, sind vom Verkäufer am Kapitalmarkt Geldanlagen in Höhe von

---

[1] Sollten einzelne Überschüsse g_{Kt} negativ sein, sind analog Geldanlagen zum Ausgleich der späteren Auszahlungen zu tätigen. Diese Geldanlagen reduzieren die Einnahmen aus den Krediten und schmälern somit den Ertragswert.

[2] Vgl. z.B. MATSCHKE, Investitionsplanung (1993), S. 163.

2.2 Investitionstheoretisches Fundament der Unternehmensbewertung 37

$$E_V := \sum_{t=1}^{n} g_{Vt} \cdot (1+i)^{-t}$$

zu tätigen.[1] Dies lohnt sich nur, wenn das aufzubringende Finanzvolumen E_V durch den vereinnahmten Kaufpreis wenigstens ausgeglichen wird, weil nur dann aus der Transaktion (Unternehmensverkauf und Geldanlage) ein nichtnegativer Kassenbestand als „Arbitragegewinn" in $t = 0$ verbleibt, der ausgeschüttet oder zum Kalkulationszins angelegt werden kann. E_V ist der Ertragswert und Grenzpreis (Entscheidungswert) aus der Sicht des Verkäufers. Die Grenzpreiseigenschaft resultiert auch aus der folgenden Überlegung: Um durch Kreditaufnahmen den gleichen späteren Auszahlungsstrom $\mathbf{g}_V$ wie aus dem Unternehmensverkauf zu rekonstruieren, könnte der Verkäufer am Kapitalmarkt einen Geldbetrag in Höhe von E_V aufnehmen. Er wird also als Kompensationspreis für die gleichen Einbußen aus dem Unternehmensverkauf nie weniger als den Ertragswert E_V verlangen, weil er diesen Betrag auch am Kapitalmarkt erhielte, wenn er dafür auf künftige Überschüsse in Höhe der Rückflüsse des zu verkaufenden Unternehmens verzichtete.

Die Interpretation des Ertragswertes als Entscheidungswert oder Grenzpreis bei vollkommenem Kapitalmarkt ergibt sich noch schneller, wenn man auf den Begriff des Kapitalwerts zurückgreift. Der Unternehmenskauf zum Preis p stellt eine vorteilhafte Investition dar, wenn der Kapitalwert C aus Sicht des Käufers nichtnegativ ist:

$$C_K = -p + E_K \geq 0 \quad \Leftrightarrow \quad p \leq E_K \quad \Rightarrow \quad p^* = E_K.$$

Der Ertragswert ist also als *kritischer Preis* p^* die *Preisobergrenze*, die der Käufer gerade noch akzeptieren kann, ohne daß der Kauf für ihn ökonomisch nachteilig wird. Umgekehrt überlegt sich der Verkäufer, daß gelten muß:

$$C_V = p - E_V \geq 0 \quad \Leftrightarrow \quad p \geq E_V \quad \Rightarrow \quad p^* = E_V.$$

Für den Verkäufer bildet sein Ertragswert ebenfalls den kritischen Preis p^*, nämlich die *Preisuntergrenze*. Der (subjektive, also für Käufer und Verkäufer nicht notwendig identische) Grenzpreis p^* definiert in der Kalkulation beider Seiten jeweils die kritische Anfangsaus- oder -einzahlung, bei der das Vorzeichen des Kapitalwerts wechselt. Das Einigungsintervall für die Preisverhandlungen wird durch die jeweiligen Entscheidungswerte begrenzt: Im Bereich

$$E_V \leq p \leq E_K$$

---

[1] Sollten einzelne Überschüsse g_{Vt} negativ sein, sind analog Kreditaufnahmen zum Ausgleich der späteren Auszahlungsersparnisse zu tätigen. Diese Kredite reduzieren das für die Geldanlagen aufzubringende Finanzvolumen und verringern somit den Ertragswert.

ist die Unternehmensübereignung zum Preis p für Käufer und Verkäufer ein vorteilhaftes Geschäft mit nichtnegativem Kapitalwert.

Das gleiche gilt, wenn auf dem vollkommenen Kapitalmarkt an Stelle eines im Zeitablauf unveränderlichen Zinses i mehrere, periodenspezifisch unterschiedliche Kalkulationszinsfüße gegeben sind. Bei der Berechnung des Ertragswerts hat dann jede Periode t ihren eigenen Kalkulationszins i_t.

$$E = \sum_{t=1}^{n} g_t \cdot \prod_{\tau=1}^{t} (1+i_\tau)^{-1}.$$

Schreibt man für den Abzinsungsfaktor des Zeitpunkts t,

$$\prod_{\tau=1}^{t} (1+i_\tau)^{-1} = \frac{1}{\prod_{\tau=1}^{t}(1+i_\tau)},$$

kompakter ρ_t, so liest sich die verallgemeinerte Ertragswertformel einfach als:

$$E = \sum_{t=1}^{n} g_t \cdot \rho_t.$$

Im Idealfall eines vollkommenen Kapitalmarkts bei Sicherheit kann der Grenzpreis als Ertragswert der relevanten Zahlungsreihe punktgenau ermittelt werden. Leider entspricht diese Situation nicht der Realität. Um die Auswirkung der in realen Entscheidungsfeldern herrschenden Unsicherheit zu verdeutlichen, sei zunächst vereinfachend angenommen, der zu bewertende Zahlungsstrom entspreche einer ewigen Rente in Höhe von g.[1] Für den Ertragswert ergibt sich dann:[2]

$$E = \frac{g}{i}.$$

---

[1] Diese Annahme ist nicht so unrealistisch, wie sie auf den ersten Blick erscheint. RAPPAPORT weist darauf hin, daß mit ihr auch um g schwankende Zahlungsüberschüsse vereinbar sind, sofern sich die jeweiligen Abweichungszahlungsreihen zu i verzinsen. Vgl. *RAPPAPORT*, Creating Shareholder Value (1986), S. 61-63. Der Durchschnittsüberschuß g kann somit auch als Annuität eines in Wirklichkeit anderen Zahlungsstroms interpretiert werden.

[2] Zur Herleitung vgl. Anhang 1. Die Rentenrechnung hat in der Unternehmensbewertung eine lange Tradition; vgl. schon *VON OEYNHAUSEN*, Kapitalwert von märkischen Steinkohlenzechen (1822), S. 315 ff., *FAUSTMANN*, Wert (1849), S. 442 f., welche bereits die Bezeichnungen „Kapitalwert" bzw. „Jetztwert" gebrauchen.

2.2 Investitionstheoretisches Fundament der Unternehmensbewertung

Im Zeitraum von t = 0 bis t = n möge der Überschuß g zuverlässig eintreten, während danach Unsicherheit herrsche. Der Ertragswert zerfällt somit in einen sicheren und einen unsicheren Teil:

$$E = \frac{g}{i} = \underbrace{g \cdot \frac{(1+i)^n - 1}{i \cdot (1+i)^n}}_{\text{sicher}} + \underbrace{g \cdot \frac{1}{i \cdot (1+i)^n}}_{\text{unsicher}}.$$

Das relative Gewicht des unsicheren Ertragswertbestandteils beträgt $(1 + i)^{-n}$. Im allgemeinen wird n nicht sehr groß sein, so daß bei realistischen Opportunitätssätzen i ein großer Anteil des Ertragswerts auf dem Wunschdenken beruht, der (unsichere) Überschuß g lasse sich ad infinitum erzielen. Falls beispielsweise der überschaubare Zeitraum n = 5 Jahre umfaßt, trägt der unsichere Teil selbst bei einem Kalkulationszins von i = 15% noch fast 50% zum Ertragswert bei:[1]

$$\frac{\text{Gewicht des unsicheren Teils}}{\text{Gesamtgewicht zur Abzinsung von g}} = \frac{\frac{1}{i \cdot (1+i)^n}}{\frac{1}{i}} = \frac{1}{(1+i)^n} = \frac{1}{1{,}15^5} = 49{,}7\,\%.$$

Das Gewicht des unsicheren Teils steigt ceteris paribus, wenn ein Dividendenwachstumsmodell unterstellt wird, die Rückflüsse also im Zeitablauf mit der Rate ω zunehmen. Unter der plausiblen Voraussetzung ω < i (anderenfalls strebte der Ertragswert gegen unendlich) gilt für den Ertragswert:[2]

$$E = \sum_{t=1}^{\infty} g \cdot \frac{(1+\omega)^{t-1}}{(1+i)^t} = \frac{g}{i - \omega}.$$

Ein solches Modell bringt gegenüber der einfacheren Annahme einer konstanten ewigen Rente kaum Vorteile, denn im Unsicherheitsfall spricht erfahrungsgemäß wenig dafür, daß Unternehmen losgelöst von Erfolg und Konjunktur auf unabsehbare Zeit streng gesetzmäßig steigende Dividenden ausschütten. Im Sicherheitsfall ist es dagegen einfacher, die steigende Rente finanzmathematisch zu glätten, d.h. den Barwert E in eine konstante Rente g' umzurechnen mit:

$$g' = \frac{g}{i - \omega} \cdot i.$$

---

1 Vgl. *HARRER*, Unsicherheitsmoment (1956), S. 310, *LÖHR*, Ertragswertverfahren (1993), S. 91.

2 Vgl. Anhang 1. oder z.B. *COPELAND/WESTON*, Financial Theory (1988), S. 847 f., *PERRIDON/ STEINER*, Finanzwirtschaft (2004), S. 227 f.

Wenn sich einwertige Prognosen der Überschußentwicklung nicht rechtfertigen lassen, bietet es sich an, verschiedene mögliche Szenarien zu betrachten und den Ertragswert nicht als Punktgröße, sondern als Bandbreite oder – sofern subjektive Wahrscheinlichkeiten glaubwürdig erscheinen – als Verteilung zu schätzen.[1] Wie im Unterkapitel 1.1 begründet wurde, soll die Unternehmensbewertung nicht die unternehmerische Entscheidung über die Annahme oder Ablehnung eines Preisangebots vorwegnehmen, sondern vielmehr möglichst genaue Informationen über die vermutliche Höhe des Entscheidungswerts liefern. Aus der Natur der Sache heraus übersteigt es aber das menschliche Vermögen, den Grenzpreis präzise zu bestimmen.[2]

Um die Auswirkungen der Unsicherheit auf den möglichen Wertebereich des Grenzpreises transparent werden zu lassen, eignen sich vor allem zwei Planungsverfahren: die Sensitivitätsanalyse und die Risikoanalyse. Erstere untersucht die Empfindlichkeit des Entscheidungswertes im Hinblick auf Variationen der Datenannahmen. Wenn mehrere Datenkonstellationen möglich sind, werden eben auch mehrere Ertragswerte berechnet. Auf diese Weise ergibt sich zumindest eine Bandbreite für den Unternehmenswert, d.h. ein Mindest- und ein Höchstertragswert. Die Bandbreitengrenzen sind natürlich subjektiv und entsprechen damit dem Wesen des Entscheidungswerts. Ein pessimistischer Bewerter wird einen niedrigeren Mindestertragswert E_{min} finden als ein neutraler Bewerter, und ein optimistisches Bewertungssubjekt überschätzt womöglich den maximalen Ertragswert E_{max}.[3]

Sofern sich der Bewerter zutraut, für alternative Datenkonstellationen subjektive Wahrscheinlichkeiten anzusetzen, läßt sich die Bandbreite (Spannweite) [E_{min}; E_{max}] des Ertragswerts noch durch Verteilungsinformationen ergänzen. Werten aus dem Inneren des durch E_{min} und E_{max} begrenzten Intervalls dürfte i.a. eine höhere Glaubwürdigkeit zukommen als den durch besonders ungünstige oder besonders günstige Bedingungen zustande gekommenen Bandbreitengrenzen. Um eine subjektive Wahrscheinlichkeitsdichte des Ertragswerts herzuleiten, bietet sich das Verfahren der simulativen Risikoanalyse an.[4] Es ermittelt aus den subjektiv angenommenen Wahrscheinlichkeitsverteilungen der Ausgangsgrößen (Absatzmengen, Rohstoffpreise, Zinssätze usw.) durch wiederholtes Ziehen von Zufallszahlen und Berechnung des

---

[1] Vgl. *BALLWIESER*, Unternehmensbewertung (1995), Sp. 1870 f. MOXTER spricht sich entschieden für Bandbreiten- und Wahrscheinlichkeitsschätzungen auf der Ebene der Ertragsermittlung aus; er hält eine Verdichtung zum Punktwert erst auf der Stufe der Ertragsbewertung für zulässig. Vgl. *MOXTER*, Unternehmensbewertung (1983), S. 116-118, 156.

[2] Vgl. oben, Unterkapitel 1.1 sowie auch *BALLWIESER*, Komplexitätsreduktion (1990), S. 178.

[3] Zur Sensitivitätsanalyse vgl. *DINKELBACH*, Sensitivitätsanalysen (1969), *GAL*, Sensitivitätsanalyse (1973).

[4] Die Risikoanalyse geht zurück auf *HERTZ*, Risk Analysis (1964). Zur Übertragung auf die Unternehmensbewertung vgl. *COENENBERG*, Monte-Carlo-Simulation (1970), *BRETZKE*, Prognoseproblem (1975), S. 189-206, *BALLWIESER*, Komplexitätsreduktion (1990), S. 46-50, *SIEGEL*, Unternehmensbewertung (1994), S. 468-474.

2.2 Investitionstheoretisches Fundament der Unternehmensbewertung 41

zugehörigen Ertragswerts die geschätzte Verteilung der Zielgröße. Die Risikoanalyse entspricht EDV-technisch einer automatisierten Sensitivitätsanalyse unter Einschluß von Wahrscheinlichkeitsinformationen. Im Ergebnis liefert sie eine simulierte Ertragswertfunktion wie in der nachstehenden Abbildung 2-1.

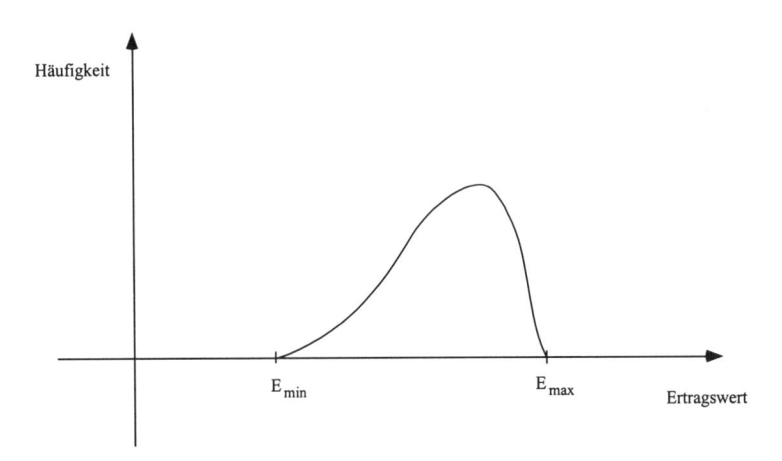

Abbildung 2-1: Simulativ geschätzte Dichtefunktion des Ertragswerts

Da die Wahrscheinlichkeitsschätzungen in hohem Maße subjektiv sind, kann ggf. wiederum eine Sensitivitätsanalyse darüber Aufschluß liefern, ob die ermittelte Dichtefunktion bei einer Variation der eingehenden Wahrscheinlichkeitsverteilungen annähernd stabil bleibt oder wesentlichen Änderungen unterliegt. Wiederholte Risikoanalysen liefern eine Schar von einander ähnlichen Dichtefunktionen, deren Gesamtheit dem Bewerter als Bandbreiteninformation u.U. glaubwürdiger erscheint als eine einzelne Kurve.[1]

Die Entscheidung darüber, ob ein einwertiger Preis in angemessener Relation zu dem mehrwertigen Entscheidungswert steht, gehört nicht mehr zur Unternehmensbewertung und sollte nicht ohne Not mit ihr vermengt werden. Der subjektive Entscheidungswert ist gültig ermittelt, wenn die angenäherte Bandbreite oder Verteilung des Ertragswerts vorliegt. Falls das Preisangebot der Gegenpartei außerhalb der Bandbreite [E_{min}; E_{max}] liegt, steht nach menschlichem Ermessen fest, daß der Unternehmenswert über oder unter dem Preis liegt. In vielen Fällen wird jedoch die Unternehmensbewertung allein noch nicht ausreichen, um die Entscheidung über Kauf oder Verkauf zu treffen: Bei einem Preis zwischen E_{min} und E_{max} bedarf es einer unternehmerischen Abwägung der Chancen und Risiken gemäß der individuellen Risikonei-

---
[1] Vgl. *KEPPE/WEBER*, Risikoanalyse (1993).

gung des Bewertungssubjekts. Dieser Vorgang läßt sich in keiner Weise formalisieren oder einem zwingenden Kalkül unterwerfen, denn für einmalig zu treffende Entscheidungen unter Unsicherheit gibt es keine vor Fehlurteilen schützende Methode. Auch Erwartungswert, Sicherheitsäquivalent und BERNOULLI-Nutzen vermögen den Schleier der Unsicherheit nicht zu lüften.[1]

Sensitivitäts- und Risikoanalysen verschaffen dem Bewerter so weit wie möglich Transparenz hinsichtlich der denkbaren finanzwirtschaftlichen Erfolgskonsequenzen des Bewertungsobjekts. Die Unsicherheit wird nicht künstlich unter Informationsverlust hinweggerechnet, sondern in vollem Umfang aufgedeckt. Erst nach Abschluß des Bewertungsprozesses stellt sich das Problem, den Entscheidungswert (als Bandbreite) mit einem konkreten Preis zu vergleichen, und erst dann kann es erforderlich werden, zum ersten und einzigen Mal zu überlegen, ob das subjektive Sicherheitsäquivalent der Ertragswertbandbreite oder -verteilung den angebotenen Preis übersteigt. Die nicht rational nachprüfbare Abwägung zwischen dem unsicheren Entscheidungswert und einem in die Bandbreite fallenden sicheren Preis kann vom Bewertungsvorgang vollständig getrennt werden, so daß die Ermittlung des Entscheidungswerts von informationsverringernden (und in ihren Auswirkungen intransparenten) Verteilungsverdichtungen frei bleibt. Dieser Vorteil erklärt zusammen mit der intuitiv einfachen Nachvollziehbarkeit, warum sich Sensitivitäts- und Risikoanalysen auch in der Bewertungspraxis mit Recht großer Beliebtheit erfreuen.[2]

Bisweilen wird die Risikoanalyse kritisiert, weil sie mit Scheingenauigkeit verbunden sei, auf nicht verfügbare Daten zurückgreife oder durch die Modellvorstellung einer Wahrscheinlichkeitsverteilung des Ertragswerts konzeptionell irreführe.[3] Eine Fehl- oder Überinterpretation von Ergebnissen droht aber um so eher, je komplexer und/ oder prämissenbefrachteter das verwendete Modell ist, und gerade in dieser Beziehung weist die Risikoanalyse als schlichte „Wenn-dann-Rechnung" mit anschaulicher statistischer Auswertung große Vorzüge auf. Wenn keine Wahrscheinlichkeiten geschätzt werden können, sollte man sich ohnehin mit Ertragswertbandbreiten begnügen und auf weitere Auswertungen, für die Daten fehlen, verzichten. Daß schließlich eine Modellvorstellung, welche den Ertragswert als unsicher und nicht als ex ante bestimmbare Zahl ansieht, dem Wesen des Entscheidungswerts genau entspricht, wurde bereits im Unterkapitel 1.1 erkenntnistheoretisch begründet.

---

1 Vgl. oben, Unterkapitel 1.1.

2 Zu den Vorzügen der Sensitivitäts- und/oder Risikoanalyse vgl. COENENBERG, Monte-Carlo-Simulation (1970), S. 798 und 804, BRETZKE, Prognoseproblem (1975), S. 206, BALLWIESER, Komplexitätsreduktion (1990), S. 161 f., COENENBERG, Unternehmensbewertung (1992), S. 98 f., SIEGEL, Unternehmensbewertung (1994), S. 473 f., BREMER, Unternehmensbewertung (1996), S. 59-61, HERING, Investitionstheorie (2003), S. 308-325.

3 Vgl. BRETZKE, Risiken (1988), S. 821-823, BRETZKE, Unternehmungsbewertung (1993), S. 40-42, SCHMIDT/TERBERGER, Investitions- und Finanzierungstheorie (1997), S. 302-305.

Schon bei vollkommenem Kapitalmarkt enthält die Unternehmensbewertung eine Vielzahl heuristischer Komponenten. Unter den in der Realität gegebenen Bedingungen eines unvollkommenen Kapitalmarkts erhöht sich die Komplexität des Bewertungsproblems allerdings nochmals beträchtlich. Es wird im folgenden zu zeigen sein, wie Ertragswert, Sensitivitäts- und Risikoanalyse auch unter erschwerten Voraussetzungen zur Findung des Entscheidungswerts beitragen können.

2.2.2 Unternehmensbewertung beim Kauf

2.2.2.1 Grenzpreisermittlung bei Einkommensmaximierung

2.2.2.1.1 Basis- und Bewertungsprogramm

Im allgemeinen enthält das individuelle Entscheidungsfeld des Bewertungssubjekts eine Reihe von Kapitalmarktunvollkommenheiten, die dazu führen, daß das einfache Ertragswertmodell nicht mehr ohne weiteres angewendet werden kann.[1] Die im Abschnitt 2.2.1 ausgenutzte FISHER-Separation gilt nur, solange Soll- und Habenzins übereinstimmen und keine Beschränkungen für Kredite und Geldanlagen bestehen. Unter diesen Voraussetzungen sind Investitions- und Finanzierungsentscheidungen voneinander trennbar und darüber hinaus unabhängig von der Konsumzielsetzung der Unternehmenseigner. Sobald Soll- und Habenzins auseinanderfallen und/oder obere Schranken (z.B. Kreditlimitierungen aufgrund nicht beliebig verfügbarer Sicherheiten) existieren, läßt sich die Herleitung des Ertragswerts als Grenzpreis nicht mehr in der beschriebenen einfachen Weise führen.[2] Es muß dann vielmehr auf das von MATSCHKE allgemein formulierte Modell des Entscheidungswerts der Unternehmung[3] zurückgegriffen werden. Dabei wird sich zeigen, ob überhaupt noch eine als Ertragswert interpretierbare Bewertungsgleichung herleitbar ist.

Durch den Wegfall der FISHER-Separation ergeben sich für den Bewerter mehrere zusätzliche Probleme:

a) Selbst wenn die Ertragswertmethode anwendbar bleiben sollte, sind jedoch die Kalkulationszinsfüße nicht mehr ex ante bekannt, weil der einheitliche, beliebig verfügbare Marktzins fehlt. Der Ertragswert soll ausdrücklich als einfaches Partialmodell dienen, um einzelne Objekte isoliert bewerten und dabei gleichzeitig die im Entscheidungsfeld wirkenden Interdependenzen korrekt berücksichtigen zu können. Die Ermittlung der nunmehr modellendogenen Steuerungszinsfüße für die

---

[1] Vgl. oben, Abschnitt 2.1.2.
[2] Zu den Merkmalen des unvollkommenen Kapitalmarkts vgl. z.B. ALBACH, Investition und Liquidität (1962), S. 31 ff., ADAM, Investitionscontrolling (2000), S. 120 f., 227 ff.
[3] Vgl. MATSCHKE, Entscheidungswert (1975), insbesondere S. 387-390.

Ertragswertmethode wäre aber äquivalent mit der Lösung eines unternehmensweiten Totalmodells. Das Partialmodell benötigt also Informationen, die nur aus dem gerade zu vermeidenden Totalmodell erhältlich sind. Diese „Zwickmühle" ist als das *Dilemma der Lenkpreistheorie* bekannt und kann nur heuristisch durch Dekomposition aufgelöst werden.[1]

b) Weil eine schrankenlose Verschuldungsmöglichkeit zum Kalkulationszins nicht mehr besteht, bedarf die Wahrung der Liquidität besonderer Aufmerksamkeit. Die jederzeitige Zahlungsfähigkeit des bewertenden Unternehmens ist im Modell eigens zu berücksichtigen und trägt den Charakter einer strengen Nebenbedingung.

c) Auf einem unvollkommenen Kapitalmarkt wird für Bewertungszwecke die Frage bedeutsam, welche Konsumzielsetzung die Unternehmenseigner verfolgen.[2] Von ihr hängt im Gegensatz zum FISHER-Fall die Zusammensetzung des optimalen Investitions- und Finanzierungsprogramms ab, welches wiederum die bewertungsrelevanten Opportunitäten bestimmt und dadurch Einfluß auf die Höhe des Grenzpreises nimmt.

d) Das optimierungstheoretische Problem nachteiliger Ganzzahligkeit ist nur bei vollkommenem Kapitalmarkt bedeutungslos. Unteilbarkeitsbedingungen können in ungünstigen Fällen zum Versagen von Partialmodellen führen und zur Totalplanung zwingen.[3]

Das im folgenden aufzustellende Modell abstrahiert zunächst von der Datenunsicherheit in bezug auf die Zahlungsströme, um das Bewertungsproblem bei unvollkommenem Kapitalmarkt in den Vordergrund rücken zu können. Im Unterkapitel 2.3 wird der Ansatz auf den Unsicherheitsfall übertragen und im Hinblick auf die praktische Anwendbarkeit und das Dilemma der Lenkpreistheorie heuristisch vereinfacht. Bis dahin erfolgt die Argumentation am theoretisch exakten Totalmodell, so daß Problem a) einstweilen zurückgestellt werden kann.[4]

---

1 SCHMALENBACHS optimale Geltungszahl ist also erst dann bekannt, wenn man sie nicht mehr benötigt, weil das Bewertungsproblem schon durch ein Totalmodell gelöst wurde. Zum Dilemma der Lenkpreistheorie vgl. *HIRSHLEIFER*, Optimal Investment Decision (1958), S. 340, *HAX*, Investitions- und Finanzplanung (1964), S. 441, *ADAM*, Kostenbewertung (1970), S. 53, 177 f., *MATSCHKE*, Lenkungspreise (1993), Sp. 2588 f. und im Rahmen der Unternehmensbewertung *MATSCHKE*, Kompromiß (1969), S. 61, *SIEBEN/SCHILDBACH*, Bewertung ganzer Unternehmungen (1979), S. 461, *SCHMIDT*, DCF-Methode (1995), S. 1098.

2 Vgl. *HIRSHLEIFER*, Optimal Investment Decision (1958), S. 329 sowie oben, Abschnitt 2.1.1.

3 Vgl. *HAX*, Investitions- und Finanzplanung (1964), S. 443, *LAUX/FRANKE*, Ganzzahligkeitsbedingungen (1970), *HELLWIG*, Partialmodelle (1973), *HERING*, Investitionstheorie (2003), S. 191-206.

4 Zur prinzipiellen Notwendigkeit eines Totalmodells mit simultaner Planung von Investition und Finanzierung vgl. z.B. *MYERS*, Capital Budgeting (1974), insbesondere S. 23, *SIEBEN*, Unternehmensbewertung (1993), Sp. 4323 f. Vgl. auch *MYERS*, Financial Strategy (1984), S. 131.

2.2 Investitionstheoretisches Fundament der Unternehmensbewertung

Um der Probleme b) und c) Herr zu werden, hat die Investitionstheorie in den 60er Jahren des 20. Jahrhunderts geeignete Totalmodelle entwickelt. Unter diesen erweisen sich die Ansätze von HAX und WEINGARTNER als für die Unternehmensbewertung besonders zweckmäßig.[1] Sie liegen daher (in geringfügig abgewandelter Form) auch den folgenden Ausführungen zugrunde. Als Entnahmezielsetzung sei zuerst die Einkommensmaximierung untersucht, weil sich die Zusammenhänge an diesem Konsumziel am einfachsten zeigen lassen. Das Ziel Vermögensmaximierung wird im Unterabschnitt 2.2.2.2 behandelt.

In bezug auf Problem d) stößt jede Partialanalyse auf unüberwindliche Grenzen. Zum Glück läßt sich jedoch nachweisen, daß die praktische Bedeutung des Ganzzahligkeitsproblems relativiert werden kann, wenn die Zahl der zur Wahl stehenden Investitions- und Finanzierungsobjekte im Vergleich zu n (der Länge des Planungszeitraums) sehr groß ist, was normalerweise der Fall sein dürfte.[2] Zudem wird die durch evtl. nachteilige Ganzzahligkeitsbedingungen verursachte Ungenauigkeit so stark von der Datenunsicherheit, dem Dilemma der Lenkpreistheorie und allen übrigen heuristischen Vereinfachungen des Entscheidungsfelds überlagert, daß der Verzicht auf den Versuch, trotzdem mit einfachen Partialmodellen zu arbeiten, nicht gerechtfertigt werden kann. Das zu formulierende Unternehmensbewertungsmodell sieht daher im theoretischen Teil von Ganzzahligkeitsforderungen vollständig ab. Dagegen fängt die im Unterkapitel 2.3 zu entwickelnde Heuristik das Problem d) bereits im Rahmen der Dekomposition auf, so daß sich für die praktische Anwendung keine Schwierigkeiten mehr ergeben.

LAUX und FRANKE haben in ihrem 1969 erschienenen Aufsatz gezeigt, wie sich der Grenzpreis eines Unternehmens unter bestimmten Bedingungen auch im Rahmen des HAX-Modells als Ertragswert berechnen läßt. Überdies leiten sie eine „komplexe Bewertung" her, die an die Stelle des Ertragswerts tritt, sofern die Bedingungen des vereinfachten Bewertungsfalls nicht gegeben sind.[3] Zur Ermittlung des Grenzpreises verwenden LAUX und FRANKE ein einziges, gemischt-ganzzahliges Totalmodell, in dem der gesuchte Preis so lange parametrisch variiert, bis der Eigentumsübergang des Bewertungsobjekts aus Sicht des Totalmodells unvorteilhaft wird, d.h., die den Kauf (bzw. Verkauf) bezeichnende Variable aus der optimalen Lösung austritt.[4]

---

1 Vgl. WEINGARTNER, Capital Budgeting (1963), HAX, Investitions- und Finanzplanung (1964).

2 Vgl. WEINGARTNER, Capital Budgeting (1963), S. 35 ff., FRANKE/LAUX, Kalkulationszinsfüße (1968), S. 745 ff., HAX, Investitionstheorie (1985), S. 94 f., HERING, Investitionstheorie (2003), S. 241-244.

3 Zur vereinfachten Bewertung vgl. LAUX/FRANKE, Bewertung von Unternehmungen (1969), S. 210-214, zur komplexen Bewertung vgl. ebenda, S. 214-218.

4 Vgl. ebenda, S. 207-210, 212 und KEIFER, Kalkulationszinsfuß (1970), S. 136.

Die Modelle von JAENSCH und MATSCHKE weisen demgegenüber den Vorteil auf, den Grenzpreis auf elegantere Weise in einem zweistufigen Verfahren zu ermitteln:[1] Zunächst ergibt sich aus dem sogenannten *Basisprogramm* der maximale Zielfunktionswert, welcher sich ohne eine Eigentumsänderung beim Bewertungsobjekt erreichen läßt. Alsdann wird das Entscheidungsfeld durch den Zugang/Kauf (oder Abgang/Verkauf) des Bewertungsobjekts zum Preis p modifiziert und um eine Nebenbedingung ergänzt, der zufolge der maximale Zielfunktionswert des Basisprogramms nicht unterschritten werden darf. Für das so geänderte Entscheidungsfeld läßt sich im zweiten Schritt der maximale Kauf- (oder minimale Verkaufs-) Preis p als derjenige Grenzpreis bestimmen, bei dem die Eigentumsänderung gerade noch nicht ökonomisch nachteilig im Vergleich zur Unterlassensalternative (Basisprogramm) ist. Als Ergebnis dieser zweiten Optimierungsrechnung liegt das sogenannte *Bewertungsprogramm* vor. Der optimale Zielfunktionswert p* des Bewertungsprogramms ist der gesuchte Entscheidungswert aus Sicht des Käufers (bzw. Verkäufers).

Im Unterschied zum Ansatz von LAUX und FRANKE verzichten jedoch JAENSCH und MATSCHKE auf die Modellierung des unvollkommenen Kapitalmarkts im Zeitablauf und ordnen statt dessen jedem mehrperiodigen Investitions- oder Finanzierungsobjekt nur jeweils eine einzige „amalgamierte" Erfolgsziffer zu. Eine Beziehung zum in der Unternehmensbewertung geläufigen Ertragswert läßt sich auf diese Weise nicht herleiten, da die einzelnen Zahlungsüberschüsse des Bewertungsobjekts im Kalkül nicht mehr explizit auftauchen.

Das im folgenden zu formulierende Modell möchte die Vorteile der Ansätze von JAENSCH und MATSCHKE sowie LAUX/FRANKE in sich vereinen und gleichzeitig die jeweiligen Nachteile vermeiden. Es umfaßt die Ermittlung eines Basis- und Bewertungsprogramms auf der Grundlage der mehrperiodigen Ansätze von HAX und WEINGARTNER. Damit läßt sich nicht nur der Grenzpreis schnell in zwei Schritten ermitteln, ohne auf eine numerisch aufwendige gemischt-ganzzahlige parametrische Optimierung angewiesen zu sein. Zugleich kann erstmals die Verbindung zwischen dem allgemeinen Entscheidungswert nach MATSCHKE (Basis-/Bewertungsprogramm) und der Ertragswertmethode der Unternehmensbewertung hergestellt werden. Nicht zuletzt ermöglicht das kombinierte Modell eine deutliche Vereinfachung, Verkürzung und Verallgemeinerung der Beweisführung im Rahmen der Überlegungen zur Grenzpreiseigenschaft des Ertragswerts bei unvollkommenem Kapitalmarkt (vereinfachte versus komplexe Bewertung nach LAUX/FRANKE).

Für das bewertende Unternehmen mögen die folgenden Rahmenbedingungen gelten: Geplant wird über einen Zeitraum von n Perioden. Zur Diskussion stehen in der Ausgangssituation insgesamt m Investitions- oder Finanzierungsobjekte, zu denen in jeder

---

[1] Vgl. *JAENSCH*, Wert und Preis (1966), S. 138, *JAENSCH*, Unternehmungsbewertung (1966), S. 664 f., *MATSCHKE*, Bewertung (1968), S. 14 f., *MATSCHKE*, Gesamtwert (1972), S. 153-155, *MATSCHKE*, Entscheidungswert (1975), S. 253-257 sowie auch *SIEBEN*, Bewertungsmodelle (1967).

2.2 Investitionstheoretisches Fundament der Unternehmensbewertung 47

Periode auch die unbeschränkte Kassenhaltungsmöglichkeit (oder eine beliebig verfügbare verzinsliche Geldanlage) gehört.[1] Die Zahlungsreihe des Objekts j sei $\mathbf{g}_j :=$ $(g_{j0}, g_{j1}, \ldots, g_{jt}, \ldots, g_{jn})$ mit g_{jt} als Zahlungsüberschuß im Zeitpunkt t. Am Planungshorizont t = n kann der Zahlungsüberschuß g_{jn} auch eine Restwertkomponente enthalten, mit der das noch im Objekt gebundene Endvermögen in die Betrachtung eingeht. Die Entscheidungsvariable x_j gibt an, wie oft das Objekt j realisiert wird.[2] Möglicherweise existiert für bestimmte x_j auch eine Obergrenze x_j^{max}. In jedem Zeitpunkt t falle darüber hinaus ein fester Zahlungssaldo b_t an, welcher positiv, null oder negativ sein kann und unabhängig von den zu beurteilenden Objekten ist (vordisponierte Zahlungen, z.B. Kapitalerhöhung, fixe Dividenden, Gehälter, laufende Umsatzeinnahmen, Kapitaldienst von Altschulden).

Bei Einkommensmaximierung strebt das Bewertungssubjekt nach einem möglichst breiten Entnahmestrom zu Konsumzwecken.[3] Am Ende der Periode t soll jeweils eine Ausschüttung von $\bar{w}_t \cdot EN$ erfolgen, d.h., die zu maximierende Breite EN des Einkommensstroms wird über einen Gewichtungsfaktor in die tatsächliche Entnahme der Periode umgerechnet. Auf diese Weise läßt sich jede gewünschte zeitliche Struktur des Ausschüttungsstroms herstellen.

Beispiel. Ein gleichmäßiges prozentuales Dividendenwachstum ω im Zeitablauf wird erreicht mit $\bar{w}_0 = 0$, $\bar{w}_1 = 1$ und $\bar{w}_t = (1+\omega)^{t-1}$ für t > 1. Mit z.B. $\omega = 10\%$ ergibt sich dann eine Entnahmefolge von EN in t = 1, EN · 1,1 in t = 2, EN · $1,1^2$ in t = 3, usw.

Durch Liquiditätsnebenbedingungen ist zu gewährleisten, daß der Überschuß b_t und die Rückflüsse aus den Investitions- und Finanzierungsobjekten am Ende jeder Periode t zur Entnahme des Einkommens ausreichen. Auch im Zeitpunkt t = 0, in dem noch keine Entnahme erfolgt, muß das Zahlungsgleichgewicht gewahrt werden.

Um die Fortführung des Unternehmens über den Planungshorizont hinaus zu ermöglichen, sollte in der Konstanten b_n ein hinreichend hohes Endvermögen als fiktive Auszahlung angesetzt werden. Dadurch zehren die Ausschüttungen nicht die ganze Unternehmenssubstanz auf. Ebensogut ließe sich das Entnahmegewicht $\bar{w}_n$ entsprechend hoch ansetzen.

---

1 Durch die Kassenhaltungsmöglichkeit wird die Existenz von im Zeitablauf monoton fallenden endogenen Abzinsungsfaktoren aus dem Intervall zwischen null und eins gesichert. Vgl. HERING, Investitionstheorie (2003), S. 162 in Verbindung mit S. 148 f.

2 Um die Dualitätstheorie anwenden zu können, muß von Ganzzahligkeitsforderungen abstrahiert werden. Unteilbarkeiten, Untergrenzen für den Projektumfang (im Falle der Durchführung) sowie bestimmte Projektinterdependenzen lassen sich mit reellwertigen Variablen nicht abbilden.

3 Vgl. oben, Abschnitt 2.1.1.

Hierzu noch ein *Beispiel*: Angenommen, das Bewertungssubjekt strebe einen uniformen Einkommensstrom an, der am Ende jeder Periode die Entnahme EN vorsehe. Um bei einem für t > n pauschal geschätzten Kalkulationszins von i die Rente EN auch jenseits von n für alle Zukunft zu erhalten, muß die letzte Einkommensrate $\bar{w}_n \cdot$ EN neben der normalen Rate EN auch den Barwert der ewigen Rente beinhalten:

$$\bar{w}_n \cdot EN = EN + \frac{EN}{i} \Leftrightarrow \bar{w}_n = 1 + \frac{1}{i}.$$

Es gilt dann also $\bar{w}_t = 1$ für $0 < t < n$ und bei i = 5% $\bar{w}_n = 21$. Diese Wahl der Entnahmegewichte perpetuiert den Einkommensstrom EN unter der Voraussetzung, daß sich der nach Vereinnahmung der letzten Entnahme verbleibende Endwert (= 20 EN) ab t = n im Durchschnitt zu 5% verzinsen läßt.

Die Variablen x_j und EN sind auf nichtnegative Werte beschränkt. Mit den definierten Symbolen ergibt sich der folgende lineare Optimierungsansatz zur Ermittlung des *Basisprogramms*:

max. Entn; Entn := EN

$$-\sum_{j=1}^{m} g_{j0} \cdot x_j \leq b_0$$

$$-\sum_{j=1}^{m} g_{jt} \cdot x_j + \bar{w}_t \cdot EN \leq b_t \qquad \forall\, t \in \{1, 2, \ldots, n\}$$

$$x_j \leq x_j^{max} \qquad \forall\, j \in \{1, 2, \ldots, m\}[1]$$

$$x_j \geq 0 \qquad \forall\, j \in \{1, 2, \ldots, m\}$$

$$EN \geq 0$$

Mit Hilfe des Simplexalgorithmus[2] kann das als Ausgangspunkt der Bewertung dienende Basis-Investitions- und Finanzierungsprogramm leicht ermittelt werden. Es möge zu einem maximalen Zielfunktionswert von $Entn^{max} := EN^*$ führen. Jede Eigentumsänderung des Bewertungsobjekts zu einem Preis von p ist nur dann ökonomisch akzeptabel, wenn sie nach entsprechender optimaler Umstrukturierung des Basispro-

---

[1] Diese Bedingung entfällt für alle x_j mit $x_j^{max} = \infty$.
[2] Vgl. z.B. DANTZIG, Lineare Programmierung (1966).

2.2 Investitionstheoretisches Fundament der Unternehmensbewertung

gramms mindestens wieder den alten Zielwert EN* liefert, der auch bei Verzicht auf die Transaktion erreichbar ist. Der Ansatz zur Ermittlung des Bewertungsprogramms enthält deshalb die Restriktion EN ≥ EN*.

Zunächst sei die Grenzpreisermittlung aus Sicht des (präsumtiven) Käufers eines Unternehmens betrachtet. Die Gegebenheiten der im Grundsatz spiegelbildlichen Verkäuferseite werden im Abschnitt 2.2.3 analysiert. Im Falle des Kaufes erwirbt das Bewertungssubjekt den Zahlungsstrom $\mathbf{g}_K = (0, g_{K1}, g_{K2}, \ldots, g_{Kt}, \ldots, g_{Kn})$ und zahlt dafür in t = 0 den Preis p.[1] Gesucht wird nun als Entscheidungswert und Grenzpreis der maximale Preis p, den das Bewertungssubjekt gerade noch akzeptieren kann, ohne sich schlechter zu stellen als bei Realisierung des alternativ möglichen Basisprogramms. Zu maximieren ist also p unter den Restriktionen des ursprünglichen Entscheidungsfelds, erweitert um den Zahlungsstrom aus dem Unternehmenskauf und die Mindestvorgabe für die Breite des Entnahmestroms EN. Der lineare Ansatz zur Ermittlung des *Bewertungsprogramms* lautet also wie folgt:[2]

$$\max. U; \quad U := p$$

$$-\sum_{j=1}^{m} g_{j0} \cdot x_j + p \quad \leq b_0$$

$$-\sum_{j=1}^{m} g_{jt} \cdot x_j + \overline{w}_t \cdot EN \quad \leq b_t + g_{Kt} \quad \forall\, t \in \{1, 2, \ldots, n\}$$

$$-EN \quad \leq -EN^*$$

$$x_j \quad \leq x_j^{\max} \quad \forall\, j \in \{1, 2, \ldots, m\}[3]$$

$$x_j \quad \geq 0 \quad \forall\, j \in \{1, 2, \ldots, m\}$$

---

[1] Theoretisch könnten auch alle Investitions- und Finanzierungsmöglichkeiten des Bewertungsobjekts *explizit* als Variable mit in den Bewertungsansatz aufgenommen werden, um den Interdependenzen zwischen Bewertungssubjekt und -objekt besser Rechnung zu tragen; vgl. LAUX, Unternehmensbewertung (1971), S. 533, HERING, Produktionsfaktoren (2002). Aus Gründen der Praktikabilität sollen jedoch im folgenden weiterhin Zahlungsströme und nicht unübersehbare Variablenbündel bewertet werden.

[2] Alternativ wäre es möglich, EN überall durch EN* zu ersetzen und auf die Variable EN sowie die Restriktion EN ≥ EN* zu verzichten. Für die weiter unten vorzunehmende Herleitung der Grenzpreis-Intervallschätzung erweist es sich allerdings als zweckmäßig, den Bewertungsansatz strukturell am Basisansatz zu orientieren und die Variable EN beizubehalten.

[3] Diese Bedingung entfällt für alle x_j mit $x_j^{\max} = \infty$.

$$EN \geq 0$$

$$p \geq 0$$

Die optimale Lösung dieses LO-Ansatzes ergibt sich wiederum durch den Simplexalgorithmus und liefert neben dem gesuchten Grenzpreis U* = p* auch das durch die Aufnahme der Zahlungsreihe des Bewertungsobjekts umstrukturierte optimale Investitions- und Finanzierungsprogramm. Letzteres trägt in der Theorie des Entscheidungswerts den Namen Bewertungsprogramm.

Durch das beschriebene zweistufige Totalmodell läßt sich der Unternehmenswert als Grenzpreis (Entscheidungswert mit dem Preis als einzigem konfliktlösungsrelevantem Sachverhalt) ermitteln, ohne daß auf einen numerisch viel aufwendigeren gemischt-ganzzahligen parametrischen Optimierungsansatz zurückgegriffen werden muß. Im nächsten Schritt soll nunmehr die Brücke zum Partialmodell Ertragswert geschlagen werden.

2.2.2.1.2 Herleitung und Grenzen der Ertragswertmethode

Um Aussagen über die Beziehungen zwischen Total- und Partialmodell herzuleiten, hat sich der Einsatz der Dualitätstheorie der linearen Optimierung als besonders fruchtbar erwiesen.[1] Jeder linearen Optimierungsaufgabe (*Primalproblem*) ist ein eng verwandtes *duales Problem* zugeordnet, das Rückschlüsse auf in der optimalen Lösung gültige Zusammenhänge ermöglicht. Das Dualproblem des im Unterabschnitt 2.2.2.1.1 aufgestellten Ansatzes zur Ermittlung des Bewertungsprogramms liest sich folgendermaßen:

$$\min. Y; \quad Y := \sum_{t=0}^{n} b_t \cdot d_t + \sum_{t=1}^{n} g_{Kt} \cdot d_t - \delta \cdot EN^* + \sum_{j=1}^{m} x_j^{\max} \cdot u_j$$

$$-\sum_{t=0}^{n} g_{jt} \cdot d_t + u_j \geq 0 \qquad \forall j \in \{1, 2, \ldots, m\}$$

$$\sum_{t=1}^{n} \bar{w}_t \cdot d_t - \delta \geq 0$$

---

[1] Zur Dualitätstheorie vgl. z.B. DANTZIG, Lineare Programmierung (1966), S. 148 ff., COLLATZ/WETTERLING, Optimierungsaufgaben (1971), S. 55 ff., KREKÓ, Lineare Optimierung (1973), S. 213 ff., KALL, Operations Research (1976), S. 30 ff., KOLBERG, Optimierungstheorie (1992); zur Einführung vgl. z.B. CORSTEN/CORSTEN/SARTOR, Operations Research (2005), S. 70 ff., ELLINGER/BEUERMANN/LEISTEN, OR (2001), S. 59 ff.

2.2 Investitionstheoretisches Fundament der Unternehmensbewertung 51

$$d_0 \geq 1$$

$$d_t \geq 0 \qquad \forall\, t \in \{0, 1, 2, \ldots, n\}$$

$$u_j \geq 0 \qquad \forall\, j \in \{1, 2, \ldots, m\}[1]$$

$$\delta \geq 0$$

Es sei angenommen, daß die Ansätze zur Bestimmung des Basis- und des Bewertungsprogramms optimale Lösungen besitzen mit $EN^* > 0$ und $p^* > 0$. In Verbindung mit der Bedingung $EN \geq EN^*$ folgt sodann $EN > 0$. Nach dem Satz vom komplementären Schlupf muß deshalb die zu EN gehörende Dualrestriktion im Optimum als Gleichung erfüllt sein:

$$\sum_{t=1}^{n} \overline{w}_t \cdot d_t - \delta = 0 \quad \Leftrightarrow \quad \delta = \sum_{t=1}^{n} \overline{w}_t \cdot d_t \,.$$

Das Maximum des Primalproblems ist gleich dem Minimum des Dualproblems. Wegen $Y^* = U^* = p^*$ folgt damit aus der Zielfunktion des Dualproblems im Optimum unter Berücksichtigung des gerade hergeleiteten Ausdrucks für δ:

$$p^* = \sum_{t=1}^{n} g_{Kt} \cdot d_t + \sum_{t=0}^{n} b_t \cdot d_t + \sum_{j=1}^{m} x_j^{\max} \cdot u_j - EN^* \cdot \sum_{t=1}^{n} \overline{w}_t \cdot d_t \,.$$

In der optimalen Lösung gilt $p = p^* > 0$ und deshalb aufgrund des komplementären Schlupfs im Dualproblem $d_0 = 1$, d.h., die Dualwerte d_t sind identisch mit den endogenen Abzinsungsfaktoren $d_t/d_0 =: \rho_t$, welche eine Zahlung im Zeitpunkt t in ihren Kapitalwert im Zeitpunkt 0 umrechnen. Für Objekte j, die im Bewertungsprogramm einen nichtnegativen Kapitalwert C_j besitzen, gilt nach der Lenkpreistheorie $u_j = C_j \cdot d_0$, mithin wegen $d_0 = 1$ Identität von u_j und C_j. Das u_j eines unvorteilhaften Objekts ist null.[2] Die Formel für den Grenzpreis p^* geht folglich über in:

---

[1] Die Variable u_j entfällt für alle j mit $x_j^{\max} = \infty$.
[2] Zu Definition und Eigenschaften der endogenen Abzinsungsfaktoren vgl. z.B. HERING, Investitionstheorie (2003), S. 149; zu den Zusammenhängen zwischen Kapitalwert und Dualvariablen vgl. ebenda, S. 152.

$$p^* = \underbrace{\sum_{t=1}^{n} g_{Kt} \cdot \rho_t}_{\text{Ertragswert des Bewertungsobjekts}} + \underbrace{\sum_{t=0}^{n} b_t \cdot \rho_t + \sum_{C_j > 0} x_j^{max} \cdot C_j}_{\text{Kapitalwert des Bewertungsprogramms (ohne das Bewertungsobjekt)}} - \underbrace{\sum_{t=1}^{n} \overline{w}_t \cdot EN^* \cdot \rho_t}_{\text{Kapitalwert des Basisprogramms}}.$$

Dies ist nichts anderes als die Formel der „komplexen Bewertung" nach LAUX/FRANKE.[1] Sie zeigt, daß der Grenzpreis bei unvollkommenem Kapitalmarkt im allgemeinen nicht mehr mit dem Ertragswert identisch ist. Vielmehr muß noch die Kapitalwertänderung hinzuaddiert werden, die sich aus den Umstrukturierungen beim Übergang vom Basis- zum Bewertungsprogramm ergibt:

$$p^* = \underbrace{\sum_{t=1}^{n} g_{Kt} \cdot \rho_t}_{\text{Ertragswert des Bewertungsobjekts}} + \underbrace{\sum_{t=0}^{n} b_t \cdot \rho_t + \sum_{C_j > 0} x_j^{max} \cdot C_j - \sum_{t=1}^{n} \overline{w}_t \cdot EN^* \cdot \rho_t}_{\text{Kapitalwertänderung durch Umstrukturierung vom Basis- zum Bewertungsprogramm}}.$$

Die Gleichung läßt sich auch noch in anderer Weise lesen: Der Grenzpreis resultiert aus der Differenz zwischen dem Kapitalwert des gesamten Bewertungsprogramms (einschließlich Bewertungsobjekt, aber ohne den Kaufpreis p) und dem dafür aufzugebenden Kapitalwert des Basisprogramms. Der Kauf des Unternehmens ist nur gerechtfertigt, wenn der Preis p nicht die mit der Akquisition verbundene Kapitalwerterhöhung übersteigt:

$$p^* = \underbrace{\sum_{t=1}^{n} g_{Kt} \cdot \rho_t + \sum_{t=0}^{n} b_t \cdot \rho_t + \sum_{C_j > 0} x_j^{max} \cdot C_j}_{\text{Kapitalwert des Bewertungsprogramms (mit Bewertungsobjekt, aber ohne p)}} - \underbrace{\sum_{t=1}^{n} \overline{w}_t \cdot EN^* \cdot \rho_t}_{\text{Kapitalwert des Basisprogramms}}.$$

Die Grenzpreisermittlung beruht also im allgemeinen auf einer Totalbetrachtung, die auch die durch den Kauf ausgelösten Umstrukturierungsmaßnahmen[2] im bisherigen Programm bewertet, und zwar mit den endogenen Abzinsungsfaktoren des neuen Programms. Es reicht weder aus, den Ertragswert auf Basis der alten, noch auf Basis der neuen Grenzzinsfüße zu berechnen. Die Aussage des Kapitalwerts ist bei unvollkommenem Markt nur noch *infinitesimal*; absolute Änderungen, welche die Menge der Grenzobjekte umstrukturieren, lassen sich aus einer Partial- oder Marginalanalyse

---

[1] Vgl. *LAUX/FRANKE*, Bewertung von Unternehmungen (1969), S. 214-218, hier Formel (30).

[2] Dabei kann es sich z.B. um zusätzliche Kreditaufnahmen oder den Verzicht auf bislang vorteilhafte Investitionen handeln.

2.2 Investitionstheoretisches Fundament der Unternehmensbewertung

wie der Ertragswertberechnung im allgemeinen Fall nicht mehr ableiten.[1] Bei der Berechnung des Grenzpreises geht es aber gerade um eine Totalanalyse, da die Grenze der Konzessionsbereitschaft ein absoluter Geldbetrag und nicht ein lokaler, nur für marginale Änderungen gültiger Wert ist. Die Aufnahme des Bewertungsobjekts kann zu einem Basiswechsel führen, der die Dualwerte und damit die endogenen Grenzzinsfüße der optimalen Lösung ändert.[2]

Wenn jedoch die Basislösung stabil bleibt und sich demnach die Grenzobjekte beim Übergang vom Basis- zum Bewertungsprogramm nicht ändern, beträgt der Kapitalwert der Umstrukturierungen null, weil nur Grenzobjekte reduziert oder ausgedehnt werden und all diese Objekte per def. einen Kapitalwert von null besitzen. Dann entspricht der Grenzpreis wiederum dem Ertragswert, weil der Korrekturterm „Kapitalwertänderung durch Umstrukturierung" wegfällt.[3]

Dieser anschaulich einleuchtende Spezialfall der Grenzpreisformel soll noch formal hergeleitet werden. Aus der optimalen Lösung für das hier nicht wiedergegebene Dualproblem des Ansatzes zur Ermittlung des *Basis*programms ergibt sich:[4]

$$\sum_{t=0}^{n} b_t \cdot d_t^{Basis} + \sum_{j=1}^{m} x_j^{max} \cdot u_j^{Basis} = EN^*$$

$$\Leftrightarrow \sum_{t=0}^{n} b_t \cdot \rho_t^{Basis} + \sum_{C_j^{Basis}>0} x_j^{max} \cdot C_j^{Basis} = \frac{EN^*}{d_0^{Basis}}.$$

Außerdem gilt im Optimum des Basisansatzes aufgrund der Komplementarität:

$$\sum_{t=1}^{n} \overline{w}_t \cdot d_t^{Basis} = 1 \Leftrightarrow \sum_{t=1}^{n} \overline{w}_t \cdot \rho_t^{Basis} = \frac{1}{d_0^{Basis}}.$$

---

1 Unbenommen bleibt natürlich die grundsätzliche Möglichkeit, bei bekanntem Grenzpreis p* nachträglich den (nicht steuerungsrelevanten) durchschnittlichen Kalkulationszins zu ermitteln, bei dem der Ertragswert der Zahlungsreihe des Bewertungsobjekts genau gleich p* wird.

2 Zum Versagen der Marginalanalyse bei Grenzpreisbetrachtungen vgl. *LAUX/FRANKE*, Bewertung von Unternehmungen (1969), S. 206 f., 214, 218, *KEIFER*, Kalkulationszinsfuß (1970), S. 135 f., *GROB*, Mischzinsfüße (1982), S. 381 f., 393 f., *MOXTER*, Unternehmensbewertung (1983), S. 143, *LEUTHIER*, Interdependenzproblem (1988), S. 140 f., *HERING*, Investitionstheorie (2003), S. 240, Fußnote 2.

3 Vgl. *LAUX/FRANKE*, Bewertung von Unternehmungen (1969), S. 218.

4 Das Dualproblem des Ansatzes zur Ermittlung des Basisprogramms findet sich in *HERING*, Investitionstheorie (2003) auf S. 162.

Annahmegemäß mögen sich die Grenzobjekte und damit die endogenen Grenzzinsfüße beim Übergang vom Basis- zum Bewertungsprogramm nicht ändern. Es gelte also $\rho_t = \rho_t^{Basis}$ und $C_j = C_j^{Basis}$ für alle t und j. Durch Einsetzen der im Optimum des Basisansatzes gültigen Beziehungen in die Grenzpreisformel resultiert sodann:

$$p^* = \underbrace{\sum_{t=1}^{n} g_{Kt} \cdot \rho_t}_{\substack{\text{Ertragswert des} \\ \text{Bewertungs-} \\ \text{objekts}}} + \underbrace{\frac{EN^*}{d_0^{Basis}} - EN^* \cdot \frac{1}{d_0^{Basis}}}_{\substack{\text{Kapitalwertänderung durch Umstrukturierung} \\ \text{vom Basis- zum Bewertungsprogramm}}} \ .$$

Weil die Kapitalwertänderung gleich null ist, geht die Grenzpreisformel in die Ertragswertformel über. Dieses Ergebnis entspricht der „vereinfachten Bewertung" nach LAUX/FRANKE:[1]

$$p^* = \sum_{t=1}^{n} g_{Kt} \cdot \rho_t$$

$$= E_K \quad \text{(Ertragswert aus Sicht des Käufers)}.$$

Q.e.d.

Wenn die Ertragswertmethode gültig bleibt, ist zugleich die Frage nach dem für die Grenzpreisermittlung anzuwendenden Kalkulationszinsfuß geklärt: Steuerungsrelevant sind nach der Lenkpreistheorie die endogenen Grenzzinsfüße des Basisprogramms (welche annahmegemäß auch für das Bewertungsprogramm gelten). Diese hängen nur von den Zahlungsreihen der Grenzobjekte sowie von den Entnahmegewichten $\bar{w}_t$ ab. Sie lassen sich entweder als Mischzinsfüße oder als Initialverzinsungen (d.h. bei einperiodigen Grenzobjekten auch als interne Zinssätze) interpretieren.[2] Die oft zu findende Aussage, daß der interne Zins des günstigsten Vergleichsobjekts als Kalkulationszins zu wählen sei,[3] ist also nur grob (nämlich im Spezialfall einperiodiger Grenzobjekte) richtig.

Insgesamt ist gezeigt: Bei unvollkommenem Kapitalmarkt kann der Grenzpreis als Entscheidungswert wegen der durch das Bewertungsobjekt ausgelösten Umschichtungseffekte im Investitions- und Finanzierungsprogramm prinzipiell nur durch eine Totalbetrachtung ermittelt werden. Dies liegt daran, daß die optimale Einfügung des

---

1 Vgl. *LAUX/FRANKE*, Bewertung von Unternehmungen (1969), S. 210-214, hier Formel (21).

2 Vgl. *FRANKE/LAUX*, Kalkulationszinsfüße (1968), *HERING*, Investitionstheorie (2003), S. 206-212.

3 Vgl. z.B. *MÜNSTERMANN*, Wert und Bewertung (1966), S. 151, *COENENBERG*, Unternehmensbewertung (1992), S. 101.

Akquisitionsobjekts in das bisherige Programm möglicherweise eine Änderung der Grenzobjekte und Grenzzinsfüße nach sich zieht.[1] Lediglich wenn die optimale Basis und die endogenen Grenzzinsfüße beim Übergang vom Basis- zum Bewertungsprogramm stabil bleiben, ist die isolierte Bewertung mit Hilfe der Ertragswertmethode möglich. Dieser Fall wird um so eher eintreten, je unbedeutender sich das Bewertungsobjekt im Vergleich zum Volumen der Grenzobjekte des Basisprogramms ausnimmt. Daraus folgt zugleich, daß gerade große, finanzstrukturverändernde Akquisitionen einer Partialanalyse durch Ertragswerte meist unzugänglich bleiben.

Das prinzipielle Versagen der Ertragswertmethode bei unvollkommenem Kapitalmarkt ist an sich recht betrüblich, da es einer partialanalytischen Unternehmensbewertung in all denjenigen Fällen den Boden entzieht, in denen nicht von der Stabilität der Grenzzinsfüße ausgegangen werden kann. Immerhin gelingt aber durch Ertragswerte zumindest noch eine Intervallabschätzung des Grenzpreises. LAUX und FRANKE weisen mit ihrem parametrischen Ansatz nach, daß p^* nicht kleiner als der Ertragswert auf Basis der endogenen Grenzzinsfüße des Bewertungsprogramms und nicht größer als der Ertragswert auf Grundlage der endogenen Grenzzinsfüße des Basisprogramms sein kann.[2] Dieser Beweis soll im folgenden mit Hilfe des zweistufigen Ansatzes erbracht werden.

Zunächst ist es klar, daß der Ertragswert aus Sicht des Basisprogramms die Wertobergrenze bilden muß, weil sonst der Kauf des Unternehmens zum Grenzpreis p^* einen negativen Kapitalwert hätte und deswegen in der Basissituation eindeutig unvorteilhaft wäre:[3]

$$C_K^{Basis} = -p^* + \sum_{t=1}^{n} g_{Kt} \cdot \rho_t^{Basis} \geq 0 \quad \Leftrightarrow \quad p^* \leq E_K^{Basis}.$$

Um auch eine Wertuntergrenze herzuleiten, wird das Dualproblem des Ansatzes zur Ermittlung des Basisprogramms benötigt.[4] Im ersten Schritt multipliziere man seine Zielfunktion und Restriktionen mit dem positiven Wert δ aus der optimalen Lösung

---

[1] Nur in diesem Sinne (der Mitberücksichtigung von Änderungen der Grenzzinsfüße) läßt sich weiterhin von der Gültigkeit des Marginalprinzips sprechen, obwohl letzten Endes eine Totalanalyse unausweichlich wird. Vgl. MOXTER, Unternehmensbewertung (1983), S. 141.

[2] Vgl. LAUX/FRANKE, Bewertung von Unternehmungen (1969), S. 218-223.

[3] Vgl. hierzu auch MOXTER, Unternehmensbewertung (1983), S. 143. Zur postoptimalen Analyse des Basisprogramms durch nachträgliches Hinzufügen eines Objektes vgl. HERING, Investitionstheorie (2003), S. 238-241. An dieser Stelle sei nochmals an die für Anwendungen u.U. kritische Modellannahme erinnert, der zufolge die Objekte beliebig teilbar sind. Im primalen Ausartungsfall gilt die Abschätzung mit dem höchsten E_K^{Basis}.

[4] Dieses findet sich mit den hier verwendeten Symbolen in HERING, Investitionstheorie (2003), S. 162.

des zum Bewertungsprogramm gehörenden Dualproblems. Anschließend seien die mit δ vervielfachten Dualvariablen wieder in d_t und u_j umbenannt. Die geänderte Aufgabe lautet dann:

$$\min. \delta \cdot Z; \delta \cdot Z := \sum_{t=0}^{n} b_t \cdot d_t + \sum_{j=1}^{m} x_j^{max} \cdot u_j$$

$$-\sum_{t=0}^{n} g_{jt} \cdot d_t + u_j \geq 0 \qquad \forall\, j \in \{1, 2, \ldots, m\}$$

$$\sum_{t=1}^{n} \overline{w}_t \cdot d_t \geq \delta$$

$$d_t \geq 0 \qquad \forall\, t \in \{0, 1, 2, \ldots, n\}$$

$$u_j \geq 0 \qquad \forall\, j \in \{1, 2, \ldots, m\}[1]$$

In bezug auf das Basisprogramm gilt $Z^* = EN^*$, folglich ist das Minimum von $\delta \cdot Z$ gleich $\delta \cdot EN^*$. Das vorliegende Entscheidungsfeld erlaubt also die Abschätzung

$$\sum_{t=0}^{n} b_t \cdot d_t + \sum_{j=1}^{m} x_j^{max} \cdot u_j \geq \delta \cdot EN^*$$

unter den gegebenen Nebenbedingungen. Nun sei das Dualproblem des Ansatzes zur Ermittlung des Bewertungsprogramms betrachtet. In dessen Optimum gelten die gleichen Restriktionen und zusätzlich die Bedingung $d_0 \geq 1$, d.h., die Abschätzung kann auf die Grenzpreisformel $Y^* = p^*$ übertragen werden:

$$p^* = \sum_{t=1}^{n} g_{Kt} \cdot d_t + \underbrace{\sum_{t=0}^{n} b_t \cdot d_t + \sum_{j=1}^{m} x_j^{max} \cdot u_j - \delta \cdot EN^*}_{\geq 0}\,.$$

Mit der bereits bekannten Argumentation folgt weiter:

---

[1] Die Variable u_j entfällt für alle j mit $x_j^{max} = \infty$.

2.2 Investitionstheoretisches Fundament der Unternehmensbewertung

$$p^* = \underbrace{\sum_{t=1}^{n} g_{Kt} \cdot \rho_t}_{\substack{\text{Ertragswert mit} \\ \text{den Zinssätzen des} \\ \text{Bewertungsprogramms}}} + \underbrace{\sum_{t=0}^{n} b_t \cdot \rho_t + \sum_{C_j > 0} x_j^{\max} \cdot C_j - \sum_{t=1}^{n} \overline{w}_t \cdot EN^* \cdot \rho_t}_{\substack{\text{Kapitalwertänderung durch Umstrukturierung} \\ \text{vom Basis- zum Bewertungsprogramm} \\ \geq 0}}.$$

Die oben interpretierte Kapitalwertänderung aus der Umstrukturierung beim Übergang vom Basis- zum Bewertungsprogramm erweist sich als nichtnegativ. Dann folgt aber sofort $p^* \geq E_K$. Insgesamt wurde gezeigt:

$$E_K \leq p^* \leq E_K^{\text{Basis}}.$$

Wenn also die Grenzzinsfüße des Basisprogramms bekannt sind und ihre Höhe auch für das Bewertungsprogramm geschätzt[1] werden kann, taugt die Ertragswertmethode wenigstens noch zur (hoffentlich recht engen) Eingrenzung des Intervalls, in dem der Grenzpreis liegen muß. Die Partialanalyse liefert demnach schon im Sicherheitsfall nur noch eine Bandbreiteninformation!

Die Abschätzung schließt natürlich auch alle schon behandelten Spezialfälle mit ein: Falls die Grenzzinsfüße von Basis- und Bewertungsprogramm identisch sein sollten, resultiert aus $E_K \leq p^* \leq E_K$ sofort $p^* = E_K$ (Gültigkeit der Ertragswertmethode). Diese Situation ist z.B. auf dem vollkommenen Kapitalmarkt bei Sicherheit immer gegeben: Als Grenzobjekte fungieren grundsätzlich die Kapitalmarktgeschäfte zum Kalkulationszins i, so daß stets unverändert $\rho_t = (1 + i)^{-t}$ gilt. Dann entspricht der Grenzpreis p^* dem Ertragswert zum Kalkulationszins.[2]

2.2.2.2 Grenzpreisermittlung bei Vermögensmaximierung

2.2.2.2.1 Basis- und Bewertungsprogramm

In diesem Unterabschnitt wird zu zeigen sein, daß die für den Fall der Einkommensmaximierung hergeleiteten Ergebnisse auf die Vermögensmaximierung übertragbar sind. Das Bewertungssubjekt möchte nunmehr die Summe GW seiner gewichteten Konsumentnahmen maximieren.[3] Eine Entnahme G_t im Zeitpunkt t geht dabei mit dem Gewicht w_t in die Zielfunktion ein. Die GW-Zielsetzung enthält als Spezialfall auch die Endwertmaximierung, bei der $w_n = 1$ und $w_t = 0$ für $t < n$ gilt. Als Nebenbe-

---

[1] Eine derartige Schätzung muß nicht zwangsläufig problematisch sein. Kleine Bewertungsobjekte führen möglicherweise nur zu Beginn des Planungszeitraums zu – relativ überschaubaren – Änderungen der Finanzierungsstruktur.

[2] Vgl. oben, Abschnitt 2.2.1.

[3] Vgl. oben, Abschnitt 2.1.1.

dingungen sind fixe Entnahmevorgaben zu beachten (z.B. Dividendenausschüttungen als fester Prozentsatz des Grundkapitals). Sie treten im Modell als betragsmäßig von vornherein feststehende Auszahlungen auf, die in den Konstanten b_t enthalten sind. Um die Fortführung des Unternehmens über den Planungshorizont hinaus zu gewährleisten, ist in die letzte Konstante b_n zusätzlich ein Mindestendvermögen als (fiktive, optionale) Entnahme einzustellen. Dessen Höhe mag sich am Barwert einer ewigen Rente orientieren, der bei einem pauschal geschätzten Zins die Fortschreibung des bisherigen Dividendenniveaus gestattet.

Unter der Zielsetzung Vermögensmaximierung lautet der Ansatz zur Ermittlung des Basisprogramms:

$$\max. \text{GW}; \quad \text{GW} := \sum_{t=0}^{n} w_t \cdot G_t$$

$$-\sum_{j=1}^{m} g_{jt} \cdot x_j + G_t \leq b_t \qquad \forall \, t \in \{0, 1, 2, \ldots, n\}$$

$$x_j \leq x_j^{\max} \qquad \forall \, j \in \{1, 2, \ldots, m\}[1]$$

$$x_j \geq 0 \qquad \forall \, j \in \{1, 2, \ldots, m\}$$

$$G_t \geq 0 \qquad \forall \, t \in \{0, 1, 2, \ldots, n\}[2]$$

Dieses Modell besitze den maximalen Zielfunktionswert GW*, der auch vom Bewertungsprogramm wieder erreicht werden muß. Zur Ermittlung des Grenzpreises aus Käufersicht ist der nachstehende Ansatz zu lösen:

$$\max. \text{U}; \quad \text{U} := p$$

$$-\sum_{j=1}^{m} g_{j0} \cdot x_j + G_0 + p \leq b_0$$

---

[1] Diese Bedingung entfällt für alle x_j mit $x_j^{\max} = \infty$.
[2] Die Variable G_t entfällt für alle Zeitpunkte t mit $w_t = 0$.

2.2 Investitionstheoretisches Fundament der Unternehmensbewertung

$$-\sum_{j=1}^{m} g_{jt} \cdot x_j + G_t \leq b_t + g_{Kt} \quad \forall\, t \in \{1, 2, \ldots, n\}$$

$$-\sum_{t=0}^{n} w_t \cdot G_t \leq -GW^*$$

$$x_j \leq x_j^{max} \quad \forall\, j \in \{1, 2, \ldots, m\}^1$$

$$x_j \geq 0 \quad \forall\, j \in \{1, 2, \ldots, m\}$$

$$G_t \geq 0 \quad \forall\, t \in \{0, 1, 2, \ldots, n\}^2$$

$$p \geq 0$$

Die optimale Lösung dieses Modells liefert das Bewertungsprogramm und den gesuchten Grenzpreis $U^* = p^*$.

2.2.2.2.2 Herleitung und Grenzen der Ertragswertmethode

Ausgangspunkt für den Brückenschlag zwischen Grenzpreis und Ertragswert ist genau wie im Falle der Einkommensmaximierung das Dualproblem des gerade formulierten Ansatzes zur Ermittlung des Bewertungsprogramms. Es besitzt die folgende Gestalt:

$$\text{min. } Y; \quad Y := \sum_{t=0}^{n} b_t \cdot d_t + \sum_{t=1}^{n} g_{Kt} \cdot d_t - \delta \cdot GW^* + \sum_{j=1}^{m} x_j^{max} \cdot u_j$$

$$-\sum_{t=0}^{n} g_{jt} \cdot d_t + u_j \geq 0 \quad \forall\, j \in \{1, 2, \ldots, m\}$$

$$d_t - w_t \cdot \delta \geq 0 \quad \forall\, t \in \{0, 1, 2, \ldots, n\}^3$$

$$d_0 \geq 1$$

---

1 Diese Bedingung entfällt für alle x_j mit $x_j^{max} = \infty$.
2 Die Variable G_t entfällt für alle Zeitpunkte t mit $w_t = 0$.
3 Diese Bedingung entfällt für alle Zeitpunkte t mit $w_t = 0$.

$$d_t \geq 0 \qquad \forall\, t \in \{0, 1, 2, \ldots, n\}$$

$$u_j \geq 0 \qquad \forall\, j \in \{1, 2, \ldots, m\}^1$$

$$\delta \geq 0$$

Die Ansätze zur Bestimmung des Basis- und Bewertungsprogramms seien optimal lösbar mit GW* > 0 (es existiert also jeweils mindestens ein Zeitpunkt t mit $G_t > 0$) und p* > 0. Aufgrund der im Optimum gültigen Komplementaritätsbeziehungen zwischen Primal- und Dualproblem folgt hieraus zunächst wie bei Einkommensmaximierung: $d_0 = 1$. Daraus ergeben sich die bereits bekannten Konsequenzen $d_t = \rho_t\ \forall\, t$, $u_j = C_j\ \forall\, j$ mit $C_j \geq 0$, $u_j = 0\ \forall\, j$ mit $C_j < 0$.[2] Bei Vermögensmaximierung liefert der Satz vom komplementären Schlupf allerdings nicht immer genau eine Gleichung für δ, sondern potentiell mehrere Beziehungen (jeweils eine für jeden Zeitpunkt t, in dem positive Ausschüttungen G_t getätigt werden):

$$d_t = w_t \cdot \delta \quad \Leftrightarrow \quad \delta = \frac{d_t}{w_t} \qquad \forall\, t \text{ mit } G_t > 0.$$

Bei einem Problem mit ökonomisch sinnvoller Zielsetzung sind alle Dualwerte d_t positiv,[3] so daß $\delta > 0$ vorausgesetzt werden kann. Aus der Komplementarität resultiert daraus für das Bewertungsprogramm:

$$\sum_{t=0}^{n} w_t \cdot G_t = GW^*.$$

Die (u.U. umstrukturierten) Entnahmen liefern also exakt wieder den Zielfunktionswert des Basisprogramms. Nach diesen Vorüberlegungen läßt sich der Term $\delta \cdot GW^*$ in der Zielfunktion Y des oben angegebenen Dualproblems wie folgt interpretieren:

$$\delta \cdot GW^* = \delta \cdot \sum_{t=0}^{n} w_t \cdot G_t = \delta \cdot \sum_{G_t > 0} w_t \cdot G_t = \sum_{G_t > 0} \frac{d_t}{w_t} \cdot w_t \cdot G_t = \sum_{G_t > 0} G_t \cdot \rho_t.$$

Hinter $\delta \cdot GW^*$ verbirgt sich also der Kapitalwert der Ausschüttungen G_t im Bewertungsprogramm. Da diesen Ausschüttungen in den Augen des Bewertungssubjekts der gleiche Zielwert GW* wie den – u.U. anders strukturierten – Ausschüttungen des

---

1 Die Variable u_j entfällt für alle j mit $x_j^{max} = \infty$.
2 Vgl. oben, Unterabschnitt 2.2.2.1.2.
3 Vgl. HERING, Investitionstheorie (2003), S. 148.

2.2 Investitionstheoretisches Fundament der Unternehmensbewertung 61

Basisprogramms zukommt, entspricht $\delta \cdot GW^*$ dem Kapitalwert eines dem Basisprogramm gleichwertigen Ausschüttungsplans.[1]

Beispiel: Betrachtet sei der einfache Spezialfall Endwertmaximierung mit $GW = EW = G_n$. Im Bewertungsprogramm gilt dann $d_n = \rho_n = \delta$ und $G_n = EW^*$, so daß sich das Produkt $\delta \cdot EW^*$ als $EW^* \cdot \rho_n$ (Kapitalwert des Basisprogramms, berechnet mit den endogenen Zinssätzen des Bewertungsprogramms) deuten läßt. Die duale Zielfunktion Y subtrahiert also den Kapitalwert des Basisprogramms vom Kapitalwert des Bewertungsprogramms und gelangt auf diese Weise zum Grenzpreis p^*.

Wegen $Y^* = U^* = p^*$ kann die Zielfunktion Y (wie bei Einkommensmaximierung) in eine Bewertungsgleichung zur Ermittlung des Grenzpreises p^* transformiert werden:

$$p^* = \underbrace{\sum_{t=1}^{n} g_{Kt} \cdot \rho_t}_{\substack{\text{Ertragswert des} \\ \text{Bewertungs-} \\ \text{objekts}}} + \underbrace{\sum_{t=0}^{n} b_t \cdot \rho_t + \sum_{C_j > 0} x_j^{max} \cdot C_j}_{\substack{\text{Kapitalwert des} \\ \text{Bewertungsprogramms} \\ \text{(ohne das Bewertungsobjekt)}}} - \underbrace{\delta \cdot GW^*}_{\substack{\text{Kapitalwert eines} \\ \text{dem Basisprogramm} \\ \text{gleichwertigen} \\ \text{Ausschüttungsplans}}}.$$

Der Grenzpreis entspricht der Summe aus dem Ertragswert des Bewertungsobjekts und dem Kapitalwert der Umstrukturierungen zwischen Basis- und Bewertungsprogramm. Wiederum läßt sich zeigen, daß sich die Korrekturterme zum Ertragswert unter bestimmten Bedingungen gegenseitig aufheben. Hierzu entnimmt man zunächst aus der optimalen Lösung des hier nicht abgedruckten Dualproblems, das dem Ansatz zur Ermittlung des Basisprogramms zugeordnet ist, die Beziehung:[2]

$$\sum_{t=0}^{n} b_t \cdot d_t^{Basis} + \sum_{j=1}^{m} x_j^{max} \cdot u_j^{Basis} = GW^*$$

$$\Leftrightarrow \sum_{t=0}^{n} b_t \cdot \rho_t^{Basis} + \sum_{C_j^{Basis} > 0} x_j^{max} \cdot C_j^{Basis} = \frac{GW^*}{d_0^{Basis}}.$$

Weiterhin besitzt das Optimum des Basisprogramms die folgende Komplementaritätseigenschaft: Es gilt $d_t^{Basis} = w_t$ für alle Zeitpunkte t, in denen positive Entnahmen G_t getätigt werden. Der Abzinsungsfaktor eines Ausschüttungszeitpunkts beträgt demnach $\rho_t^{Basis} = d_t^{Basis}/d_0^{Basis} = w_t/d_0^{Basis}$. In bezug auf das Bewertungsprogramm ist

---

[1] Zur weiteren Interpretation von δ vgl. MIRSCHEL/LERM, Dualvariable (2004).
[2] Das Dualproblem des Ansatzes zur Ermittlung des Basisprogramms findet sich in HERING, Investitionstheorie (2003) auf S. 145.

bereits oben ausgenutzt worden, daß für Ausschüttungszeitpunkte $\rho_t = d_t = w_t \cdot \delta$ zutrifft.

Sofern sich die Grenzobjekte und endogenen Grenzzinsfüße beim Übergang vom Basis- zum Bewertungsprogramm nicht ändern, kann $\rho_t = \rho_t^{Basis} \; \forall \; t$ und folglich auch $C_j = C_j^{Basis} \; \forall \; j$ vorausgesetzt werden. In mindestens einem Ausschüttungszeitpunkt t des Basisprogramms möge das Bewertungsprogramm ebenfalls eine positive Entnahme G_t vorsehen. Dann gilt speziell für diesen Ausschüttungszeitpunkt: $\rho_t = w_t \cdot \delta = w_t/d_0^{Basis} = \rho_t^{Basis} \Leftrightarrow \delta = 1/d_0^{Basis}$. Damit vereinfacht sich die allgemeine Grenzpreisformel zur Ertragswertformel:

$$p^* = \underbrace{\sum_{t=1}^{n} g_{Kt} \cdot \rho_t}_{\substack{\text{Ertragswert des} \\ \text{Bewertungs-} \\ \text{objekts}}} + \underbrace{\frac{GW^*}{d_0^{Basis}} - \frac{1}{d_0^{Basis}} \cdot GW^*}_{\substack{\text{Kapitalwertänderung durch Umstrukturierung} \\ \text{vom Basis- zum Bewertungsprogramm}}}$$

$$= \sum_{t=1}^{n} g_{Kt} \cdot \rho_t$$

$$= E_K \quad \text{(Ertragswert aus Sicht des Käufers)}.$$

Q.e.d.

Auch die Intervallschätzung des Grenzpreises läßt sich auf den Fall der Vermögensmaximierung übertragen. Für die Obergrenze $p^* \leq E_K^{Basis}$ gilt die im Unterabschnitt 2.2.2.1.2 gelieferte Begründung unverändert weiter. Hinsichtlich der Untergrenze kann ebenfalls analog argumentiert werden: Das Dualproblem des Ansatzes zur Ermittlung des Basisprogramms liefert nach Multiplikation mit δ und Rückbenennung der Variablen die Abschätzung

$$\sum_{t=0}^{n} b_t \cdot d_t + \sum_{j=1}^{m} x_j^{max} \cdot u_j \geq \delta \cdot GW^*,$$

welche auch für das Bewertungsprogramm gilt, so daß aus der Grenzpreisformel direkt $p^* \geq E_K$ folgt. Im übrigen unterscheidet sich der Fall der Vermögensmaximierung nicht von dem bereits ausführlich interpretierten Fall der Einkommensmaximierung. Man beachte jedoch, daß diese Aussage lediglich die formalen Strukturen, nicht aber die numerischen Ergebnisse betrifft. Bei unvollkommenem Kapitalmarkt hängen bekanntlich die endogenen Grenzzinsfüße und damit auch die Abzinsungsfaktoren ρ_t und ρ_t^{Basis} mit von der verfolgten Zielsetzung ab, so daß auch die Höhe des Grenzprei-

2.2 Investitionstheoretisches Fundament der Unternehmensbewertung

ses p* je nach den Konsumpräferenzen des Bewertungssubjekts unterschiedlich sein kann.[1]

2.2.2.2.3 Einperiodiges Zahlenbeispiel

Im folgenden sollen die bislang allgemein hergeleiteten Zusammenhänge zwischen Investition, Finanzierung, Grenzpreis und Ertragswert mit Hilfe von einfachen Zahlenbeispielen veranschaulicht werden. Wesentliche Einsichten lassen sich schon aus dem besonders übersichtlichen Spezialfall n = 1 gewinnen, in dem lediglich zwei Zahlungszeitpunkte existieren.

Betrachtet sei die folgende Ausgangssituation: Das Bewertungssubjekt verfüge im Zeitpunkt t = 0 über eigenes Kapital (EK) in Höhe von b_0 = 100. Außerdem bestehe die Möglichkeit, zu einem Sollzins von 10% Kredit (C) aufzunehmen, allerdings aus Bonitätsgründen nur bis zu einem Höchstbetrag von 300. Kapitalnachfrage resultiere einerseits aus zwei beliebig teilbaren Sachinvestitionsmöglichkeiten A und B mit den Zahlungsreihen (–150, 210) und (–100, 120) sowie andererseits aus einem zum Kauf anstehenden Bewertungsobjekt K, welches in t = 1 einen Überschuß von 110 versprechen möge. In der Tabelle 2-1 sind die Zahlungsströme und internen Zinssätze zusammengefaßt.

Objekt j	g_{j0}	g_{j1}	r_j
A	–150	210	40%
B	–100	120	20%
C	300	–330	10%
K	–p	110	110/p –1

Tabelle 2-1: Daten des Einperiodenbeispiels

Im ersten Schritt ist aus den Objekten A, B und C das Basisprogramm zu bilden. Als Zielsetzung sei dabei Endwertmaximierung zugrunde gelegt.[2] Wegen der einfachen Problemstruktur braucht die endwertmaximale Lösung nicht unter Einsatz der linearen Optimierung ermittelt zu werden. Es bietet sich vielmehr an, auf die graphische Methode nach DEAN zurückzugreifen.[3]

---

[1] Vgl. oben, Abschnitt 2.1.1.

[2] Im Einperiodenfall besteht kein Unterschied zwischen Endwert- und Einkommensmaximierung.

[3] Vgl. DEAN, Capital Budgeting (1969). Auf das DEAN-Modell wird in der Literatur zur Unternehmensbewertung nur relativ selten hingewiesen; vgl. etwa JAENSCH, Wert und Preis (1966), S. 28 f.

2 Investitionstheoretische Unternehmensbewertung

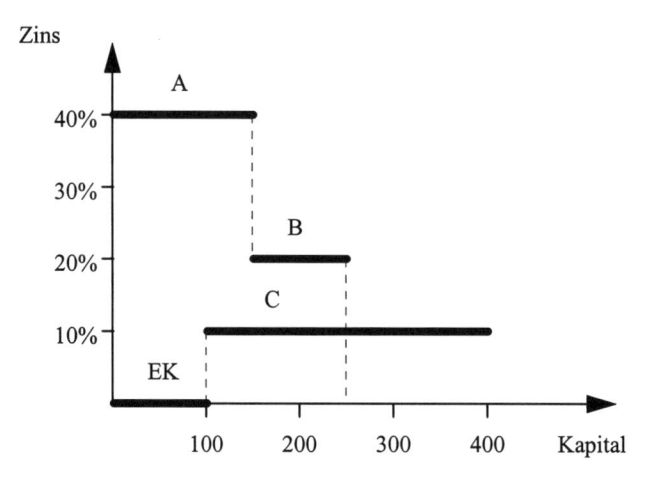

Abbildung 2-2: Basisprogramm im Einperiodenfall

Wie aus Abbildung 2-2 hervorgeht, umfaßt das optimale Budget die Investitionen A und B sowie den halben Kredit C. Der maximale Endwert lautet

$$EW^* = 210 + 120 - 0{,}5 \cdot 330 = 165.$$

Als Grenzobjekt (d.h. „schlechtestes", nur noch teilweise realisiertes Objekt) fungiert der Kredit, dessen interne Verzinsung den endogenen Grenzzinsfuß $i_1^{Basis} = 10\%$ festlegt. Abzinsungsfaktor der betrachteten Periode ist demnach $\rho_1^{Basis} = 1/1{,}1$.

Der Grenzpreis für das Unternehmen K ergibt sich aus dem folgenden Ansatz zur Ermittlung des Bewertungsprogramms:

$$\begin{aligned}
\max. U; \; U := \quad & p \\
150\,x_A + 100\,x_B - 300\,x_C + p & \leq 100 \\
-210\,x_A - 120\,x_B + 330\,x_C + G_1 & \leq 110 \\
G_1 & \geq 165 \\
x_A, x_B, x_C & \leq 1 \\
x_A, x_B, x_C, G_1, p & \geq 0
\end{aligned}$$

2.2 Investitionstheoretisches Fundament der Unternehmensbewertung

Das Modell sucht den höchsten Preis p, der unter Einhaltung der Liquidität in t = 0 und t = 1 mindestens den Endwert des Basisprogramms (EW* = 165) liefert, wenn die Zahlungsreihe des zu kaufenden Unternehmens (–p, 110) in das Budget eingefügt wird. Es resultiert p* = 100 mit $x_A = x_B = 1$, $x_C = 5/6$ und $G_1 = 165$. Das Bewertungsprogramm umfaßt also neben A und B den Kredit C im Umfang von $5/6 \cdot 300 = 250$. Damit kann der Grenzpreis p* des Unternehmens K finanziert werden, und der Endwert stellt sich auf $G_1 = 210 + 120 - 5/6 \cdot 330 + 110 = 165$. Grenzobjekt bleibt nach wie vor der Kredit, so daß der endogene Abzinsungsfaktor von t = 1 auf t = 0 wie im Basisprogramm $\rho_1 = 1/1{,}1$ beträgt.

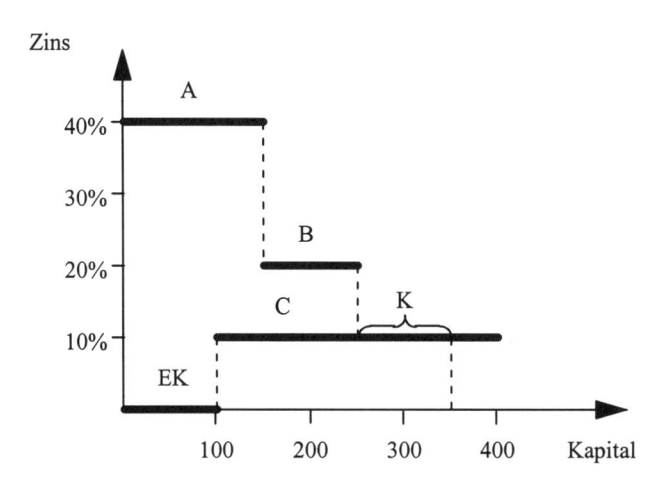

Abbildung 2-3: Bewertungsprogramm im Einperiodenfall

Abbildung 2-3 zeigt, wie das Bewertungsobjekt K durch Ausdehnung des Grenzobjekts C finanziert und in das optimale Budget eingefügt werden kann, ohne daß sich der endogene Grenzzinsfuß ($i_1 = 10\%$) im Vergleich zum Basisprogramm verändert.

Mit $\rho_1 = \rho_1^{Basis} = 1/1{,}1$ sind die Voraussetzungen der „vereinfachten Bewertung" nach LAUX/FRANKE gegeben. Daher liefert das Partialmodell „Ertragswertmethode" den gleichen Grenzpreis wie das Totalmodell „max. U":

$$p^* = E_K = 110 \cdot \rho_1 = 100.$$

Der Grenzpreis errechnet sich einfach als Ertragswert, weil die Basislösung beim Übergang vom Basis- zum Bewertungsprogramm stabil geblieben ist: Die Umstrukturierung beschränkt sich auf das Grenzobjekt C, dessen Umfang von 150 auf 250 zunimmt. Weil das Grenzobjekt C zum unveränderten Grenzzinsfuß 10% einen Kapitalwert von null aufweist, hat seine Ausdehnung keinen Einfluß auf den Gesamtkapitalwert. Die allgemeine Grenzpreisformel geht unter diesen Umständen in die Ertragswertformel über.[1]

Eine vereinfachte Bewertung mit dem Ertragswert scheitert, sofern der Übergang vom Basis- zum Bewertungsprogramm mit einer Änderung der endogenen Grenzzinsfüße einhergeht. Diese Situation tritt im Zahlenbeispiel des vorangegangenen Unterabschnitts ein, wenn das Bewertungssubjekt in t = 0 über keine eigenen Mittel EK verfügt. Im übrigen gelte weiterhin das Entscheidungsfeld gemäß Tabelle 2-1. Das Basisprogramm kann dann wiederum mit dem DEAN-Modell ermittelt werden.

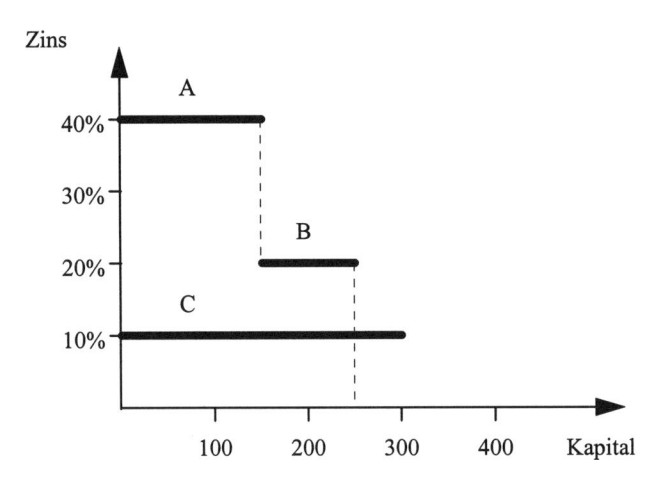

Abbildung 2-4: Basisprogramm im Einperiodenfall ohne eigene Mittel

Nach Abbildung 2-4 enthält das endwertmaximale Budget die Objekte A und B vollständig sowie als Grenzobjekt den im Umfang von 5/6 des Höchstbetrags aufgenommenen Kredit C. Daraus ergibt sich

$$EW^* = 210 + 120 - 5/6 \cdot 330 = 55.$$

Weiterhin resultiert $i_1^{Basis} = 10\%$ (interner Zins des einperiodigen Grenzobjekts C) mit der Konsequenz $\rho_1^{Basis} = 1/1,1$.

Um den Grenzpreis des zu kaufenden Unternehmens K zu bestimmen, ist der folgende lineare Optimierungsansatz zu lösen:

---

1 Vgl. oben, Unterabschnitt 2.2.2.1.2 und (für die Endwertmaximierung) 2.2.2.2.2.

2.2 Investitionstheoretisches Fundament der Unternehmensbewertung

max. U; U := p

$$150 x_A + 100 x_B - 300 x_C + p \leq 0$$

$$-210 x_A - 120 x_B + 330 x_C + G_1 \leq 110$$

$$G_1 \geq 55$$

$$x_A, x_B, x_C \leq 1$$

$$x_A, x_B, x_C, G_1, p \geq 0$$

Das der optimalen Lösung dieses Modells zu entnehmende Bewertungsprogramm lautet: $x_A = 1$, $x_B = 13/24$ und $x_C = 1$. Investition A und Kredit C sind also voll enthalten, während Objekt B im Vergleich zum Basisprogramm von 100 auf 54 1/6 zurückgedrängt wird, um hinreichend Finanzierungsspielraum zur Aufnahme des Bewertungsobjekts K zu schaffen. Bei einem Grenzpreis von $p^* = 95\ 5/6$ beträgt der Endwert $G_1 = 210 + 13/24 \cdot 120 - 330 + 110 = 55 = EW^*$, und der Kredit reicht in t = 0 gerade für das gesamte Investitionsprogramm aus: $150 + 54\ 1/6 + 95\ 5/6 = 300$.

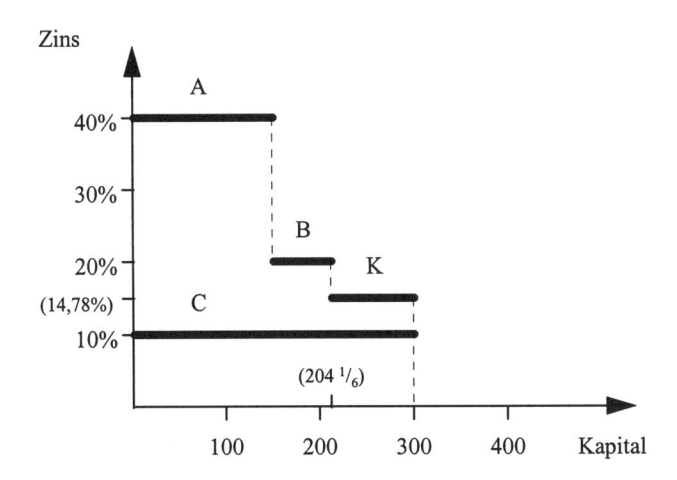

Abbildung 2-5: Bewertungsprogramm im Einperiodenfall ohne eigene Mittel

Abbildung 2-5 zeigt, daß das Bewertungsobjekt K den Kredit C voll ausschöpft und darüber hinaus Objekt B teilweise verdrängt.[1] Die Investition B ist im Bewertungsprogramm zum Grenzobjekt geworden. Ihre interne Verzinsung bestimmt daher den neuen endogenen Kalkulationszins $i_1 = 20\%$ und damit auch den gegenüber dem Basisprogramm geänderten Abzinsungsfaktor $\rho_1 = 1/1{,}2$.

Eine „vereinfachte Bewertung" ist wegen $\rho_1 \neq \rho_1^{Basis}$ nicht mehr zulässig. Vielmehr muß auf die Grenzpreisformel der „komplexen Bewertung" nach LAUX/FRANKE zurückgegriffen werden, die neben dem Ertragswert des Bewertungsobjekts auch die Kapitalwertänderung durch die Gesamtheit der Umstrukturierungen beim Übergang vom Basis- auf das Bewertungsprogramm berücksichtigt. Wie oben allgemein hergeleitet wurde, gilt:[2]

$$p^* = \underbrace{\frac{110}{1{,}2}}_{\substack{\text{Ertragswert des}\\\text{Bewertungs-}\\\text{objekts K}}} + \underbrace{\left(\underbrace{-150 + \frac{210}{1{,}2}}_{A} + \underbrace{300 - \frac{330}{1{,}2}}_{C}\right)}_{\substack{\text{Kapitalwert des}\\\text{Bewertungsprogramms}\\\text{(ohne das Bewertungsobjekt)}}} - \underbrace{\frac{55}{1{,}2}}_{\substack{\text{Kapitalwert des}\\\text{Basisprogramms}\\(EW^* = 55)}}$$

$$= \underbrace{91\tfrac{2}{3}}_{\substack{\text{Ertragswert des}\\\text{Bewertungsobjekts}}} + \underbrace{50}_{\substack{\text{Kapitalwert des}\\\text{Bewertungsprogramms}\\\text{(ohne das Bewertungsobjekt)}}} - \underbrace{45\tfrac{5}{6}}_{\substack{\text{Kapitalwert des}\\\text{Basisprogramms}}}$$

$$= \underbrace{91\tfrac{2}{3}}_{\substack{\text{Ertragswert des}\\\text{Bewertungsobjekts}}} + \underbrace{4\tfrac{1}{6}}_{\substack{\text{Kapitalwertänderung durch Umstrukturierung}\\\text{vom Basis- zum Bewertungsprogramm}}}$$

$$= \underbrace{141\tfrac{2}{3}}_{\substack{\text{Kapitalwert des Bewertungsprogramms}\\\text{(mit Bewertungsobjekt, aber ohne p)}}} - \underbrace{45\tfrac{5}{6}}_{\substack{\text{Kapitalwert des}\\\text{Basisprogramms}}}$$

$$= 95\tfrac{5}{6}.$$

---

[1] Um den Rückfluß von 110 gerade auszugleichen, muß der Kredit C um 50 erhöht und das Objekt B um 45 5/6 zurückgedrängt werden: $1{,}1 \cdot 50 + 1{,}2 \cdot 45\ 5/6 = 110$. Dann kann für K also maximal $50 + 45\ 5/6 = 95\ 5/6 = p^*$ gezahlt werden. Vgl. z.B. SIEBEN, Bewertungsmodelle (1967), S. 134, MATSCHKE, Bewertung (1968), S. 36 f., MATSCHKE, Entscheidungswert (1975), S. 289.

[2] Vgl. zum Folgenden oben, Unterabschnitt 2.2.2.1.2 und (für die Endwertmaximierung) 2.2.2.2.2.

2.2 Investitionstheoretisches Fundament der Unternehmensbewertung

Der Grenzpreis p* kann also nur noch mit einer Totalbetrachtung ermittelt werden, die auf die Zahlungsreihen aller Investitions- und Finanzierungsobjekte zurückgreift. Eine isolierte Ertragswertberechnung für das Objekt K reicht nicht mehr aus. Die Ertragswertmethode taugt in dieser Situation nur noch dazu, obere und untere Schranken für den Grenzpreis zu errechnen. Es gilt allgemein $E_K \leq p^* \leq E_K^{Basis}$ und darum speziell:

$$91\frac{2}{3} = \frac{110}{1{,}2} \leq p^* \leq \frac{110}{1{,}1} = 100.$$

Probe: Tatsächlich liegt p* = 95 5/6 im Intervall [91 2/3; 100].

2.2.2.3 Vollreproduktions- und Liquidationswert als spezielle Ertragswerte

Bislang ist implizit davon ausgegangen worden, daß der Käufer nur darüber nachdenkt, bis zu welchem maximalen Preis p = p* sich die Einfügung des Zahlungsstroms (–p, g_{K1}, g_{K2}, ... , g_{Kt}, ... , g_{Kn}) in sein optimales Investitions- und Finanzierungsprogramm gerade noch lohnt. Unter Umständen umfaßt das Entscheidungsfeld aber noch andere Handlungsmöglichkeiten: die Vollreproduktion und/oder die Liquidation.

Zuerst ist zu überlegen, ob der zu bewertende Zahlungsstrom $\mathbf{g}_K$ = (0, g_{K1}, g_{K2}, ... , g_{Kt}, ... , g_{Kn}) nicht günstiger durch eine eigene Investition in Höhe von p^R nachgebildet (voll reproduziert) werden kann.[1] Reproduktion und Kauf mögen unteilbar sein und sich gegenseitig ausschließen. Dann gilt auf jeden Fall p* ≤ p^R, denn zum Preis p^R besteht gewissermaßen schon eine Kaufoption auf den Zahlungsstrom, die einen höheren Grenzpreis nicht mehr zum Tragen kommen läßt.[2] Diese anschauliche Überlegung läßt sich auch im Modell nachweisen:

Die Vollreproduktion ist entweder Bestandteil des Basisprogramms oder nicht. Im zweiten Fall muß das Bewertungsprogramm einen Grenzpreis p* < p^R liefern, denn anderenfalls wäre die Vollreproduktion zum Preis p^R nicht nachteilig und könnte dem Basisprogramm angehören, im Widerspruch zur Voraussetzung. Gehört dagegen die Vollrekonstruktion bereits zum Basisprogramm, weil der Preis p^R offenbar verhältnismäßig günstig ist, kann im Basisansatz die zugehörige Variable x_j weggelassen und der vorteilhafte Zahlungsstrom $\mathbf{g}_K^R$ = (–p^R, g_{K1}, g_{K2}, ... , g_{Kt}, ... , g_{Kn}) den Konstanten b_t hinzuaddiert werden. Der Bewertungsansatz verfügt dann über die gleichen Liquiditätsrestriktionen wie der Basisansatz, mit einer einzigen Ausnahme: Während

---

[1] Zum Reproduktionswert vgl. bereits SCHMALENBACH, Werte von Unternehmungen (1917), S. 16.

[2] Vgl. SIEBEN, Substanzwert (1963), S. 59 f., MOXTER, Unternehmensbewertung (1983), S. 54, LÖHR, Ertragswertverfahren (1993), S. 354 f.

im modifizierten Basisansatz für t = 0 die rechte Seite $b_0 - p^R$ lautet, steht dort im Bewertungsansatz (nach Subtraktion von p auf beiden Seiten der Ungleichung) der Ausdruck $b_0 - p$. Für $p = p^R$ ergibt sich die vollständige Übereinstimmung von Basis- und Bewertungsprogramm, so daß ein weiterer Anstieg von p den einzuhaltenden Mindestzielwert des Basisprogramms verletzen würde.[1] Also definiert der Reproduktionspreis p^R das Maximum von p und damit den Grenzpreis $p^* = p^R$.

Es gilt also $p^* \leq p^R$ und bei Vorteilhaftigkeit der Vollreproduktion im Basisprogramm $p^* = p^R$.[2] Der *Vollreproduktionswert* p^R läßt sich als spezieller Ertragswert im Sinne eines Ausgabenersparnisbarwerts nach SIEBEN auffassen:[3] Durch den alternativ zur Vollrekonstruktion möglichen Kauf kann der – trivial gegebene – Kapitalwert p^R der im Basisprogramm vorteilhaften Reproduktionsauszahlungen eingespart werden, so daß ein Kaufpreis bis zur Höhe des Vollreproduktionswertes als günstig zu beurteilen wäre.

Unabhängig von der Möglichkeit einer finanziellen Rekonstruktion des Bewertungsobjekts mag erwogen werden, das zu kaufende Unternehmen nicht weiterzuführen, sondern unmittelbar zum Preis p^L zu liquidieren (Zerschlagung des Unternehmens oder Verkauf als Ganzes). Für die Zahlungsreihe $g_{KL} = (p^L, 0, 0, \ldots, 0)$ ergibt sich aus dem Ansatz zur Ermittlung des Bewertungsprogramms unmittelbar $p^* = p^L$.[4] Dieser *Liquidationswert* wird zum relevanten Grenzpreis, wenn er größer ist als der auf Basis der Fortführungszahlungsreihe g_K ermittelte Grenzpreis.[5] Auch der Liquidationswert ist – als trivialer Kapitalwert des Zahlungsstroms g_{KL} – nichts anderes als ein spezieller Ertragswert.[6]

Aus beiden Überlegungen (Vollreproduktion und Liquidation) resultiert eine Zusatzbedingung, welche die oben abgeleiteten Grenzpreisformeln für p^* ergänzt und den

---

[1] Dieses Argument unterstellt, daß eine ökonomisch sinnvolle Entnahmezielsetzung verfolgt wird, bei der zusätzliches Geld in t = 0 auch zu einer Verbesserung des Konsumzielniveaus führt.

[2] Vgl. MOXTER, Unternehmensbewertung (1983), S. 44, COENENBERG, Unternehmensbewertung (1992), S. 95 f., MANDL/RABEL, Unternehmensbewertung (1997), S. 104.

[3] Vgl. SIEBEN, Substanzwert (1963), S. 79 f., MÜNSTERMANN, Wert und Bewertung (1966), S. 108, SIEBEN, Unternehmensbewertung (1993), Sp. 4328, SCHILDBACH, Funktionenlehre (1993), S. 27.

[4] Der Ansatz zur Bestimmung des Bewertungsprogramms liefert denselben Zielwert wie der Ansatz des Basisprogramms, wenn der Kaufpreis $p = p^*$ in t = 0 gerade den Liquidationserlös p^L wieder ausgleicht. Basis- und Bewertungsprogramm sind in diesem Falle identisch.

[5] Vgl. MELLEROWICZ, Wert der Unternehmung (1952), S. 225, BUSSE VON COLBE, Zukunftserfolg (1957), S. 24 f., COENENBERG, Unternehmensbewertung (1992), S. 95, BALLWIESER, Unternehmensbewertung (1995), Sp. 1878.

[6] Vgl. MÜNSTERMANN, Wert und Bewertung (1966), S. 101 f., OLBRICH, Unternehmensbewertung (1981), S. 82, SCHILDBACH, Funktionenlehre (1993), S. 27.

2.2 Investitionstheoretisches Fundament der Unternehmensbewertung

Grenzpreis p** unter Berücksichtigung von Rekonstruktions- und Liquidationsmöglichkeiten definiert:[1]

$$p^{**} = \max\{\min\{p^*, p^R\}, p^L\}.$$

Sollte eine Rekonstruktion unmöglich oder unerwünscht sein, gilt $p^R = \infty$. Wird dagegen die Liquidation gar nicht erst erwogen, setze man $p^L = 0$. Steht schließlich keine der beiden Optionen zur Verfügung, liefert die Formel natürlich das einzig mögliche Ergebnis $p^{**} = p^*$.

Abgesehen von den beiden Spezialfällen p^R und p^L sind alle anderen Formen von *Substanzwerten* aus finanzwirtschaftlicher Sicht entscheidungsirrelevant.[2] Das gleiche gilt für Praktikerverfahren, die Kombinationen aus Ertrags- und Substanzwerten bilden.

2.2.3 Unternehmensbewertung beim Verkauf

2.2.3.1 Grenzpreisermittlung bei Einkommensmaximierung

2.2.3.1.1 Basis- und Bewertungsprogramm

In vielen Veröffentlichungen zur Unternehmensbewertung wird die Perspektive des Verkäufers ausgespart oder mit dem Hinweis übergangen, die Aussagen der Bewertungssituation „Kauf" ließen sich leicht analog auf den spiegelbildlichen Fall „Verkauf" übertragen.[3] Im Interesse einer systematischen und vollständigen Darstellung soll jedoch hier diese den Verkauf recht „stiefmütterlich" behandelnde Abkürzung nicht gewählt werden. Gleichwohl profitieren die folgenden Herleitungen natürlich stark von dem Rückgriff auf Argumente aus dem fast strukturgleichen Abschnitt 2.2.2.

Der Ansatz zur Ermittlung des Basisprogramms gilt in seiner formalen Struktur sowohl für die Käufer- als auch für die Verkäuferperspektive.[4] Ein Unterschied besteht lediglich darin, daß das Modell des Verkäufers die Zahlungsreihe des Bewertungsobjekts (noch) einschließt, da die bei Verzicht auf die Veräußerung des Unternehmens weiter anfallenden Rückflüsse in den Überschüssen b_t der Basissituation

---

[1] In der Formel ist p* das Ergebnis des Bewertungsansatzes auf Grundlage der Fortführungszahlungsreihe g_K.
[2] Vgl. z.B. MATSCHKE, Arbitriumwert (1979), S. 233.
[3] Speziell den Besonderheiten der Verkaufssituation widmet sich dagegen beispielsweise SCHILDBACH, Verkäufer und Unternehmen (1995).
[4] Vgl. den Ansatz „max. Entn" im Unterabschnitt 2.2.2.1.1.

enthalten sind. Das einkommensmaximale Basisprogramm sei mit dem Zielwert EN* verbunden.

Im Falle eines Verkaufs des Bewertungsobjekts sind die vorgegebenen Finanzüberschüsse b_t um den Zahlungsstrom $\mathbf{g_V} = (0, -g_{V1}, -g_{V2}, \ldots, -g_{Vt}, \ldots, -g_{Vn})$ zu berichtigen, weil die Einzahlungsüberschüsse g_{Vt} des verkauften Objekts in der Finanzplanung für die künftigen Zeitpunkte wegfallen. Zum Ausgleich fließt in t = 0 der Verkaufspreis p zu. Das Bewertungssubjekt wird der Veräußerung jedoch nur dann zustimmen, wenn p mindestens so hoch ist, daß der Zielwert EN* des Basisprogramms wieder erreicht wird. Der minimale Preis p, welcher diese Forderung gerade noch erfüllt, stellt den Grenzpreis p* (Entscheidungswert) des Verkäufers dar. Er ermittelt sich aus dem folgenden Ansatz:

min. U;   U := p

⇔

max. –U;   –U = –p

$$-\sum_{j=1}^{m} g_{j0} \cdot x_j - p \leq b_0$$

$$-\sum_{j=1}^{m} g_{jt} \cdot x_j + \overline{w}_t \cdot EN \leq b_t - g_{Vt} \quad \forall\, t \in \{1, 2, \ldots, n\}$$

$$-EN \leq -EN^*$$

$$x_j \leq x_j^{max} \quad \forall\, j \in \{1, 2, \ldots, m\}[1]$$

$$x_j \geq 0 \quad \forall\, j \in \{1, 2, \ldots, m\}$$

$$EN \geq 0$$

$$p \geq 0$$

Der optimalen Lösung dieses Modells sind der gesuchte Grenzpreis U* = p* und die Zusammensetzung des Bewertungsprogramms zu entnehmen.

---

[1] Diese Bedingung entfällt für alle x_j mit $x_j^{max} = \infty$.

2.2.3.1.2 Herleitung und Grenzen der Ertragswertmethode

Um eine Gleichung für den Grenzpreis abzuleiten, wird wiederum das Dualproblem des Bewertungsansatzes benötigt. Dieses liest sich wie folgt:

$$\min. Y; \quad Y := \sum_{t=0}^{n} b_t \cdot d_t - \sum_{t=1}^{n} g_{Vt} \cdot d_t - \delta \cdot EN^* + \sum_{j=1}^{m} x_j^{\max} \cdot u_j$$

$$-\sum_{t=0}^{n} g_{jt} \cdot d_t + u_j \geq 0 \qquad \forall j \in \{1, 2, \ldots, m\}$$

$$\sum_{t=1}^{n} \bar{w}_t \cdot d_t - \delta \geq 0$$

$$-d_0 \geq -1$$

$$d_t \geq 0 \qquad \forall t \in \{0, 1, 2, \ldots, n\}$$

$$u_j \geq 0 \qquad \forall j \in \{1, 2, \ldots, m\}[1]$$

$$\delta \geq 0$$

Es gelte wie im Unterabschnitt 2.2.2.1.2 $p^* > 0$ und $EN^* > 0$. Hieraus folgt aufgrund der Komplementarität wieder $d_0 = 1$ und:

$$\delta = \sum_{t=1}^{n} \bar{w}_t \cdot d_t \, .$$

Wegen $Y^* = -U^* = -p^*$ geht deshalb die duale Zielfunktion im Optimum über in:[2]

---

[1] Die Variable u_j entfällt für alle j mit $x_j^{\max} = \infty$.
[2] Die für diese Umformung außerdem benötigten Überlegungen (hinsichtlich ρ_t und C_j) sind die gleichen wie im Unterabschnitt 2.2.2.1.2.

$$-p^* = \underbrace{\sum_{t=0}^{n} b_t \cdot \rho_t + \sum_{C_j > 0} x_j^{max} \cdot C_j}_{\substack{\text{Kapitalwert des} \\ \text{Bewertungsprogramms} \\ \text{(noch mit dem Bewertungsobjekt)}}} - \underbrace{\sum_{t=1}^{n} g_{Vt} \cdot \rho_t}_{\substack{\text{Ertragswert des} \\ \text{Bewertungs-} \\ \text{objekts}}} - \underbrace{\sum_{t=1}^{n} \overline{w}_t \cdot EN^* \cdot \rho_t}_{\substack{\text{Kapitalwert des} \\ \text{Basisprogramms} \\ \text{(mit Bewertungsobjekt)}}} \quad .$$

Man beachte, daß die erste geschweifte Klammer in den Konstanten b_t noch das Vorhandensein des Bewertungsobjekts voraussetzt und dessen Abgang erst durch Subtraktion der zweiten Klammer berücksichtigt wird. Damit resultiert folgende Grenzpreisformel:

$$p^* = \underbrace{\sum_{t=1}^{n} \overline{w}_t \cdot EN^* \cdot \rho_t}_{\substack{\text{Kapitalwert des} \\ \text{Basisprogramms} \\ \text{(mit Bewertungsobjekt)}}} - \underbrace{\left(\sum_{t=0}^{n} b_t \cdot \rho_t + \sum_{C_j > 0} x_j^{max} \cdot C_j - \sum_{t=1}^{n} g_{Vt} \cdot \rho_t \right)}_{\substack{\text{Kapitalwert des Bewertungsprogramms} \\ \text{(nach Abgang des Bewertungsobjekts,} \\ \text{aber ohne den Verkaufserlös p)}}} \quad .$$

Der Grenzpreis errechnet sich demnach als Differenz zwischen dem Kapitalwert des Basisprogramms (d.h. vor dem Verkauf) und dem Kapitalwert des Bewertungsprogramms (d.h. nach dem Verkauf). Ein Verkauf des Bewertungsobjekts lohnt sich für das Bewertungssubjekt also nur, wenn der Preis zumindest die damit verbundene Kapitalwertschmälerung des gesamten Investitions- und Finanzierungsprogramms kompensiert. Der Totalcharakter dieser Bewertungsformel wird noch deutlicher, wenn man sie nach dem Ertragswert umstellt:

$$p^* = \underbrace{\sum_{t=1}^{n} g_{Vt} \cdot \rho_t}_{\substack{\text{Ertragswert des} \\ \text{Bewertungs-} \\ \text{objekts}}} + \underbrace{\sum_{t=1}^{n} \overline{w}_t \cdot EN^* \cdot \rho_t - \sum_{t=0}^{n} b_t \cdot \rho_t - \sum_{C_j > 0} x_j^{max} \cdot C_j}_{\substack{\text{Kapitalwertänderung durch Umstrukturierung} \\ \text{vom Basis- zum Bewertungsprogramm}}} \quad .$$

Im allgemeinen stimmt der Grenzpreis nicht mit dem Ertragswert überein. Vielmehr muß auch noch die Kapitalwertänderung berücksichtigt werden, die sich mit den Umstrukturierungen beim Übergang vom Basis- zum Bewertungsprogramm verbindet. Eine reine Partialbetrachtung reicht nur dann aus, wenn diese Kapitalwertänderung null ist, weil die endogenen Grenzzinsfüße trotz der Umstrukturierungen unverändert bleiben. In diesem Falle vereinfacht sich die Grenzpreis- zur Ertragswertformel:[1]

---

1 Zum Beweis vgl. oben, Unterabschnitt 2.2.2.1.2.

2.2 Investitionstheoretisches Fundament der Unternehmensbewertung

$$p^* = \underbrace{\sum_{t=1}^{n} g_{Vt} \cdot \rho_t}_{\substack{\text{Ertragswert des} \\ \text{Bewertungs-} \\ \text{objekts}}} + \underbrace{EN^* \cdot \frac{1}{d_0^{\text{Basis}}} - \frac{EN^*}{d_0^{\text{Basis}}}}_{\substack{\text{Kapitalwertänderung durch Umstrukturierung} \\ \text{vom Basis- zum Bewertungsprogramm}}}$$

$$= \sum_{t=1}^{n} g_{Vt} \cdot \rho_t$$

$$= E_V \quad \text{(Ertragswert aus Sicht des Verkäufers).}$$

Q.e.d.

Auch im Falle des Verkaufes kann der Grenzpreis wieder durch die Ertragswerte auf der Grundlage des Basis- und des Bewertungsprogramms eingegabelt werden. Im Vergleich zur Käufersituation[1] sind jedoch die Intervallgrenzen vertauscht. Die Untergrenze ergibt sich daraus, daß der Verkauf zum Grenzpreis nach den Maßstäben des Basisprogramms nicht nachteilig sein darf, denn der Grenzpreis ist ja gerade der niedrigste Verkaufspreis, der nicht zu einer Verschlechterung des Zielwertes des Basisprogramms führt:

$$C_V^{\text{Basis}} = p^* - \sum_{t=1}^{n} g_{Vt} \cdot \rho_t^{\text{Basis}} \geq 0 \quad \Leftrightarrow \quad p^* \geq E_V^{\text{Basis}}.$$

Wie im Unterabschnitt 2.2.2.1.2 gezeigt, trifft im Optimum des Bewertungsansatzes die Abschätzung

$$\sum_{t=0}^{n} b_t \cdot d_t + \sum_{j=1}^{m} x_j^{\max} \cdot u_j \geq \delta \cdot EN^*$$

zu. Dann kann also die Kapitalwertänderung beim Übergang vom Basis- zum Bewertungsprogramm nicht positiv sein:

$$p^* = \underbrace{\sum_{t=1}^{n} g_{Vt} \cdot \rho_t}_{\substack{\text{Ertragswert mit} \\ \text{den Zinssätzen des} \\ \text{Bewertungsprogramms}}} + \underbrace{\sum_{t=1}^{n} \overline{w}_t \cdot EN^* \cdot \rho_t - \sum_{t=0}^{n} b_t \cdot \rho_t - \sum_{C_j > 0} x_j^{\max} \cdot C_j}_{\substack{\text{Kapitalwertänderung durch Umstrukturierung} \\ \text{vom Basis- zum Bewertungsprogramm} \\ \leq 0}} .$$

---
[1] Vgl., auch für das Folgende, Unterabschnitt 2.2.2.1.2.

Obere Schranke des Grenzpreises ist demnach der Ertragswert E_V auf der Grundlage der endogenen Grenzzinsfüße des Bewertungsprogramms. Zusammenfassend gilt:[1]

$$E_V^{Basis} \leq p^* \leq E_V.$$

Ein Vergleich mit dem entsprechenden Resultat für den Grenzpreis des Käufers zeigt, daß Käufer- und Verkäuferfall in bezug auf die Ober- und Untergrenzen für p* nicht vollständig analog, sondern gewissermaßen „spiegelsymmetrisch" sind.[2]

2.2.3.1.3 Mehrperiodiges Zahlenbeispiel

Während das Einperiodenbeispiel des Unterabschnitts 2.2.2.2.3 dazu diente, die grundsätzlichen Zusammenhänge der investitionstheoretischen Unternehmensbewertung in graphisch nachvollziehbarer Weise numerisch zu veranschaulichen, soll im folgenden ein Entscheidungsfeld mit mehrperiodigem Planungszeitraum (n = 5) untersucht werden. Um angesichts von im Zeitablauf wirkenden finanzwirtschaftlichen Interdependenzen Basis- und Bewertungsprogramme herzuleiten, ist der Einsatz der linearen Optimierung erforderlich. Das DEAN-Modell versagt in einer solchen Situation grundsätzlich.

Dem neuen Beispiel zugrunde gelegt sei die Zielsetzung Einkommensmaximierung mit den im Unterabschnitt 2.2.2.1.1 begründeten Entnahmegewichten $\bar{w}_t = 1$ für $0 < t < 5$ und $\bar{w}_5 = 21$. Der uniforme Einkommensstrom soll also am Planungshorizont ins Unendliche fortgesetzt werden können, wenn für das Endvermögen ab t = 5 eine Rendite von 5% p.a. erzielbar ist.

Um die Beispielsituation überschaubar zu halten, sei von einem recht begrenzten Entscheidungsfeld mit nur sehr wenigen Handlungsmöglichkeiten ausgegangen: Das bewertende Unternehmen steht vor der Entscheidung, eine Akquisition K mit der Zahlungsreihe (–100, 20, 20, 20, 20, 120) zu tätigen. Zur Finanzierung könnte eine 6%-Schuldverschreibung SV im Nennwert von maximal 50 emittiert werden. Weitere Mittel sind zu einem kurzfristigen Sollzins von 10% p.a. erhältlich, wohingegen Finanzinvestitionen nur zu einem Habenzins von 5% p.a. zur Verfügung stehen. Der Einzahlungsüberschuß aus Innenfinanzierung beläuft sich in jedem Zeitpunkt auf 110. Darin enthalten sind die rückläufigen Überschüsse aus einem Unternehmen V, von dem sich das Bewertungssubjekt gerne trennen möchte. Es liegt also die Bewertungssituation „Verkauf" vor. Das abzustoßende Unternehmen steuert die Einzahlungsüberschüsse (0, 30, 25, 20, 15, 20) zur Innenfinanzierung des Bewertungssubjekts bei. Gesucht ist der minimale Verkaufspreis p, dessen Vereinnahmung in t = 0 das Aus-

---

[1] Im primalen Ausartungsfall gilt die Abschätzung mit dem kleinsten E_V^{Basis}.

[2] Vgl. LAUX/FRANKE, Bewertung von Unternehmungen (1969), S. 219, MOXTER, Unternehmensbewertung (1983), S. 143.

2.2 Investitionstheoretisches Fundament der Unternehmensbewertung   77

scheiden des Unternehmens V finanzwirtschaftlich gerade noch kompensierte. Tabelle 2-2 enthält eine Zusammenfassung der Beispieldaten.

Jahr t	K	SV	S_0	...	H_0	...	g_{Vt}	$b_t - g_{Vt}$
0	−100	50	1		−1			110
1	20	−3	−1,1	usw.	1,05	usw.	30	80
2	20	−3		...		...	25	85
3	20	−3					20	90
4	20	−3					15	95
5	120	−53					20	90
Grenze	1	1	∞	∞	∞	∞		

Tabelle 2-2: Daten des Mehrperiodenbeispiels

In der Basissituation erweist es sich als optimal, das Objekt K zu kaufen und dabei nur auf Innenfinanzierung zurückzugreifen. Zu Beginn jedes Jahres werden als Grenzobjekt Geldanlagen getätigt, so daß der endogene Grenzzinsfuß jeweils 5% p.a. beträgt. Damit ist ein uniformer Entnahmestrom der Breite EN* = 32,5592 erzielbar. Tabelle 2-3 zeigt das Basisprogramm als vollständigen Finanzplan.

Zeitpunkt	t = 0	t = 1	t = 2	t = 3	t = 4	t = 5
b_t	110	110	110	110	110	110
K	−100	20	20	20	20	120
Geldanlage	−10	−107,94	−210,78	−318,76	−432,14	−651,18
Rückzahlung		10,5	113,34	221,32	334,70	453,74
Entnahme		−32,5592	−32,5592	−32,5592	−32,5592	−32,5592
Guthaben	10	107,94	210,78	318,76	432,14	651,1846

Tabelle 2-3: Basisprogramm im Mehrperiodenfall

Das Endvermögen reicht aus, um bei 5% eine ewige Rente von EN* zu begründen: 651,1846 · 0,05 = 32,5592. Eine Entnahme in genau dieser Höhe muß auch vom Bewertungsprogramm dauerhaft erreicht werden, wenn das Unternehmen V aus dem Konzern ausscheidet. Der hierfür minimal zu fordernde Grenzpreis p* ergibt sich aus dem folgenden linearen Ansatz:

min. U; U := p

$$100 x_K - 50 x_{SV} + x_{H0} - x_{S0} \qquad\qquad - p \leq 110$$

$$-20 x_K + 3 x_{SV} - 1,05 x_{H0} + 1,1 x_{S0} + x_{H1} - x_{S1} + EN \leq 80$$

$$-20\ x_K + 3\ x_{SV} - 1{,}05\ x_{H1} + 1{,}1\ x_{S1} + x_{H2} - x_{S2} + EN \leq 85$$

$$-20\ x_K + 3\ x_{SV} - 1{,}05\ x_{H2} + 1{,}1\ x_{S2} + x_{H3} - x_{S3} + EN \leq 90$$

$$-20\ x_K + 3\ x_{SV} - 1{,}05\ x_{H3} + 1{,}1\ x_{S3} + x_{H4} - x_{S4} + EN \leq 95$$

$$-120\ x_K + 53\ x_{SV} - 1{,}05\ x_{H4} + 1{,}1\ x_{S4} + 21\ EN \leq 90$$

$$EN \geq 32{,}55922923$$

$$x_K,\ x_{SV} \leq 1$$

$$x_K,\ x_{SV},\ x_{Ht},\ x_{St},\ EN,\ p \geq 0\ \forall\ t$$

Es gilt p* = 96,5350. Das Bewertungsprogramm besteht aus der Akquisition K und den fünf einperiodigen Geldanlagen, d.h., die endogenen Grenzzinsfüße haben sich gegenüber dem Basisprogramm nicht verändert. Tabelle 2-4 enthält den zugehörigen vollständigen Finanzplan.[1]

Zeitpunkt	t = 0	t = 1	t = 2	t = 3	t = 4	t = 5
$b_t - g_{Vt}$	110	80	85	90	95	90
p*	96,5350					
K	–100	20	20	20	20	120
Geldanlage	–106,53	–179,30	–260,71	–351,18	–451,18	–651,18
Rückzahlung		111,86	188,27	273,74	368,74	473,74
Entnahme		–32,5592	–32,5592	–32,5592	–32,5592	–32,5592
Guthaben	106,54	179,30	260,71	351,18	451,18	651,1846

Tabelle 2-4: Bewertungsprogramm im Mehrperiodenfall

Da das Verkaufsobjekt V ohne strukturelle Veränderungen aus dem Basisprogramm entfernt werden kann, ist eine vereinfachte Bewertung mit Hilfe der Ertragswertmethode möglich. Unter Verwendung der endogenen Grenzzinsfüße (jeweils 5% p.a.) resultiert aus dem Partialmodell:

$$p^* = E_V = \frac{30}{1{,}05} + \frac{25}{1{,}05^2} + \frac{20}{1{,}05^3} + \frac{15}{1{,}05^4} + \frac{20}{1{,}05^5} = 96{,}5350.$$

---

[1] In der Literatur finden sich auch Vorschläge, vollständige Finanzpläne nicht lediglich als Hilfsmittel zur Veranschaulichung des Grenzpreises zu nutzen, sondern vielmehr als eigenständiges Instrument zur Grenzpreisfindung (durch iteratives Anpassen von p bis zum Erreichen der Basismeßlatte). Vgl. *BERENS/HOFFJAN*, Immobilien (1995), S. 387 ff., *GROB/LANGENKÄMPER/WIEDING*, VOFI (1999).

2.2 Investitionstheoretisches Fundament der Unternehmensbewertung

Das Beispiel der Tabelle 2-2 sei nun folgendermaßen abgewandelt: Der in jedem Zeitpunkt verfügbare Innenfinanzierungsüberschuß möge nicht mehr 110, sondern nur noch 10 betragen. Dann ergibt sich ein neues Basisprogramm, welches zur Finanzierung der immer noch vorteilhaften Akquisition K auch auf die Schuldverschreibung SV zurückgreift. Zusätzlich sind als Grenzobjekte in den ersten drei Perioden kurzfristige 10%-Kredite aufzunehmen. Erst in den letzten beiden Perioden kommt es zu 5%-Geldanlagen. Die endogenen Grenzinsfüße lauten mithin $i_1 = i_2 = i_3 = 10\%$ und $i_4 = i_5 = 5\%$. Als maximale Breite des Entnahmestroms resultiert EN* = 5,6493. Zur optimalen Lösung des Basisansatzes gehört ein Finanzplan gemäß Tabelle 2-5.

Zeitpunkt	t = 0	t = 1	t = 2	t = 3	t = 4	t = 5
b_t	10	10	10	10	10	10
K	−100	20	20	20	20	120
SV	50	−3	−3	−3	−3	−53
Kredit	40	22,65	3,56			
Geldanlage				−17,43	−39,65	−112,99
Rückzahlung		−44	−24,91	−3,92	18,30	41,64
Entnahme		−5,6493	−5,6493	−5,6493	−5,6493	−5,6493
Guthaben	−40	−22,65	−3,56	17,43	39,65	112,9864

Tabelle 2-5: Basisprogramm im Mehrperiodenfall

Aus dem Endvermögen läßt sich bei 5% eine ewige Rente von EN* speisen: Es gilt 112,9864 · 0,05 = 5,6493.

Der zugehörige Bewertungsansatz entspricht dem im Anschluß an Tabelle 2-3 formulierten, wobei allerdings die rechten Seiten der Liquiditätsrestriktionen jeweils um den Betrag 100 niedriger sind. Die Abwandlung des Beispiels reduziert natürlich auch den einzuhaltenden Mindesteinkommensstrom auf EN* = 5,64931598.

Mit Hilfe der linearen Optimierung ergibt sich das nachstehende Bewertungsprogramm: Die Vereinnahmung des Grenzpreises von p* = 91,5012 ändert die Struktur des Aktionsprogramms gegenüber der Basissituation. Zur Finanzierung der immer noch vorteilhaften Akquisition K bedarf es in t = 0 keines 10%-Kredits mehr, und auch der Umfang der Schuldverschreibung SV kann von 100% auf 8,23% reduziert werden. Tabelle 2-6 zeigt den Finanzplan des Bewertungsprogramms.

Zeitpunkt	t = 0	t = 1	t = 2	t = 3	t = 4	t = 5
$b_t - g_{Vt}$	10	–20	–15	–10	–5	–10
p*	91,5012					
K	–100	20	20	20	20	120
SV	4,1142	–0,2469	–0,2469	–0,2469	–0,2469	–4,3610
Kredit			0,90			
Geldanlage	–5,61			–3,12	–12,38	–112,986
Rückzahlung		5,90		–0,99	3,27	13,00
Entnahme		–5,6493	–5,6493	–5,6493	–5,6493	–5,6493
Guthaben	5,61		–0,90	3,12	12,38	112,9864

Tabelle 2-6: Bewertungsprogramm im Mehrperiodenfall

Im ersten, vierten und fünften Jahr kann Geld zu 5% angelegt werden, während im dritten Jahr kurzfristig auf einen 10%-Kredit zurückgegriffen werden muß. Als endogene Grenzzinsfüße der einzelnen Jahre ergeben sich demnach die Werte: $i_1 = i_4 = i_5 = 5\%$ und $i_3 = 10\%$. In t = 2 startet kein Grenzobjekt, so daß i_2 nur als Mischzinsfuß der anderen Grenzobjekte erklärt werden kann. Weil der Kapitalwert des Grenzobjekts SV null betragen muß, ist i_2 ähnlich wie die Initialverzinsung von SV zu berechnen:[1]

$$C_{SV} = 50 - \frac{3}{1,05} - \frac{3}{1,05 \cdot (1+i_2)} - \frac{3}{1,05 \cdot (1+i_2) \cdot 1,1}$$
$$- \frac{3}{1,05 \cdot (1+i_2) \cdot 1,1 \cdot 1,05} - \frac{53}{1,05 \cdot (1+i_2) \cdot 1,1 \cdot 1,05^2} = 0$$

$$\Leftrightarrow \quad i_2 = \frac{3 + \frac{3}{1,1} + \frac{3}{1,1 \cdot 1,05} + \frac{53}{1,1 \cdot 1,05^2}}{50 \cdot 1,05 - 3} - 1 = 5,10506\%.$$

Die endogenen Grenzzinsfüße sind andere als im Basisprogramm. Daher scheitert die vereinfachte Bewertung. Immerhin läßt sich mit Hilfe von Ertragswertberechnungen das Intervall abstecken, in dem der Grenzpreis p* liegen muß. Im Falle des Verkaufs gilt $E_V^{Basis} \leq p^* \leq E_V$. Man erhält:

$$E_V^{Basis} = \frac{30}{1,1} + \frac{25}{1,1^2} + \frac{20}{1,1^3} + \frac{15}{1,1^3 \cdot 1,05} + \frac{20}{1,1^3 \cdot 1,05^2} = 87,3225.$$

---

[1] Diese Rechnung ist eine Verallgemeinerung des in HERING, Investitionstheorie (2003), S. 210 f. für den Fall der Initialverzinsung zwischen t = 0 und t = 1 gezeigten Vorgehens.

2.2 Investitionstheoretisches Fundament der Unternehmensbewertung

$$E_V = \frac{30}{1{,}05} + \frac{25}{1{,}05 \cdot 1{,}0510506} + \frac{20}{1{,}05 \cdot 1{,}0510506 \cdot 1{,}1}$$

$$+ \frac{15}{1{,}05^2 \cdot 1{,}0510506 \cdot 1{,}1} + \frac{20}{1{,}05^3 \cdot 1{,}0510506 \cdot 1{,}1} = 94{,}4106.$$

Tatsächlich liegt $p^* = 91{,}5012$ zwischen 87,3225 und 94,4106. Um den Grenzpreis mit Hilfe einer „komplexen Bewertung" herzuleiten, sind die Kapitalwerte der Umstrukturierungen beim Übergang vom Basis- zum Bewertungsprogramm mit in das Kalkül einzubeziehen.[1] Auf der Grundlage der endogenen Grenzzinssätze des Bewertungsprogramms hat das Basisprogramm den Gesamtkapitalwert:

$$\frac{5{,}6493}{1{,}05} + \frac{5{,}6493}{1{,}05 \cdot 1{,}0510506} + \frac{5{,}6493}{1{,}05 \cdot 1{,}0510506 \cdot 1{,}1}$$

$$+ \frac{5{,}6493}{1{,}05^2 \cdot 1{,}0510506 \cdot 1{,}1} + \frac{21 \cdot 5{,}6493}{1{,}05^3 \cdot 1{,}0510506 \cdot 1{,}1} = 108{,}225.$$

Das Bewertungsprogramm kommt demgegenüber nur noch auf einen Kapitalwert von (vgl. Tabelle 2-6):[2]

$$10 - 100 + \frac{-20 + 20}{1{,}05} + \frac{-15 + 20}{1{,}05 \cdot 1{,}0510506} + \frac{-10 + 20}{1{,}05 \cdot 1{,}0510506 \cdot 1{,}1}$$

$$+ \frac{-5 + 20}{1{,}05^2 \cdot 1{,}0510506 \cdot 1{,}1} + \frac{-10 + 120}{1{,}05^3 \cdot 1{,}0510506 \cdot 1{,}1} = 16{,}724.$$

Ein Verkauf des Bewertungsobjekts lohnt sich nur, wenn der Preis zumindest die Differenz dieser beiden Kapitalwerte ersetzt. Daher resultiert der Grenzpreis auch aus der Rechnung $p^* = 108{,}225 - 16{,}724 = 91{,}501$.

2.2.3.2 Grenzpreisermittlung bei Vermögensmaximierung

2.2.3.2.1 Basis- und Bewertungsprogramm

Unter der Zielsetzung Vermögensmaximierung leitet der Verkäufer sein Basisprogramm aus dem im Unterabschnitt 2.2.2.2.1 angeschriebenen Ansatz „max. GW" ab.

---

[1] Vgl. oben, Unterabschnitt 2.2.3.1.2.
[2] Die Grenzobjekte tauchen in der Formel nicht auf, da ihr Kapitalwert per def. null beträgt.

Der maximale Zielwert sei GW*. Bewertungsprogramm und Grenzpreis gehen aus dem nachstehenden Modell hervor:

min. U; U :=   p

⇔

max. −U; −U =   −p

$$-\sum_{j=1}^{m} g_{j0} \cdot x_j + G_0 - p \leq b_0$$

$$-\sum_{j=1}^{m} g_{jt} \cdot x_j + G_t \leq b_t - g_{Vt} \quad \forall\, t \in \{1, 2, \ldots, n\}$$

$$-\sum_{t=0}^{n} w_t \cdot G_t \leq -GW^*$$

$$x_j \leq x_j^{max} \quad \forall\, j \in \{1, 2, \ldots, m\}[1]$$

$$x_j \geq 0 \quad \forall\, j \in \{1, 2, \ldots, m\}$$

$$G_t \geq 0 \quad \forall\, t \in \{0, 1, 2, \ldots, n\}[2]$$

$$p \geq 0$$

2.2.3.2.2 Herleitung und Grenzen der Ertragswertmethode

Das Dualproblem des Ansatzes zur Ermittlung des Bewertungsprogramms ergibt sich in der gewohnten Weise als:

$$\text{min. Y;}\quad Y := \sum_{t=0}^{n} b_t \cdot d_t - \sum_{t=1}^{n} g_{Vt} \cdot d_t - \delta \cdot GW^* + \sum_{j=1}^{m} x_j^{max} \cdot u_j$$

---

[1] Diese Bedingung entfällt für alle x_j mit $x_j^{max} = \infty$.
[2] Die Variable G_t entfällt für alle Zeitpunkte t mit $w_t = 0$.

2.2 Investitionstheoretisches Fundament der Unternehmensbewertung

$$-\sum_{t=0}^{n} g_{jt} \cdot d_t + u_j \geq 0 \quad \forall j \in \{1, 2, \ldots, m\}$$

$$d_t - w_t \cdot \delta \geq 0 \quad \forall t \in \{0, 1, 2, \ldots, n\}[1]$$

$$-d_0 \geq -1$$

$$d_t \geq 0 \quad \forall t \in \{0, 1, 2, \ldots, n\}$$

$$u_j \geq 0 \quad \forall j \in \{1, 2, \ldots, m\}[2]$$

$$\delta \geq 0$$

Wiederum gelte GW* > 0 und p* > 0. Analog zur Vermögensmaximierung aus Käufersicht und zur Einkommensmaximierung aus Verkäufersicht gelangt man mit Hilfe der Dualitätstheorie durch Umformen der Zielfunktion Y zu der Bewertungsformel:[3]

$$-p^* = \underbrace{\sum_{t=0}^{n} b_t \cdot \rho_t + \sum_{C_j > 0} x_j^{\max} \cdot C_j}_{\substack{\text{Kapitalwert des} \\ \text{Bewertungsprogramms} \\ \text{(noch mit dem Bewertungsobjekt)}}} - \underbrace{\sum_{t=1}^{n} g_{Vt} \cdot \rho_t}_{\substack{\text{Ertragswert des} \\ \text{Bewertungs-} \\ \text{objekts}}} - \underbrace{\delta \cdot GW^*}_{\substack{\text{Kapitalwert eines} \\ \text{dem Basisprogramm} \\ \text{gleichwertigen} \\ \text{Ausschüttungsplans}}}$$

$\Leftrightarrow$

$$p^* = \underbrace{\sum_{t=1}^{n} g_{Vt} \cdot \rho_t}_{\substack{\text{Ertragswert des} \\ \text{Bewertungs-} \\ \text{objekts}}} + \underbrace{\delta \cdot GW^* - \sum_{t=0}^{n} b_t \cdot \rho_t - \sum_{C_j > 0} x_j^{\max} \cdot C_j}_{\substack{\text{Kapitalwertänderung durch Umstrukturierung} \\ \text{vom Basis- zum Bewertungsprogramm} \\ \leq 0}}$$

Mit den gleichen Überlegungen wie oben resultiert die Abschätzung $E_V^{\text{Basis}} \leq p^* \leq E_V$. Analog gilt auch die Ertragswertformel $p^* = E_V$, wenn die endogenen Grenzzinsfüße des Bewertungsprogramms denen des Basisprogramms entsprechen.

---

[1] Diese Bedingung entfällt für alle Zeitpunkte t mit $w_t = 0$.

[2] Die Variable u_j entfällt für alle j mit $x_j^{\max} = \infty$.

[3] Vgl. oben, Unterabschnitte 2.2.2.2.2 und 2.2.3.1.2.

2.2.3.3 Der Liquidationswert als spezieller Ertragswert

Sofern der Verkäufer die Möglichkeit hat, das Bewertungsobjekt zum Preis p^L zu liquidieren (oder an einen Dritten zu veräußern), ergibt sich allein daraus bereits eine Untergrenze für den zu fordernden Preis p. Die „Verkaufsoption" zu p^L schließt aus, daß der Verkäufer ein geringeres Angebot akzeptiert. Das Ergebnis $p^* \geq p^L$ läßt sich aus dem Modell wie folgt herleiten:[1]

Wenn ein Verkauf zu p^L ungünstig und deshalb im Basisprogramm nicht enthalten sein sollte, gilt $p^* > p^L$. Wäre der Grenzpreis p^* nämlich nicht größer als der Liquidationswert p^L, erwiese sich die Liquidation im Widerspruch zur Voraussetzung als vorteilhaft. Sollte jedoch die Liquidation zu p^L Bestandteil des Basisprogramms sein, kann auf die zugehörige Variable verzichtet und statt dessen die Zahlungsreihe g_V^L = (p^L, $-g_{V1}$, $-g_{V2}$, ... , $-g_{Vt}$, ... , $-g_{Vn}$) den Konstanten b_t zugeschlagen werden. Dann stimmt der Ansatz zur Ermittlung des Basisprogramms mit dem Ansatz zur Ermittlung des Bewertungsprogramms im Hinblick auf die Liquiditätsrestriktionen bis auf den Zeitpunkt t = 0 überein: Während die rechte Seite im Basisansatz $b_0 + p^L$ lautet, steht an gleicher Stelle im Bewertungsansatz (nach Addition von p auf beiden Seiten der Ungleichung) der Term $b_0 + p$. Das Minimum von p liegt demnach bei $p^* = p^L$, d.h. dort, wo Basis- und Bewertungsprogramm vollständig übereinstimmen. Jede weitere Senkung des Preises p würde zur Unterschreitung des einzuhaltenden Mindestzielwerts EN* oder GW* führen.

Der Liquidationswert p^L als trivialer Kapitalwert der Zahlungsreihe (p^L, 0, 0, ... , 0) wird also dann zum Grenzpreis p^*, wenn die Liquidation im Basisprogramm vorteilhafter ist als die Fortführung des Bewertungsobjekts. Insofern kann auch er als ein spezieller Ertragswert interpretiert werden, nämlich als Zukunftserfolgswert der Alternative „Abbruch des zu bewertenden Unternehmens".[2]

---

[1] Vgl. die analoge Argumentation im Unterabschnitt 2.2.2.3.

[2] Vgl. BUSSE VON COLBE, Zukunftserfolg (1957), S. 25, MÜNSTERMANN, Wert und Bewertung (1966), S. 101 f., COENENBERG, Unternehmensbewertung (1992), S. 95, SCHILDBACH, Funktionenlehre (1993), S. 27, BALLWIESER, Unternehmensbewertung (1995), Sp. 1878, BREMER, Unternehmensbewertung (1996), S. 53.

2.2.4 Unternehmensbewertung bei der Fusion

2.2.4.1 Ermittlung der Grenzquote

2.2.4.1.1 Einkommensmaximierung[1]

Während bislang die Bewertungssituationen „Kauf" und „Verkauf" analysiert wurden, soll im folgenden die Konfliktsituation „Fusion" in den Mittelpunkt der Betrachtung treten. Ungeachtet der großen Bedeutung von Unternehmensfusionen in der Praxis[2] bietet die wissenschaftliche Literatur jedoch bislang nur wenige modelltheoretische Überlegungen[3] zu diesem grundlegenden Bewertungsfall.[4] Dies ist um so erstaunlicher, als es die Problemstruktur der Fusion im Unterschied zur im Abschnitt 2.2.3 abgehandelten Situation des Verkaufs nicht zuläßt, die Theorie des Kaufs (Abschnitt 2.2.2) einfach strukturgleich zu übertragen. Es liegt vielmehr eine ganz andersartige Bewertungssituation vor, für die neue Modelle aufgestellt werden müssen.

Gleichwohl wird sich zeigen, daß die oben für den Kauf und den Verkauf entwickelten Modelle von ihrem grundsätzlichen Vorgehen her anwendbar bleiben, das Bewertungsproblem investitionstheoretisch mittels Basis- und Bewertungsansatz zu lösen. Auch das grundlegende Modellergebnis einer „vereinfachten Bewertung" bei Konstanz der Grenzzinsfüße im Unterschied zu einer „komplexen Bewertung" für den allgemeinen Fall bleibt erhalten.

Betrachtet sei ein nach Einkommensmaximierung strebendes Unternehmen, das durch Fusion in einem größeren Ganzen aufgehen soll. In der Ausgangssituation (ohne Fusion) ermittelt es EN*, die maximale Breite seines Entnahmestroms, gemäß dem schon aus Unterabschnitt 2.2.2.1 bekannten *Basisansatz* „max. Entn". Es gelte EN* > 0. Gesucht ist nun die minimale Anteilsquote α am neuen, durch Fusion entstehenden

---

[1] Vgl. HERING, Fusion (2004), S. 148 ff.

[2] Viele Quellen nennen die Fusionen unter der unübersetzten Überschrift „Mergers & Acquisitions" gar an erster Stelle, noch vor den Unternehmenskäufen. Die in diesem Zusammenhang oftmals angesprochene Problematik der Unternehmungskultur wird mit ihren Auswirkungen auf den Unternehmungswert eingehend untersucht von OLBRICH, Unternehmungswert (1999), OLBRICH, Kultur (2002).

[3] Vgl. grundlegend MATSCHKE, Entscheidungswert (1975), S. 327-336, NONNENMACHER, Umtauschverhältnis (1982), S. 155 ff., YAGIL, Exchange Ratio (1987), S. 195 ff., REICHERTER, Fusionsentscheidung (2000), S. 190 ff., HERING, Fusion (2004).

[4] In den Inhalts- und Stichwortverzeichnissen fast aller Lehrbücher zur Unternehmensbewertung fehlen die Begriffe „Fusion" und „Verschmelzung". Vgl. BALLWIESER, Unternehmensbewertung (2004), DRUKARCZYK, Unternehmensbewertung (2003), SPREMANN, Unternehmensbewertung (2002), KRAG/KASPERZAK, Unternehmensbewertung (2000), MANDL/RABEL, Unternehmensbewertung (1997). Die einzige Ausnahme zu diesem überraschenden Befund ist das aktuellste Lehrbuch von MATSCHKE/BRÖSEL, Unternehmensbewertung (2005), S. 319 ff.

Unternehmen (und seinem Ausschüttungsstrom), welche die Eigner des alten Unternehmens finanziell nicht schlechter stellt als ihr Basisprogramm mit dem maximalen Zielfunktionswert EN*. Diese *Grenzquote* der Beteiligung sei (analog zum Grenzpreis p*) mit α* bezeichnet.

Ein erstes Problem ergibt sich daraus, daß das fusionierte Unternehmen u.U. eine andere Entnahmezielsetzung verfolgt als das eingebrachte Unternehmen der Alteigentümer. Durch die Fusion können sich nämlich die Stimmen- und Herrschaftsverhältnisse so verschieben, daß die Alteigentümer die ihnen genehme Struktur des Ausschüttungsstroms (Entnahmegewichte $\overline{w}_t$ aus dem Basisansatz) im neu entstandenen Unternehmen nicht mehr durchzusetzen vermögen.

Zunächst ist also das optimale Investitions- und Finanzierungsprogramm des durch die Fusion entstehenden neuen Unternehmens zu bestimmen – das sogenannte *Fusionsprogramm*. Es ergibt sich aus dem nachstehenden *Fusionsansatz*, der sich vom Basisansatz formal nur durch den das neue, fusionierte Unternehmen kennzeichnenden Index F unterscheidet. Materiell, d.h. in bezug auf die Parameter wie Variablenanzahl, -obergrenzen, Entnahmegewichte und Zahlungsüberschüsse, handelt es sich natürlich im allgemeinen um ein vom Basisansatz stark abweichendes lineares Modell einer anderen, durch die Fusion größer gewordenen Unternehmung.[1]

max. Entn^F; $\text{Entn}^F := EN^F$

$$-\sum_{j=1}^{m^F} g_{j0}^F \cdot x_j^F \leq b_0^F$$

$$-\sum_{j=1}^{m^F} g_{jt}^F \cdot x_j^F + \overline{w}_t^F \cdot EN^F \leq b_t^F \qquad \forall\, t \in \{1, 2, \ldots, n\}$$

$$x_j^F \leq x_j^{F\max} \qquad \forall\, j \in \{1, 2, \ldots, m^F\}\text{[2]}$$

$$x_j^F \geq 0 \qquad \forall\, j \in \{1, 2, \ldots, m^F\}$$

---

1 Unter Umständen muß der Fusionsansatz sogar mit einer Vermögens- statt einer Einkommenszielsetzung formuliert werden, wenn sich die Eignermehrheit des fusionierten Unternehmens darauf verständigt. Da dies jedoch aus Sicht der Alteigentümerpartei zu keinem bewertungsbezogenen Komplexitätszuwachs führt, sei darauf verzichtet, noch einen alternativen GW-Ansatz mit dem Index F zu Papier zu bringen.

2 Diese Bedingung entfällt für alle x_j^F mit $x_j^{F\max} = \infty$.

2.2 Investitionstheoretisches Fundament der Unternehmensbewertung

$$EN^F \geq 0$$

Der mit Hilfe des Simplexalgorithmus ermittelbare maximale Zielfunktionswert des Fusionsansatzes betrage $Entn^{F}* = EN^{F}* > 0$.

Die Komplexität des *Bewertungsansatzes* zur Ermittlung der Grenzquote α^* hängt nun davon ab, ob Altunternehmen und Fusionsunternehmen die gleiche Entnahmezielfunktion verfolgen, also einen Zahlungsstrom gleicher Struktur an ihre jeweiligen Eigner ausschütten. Sollte dies der Fall sein, also $\bar{w}_t = \bar{w}_t^F \ \forall \ t$ gelten, so ist der optimale Ausschüttungsstrom des Fusionsunternehmens (als Vektor) ein Vielfaches des Ausschüttungsstroms des Basisprogramms der Alteigentümer. Die Alteigentümer erhalten also exakt die gleichen Ausschüttungen wie im Basisprogramm, wenn die Beteiligungsquote dem Verhältnis der Entnahmestrombreiten entspricht: $\alpha^* = EN^*/EN^{F}*$. Dann gilt nämlich:

$$\underbrace{EN^*}_{\substack{\text{Breite der alten} \\ \text{Ausschüttung} \\ \text{(vor Fusion)}}} = \underbrace{\alpha^* \cdot EN^{F}*}_{\substack{\text{Anteil der Alteigentümer an der Breite} \\ \text{der neuen Ausschüttung} \\ \text{(nach Fusion)}}}.$$

Dieser einfache Spezialfall einer bei der Fusion unverändert bleibenden Zielfunktion läßt sich also noch trivial lösen. Das unmittelbar einleuchtende Ergebnis

$$\alpha^* = \frac{EN^*}{EN^{F}*}$$

resultiert formal auch aus dem folgenden *Bewertungsansatz* zur Ermittlung der minimalen Anteilsquote $A = \alpha$:[1]

min. $A; A := \alpha$

$$\alpha \cdot EN^{F}* \geq EN^*$$

$$\alpha \geq 0$$

Dieses klein(stmöglich)e lineare Optimierungsproblem minimiert die Quote α unter der Nebenbedingung, daß die Eigentümer des alten Unternehmens aus ihrer ($\alpha \cdot$ 100%)igen Beteiligung an dem Fusionsunternehmen keine geringere Dividende ($\alpha \cdot$

---

[1] Zum trivialen Fall siehe schon REICHERTER, Fusionsentscheidung (2000), S. 201.

100% · EN^F*) beziehen als in der Situation vor der Fusion (100% · $EN*$), in der sie noch 100% der Anteile ihres alten Unternehmens halten. Das LO-Problem besitzt die Lösung $A^{min} =$

$$\alpha^* = \frac{EN^*}{EN^F *}.$$

Damit ist eine erste simple Bewertungsformel für den Fusionsfall mit Hilfe von Basis-, Fusions- und Bewertungsansatz gefunden worden.

Komplizierter gestaltet sich jedoch der allgemeine Fall, in dem das fusionierte Unternehmen – z.B. aufgrund geänderter Mehrheitsverhältnisse – einen anders strukturierten Ausschüttungsstrom generiert als das eingebrachte Altunternehmen. Im folgenden wird also zugelassen, daß für mindestens ein t gilt: $\bar{w}_t \neq \bar{w}_t^F$.[1]

Um in dieser Situation den zur Grenzquotenbestimmung unumgänglichen wirtschaftlichen Vergleich zwischen dem alten und dem zeitlich anders verteilten neuen Zahlungsstrom zu ermöglichen, muß auf das private Entscheidungsfeld der Anteilseigner zurückgegriffen werden. Nur durch ergänzende private Finanzumschichtungen kann es den Alt-Anteilseignern gelingen, den Dividendenstrom der fusionierten Gesellschaft wieder in die von ihnen ursprünglich präferierte Einkommensstruktur zu transformieren. Die Variablen dieser Veränderungsgeschäfte werden im nachfolgenden Ansatz durch das Symbol Δ gekennzeichnet, während der Index P auf das private Entscheidungsfeld der Anteilseigner verweist. Somit ist Δx_j^P eine Variable, welche die Veränderung des j-ten privaten Zahlungsstroms angibt. Dahinter verbirgt sich inhaltlich z.B. die Erhöhung oder Verminderung eines in der (hier nicht näher modellierten) privaten Entscheidungssituation des Anteilseigners vorkommenden Kredits oder einer Geldanlage. Mögliche Obergrenzenbedingungen $\Delta x_j^P \leq \Delta x_j^{Pmax}$ ergeben sich beispielsweise daraus, daß ein Objekt maximal in dem Umfang reduziert werden kann, den es im „Basisprogramm" des Privatanlegers einnimmt. Obergrenzen für ausgedehnte Verschuldung bedürfen gerade im privaten Bereich keiner näheren Erläuterung. Zur Variable Δx_j^P gehören in den einzelnen Zeitpunkten t entsprechende Zahlungsüberschüsse g_{jt}^P. Für den Augenblick sei vereinfachend angenommen, das Altunternehmen gehöre einem einzigen Anteilseigner. Dieser hat dann den folgenden Ansatz zu lösen:[2]

---

[1] Ebensogut könnte man zulassen, daß die durch Fusion entstehende Unternehmung ein Vermögensziel „max. GW^F" verfolgt und damit zu einem optimalen Ausschüttungsstrom gelangt, der kein Vielfaches der von den Alteigentümern in der Basissituation erzielten Ausschüttung darstellt und dessen kritische Anteilsquote daher nicht trivial ermittelbar ist.

[2] Der Einfachheit halber läßt die Formulierung (allgemeiner als die bisherige Normung) auch von null verschiedene Entnahmegewichte $\bar{w}_0$ und $\bar{w}_0^F$ zu.

2.2 Investitionstheoretisches Fundament der Unternehmensbewertung

min. A; A := α

$$\sum_{j=1}^{m^P} g_{jt}^P \cdot \Delta x_j^P + \alpha \cdot \overline{w}_t^F \cdot EN^{F*} \geq \overline{w}_t \cdot EN^* \quad \forall\, t \in \{0, 1, 2, \ldots, n\}$$

$$-\Delta x_j^P \geq -\Delta x_j^{P\max} \quad \forall\, j \in \{1, 2, \ldots, m^P\}[1]$$

$$\Delta x_j^P \geq 0 \quad \forall\, j \in \{1, 2, \ldots, m^P\}$$

$$\alpha \geq 0$$

Der vorstehende *Bewertungsansatz* minimiert (analog zum eingangs behandelten trivialen Fall) die Beteiligungsquote α für den Anteilseigner unter Einhaltung der Nebenbedingungen, daß in jedem Zeitpunkt der ihm zufließende Zahlungsstrom nach der Fusion (einschließlich möglicher Umstrukturierungen im privaten Vermögensbereich) seine Ausschüttung $\overline{w}_t \cdot EN^*$ vor der Fusion nicht unterschreitet.

$$\underbrace{\underbrace{\sum_{j=1}^{m^P} g_{jt}^P \cdot \Delta x_j^P}_{\text{Umschichtungen der privaten Kredite und Geldanlagen}} + \underbrace{\alpha \cdot \overline{w}_t^F \cdot EN^{F*}}_{\substack{\text{Ausschüttung gemäß}\\ \text{Anteil } \alpha \text{ am optimalen}\\ \text{Entnahmestrom des}\\ \text{Fusionsunternehmens}}}}_{\text{Zahlungsüberschuß des Anteilseigners aus dem Unternehmen (nach Fusion)}} \geq \underbrace{\overline{w}_t \cdot EN^*}_{\substack{\text{Zahlungsüberschuß des Anteilseigners}\\ \text{aus dem Unternehmen (vor Fusion)}}}$$

Sofern das Altunternehmen mehrere Anteilseigner hat und diese keinen gemeinsamen Bewertungsansatz aufstellen möchten, muß jeder Alteigentümer für sich einen an seine Beteiligung angepaßten Ansatz formulieren und lösen.[2] Die resultierenden, jeweils eignerindividuellen Grenzquoten α* sind sodann auf das Gesamtkapital des Altunternehmens hochzurechnen. Die höchste sich daraus ergebende Grenzquote für das Gesamtunternehmen stellt somit sicher, daß nach der Fusion kein einzelner Anteilseigner schlechter gestellt ist als vorher.[3]

---

[1] Diese Bedingung entfällt für alle Δx_j^P mit $\Delta x_j^{P\max} = \infty$.

[2] Neben der Berücksichtigung individueller Privatgeschäfte und (z.B. Verschuldungs-) Obergrenzen sind insbesondere auf der rechten Seite die Terme $\overline{w}_t \cdot EN^*$ noch mit der Beteiligungsquote des betrachteten Eigners an der Altgesellschaft zu multiplizieren.

[3] Zu einer ähnlichen Überlegung im Zusammenhang mit einem Problem der Abfindungsbemessung für unterschiedliche Anteilseigner vgl. HERING/OLBRICH, Mehrstimmrechte (2001), S. 32.

Für die weitere Betrachtung soll aber vereinfachend davon ausgegangen werden, daß die Alteigentümerpartei insgesamt nur den oben angeschriebenen, einheitlichen Bewertungsansatz „min. A" mit der aggregierten Gesamtausschüttung $\bar{w}_t \cdot EN^*$ aufstellt, ohne noch die einzelnen Anleger ihre individuellen Entscheidungsfelder formulieren zu lassen. Dies ist zum Beispiel dann gerechtfertigt, wenn die privaten Umschichtungseffekte für die Anleger relativ zu ihrem Vermögen nicht sehr ins Gewicht fallen und/oder durch typisierte Geldanlage- und Kreditkonditionen für Privatanleger pauschal quantifiziert werden können (z.B. Bankkonditionen, Anlagezins von Staatspapieren usw.). Schließlich ist es auch denkbar, daß in der Tat nur ein Eigentümer für die Altgesellschaft ausschlaggebend ist oder man die Rechnung bewußt nur für einen einzigen, als „typisch" erachteten Anteilseigner durchführt. Im folgenden sei jedenfalls ein einheitlicher Bewertungsansatz für die Gesamtheit der Anteilseigner der Altgesellschaft unterstellt. Zu diesem – oben aufgestellten – Ansatz „min. A" gehört folgendes Dualproblem:

$$\max. Y; Y := \sum_{t=0}^{n} \bar{w}_t \cdot EN^* \cdot d_t^P - \sum_{j=1}^{m^P} \Delta x_j^{P\max} \cdot u_j^P$$

$$\sum_{t=0}^{n} g_{jt}^P \cdot d_t^P - u_j^P \leq 0 \qquad \forall j \in \{1, 2, \ldots, m^P\}$$

$$\sum_{t=0}^{n} \bar{w}_t^F \cdot EN^F * \cdot d_t^P \leq 1$$

$$d_t^P \geq 0 \qquad \forall t \in \{0, 1, 2, \ldots, n\}$$

$$u_j^P \geq 0 \qquad \forall j \in \{1, 2, \ldots, m^P\}[1]$$

Zur Analyse des dualen Paars „min. A"/„max. Y" sei wiederum unterstellt, daß eine optimale Lösung mit $\alpha^* > 0$ existiert. Aufgrund des Satzes vom komplementären Schlupf ist dann die α zugeordnete Dualrestriktion bindend:

$$\sum_{t=0}^{n} \bar{w}_t^F \cdot EN^F * \cdot d_t^P = 1.$$

---

[1] Die Variable u_j^P entfällt für alle j mit $\Delta x_j^{P\max} = \infty$.

2.2 Investitionstheoretisches Fundament der Unternehmensbewertung

Aus der Möglichkeit der (unverzinslichen) Kassenhaltung im Bewertungsansatz folgt die Relation $d_{t-1}^P \geq d_t^P \; \forall \; t \in \{1, 2, \ldots, n\}$.[1] In Verbindung mit der zuletzt notierten Gleichung gilt damit zwingend $d_0^P > 0$, so daß die endogenen Abzinsungsfaktoren $\rho_t^P = d_t^P/d_0^P$ definiert sind und die Gleichung übergeht in:

$$\underbrace{\sum_{t=0}^{n} \overline{w}_t^F \cdot EN^F * \cdot \rho_t^P}_{\text{Kapitalwert nach Fusion}} = \frac{1}{d_0^P}.$$

Die linke Seite dieser im folgenden noch einmal benötigten Gleichung entspricht dem Kapitalwert des gesamten Entnahmestroms, den das Fusionsunternehmen ausschüttet („Kapitalwert nach Fusion").

Aus den Komplementaritätsbeziehungen zwischen Primal- und zugehörigen Dualvariablen folgt weiterhin: Wenn die primalen Änderungsvariablen ihre Obergrenzen im Optimum nicht ausschöpfen, ist die zugehörige Dualvariable gleich null ($\Delta x_j^P < \Delta x_j^{P\max} \Rightarrow u_j^P = 0$). Und wenn eine Umstrukturierungsmaßnahme im Privatvermögen durchgeführt wird, hat sie einen nichtnegativen Kapitalwert C_j^P:[2]

$$\Delta x_j^P > 0 \Rightarrow \sum_{t=0}^{n} g_{jt}^P \cdot d_t^P = u_j^P \geq 0 \Leftrightarrow C_j^P = \sum_{t=0}^{n} g_{jt}^P \cdot \rho_t^P = \frac{u_j^P}{d_0^P} \geq 0.$$

Nach diesen Vorarbeiten kann nun die allgemeine Grenzquotenformel ökonomisch anschaulich herausgearbeitet werden. Im Optimum stimmen nach dem Dualitätstheorem der linearen Optimierung die Zielfunktionswerte von Primal- und Dualproblem überein; es gilt also $A^* = Y^*$, mithin $\alpha^* = Y^*$, und das heißt:

$$\alpha^* = \sum_{t=0}^{n} \overline{w}_t \cdot EN^* \cdot d_t^P - \sum_{j=1}^{m^P} \Delta x_j^{P\max} \cdot u_j^P$$

$$\Rightarrow \quad \frac{\alpha^*}{d_0^P} = \underbrace{\sum_{t=0}^{n} \overline{w}_t \cdot EN^* \cdot \rho_t^P}_{\substack{\text{Kapitalwert der Ausschüttung} \\ \text{des eingebrachten Unternehmens}}} - \underbrace{\sum_{j=1}^{m^P} \Delta x_j^{P\max} \cdot \frac{u_j^P}{d_0^P}}_{\substack{\text{Kapitalwert der Umstrukturierungen} \\ \text{im privaten Programm}}}.$$

$$\underbrace{\hspace{7cm}}_{\text{Kapitalwert vor Fusion}}$$

---

[1] Zum Beweis vgl. HERING, Investitionstheorie (2003), S. 148.

[2] Zu diesen Zusammenhängen vgl. HERING, Investitionstheorie (2003), S. 152.

Der „Kapitalwert vor Fusion" besteht also aus dem Ausgangskapitalwert des eingebrachten Unternehmens der Alteigentümer, reduziert um den Kapitalwert ihrer Umschichtungen im Privatvermögen, die zur gewünschten Strukturanpassung des Ausschüttungsstroms erforderlich sind.[1] Mit Hilfe des oben eingeführten Kapitalwertsymbols C_j^P für die privaten Umstrukturierungsgeschäfte beim Übergang vom Basis- zum Bewertungsprogramm schreibt sich der „Kapitalwert vor Fusion" noch ein wenig anschaulicher als:

$$\frac{\alpha^*}{d_0^P} = \underbrace{\sum_{t=0}^{n} \bar{w}_t \cdot EN^* \cdot \rho_t^P}_{\text{Kapitalwert der Ausschüttung des eingebrachten Unternehmens}} - \underbrace{\sum_{C_j^P > 0} \Delta x_j^{P\max} \cdot C_j^P}_{\text{Kapitalwert der Umstrukturierungen im privaten Programm}}$$

$$\underbrace{\phantom{\frac{\alpha^*}{d_0^P} = \sum_{t=0}^{n} \bar{w}_t \cdot EN^* \cdot \rho_t^P - \sum_{C_j^P > 0} \Delta x_j^{P\max} \cdot C_j^P}}_{\text{Kapitalwert vor Fusion}}$$

Nachdem die Formeln für den „Kapitalwert vor Fusion" wie auch für den „Kapitalwert nach Fusion" bereitstehen, zeigt es sich, daß die Grenzquote α^* anschaulich als Quotient dieser beiden Kapitalwerte interpretierbar ist:

$$\frac{\frac{\alpha^*}{d_0^P}}{\frac{1}{d_0^P}} = \frac{\text{Kapitalwert vor Fusion}}{\text{Kapitalwert nach Fusion}} = \alpha^*.$$

Im Endergebnis resultiert also die „komplexe Bewertungsformel" zur Ermittlung der Grenzquote bei der Fusion:

$$\alpha^* = \frac{\sum_{t=0}^{n} \bar{w}_t \cdot EN^* \cdot \rho_t^P - \sum_{C_j^P > 0} \Delta x_j^{P\max} \cdot C_j^P}{\sum_{t=0}^{n} \bar{w}_t^F \cdot EN^F {}^* \cdot \rho_t^P}.$$

Sofern bei den Umschichtungen im Privatprogramm kein Objekt an seine Obergrenze stößt, also nur Grenzobjekte mit einem Kapitalwert von $C_j^P = 0$ umstrukturiert wer-

---

[1] Diese Kapitalwertkorrektur ähnelt den in den Abschnitten zu Kauf und Verkauf auftretenden Termen „Kapitalwertänderung durch Umstrukturierung vom Basis- zum Bewertungsprogramm". Vgl. oben, Abschnitt 2.2.2 und 2.2.3. Die Korrektur ist negativ, weil es sich um einen zusätzlichen (Barwert-) „Vorteil" aus dem Bewertungsprogramm handelt, um den die Meßlatte des mindestens wieder zu erreichenden Kapitalwerts vor Fusion (im Zähler der folgenden α^*-Formel) reduziert werden kann. Vgl. auch unten, Abschnitt 2.2.5.

2.2 Investitionstheoretisches Fundament der Unternehmensbewertung

den, verschwindet der Korrekturterm im Zähler, und es gilt die sehr eingängige „vereinfachte Bewertungsformel" für die Grenzquote bei der Fusion:[1]

$$\alpha^* = \frac{\sum_{t=0}^{n} \overline{w}_t \cdot EN^* \cdot \rho_t^P}{\sum_{t=0}^{n} \overline{w}_t^F \cdot EN^F * \cdot \rho_t^P}.$$

Sofern, wie bisher im Rahmen der Einkommensmaximierung stets unterstellt, zu $t = 0$ keine Entnahmen vorgesehen sind, mithin $\overline{w}_0 = \overline{w}_0^F = 0$ gilt, liest sich die Formel äußerst anschaulich als:

$$\alpha^* = \frac{\sum_{t=1}^{n} \overline{w}_t \cdot EN^* \cdot \rho_t^P}{\sum_{t=1}^{n} \overline{w}_t^F \cdot EN^F * \cdot \rho_t^P} = \frac{\text{Ertragswert vor Fusion}}{\text{Ertragswert nach Fusion}}.$$

Im am Anfang dieses Abschnitts behandelten „trivialen Fall" mit $\overline{w}_t = \overline{w}_t^F \ \forall \ t$ verkürzt sich die „vereinfachte" weiter zur „trivialen Bewertungsformel" bei der Fusion:

$$\alpha^* = \frac{\sum_{t=0}^{n} \overline{w}_t \cdot EN^* \cdot \rho_t^P}{\sum_{t=0}^{n} \overline{w}_t \cdot EN^F * \cdot \rho_t^P} = \frac{\sum_{t=0}^{n} \overline{w}_t \cdot \rho_t^P}{\sum_{t=0}^{n} \overline{w}_t \cdot \rho_t^P} \cdot \frac{EN^*}{EN^F *} = \frac{EN^*}{EN^F *}.$$

In diesem einfachsten Fall entspricht die Grenzquote, wie schon eingangs begründet, dem Verhältnis der Entnahmestrombreiten vor und nach der Fusion.

---

[1] Diese Formel und ihre direkte Herleitung sind schon vorab in REICHERTER, Fusionsentscheidung (2000), S. 219-220, mit Zustimmung d. Verf. publiziert worden.

2.2.4.1.2 Vermögensmaximierung

Verfolgen die Alteigentümer das Ziel der Vermögensmaximierung, so vereinfacht sich ihre Fusionsbewertung stark, denn die allgemeine GW-Zielfunktion definiert über die Gewichte w_t gerade einen unmittelbaren exogenen Maßstab für den Konsumnutzen einer im Zeitpunkt t an die bisherigen Anteilseigner ausgeschütteten Geldeinheit.[1]

Das durch Fusion entstehende neue Unternehmen möge im Zeitpunkt t die optimale Ausschüttung G_t^{F*} vorsehen (Ergebnis des Fusionsansatzes). Dabei ist es gleichgültig, ob G_t^{F*} aus der Zielsetzung Vermögensmaximierung resultiert (deren Verfolgung das Symbol G_t andeutet) oder lediglich ein Platzhalter für die im Zeitpunkt t vorzunehmende optimale Ausschüttung des Fusionsunternehmens unter einer anderen Zielsetzung – z.B. Einkommensmaximierung – ist. Das Modell in diesem Unterabschnitt 2.2.4.1.2 setzt lediglich voraus, daß die *Alt*eigentümer ein Vermögensziel (GW) verfolgen und den im Basisprogramm erzielbaren Wert GW* (vor Fusion) als Meßlatte für ihre Erfolgsbeteiligung nach der Fusion nehmen.[2]

Ob ein Anteil α am optimalen Ausschüttungszahlungsstrom des durch Fusion gebildeten Unternehmens mindestens den Nutzen

$$GW^* = \sum_{t=0}^{n} w_t \cdot G_t^*$$

des Basisprogramms der Alt-Anteilseigner stiftet, ergibt sich aus nachstehender Ungleichung:

---

[1] Wünschen die Alteigentümer allerdings beim Vermögensziel zusätzlich, neben ihrem maximalen Konsumnutzen GW* auch jede einzelne optimale Ausschüttung G_t* des Basisprogramms mindestens zu reproduzieren, liegt letztlich dieselbe Bewertungssituation wie bei Einkommensmaximierung vor. Es muß dann – u.U. über die private Vermögenssphäre der Eigner – ein genau vorgegebener Konsumstrom wieder rekonstruiert werden. Damit bleibt das Modell des Unterabschnitts 2.2.4.1.1 unmittelbar anwendbar. Eine derartige Interpretation des Vermögensziels der Alteigentümer liegt dem Beitrag von *MATSCHKE/WITT*, Sparkassen (2004) zugrunde; man vgl. dort insbes. S. 262, Fußnote 68.

[2] Umgekehrt wurde oben unter 2.2.4.1.1 angemerkt, daß der dortige Fusionsansatz auch anstelle eines Einkommens- ein Vermögensziel verfolgen kann, ohne das Modell ändern zu müssen. Lediglich für die *Alt*eigentümer unterstellt die dortige Modellierung das Einkommensziel (EN).

2.2 Investitionstheoretisches Fundament der Unternehmensbewertung

$$\underbrace{\sum_{t=0}^{n} w_t \cdot \alpha \cdot G_t^{F*}}_{\substack{\text{Konsumnutzen der Alteigentümer} \\ \text{gemäß ihrer GW-Zielfunktion,} \\ \text{angewandt auf den Anteil } \alpha \text{ am} \\ \text{neuen Ausschüttungsstrom}}} \geq \underbrace{GW^*}_{\substack{\text{Konsumnutzen der Alteigentümer} \\ \text{gemäß ihrer GW-Zielfunktion} \\ \text{in der Basissituation}}}$$

$$\Leftrightarrow \quad \alpha \geq \frac{GW^*}{\sum_{t=0}^{n} w_t \cdot G_t^{F*}}.$$

Die gesuchte Grenzquote α^* ergibt sich aus der Minimierung von α trivial zu

$$\alpha^* = \frac{GW^*}{\sum_{t=0}^{n} w_t \cdot G_t^{F*}}$$

und beispielsweise im Spezialfall der Endwertmaximierung von altem und neuem Unternehmen sehr anschaulich als:

$$\alpha^* = \frac{EW^*}{EW^{F*}}.$$

Dieser Ausdruck entspricht der „trivialen Bewertungsformel" aus dem vorangegangenen Unterabschnitt.

2.2.4.1.3 Zahlenbeispiele[1]

Beispiel 1. Die in die Fusion einzubringende Gesellschaft ALT verfolgt das Ziel der Maximierung eines uniformen Ausschüttungsstroms mit $\bar{w}_t = 1 \ \forall \ t \in \{1, 2, 3\}$. Ihr Basisansatz „max. Entn" liefere als optimalen Zielfunktionswert EN* = 50. Die „Alteigentümer" (also die Eigentümer des Gesellschaft ALT) beziehen demnach aus ihrem Basisprogramm (d.h. bei Verzicht auf die Fusion) im Planungszeitraum zwischen t = 0 und t = 3 den Ausschüttungsstrom (0, 50, 50, 50).

Nach der zu t = 0 wirksam werdenden Fusion verfolgt die neue, größere Gesellschaft NEU ebenfalls das Entnahmeziel der Maximierung eines uniformen Ausschüttungsstroms mit $\bar{w}_t^F = 1 \ \forall \ t \in \{1, 2, 3\}$. Sie kommt mit ihrer verbreiterten Kapitalbasis und den dadurch verbesserten Möglichkeiten auf den maximalen Zielfunktionswert

---
[1] Vgl. *HERING*, Fusion (2004), S. 156 ff.

$EN^{F}* = 125$, den sie durch Lösung des Fusionsansatzes „max. $Entn^{F}$" ermittelt. Damit lautet der ingesamt an die Alt- und Neueigentümer auszuschüttende Zahlungsstrom nach Fusion nunmehr (0, 125, 125, 125).

Es liegt der „triviale" Bewertungsfall vor. Die zugehörige Formel liefert als Grenzquote:

$$\alpha^* = \frac{EN^*}{EN^{F}*} = \frac{50}{125} = 40\%.$$

Bei einer Beteiligung von $\alpha^* = 40\%$ erhalten die (ehemaligen) Eigentümer des Unternehmens ALT auch als Eigentümer des Unternehmens NEU wieder einen Ausschüttungsstrom der Breite $0,4 \cdot 125 = 50$, d.h., es entsteht ihnen gerade kein Nachteil im Vergleich zum Basisprogramm ohne Fusion. Sie müssen also in der Verhandlung danach trachten, bei der Verschmelzung mindestens 40% der Anteile am Unternehmen NEU zu erhalten. Der nachfolgende VOFI zeigt den trivialen Bewertungsfall.

Zeitpunkt	t = 1	t = 2	t = 3
Ausschüttung NEU	125	125	125
davon Anteil $\alpha^* = 40\%$	50	50	50
Private Umschichtung	0	0	0
Gewünschte Ausschüttung ALT	50	50	50

Tabelle 2-7: Bewertungsprogramm im trivialen Fusionsfall

Um die Ausschüttung des fusionierten Unternehmens NEU in den gewünschten Ausschüttungsstrom des Basisprogramms ALT zu transformieren, bedarf es im trivialen Bewertungsfall keinerlei privater Umstrukturierungsmaßnahmen seitens der Alteigentümer.

Beispiel 2. Es gelten die Daten von Beispiel 1, allerdings mit folgender Modifikation: Die Gesellschaft NEU verfolgt – nunmehr abweichend von der Gesellschaft ALT – das Entnahmeziel der Maximierung eines jährlich um 30% steigenden Ausschüttungsstroms und erreicht damit $EN^{F}* = 100$. Mit $\overline{w}_1^F = 1$, $\overline{w}_2^F = 1,3$ und $\overline{w}_3^F = 1,3^2 = 1,69$ schüttet das Fusionsunternehmen NEU also einen Zahlungsstrom von (0, 100, 130, 169) an seine Eigentümer aus.

2.2 Investitionstheoretisches Fundament der Unternehmensbewertung 97

Welche Quote α die Alteigentümer auch aushandeln mögen: Der anteilige neue Ausschüttungsstrom besitzt nicht mehr die gewünschte alte, gleichförmige Struktur. Um überhaupt einen finanzwirtschaftlichen Vergleich von altem und neuem Ausschüttungsstrom vornehmen zu können, müssen die Alteigentümer mit Hilfe von Umschichtungen in ihrem Privatvermögen die Ausschüttungen des Unternehmens NEU in die Struktur des Ausschüttungsstroms der Gesellschaft ALT transformieren. Hierzu sei angenommen, daß die Alteigentümer in ihren privaten Portefeuilles überschüssige Mittel jeweils zu 5% am Kapitalmarkt anlegen können. Jeder Anleger halte darüber hinaus genügend hohe Guthaben, um etwaigen Finanzbedarf einfach durch Verzicht auf eine derartige 5%-Geldanlage decken zu können. Die 5%-Geldanlage ist also im privaten Anlageprogramm der Alteigentümer stets das *Grenzobjekt*, mit dem die benötigten Umschichtungen zwischen Basis- und Bewertungsprogramm vorgenommen werden. Der endogene Grenzzinsfuß im Bewertungsprogramm steht dann (genau wie bei vollkommenem Kapitalmarkt) für jede Periode im voraus fest und beträgt 5%.

Unter diesen Voraussetzungen gilt die „vereinfachte" Bewertungsformel. Sie liefert:

$$\alpha^* = \frac{\sum_{t=1}^{n} \overline{w}_t \cdot EN^* \cdot \rho_t^P}{\sum_{t=1}^{n} \overline{w}_t^F \cdot EN^F * \cdot \rho_t^P} = \frac{\frac{50}{1,05} + \frac{50}{1,05^2} + \frac{50}{1,05^3}}{\frac{100}{1,05} + \frac{130}{1,05^2} + \frac{169}{1,05^3}} = \frac{136,1624015}{359,1404816} = 37,91341\%.$$

Das Beispiel zeigt überaus anschaulich, was sich ökonomisch hinter der Formel verbirgt: der Ertragswert des alten Ausschüttungsstroms (vor Fusion), dividiert durch den Ertragswert des neuen Ausschüttungsstroms (nach Fusion). Mindestens in diesem Verhältnis müssen die Alteigentümer am neuen Unternehmen beteiligt werden, um sich nicht schlechter zu stellen als ohne die Verschmelzung. Daß diese Rechnung tatsächlich genau aufgeht, beweist der VOFI der Tabelle 2-8 auf der nächsten Seite.

Die in einem Zeitpunkt durch Reduktion der 5%-Geldanlage zur Umschichtung des Ausschüttungsstroms bereitgestellte Liquidität geht natürlich im Folgezeitpunkt (zuzüglich Zinsentgang von 5%) als Mindereinnahme (gegenüber der privaten Ausgangssituation ohne Umschichtung) wieder verloren.

Das lenkpreistheoretische Partialmodell der α*-Formel besticht durch seine Anschaulichkeit. Der Leser mag sich allerdings mit Hilfe eines geeigneten EDV-Programms selbst davon überzeugen, daß man natürlich auch weniger elegant, dafür aber mit weniger theoretischer Überlegung den linearen Bewertungsansatz „min. A" zur Lösung dieses Zahlenbeispiels heranziehen kann. Der Bewertungsansatz lautet hier:[1]

---

[1] Da die Einkommensströme per def. erst ab t = 1 beginnen, sind die Variablen und die Restriktion für t = 0 überflüssig. Sie wurden hier dennoch aufgenommen, um die dem Leser bekannte Struktur zu wahren.

Zeitpunkt	t = 1	t = 2	t = 3
Ausschüttung NEU	100	130	169
davon Anteil $\alpha^* = 37{,}91341\%$	37,9134	49,2874	64,0737
Einnahme aus Reduktion der 5%-Geldanlage	12,0866	13,40350	0
Mindereinnahme aus Reduktion der 5%-Geldanlage		−12,6909	−14,0737
Gewünschte Ausschüttung ALT	50	50	50

Tabelle 2-8: Bewertungsprogramm im vereinfachten Fusionsfall

min. A; A := α

$$-\Delta x_{H0}^P + \Delta{-}x_{H0}^P \geq 0$$

$$1{,}05\, \Delta x_{H0}^P - 1{,}05\, \Delta{-}x_{H0}^P - \Delta x_{H1}^P + \Delta{-}x_{H1}^P + 100\, \alpha \geq 50$$

$$1{,}05\, \Delta x_{H1}^P - 1{,}05\, \Delta{-}x_{H1}^P - \Delta x_{H2}^P + \Delta{-}x_{H2}^P + 130\, \alpha \geq 50$$

$$1{,}05\, \Delta x_{H2}^P - 1{,}05\, \Delta{-}x_{H2}^P + 169\, \alpha \geq 50$$

$$\Delta x_{Ht}^P, \Delta{-}x_{Ht}^P, \alpha \geq 0 \;\; \forall\, t$$

Mit Δx_{Ht}^P sei die Erhöhung der privaten Geldanlage im Zeitpunkt t zum Habenzins 5% bezeichnet, während eine Reduktion der Geldanlage durch die vorzeichenumgekehrte Variable $\Delta{-}x_{Ht}^P$ abgebildet wird.[1] Die optimale Lösung dieses Ansatzes ergibt sich mit dem Simplexalgorithmus nach fünf Iterationen und lautet: $\alpha^* = 37{,}91341\%$, $\Delta{-}x_{H1}^P = 12{,}0866$ (Reduktion der Geldanlage in t = 1), $\Delta{-}x_{H2}^P = 13{,}40350$ (Reduktion

---

[1] Auch diese leicht umständliche Notation wurde bewußt gewählt, um die Standardstruktur eines LO-Problems mit nichtnegativen Variablen beizubehalten. In kompakterer Schreibweise benötigt man keine Variablen $\Delta{-}x_{Ht}^P$, sondern nur die Variablen Δx_{Ht}^P, deren Definitionsbereich dann allerdings auf $\Delta x_{Ht}^P \in \mathbb{R}$ erweitert ist.

2.2 Investitionstheoretisches Fundament der Unternehmensbewertung 99

der Geldanlage in t = 2). Zur Interpretation der Variablenwerte sei erneut auf Tabelle 2-8 verwiesen.

Beispiel 3. Es gilt die Situation von Beispiel 2, aber mit der Einschränkung, daß die Alteigentümer ihre 5%-Geldanlagen in t = 1 und t = 2 höchstens um jeweils 10 reduzieren können. Danach sind sie komplett aufgelöst, und weitere Liquidität kann nur durch einen Kontokorrentkredit zu 10% beschafft werden. Die Lösung von Beispiel 2 ist also in diesem Falle nicht mehr zulässig. Grenzobjekt in der zweiten und dritten Periode wird nunmehr der Kontokorrentkredit. Als endogene Grenzinsfüße des Privatprogramms gelten dann i_1^P = 5% und $i_2^P = i_3^P$ = 10%.

Zur Umschichtung werden unter diesen Bedingungen nicht mehr allein Objekte mit einem Kapitalwert $C_j^P = 0$ verwendet, denn für die auf jeweils 10 limitierte Reduktion der Geldanlagen mit den zu t = 1 oder t = 2 beginnenden Zahlungsreihen (1; –1,05) errechnen sich positive Kapitalwerte:

$$C_{-H1}^P = \frac{1}{1,05} - \frac{1,05}{1,05 \cdot 1,1} = 0,0432900432.$$

$$C_{-H2}^P = \frac{1}{1,05 \cdot 1,1} - \frac{1,05}{1,05 \cdot 1,1^2} = 0,0393545848.$$

Lediglich die 10%-Kontokorrentkredite (und die nicht gebrauchten 5%-Geschäfte zu t = 0) erfüllen noch die für die Anwendung der „vereinfachten" Grenzquotenformel notwendige Bedingung $C_j^P = 0$. Wegen des Auftretens positiver Kapitalwerte im Umschichtungsprogramm ist in diesem Falle die „komplexe Bewertungsformel" einschlägig:

$$\alpha^* = \frac{\sum_{t=0}^{n} \overline{w}_t \cdot EN^* \cdot \rho_t^P - \sum_{C_j^P > 0} \Delta x_j^{P\,max} \cdot C_j^P}{\sum_{t=0}^{n} \overline{w}_t^F \cdot EN^F \cdot \rho_t^P}$$

$$= \frac{\dfrac{50}{1,05} + \dfrac{50}{1,05 \cdot 1,1} + \dfrac{50}{1,05 \cdot 1,1^2} - 10 \cdot 0,0432900432 - 10 \cdot 0,0393545848}{\dfrac{100}{1,05} + \dfrac{130}{1,05 \cdot 1,1} + \dfrac{169}{1,05 \cdot 1,1^2}}$$

$$= \frac{129,4372294}{340,8107044} = 37,9792147\%.$$

Durch die im Verhältnis zu den 5%-Geldanlagen teureren Kreditaufnahmen bei der Umstrukturierung des Ausschüttungsstroms hat sich die Grenzquote im Vergleich zum Beispiel 2 etwas erhöht. Der VOFI (Tabelle 2-9) dient wiederum als Probe für die Richtigkeit der durch lenkpreistheoretische Überlegungen ermittelten Ergebnisse.

Zeitpunkt	t = 1	t = 2	t = 3
Ausschüttung NEU	100	130	169
davon Anteil $\alpha^* = 37{,}9792147\%$	37,9792	49,3730	64,1849
Einnahme aus Reduktion der 5%-Geldanlage	10	10	0
Mindereinnahme aus Reduktion der 5%-Geldanlage		−10,5	−10,5
Einnahme aus 10%-Kredit	2,0208	3,3499	
Rückzahlung des 10%-Kredits		−2,2229	−3,6849
Gewünschte Ausschüttung ALT	50	50	50

Tabelle 2-9: Bewertungsprogramm im komplexen Fusionsfall

Wer ein übriges tun will, mag diese Lösung wiederum mit einem linearen Bewertungsansatz überprüfen. Mit Δx_{St}^P als Symbol für die Erhöhung des privaten Kredits zum Sollzins 10% im Zeitpunkt t lautet der Ansatz zur Ermittlung der Grenzquote:

min. A; A := α

$$-\Delta x_{H0}^P + \Delta\!-\!x_{H0}^P + \Delta x_{S0}^P \geq 0$$

$$1{,}05\,\Delta x_{H0}^P - 1{,}05\,\Delta\!-\!x_{H0}^P - 1{,}1\,\Delta x_{S0}^P - \Delta x_{H1}^P + \Delta\!-\!x_{H1}^P + \Delta x_{S1}^P + 100\,\alpha \geq 50$$

$$1{,}05\,\Delta x_{H1}^P - 1{,}05\,\Delta\!-\!x_{H1}^P - 1{,}1\,\Delta x_{S1}^P - \Delta x_{H2}^P + \Delta\!-\!x_{H2}^P + \Delta x_{S2}^P + 130\,\alpha \geq 50$$

$$1{,}05\,\Delta x_{H2}^P - 1{,}05\,\Delta\!-\!x_{H2}^P - 1{,}1\,\Delta x_{S2}^P \qquad\qquad + 169\,\alpha \geq 50$$

$$\Delta\!-\!x_{H1}^P \leq 10$$

$$\Delta\!-\!x_{H2}^P \leq 10$$

2.2 Investitionstheoretisches Fundament der Unternehmensbewertung

$$\Delta x_{Ht}^P, \Delta - x_{Ht}^P, \Delta x_{St}^P, \alpha \geq 0 \; \forall \, t$$

Der LO-Ansatz liefert nach sieben Simplexschritten als optimale Lösung die schon der Tabelle 2-9 zu entnehmenden Werte: $\alpha^* = 37{,}9792147\%$, $\Delta - x_{H1}^P = 10$ (maximale Reduktion der Geldanlage in $t = 1$), $\Delta - x_{H2}^P = 10$ (maximale Reduktion der Geldanlage in $t = 2$), $\Delta x_{S1}^P = 2{,}0208$ (Kontokorrentkredit in $t = 1$), $\Delta x_{S2}^P = 3{,}3499$ (Kontokorrentkredit in $t = 2$).

Insgesamt ist gezeigt, daß sich die Situation der Fusion mit dem oben für die Fälle „Kauf" und „Verkauf" entwickelten Instrumentarium lösen läßt. An die Stelle des Grenzpreises tritt die Grenzquote.[1]

2.2.4.2 Ermittlung des Grenzemissionserlöses

2.2.4.2.1 Einkommensmaximierung[2]

Der Unternehmensbewertung bei der Fusion soll im folgenden noch eine zweite Situation subsumiert werden, die üblicherweise nicht unter dieser Überschrift diskutiert wird, aber erhebliche formale und inhaltliche Parallelen aufweist: die Kapitalerhöhung ohne Bezugsrechtsgewährung für die Alteigentümer. Während bei der im Unterabschnitt 2.2.4.1 behandelten Verschmelzung die eingebrachten Unternehmen(steile) und das daraus neu entstehende Ganze vorgegeben sind und die Grenzbeteiligungsquote α^* der betrachteten Alteigentümerpartei gesucht wird, ist es bei der Ausgabe neu geschaffener Eigenkapitaltitel an Unternehmensexterne genau umgekehrt: Die Beteiligungsquote α der neuen Anteilseigner ist durch den Umfang des auszugebenden Nominalkapitals genau definiert, während die Alteigentümer denjenigen (von den neuen Miteigentümern) mindestens einzubringenden Emissionserlös p^* zu bestimmen haben, der sie gerade vor einer Kapitalverwässerung durch die neu hinzutretenden Anteilseigner schützt. Diese Bewertungssituation dürfte z.B. beim erstmaligen Börsengang von Unternehmen typisch sein, bei dem die bisherigen Anteilseigner – oftmals die Unternehmensgründer – gerade nicht ihre Interessen wie bei einer ordentlichen Kapitalerhöhung durch Bezugsrechte sichern (wollen).[3]

---

[1] Weitere Zahlenbeispiele finden sich in MATSCHKE/BRÖSEL, Unternehmensbewertung (2005), S. 328 ff.

[2] Vgl. HERING, Fusion (2004), S. 160 ff.

[3] Zum in diesem Zusammenhang erforderlichen Bezugsrechtsausschluß nach § 186 AktG vgl. LUTTER/DRYGALA, Rechtsfragen (1995), S. 243-245. Zu Kapitalerhöhung und Börsengang vgl. BITZ, Finanzdienstleistungen (2002), S. 216 ff., PERRIDON/STEINER, Finanzwirtschaft (2004), S. 377 ff. Die funktionale Unternehmensbewertung beim Börsengang diskutieren HERING/OLBRICH, Börsengang (2002), MATSCHKE/BRÖSEL, Unternehmensbewertung (2005), S. 459 ff.

Betriebswirtschaftlich liegt aber nicht bloß die skizzierte Umkehrung der Bewertungsfragestellung, sondern auch inhaltlich der Grenzfall einer *Fusion* vor, bei dem das eingebrachte „Unternehmen" nur aus einer Bareinlage (und ggf. der Mitwirkung neuer Teilhaber an der Geschäftsführung) besteht. Da es sich beim gesuchten Grenzemissionserlös wiederum um einen in t = 0 fälligen Grenzpreis p* handelt, ist auch die Parallele zum Fall Kauf/Verkauf nicht zu übersehen. Daß der Grenzemissionserlös mit ähnlichen Modellen wie der Grenzpreis und die Grenzquote ermittelbar ist, wird darum nicht überraschen.

Der Analyse zugrunde gelegt sei ein Unternehmen, das (unter Bezugsrechtsausschluß für die Altaktionäre) junge Aktien emittiert, deren Anteil am Grundkapital nach der Neuemission $\alpha \cdot 100\%$ beträgt. Es gelte $0 < \alpha < 1$. Die unternehmensexternen Käufer der ($\alpha \cdot 100\%$)-Beteiligung leisten im Gegenzug im Zeitpunkt t = 0 eine Bareinlage von p, den Emissionserlös (EE). Der Emissionserlös fließt in das Unternehmen und nicht in das Privatvermögen seiner bisherigen Eigentümer.[1]

In der Ausgangssituation (ohne Kapitalerhöhung) errechnet das Unternehmen unter der Zielsetzung Einkommensmaximierung EN*, die maximale Breite seines Entnahmestroms, mit dem bekannten *Basisansatz* „max. Entn".[2] Es gelte wiederum EN* > 0. Gesucht wird nun der minimale Emissionserlös EE, welcher die Alteigentümer für ihren relativen Verlust von α am neuen, durch die Einlage gestiegenen Ausschüttungsstrom EN des Unternehmens entschädigt. Die Einlage von EE = p im Zeitpunkt t = 0 ist für die Alteigentümer nur dann akzeptabel, wenn ihre Dividende nicht niedriger ist als vorher, also $(1 - \alpha) \cdot EN \geq EN^*$ gilt. Es sei angenommen, daß die neuen (u.U. vielen Klein-)Aktionäre keinen Einfluß auf die Geschäftsführung der Gesellschaft ausüben. Dann ändert sich durch die Kapitalerhöhung weder die Zielsetzung noch das Entscheidungsfeld des Unternehmens. Entnahmegewichte, Variablen und Parameter des Bewertungsansatzes sind also die gleichen wie im Basisansatz.[3] Der *Bewertungsansatz* lautet:[4]

---

[1] Die folgenden Ausführungen sind nicht an die Rechtsform der Aktiengesellschaft gebunden. Ausdrücke wie „junge Aktien", „Aktionäre" usw. dienen nur der Veranschaulichung des hier beschriebenen allgemeinen Falls der Einräumung einer Kapitalbeteiligung in Höhe von $\alpha \cdot 100\%$ durch das Unternehmen.

[2] Vgl. oben, Unterabschnitt 2.2.2.1.1.

[3] Änderte sich die Zielfunktion, müßte wiederum wie im Unterabschnitt 2.2.4.1 auf die Privatprogramme der Alteigentümer rekurriert werden. Ändert sich hingegen nur das Entscheidungsfeld, beispielsweise durch neue Produktideen (Variablen) oder geänderte Zahlungsüberschüsse (Eingreifen neuer Eigner in die Geschäftsführung), braucht lediglich der Bewertungsansatz entsprechend formuliert zu werden, wovon aber im folgenden abgesehen sei.

[4] Man beachte die große Ähnlichkeit mit dem Ansatz „min. U" für den Fall des Verkaufs, Unterabschnitt 2.2.3.1.

2.2 Investitionstheoretisches Fundament der Unternehmensbewertung

min. EE;   EE := p

⇔

max. –EE;   –EE = –p

$$-\sum_{j=1}^{m} g_{j0} \cdot x_j - p \leq b_0$$

$$-\sum_{j=1}^{m} g_{jt} \cdot x_j + \overline{w}_t \cdot EN \leq b_t \qquad \forall\, t \in \{1, 2, \ldots, n\}$$

$$-(1-\alpha) \cdot EN \leq -EN^*$$

$$x_j \leq x_j^{max} \qquad \forall\, j \in \{1, 2, \ldots, m\}[1]$$

$$x_j \geq 0 \qquad \forall\, j \in \{1, 2, \ldots, m\}$$

$$EN \geq 0$$

$$p \geq 0$$

Die optimale Lösung dieses Ansatzes liefert den gesuchten Grenzemissionserlös EE* = p* und die Zusammensetzung des Bewertungsprogramms. Eine Bewertungsgleichung für p* ergibt sich wie üblich aus der Analyse des Dualproblems zum Bewertungsansatz. Dieses liest sich wie folgt:

$$\text{min. } Y;\quad Y := \sum_{t=0}^{n} b_t \cdot d_t - \delta \cdot EN^* + \sum_{j=1}^{m} x_j^{max} \cdot u_j$$

$$-\sum_{t=0}^{n} g_{jt} \cdot d_t + u_j \geq 0 \qquad \forall\, j \in \{1, 2, \ldots, m\}$$

$$\sum_{t=1}^{n} \overline{w}_t \cdot d_t - (1-\alpha) \cdot \delta \geq 0$$

---

[1] Diese Bedingung entfällt für alle x_j mit $x_j^{max} = \infty$.

$$-d_0 \geq -1$$

$$d_t \geq 0 \qquad \forall\, t \in \{0, 1, 2, \ldots, n\}$$

$$u_j \geq 0 \qquad \forall\, j \in \{1, 2, \ldots, m\}^1$$

$$\delta \geq 0$$

Es gelte $p^* > 0$, woraus aufgrund der Komplementarität wieder $d_0 = 1$ folgt. Weil annahmegemäß im Basisprogramm $EN^* > 0$ und im Bewertungsprogramm $(1-\alpha) \cdot EN \geq EN^*$ gesichert ist, gilt auch in der optimalen Lösung des Bewertungsansatzes $EN > 0$. Der Satz vom komplementären Schlupf erlaubt daraus die Folgerung:

$$\sum_{t=1}^{n} \overline{w}_t \cdot d_t = (1-\alpha) \cdot \delta \;\Leftrightarrow\; \delta = \frac{\sum_{t=1}^{n} \overline{w}_t \cdot d_t}{1-\alpha}.$$

Wegen $Y^* = -EE^* = -p^*$ im Optimum (Dualitätstheorem) geht deshalb die duale Zielfunktion über in:[2]

$$-p^* = \sum_{t=0}^{n} b_t \cdot d_t - \frac{\sum_{t=1}^{n} \overline{w}_t \cdot d_t}{1-\alpha} \cdot EN^* + \sum_{j=1}^{m} x_j^{max} \cdot u_j$$

$$= \underbrace{\sum_{t=0}^{n} b_t \cdot \rho_t + \sum_{C_j > 0} x_j^{max} \cdot C_j}_{\substack{\text{Kapitalwert des}\\ \text{Bewertungsprogramms}\\ \text{(noch ohne die Bareinlage)}}} - \underbrace{\sum_{t=1}^{n} \overline{w}_t \cdot \frac{EN^*}{1-\alpha} \cdot \rho_t}_{\substack{\text{Kapitalwert des}\\ \text{breiter gewordenen}\\ \text{Ausschüttungsstroms}}}.$$

Damit die Alteigentümer trotz ihrer auf $1-\alpha$ gesunkenen Beteiligungsquote weiterhin die Ausschüttung EN^* aus dem Basisprogramm erhalten, muß der Ausschüttungsstrom im Bewertungsprogramm breiter sein, nämlich auf $EN^*/(1-\alpha)$ anwachsen.

---

1 Die Variable u_j entfällt für alle j mit $x_j^{max} = \infty$.

2 Die für diese Umformung außerdem benötigten Überlegungen (mit dem Ergebnis $d_t = \rho_t\; \forall\, t$ und $u_j = C_j\; \forall\, j$ mit $C_j > 0$) sind die gleichen wie im Unterabschnitt 2.2.2.1.2.

2.2 Investitionstheoretisches Fundament der Unternehmensbewertung

Auf diese Weise erklärt sich die zweite geschweifte Klammer in der Formel. Umgestellt lautet die gefundene „komplexe Bewertungsformel":[1]

$$p^* = \sum_{t=1}^{n} \overline{w}_t \cdot \frac{EN^*}{1-\alpha} \cdot \rho_t - \sum_{t=0}^{n} b_t \cdot \rho_t - \sum_{C_j > 0} x_j^{max} \cdot C_j.$$

Die Interpretation des Grenzpreises wird auch aus der folgenden Darstellung anschaulich:

$$\underbrace{p^* + \sum_{t=0}^{n} b_t \cdot \rho_t + \sum_{C_j > 0} x_j^{max} \cdot C_j}_{\text{Kapitalwert des Bewertungsprogramms (mit Bareinlage)}} = \underbrace{\sum_{t=1}^{n} \overline{w}_t \cdot \frac{EN^*}{1-\alpha} \cdot \rho_t}_{\text{Kapitalwert des (neuen) Ausschüttungsstroms}}.$$

Der gesamte Kapitalwert des Bewertungsprogramms (zu dem auch die Bareinlage p* direkt, ohne Abzinsung, beiträgt) muß dem Kapitalwert der Gesamtausschüttung entsprechen, wobei der Ausschüttungsstrom mit Rücksicht auf die gesunkene Beteiligungsquote der Alteigentümer auf $EN = EN^*/(1-\alpha)$ angewachsen sein muß.

Natürlich gibt es auch für diesen Fall wieder eine „vereinfachte Bewertungsformel". Für das Basisprogramm gilt:[2]

a) $$\sum_{t=0}^{n} b_t \cdot \rho_t^{Basis} + \sum_{C_j^{Basis} > 0} x_j^{max} \cdot C_j^{Basis} = \frac{EN^*}{d_0^{Basis}} \quad \text{sowie}$$

b) $$\sum_{t=1}^{n} \overline{w}_t \cdot \rho_t^{Basis} = \frac{1}{d_0^{Basis}} = \text{Rentenbarwertfaktor der Entnahmestruktur.}$$

Falls sich die Grenzobjekte und mithin die endogenen Grenzzinsfüße beim Übergang vom Basis- zum Bewertungsprogramm nicht ändern, gilt $\rho_t = \rho_t^{Basis}$ und $C_j = C_j^{Basis}$ für alle t und j. Durch Einsetzen der Beziehungen a) und b) vereinfacht sich unter dieser Voraussetzung die „komplexe" Bewertungsformel wie folgt:

---

[1] Diese Formel kann auch aus der komplexen p*-Formel für den Unternehmensverkauf (Unterabschnitt 2.2.3.1.2) abgeleitet werden, indem man einfach bedenkt, daß der „verkaufte" Zahlungsstrom dem Nullvektor entspricht ($g_{Vt} = 0 \; \forall \; t$) und dafür im Gegenzug nicht der alte Zielwert EN*, sondern statt dessen der erhöhte Wert $EN^*/(1-\alpha)$ wieder zu erreichen und demnach in der Grenzpreisformel an die Stelle von EN* zu setzen ist.

[2] Vgl. oben, Unterabschnitt 2.2.2.1.2, sowie HERING, Investitionstheorie (2003), S. 162 ff.

$$p^* = \sum_{t=1}^{n} \overline{w}_t \cdot \frac{EN^*}{1-\alpha} \cdot \rho_t^{Basis} - \sum_{t=0}^{n} b_t \cdot \rho_t^{Basis} - \sum_{C_j^{Basis} > 0} x_j^{max} \cdot C_j^{Basis}$$

$$= \frac{1}{d_0^{Basis}} \cdot \frac{EN^*}{1-\alpha} - \frac{EN^*}{d_0^{Basis}}$$

$$= \frac{1}{d_0^{Basis}} \cdot \left(\frac{1}{1-\alpha} - 1 \right) \cdot EN^*$$

$\Leftrightarrow$

$$p^* = \frac{1}{d_0^{Basis}} \cdot \frac{\alpha}{1-\alpha} \cdot EN^* .$$

Dies ist die „vereinfachte Bewertungsformel" bei der Kapitalerhöhung. Sie läßt sich folgendermaßen interpretieren:

$$p^* = \underbrace{\sum_{t=1}^{n} \overline{w}_t \cdot \rho_t^{Basis}}_{\substack{\text{Rentenbarwertfaktor} \\ \text{der Entnahmestruktur}}} \cdot \underbrace{\underbrace{\alpha}_{\substack{\text{Anteil der neuen} \\ \text{Anteilseigner}}} \cdot \underbrace{\frac{EN^*}{1-\alpha}}_{\substack{\text{Breite des neuen} \\ \text{Ausschüttungsstroms}}}}_{\substack{\text{Zur Ausschüttung an die neuen} \\ \text{Anteilseigner zusätzlich erforderliche} \\ \text{Breite des Entnahmestroms}}} .$$

Sofern sich die endogenen Zinssätze beim Übergang vom Basis- zum Bewertungsprogramm nicht ändern, bleiben die Interessen der Alteigentümer also dadurch gewahrt, daß die neuen Eigentümer zu t = 0 mindestens den Barwert p* der an sie erfolgenden Ausschüttungen in das Unternehmen einbringen.

2.2.4.2.2 Vermögensmaximierung

Unter der Zielsetzung Vermögensmaximierung ist die Beweiskette ähnlich. Nach Durchführung der Kapitalerhöhung sind im Bewertungsprogramm höhere Ausschüttungen gemäß der Bedingung

$$-\sum_{t=0}^{n} w_t \cdot (1-\alpha) \cdot G_t \leq -GW^*$$

zu erwirtschaften. Im Dualproblem des Bewertungsansatzes stehen die Restriktionen

2.2 Investitionstheoretisches Fundament der Unternehmensbewertung

$$d_t - w_t \cdot (1-\alpha) \cdot \delta \geq 0 \qquad \forall\, t \in \{0, 1, 2, \ldots, n\}[1],$$

aus denen *mutatis mutandis* wie im Unterabschnitt 2.2.2.2.2 für alle Zeitpunkte mit positiver Ausschüttung folgt (Komplementarität):

$$d_t = w_t \cdot (1-\alpha) \cdot \delta \quad \Leftrightarrow \quad \delta = \frac{d_t}{(1-\alpha) \cdot w_t} \qquad \forall\, t \text{ mit } G_t > 0.$$

Bei einem Problem mit ökonomisch sinnvoller Zielsetzung sind alle Dualwerte d_t positiv,[2] so daß $\delta > 0$ vorausgesetzt werden kann. Aus der Komplementarität resultiert daraus für das Bewertungsprogramm:

$$\sum_{t=0}^{n} w_t \cdot (1-\alpha) \cdot G_t = GW^*.$$

Die neuen Entnahmen stiften also den Alteigentümern denselben Konsumnutzen GW^* wie im Basisprogramm. Wir erhalten durch Multiplikation mit δ:

$$\delta \cdot GW^* = \delta \cdot \sum_{G_t > 0} w_t \cdot (1-\alpha) \cdot G_t = \sum_{G_t > 0} \frac{d_t}{(1-\alpha) \cdot w_t} \cdot w_t \cdot (1-\alpha) \cdot G_t = \sum_{G_t > 0} G_t \cdot \rho_t.$$

Hinter $\delta \cdot GW^*$ verbirgt sich also der Kapitalwert der Ausschüttungen G_t im Bewertungsprogramm „nach Kapitalerhöhung". Dieser Ausdruck kann in die Zielfunktion des Dualproblems zum Bewertungsansatz eingesetzt werden, welche lautet:

$$\min. Y;\quad Y := \sum_{t=0}^{n} b_t \cdot d_t - \delta \cdot GW^* + \sum_{j=1}^{m} x_j^{\max} \cdot u_j.$$

Im Optimum gilt $Y^* = -p^*$ und darum unter Berücksichtigung derselben Schritte wie im vorangegangenen Unterabschnitt

$$p^* = \sum_{G_t > 0} G_t \cdot \rho_t - \sum_{t=0}^{n} b_t \cdot \rho_t - \sum_{C_j > 0} x_j^{\max} \cdot C_j.$$

Diese „komplexe Bewertungsformel" erlaubt eine recht anschauliche Deutung:

---

1 Diese Bedingung entfällt für alle Zeitpunkte t mit $w_t = 0$.
2 Vgl. HERING, Investitionstheorie (2003), S. 148.

$$\underbrace{p^* + \sum_{t=0}^{n} b_t \cdot \rho_t + \sum_{C_j > 0} x_j^{max} \cdot C_j}_{\text{Kapitalwert des (neuen) Investitions- und Finanzierungsprogramms (mit Bareinlage)}} = \underbrace{\sum_{G_t > 0} G_t \cdot \rho_t}_{\text{Kapitalwert der (neuen) Ausschüttungen}}.$$

Im Bewertungsprogramm entspricht der Gesamtkapitalwert des Unternehmens (inklusive Bareinlage p^*) dem Kapitalwert aller Ausschüttungen.

Erneut stellt sich die Frage nach der zugehörigen „vereinfachten Bewertungsformel". Sofern die endogenen Abzinsungsfaktoren und damit auch die Kapitalwerte beim Übergang vom Basis- zum Bewertungsprogramm unverändert bleiben ($\rho_t = \rho_t^{Basis}$ und $C_j = C_j^{Basis}$), vereinfacht sich die gefundene „komplexe" Bewertungsformel stark. Genau wie in den Unterabschnitten 2.2.2.2.2 und 2.2.4.2.1 resultiert mit Rückgriff auf die duale Zielfunktion des Basisansatzes unter den gegebenen Voraussetzungen:

$$p^* = \sum_{G_t > 0} G_t \cdot \rho_t - \frac{GW^*}{d_0^{Basis}}.$$

Mit Hilfe des oben angegebenen Ausdrucks für $\delta \cdot GW^*$ geht dies über in:

$$p^* = \sum_{G_t > 0} G_t \cdot \rho_t - \frac{\sum_{G_t > 0} G_t \cdot \rho_t}{\delta \cdot d_0^{Basis}} = \sum_{G_t > 0} G_t \cdot \rho_t \cdot \left(1 - \frac{1}{\delta \cdot d_0^{Basis}}\right).$$

Genau wie im Unterabschnitt 2.2.2.2.2 sei angenommen, daß Basis- und Bewertungsansatz mindestens einen gemeinsamen Ausschüttungszeitpunkt t haben. Für diesen gilt dann im Basisprogramm $d_t^{Basis} = w_t$ und demnach $\rho_t^{Basis} = w_t/d_0^{Basis}$. In bezug auf das Bewertungsprogramm wurde oben für einen Ausschüttungszeitpunkt t (also einen Zeitpunkt mit $G_t > 0$) die Beziehung $d_t = w_t \cdot (1 - \alpha) \cdot \delta$ abgeleitet, womit wegen $d_0 = 1$ zugleich der Abzinsungsfaktor ρ_t gegeben ist. Aus der Annahme des vereinfachten Falls ($\rho_t = \rho_t^{Basis}$) ergibt sich durch Gleichsetzen beider Abzinsungsfaktoren der Zusammenhang $w_t/d_0^{Basis} = w_t \cdot (1 - \alpha) \cdot \delta$ oder umgeformt:

$$\frac{1}{\delta \cdot d_0^{Basis}} = 1 - \alpha.$$

Dies, eingesetzt in die zuletzt notierte Bewertungsformel, ergibt:

$$p^* = \sum_{G_t > 0} G_t \cdot \rho_t \cdot \left(1 - \frac{1}{\delta \cdot d_0^{Basis}}\right) = \sum_{G_t > 0} G_t \cdot \rho_t \cdot (1 - (1 - \alpha)).$$

2.2 Investitionstheoretisches Fundament der Unternehmensbewertung 109

Die gesuchte „vereinfachte Bewertungsformel" entpuppt sich als

$$p^* = \alpha \cdot \sum_{G_t > 0} G_t \cdot \rho_t$$

und besagt (erwartungsgemäß) nichts anderes, als daß der Grenzpreis der Kapitalbeteiligung genau dem Anteil α der neuen Miteigentümer am gesamten Ausschüttungskapitalwert entsprechen muß. Die neu hinzukommenden Eigner müssen also im Grenzpreisfall exakt den Barwert ihrer Ausschüttungsansprüche einlegen.

Der wichtigste Repräsentant der allgemeinen Vermögensmaximierung (GW-Ziel) ist die Endwertmaximierung mit GW = EW = G_n. In diesem Spezialfall[1] liest sich die „komplexe" Bewertungsformel als

$$p^* = \frac{EW^*}{1-\alpha} \cdot \rho_n - \sum_{t=0}^{n} b_t \cdot \rho_t - \sum_{C_j > 0} x_j^{max} \cdot C_j \; .$$

Die Interpretation ist leicht ersichtlich:

$$\underbrace{p^* + \sum_{t=0}^{n} b_t \cdot \rho_t + \sum_{C_j > 0} x_j^{max} \cdot C_j}_{\text{Kapitalwert des (neuen) Investitions- und Finanzierungsprogramms (mit Bareinlage)}} = \underbrace{\frac{EW^*}{1-\alpha} \cdot \rho_n}_{\text{Kapitalwert des (neuen) Endwerts}} \; .$$

Der gesamte Kapitalwert des Unternehmens (zu dem auch die Bareinlage p* direkt, ohne Abzinsung, beiträgt) muß dem Kapitalwert der Gesamtausschüttung entsprechen, wobei der in t = n auszuschüttende Endwert mit Rücksicht auf die gesunkene Beteiligungsquote der Alteigentümer auf EW = EW*/(1 – α) angewachsen ist.

Weiter ergibt sich als „vereinfachte" Bewertungsformel bei Endwertmaximierung:

$$p^* = \frac{\alpha}{1-\alpha} \cdot EW^* \cdot \rho_n \; .$$

Ökonomisch interpretiert:

---

1 Vgl. *HERING*, Wachstumsfinanzierung (2005), S. 183. Es liegt zugleich ein Spezialfall der Einkommensmaximierung (mit nur einem Einkommenszeitpunkt t = n) vor. Mit dieser Überlegung ergibt sich die Formel auch direkt aus Unterabschnitt 2.2.4.2.1.

$$p^* = \underbrace{\underbrace{\alpha}_{\substack{\text{Anteil der neuen}\\\text{Anteilseigner}}} \cdot \underbrace{\frac{EW^*}{1-\alpha}}_{\substack{\text{Höhe des neuen}\\\text{Endwerts}}}}_{\substack{\text{Zur Ausschüttung an die neuen}\\\text{Anteilseigner zusätzlich erforderlicher Endwert}}} \cdot \underbrace{\rho_n}_{\substack{\text{Abzinsungsfaktor}\\\text{von t = n auf t = 0}}}$$

$$\underbrace{}_{\text{Kapitalwert der Ausschüttung an die neuen Anteilseigner}}$$

Sofern sich die endogenen Abzinsungsfaktoren ρ_t beim Übergang von der Basissituation zur Situation mit Zufluß von neuem Eigenkapital nicht ändern, bleiben die Interessen der Alteigentümer also dadurch gewahrt, daß die neuen Miteigentümer zu t = 0 mindestens den Barwert p* der an sie zu t = n erfolgenden Endwertausschüttung in das Unternehmen einbringen.[1]

2.2.4.2.3 Zahlenbeispiele

Beispiel 1.[2] Im einfachsten Fall ist der Kapitalmarkt vollkommen. Es gelte i = 10%. Das Unternehmen strebe nach einem möglichst breiten gleichförmigen Ausschüttungsstrom (d.h.: $\bar{w}_t = 1 \ \forall \ t \in \{1, 2, \ldots, n\}$) und plane, externen Interessenten gegen sofortige Zahlung von p eine Beteiligung in Höhe von α = 20% einzuräumen. Ohne die damit verbundene Kapitalerhöhung sei EN* = 100.

Aufgrund der Annahme des vollkommenen Kapitalmarkts läßt sich der Rentenbarwertfaktor explizit angeben, und die „vereinfachte Bewertungsformel" ist einschlägig:

$$p^* = \frac{(1+i)^n - 1}{i \cdot (1+i)^n} \cdot \frac{\alpha}{1-\alpha} \cdot EN^* .$$

Numerisch gilt im Beispiel:

$$p^* = \frac{1{,}1^n - 1}{0{,}1 \cdot 1{,}1^n} \cdot \frac{0{,}2}{0{,}8} \cdot 100 = \text{Rentenbarwertfaktor} \cdot 25 .$$

Der Ausschüttungsstrom muß um mindestens $1/4 \cdot 100 = 25$ breiter werden, so daß die Alteigentümer auch mit nur noch 80%iger Beteiligung nach wie vor eine Ausschüttung von $0{,}8 \cdot (100 + 25) = 100$ erhalten. Damit das Unternehmen die zusätzliche Ausschüttung von 25 pro Periode leisten kann, müssen die neuen Eigentümer bei

---

[1] Ein ausführlich durchgerechnetes und interpretiertes Zahlenbeispiel für diese Formeln findet sich in HERING, Wachstumsfinanzierung (2005), S. 184-191.

[2] Vgl. HERING, Fusion (2004), S. 164 f.

2.2 Investitionstheoretisches Fundament der Unternehmensbewertung

vollkommenem Kapitalmarkt mindestens den Barwert dieser zusätzlichen Rente von 25 einlegen.

Man beachte, daß keine Verzinsung der Einlage durch zusätzliche Sachinvestitionen erfolgt, da das Unternehmen bereits in der Basissituation auf einem vollkommenen Kapitalmarkt agiert und demnach alle Investitionen mit positivem Kapitalwert auch ohne die Kapitalerhöhung (kreditfinanziert) durchführen kann.[1]

Beispiel 2. Es gelte exakt die Situation des Beispiels aus Unterabschnitt 2.2.3.1 (Tabelle 2-2 in Kombination mit $\bar{w}_t = 1$ für $0 < t < 5$ und $\bar{w}_5 = 21$). Nun soll aber kein Unternehmensteil mehr veräußert werden, sondern vielmehr eine Beteiligung von $\alpha = 20\%$. Gesucht ist der minimal erforderliche Emissionserlös p^*.

Tabelle 2-3 zeigt das Basisprogramm mit $EN^* = 32,5592$ und endogenen Grenzzinsfüßen von jeweils 5% pro Jahr. Soll nun den neuen Eigentümern ein Anteil von $\alpha = 20\%$ am (neuen) Ausschüttungsstrom eingeräumt werden, ist folgender Bewertungsansatz zu lösen:[2]

min. EE; EE := p

$$100 x_K - 50 x_{SV} + x_{H0} - x_{S0} \qquad\qquad\qquad -p \leq 110$$

$$-20 x_K + 3 x_{SV} - 1{,}05 x_{H0} + 1{,}1 x_{S0} + x_{H1} - x_{S1} + EN \leq 110$$

$$-20 x_K + 3 x_{SV} - 1{,}05 x_{H1} + 1{,}1 x_{S1} + x_{H2} - x_{S2} + EN \leq 110$$

$$-20 x_K + 3 x_{SV} - 1{,}05 x_{H2} + 1{,}1 x_{S2} + x_{H3} - x_{S3} + EN \leq 110$$

$$-20 x_K + 3 x_{SV} - 1{,}05 x_{H3} + 1{,}1 x_{S3} + x_{H4} - x_{S4} + EN \leq 110$$

$$-120 x_K + 53 x_{SV} - 1{,}05 x_{H4} + 1{,}1 x_{S4} \qquad + 21\, EN \leq 110$$

$$0{,}8 \cdot EN \geq 32{,}55922923$$

---

[1] Sofern die neuen Eigentümer ebenfalls Zugang zum vollkommenen Kapitalmarkt mit i = 10% haben, werden sie natürlich für die Einlage mindestens eine Verzinsung von 10% fordern und darum für die Beteiligung α auch nicht mehr als p^* zahlen. In diesem Falle ist p^* der Gleichgewichtspreis. Bei (für alle Marktteilnehmer) vollkommenem Markt ist die Vorteilhaftigkeit von Investitionen unabhängig von der Art der (Eigen- oder Fremd-)Finanzierung (FISHER-Separation), und der Unternehmensgesamtwert hängt nicht von der Kapitalstruktur ab (MODIGLIANI-MILLER-Thesen). Vgl. z.B. HERING, Investition und Unternehmensbewertung (2002), S. 4-10 sowie unten, Unterabschnitt 3.2.1.1.

[2] Vgl. den sehr ähnlichen Ansatz im Unterabschnitt 2.2.3.1.

$$x_K, x_{SV} \leq 1$$

$$x_K, x_{SV}, x_{Ht}, x_{St}, EN, p \geq 0 \ \forall \, t$$

Der Ansatz liefert EE* = p* = 162,7961. Erwartungsgemäß steigt die Breite des Ausschüttungsstroms auf EN = EN*/0,8 = 40,6990. Das Bewertungsprogramm umfaßt die Akquisition K und die fünf einperiodigen Geldanlagen; die endogenen Grenzzinsfüße haben sich also gegenüber dem Basisprogramm nicht verändert. Tabelle 2-10 zeigt den zugehörigen vollständigen Finanzplan.

Zeitpunkt	t = 0	t = 1	t = 2	t = 3	t = 4	t = 5
b_t	110	110	110	110	110	110
p*	162,7961					
K	–100	20	20	20	20	120
Geldanlage	–172,80	–270,74	–373,57	–481,55	–594,93	–813,98
Rückzahlung		181,44	284,27	392,25	505,63	624,68
Entnahme		–40,6990	–40,6990	–40,6990	–40,6990	–40,6990
Guthaben	172,80	270,74	373,57	481,55	594,93	813,9807

Tabelle 2-10: Bewertungsprogramm im vereinfachten Kapitalerhöhungsfall

Es liegt die „vereinfachte" Bewertungssituation ohne Änderung der Grenzzinsfüße (jeweils 5% pro Jahr) vor. Für die gegebene Entnahmestruktur lautet der Rentenbarwertfaktor:

$$\frac{1}{d_0^{Basis}} = \frac{1}{1,05} + \frac{1}{1,05^2} + \frac{1}{1,05^3} + \frac{1}{1,05^4} + \frac{21}{1,05^5} = 20.$$

Damit bestätigt die „vereinfachte Bewertungsformel" das Ergebnis des Bewertungsansatzes:

$$p^* = \frac{1}{d_0^{Basis}} \cdot \frac{\alpha}{1-\alpha} \cdot EN^* = 20 \cdot \frac{0,2}{0,8} \cdot 32,5592 = 20 \cdot 0,2 \cdot 40,6990 = 162,7961.$$

Beispiel 3. Es gilt Beispiel 2 mit der einzigen Abwandlung, daß der in jedem Zeitpunkt t verfügbare Innenfinanzierungsüberschuß nicht mehr 110, sondern nur noch 10 betragen möge. Das geänderte Basisprogramm ist schon im Unterabschnitt 2.2.3.1 beschrieben und durch den VOFI der Tabelle 2-5 veranschaulicht. Die endogenen Grenzzinsfüße lauten dort $i_1 = i_2 = i_3 = 10\%$ und $i_4 = i_5 = 5\%$, und als maximale Breite des Entnahmestroms ergibt sich EN* = 5,6493.

2.2 Investitionstheoretisches Fundament der Unternehmensbewertung

Der Bewertungsansatz gleicht dem oben angegebenen Modell „min. EE", wobei allerdings die rechten Seiten der Liquiditätsrestriktionen jeweils nur noch 10 betragen und die rechte Seite EN* von 32,55922923 auf 5,64931598 gesunken ist. Durch Anwendung der linearen Optimierung erhält man das Bewertungsprogramm, welches gegenüber dem Basisprogramm geänderte endogene Grenzzinsfüße aufweist: i_1 = 10% und $i_2 = i_3 = i_4 = i_5$ = 5%. Der Entnahmestrom verbreitert sich auf EN = 5,6493/0,8 = 7,0616. Als Grenzemissionserlös resultiert EE* = p* = 25,8352. Nachstehender Finanzplan veranschaulicht das Bewertungsprogramm.

Zeitpunkt	t = 0	t = 1	t = 2	t = 3	t = 4	t = 5
b_t	10	10	10	10	10	10
p*	25,8352					
K	–100	20	20	20	20	120
SV	50	–3	–3	–3	–3	–53
Kredit	14,16					
Geldanlage		–4,36	–24,51	–45,68	–67,90	–141,23
Rückzahlung		–15,58	4,57	25,74	47,96	71,29
Entnahme		–7,0616	–7,0616	–7,0616	–7,0616	–7,0616
Guthaben	–14,16	4,36	24,51	45,68	67,90	141,2329

Tabelle 2-11: Bewertungsprogramm im komplexen Kapitalerhöhungsfall

Die endogenen Grenzzinsfüße sind gegenüber dem Basisprogramm verändert, was eine vereinfachte Bewertung im Partialmodell ausschließt. Zur Anwendung der komplexen Bewertungsformel

$$p^* = \sum_{t=1}^{n} \bar{w}_t \cdot \frac{EN^*}{1-\alpha} \cdot \rho_t - \sum_{t=0}^{n} b_t \cdot \rho_t - \sum_{C_j > 0} x_j^{max} \cdot C_j$$

werden die endogenen Abzinsungsfaktoren und die zugehörigen positiven Kapitalwerte (des Kaufobjekts K und der Schuldverschreibung SV) benötigt:

$$\rho_0 = 1; \quad \rho_1 = \frac{1}{1{,}1}; \quad \rho_t = \frac{1}{1{,}1 \cdot 1{,}05^{t-1}} \quad \forall\, t \in \{2, 3, 4, 5\}.$$

$$C_K = -100 + \frac{20}{1{,}1} + \frac{20}{1{,}1 \cdot 1{,}05} + \frac{20}{1{,}1 \cdot 1{,}05^2} + \frac{20}{1{,}1 \cdot 1{,}05^3} + \frac{120}{1{,}1 \cdot 1{,}05^4} = 57{,}4448;$$

$$C_{SV} = 50 - \frac{3}{1{,}1} - \frac{3}{1{,}1 \cdot 1{,}05} - \frac{3}{1{,}1 \cdot 1{,}05^2} - \frac{3}{1{,}1 \cdot 1{,}05^3} - \frac{53}{1{,}1 \cdot 1{,}05^4} = 0{,}2064.$$

Nun können die Elemente der „komplexen Bewertungsformel" errechnet werden. Es ergibt sich:

$$\sum_{t=1}^{n} \overline{w}_t \cdot \frac{EN^*}{1-\alpha} \cdot \rho_t = (\rho_1 + \rho_2 + \rho_3 + \rho_4 + 21 \cdot \rho_5) \cdot \frac{5{,}64931598}{0{,}8} = 134{,}8132;$$

$$\sum_{t=0}^{n} b_t \cdot \rho_t = 10 \cdot (1 + \rho_1 + \rho_2 + \rho_3 + \rho_4 + \rho_5) = 51{,}3268;$$

$$\sum_{C_j > 0} x_j^{max} \cdot C_j = 1 \cdot C_K + 1 \cdot C_{SV} = 57{,}6512.$$

Summa summarum resultiert: $p^* = 134{,}8132 - 51{,}3268 - 57{,}6512 = 25{,}8352$.

2.2.4.3 Ermittlung der Grenzemissionsquote

2.2.4.3.1 Einkommensmaximierung

In Umkehrung der Fragestellung von Unterabschnitt 2.2.4.2 kann im Rahmen einer Kapitalerhöhung (z.B. Börsengang) auch von Interesse sein, welche *maximale Anteilsquote* α^* den neu hinzutretenden Miteigentümern im Gegenzug für ihre sofortige Kapitaleinlage (in fest vorgegebener Höhe) von p eingeräumt werden darf, ohne die Position der Alteigentümer zu verschlechtern.[1] Damit liegt wiederum eine der klassischen Fusion (Unterabschnitt 2.2.4.1) ähnliche Bewertungssituation vor, bei der allerdings die neu hinzukommenden Unternehmensteile nur aus einer Bareinlage bestehen.

Bei Einkommensmaximierung sei wie gehabt ein zum maximalen Zielwert $EN^* > 0$ führendes Basisprogramm vorausgesetzt (optimale Lösung eines Basisansatzes vom Typ „max. Entn"). Gesucht wird nun der maximale (zunächst absolute) Ausschüttungsanteil (AA) AN am durch die Einlage p gestiegenen Ausschüttungsstrom $EN^* + AN^*$, welcher den Alteigentümern gerade noch ihren vormaligen (absoluten) Anteil EN^* sichert. Als Grenzemissionsquote (relativer Ausschüttungsanteil) α^* ergibt sich dann:

---

[1] SCHWETZLER diskutiert die Aufteilung von Wertzuwächsen zwischen Alt- und Neu-Eigenkapitalgebern auf der Ebene des Argumentations- oder Schiedswerts (mit Hilfe von Marktpreis-Multiplikatoren); vgl. SCHWETZLER, Frühphasenfinanzierungen (2005), S. 173 ff. Die im folgenden zu beantwortende Frage nach dem Entscheidungswert α^* ist fundamentaler, da erst die Kenntnis dieser Grenzquote die Alteigentümer in den Stand versetzt, eine der mit SCHWETZLERS Methoden begründete mögliche Konfliktlösung auf ihre betriebswirtschaftliche Vorteilhaftigkeit hin zu beurteilen.

2.2 Investitionstheoretisches Fundament der Unternehmensbewertung

$$\alpha^* = \frac{AN^*}{EN^* + AN^*}.$$

Der *Bewertungsansatz* lautet:

max. AA;   AA := AN

$$-\sum_{j=1}^{m} g_{j0} \cdot x_j \leq b_0 + p$$

$$-\sum_{j=1}^{m} g_{jt} \cdot x_j + \overline{w}_t \cdot (EN + AN) \leq b_t \qquad \forall\, t \in \{1, 2, \ldots, n\}$$

$$-EN \leq -EN^*$$

$$x_j \leq x_j^{max} \qquad \forall\, j \in \{1, 2, \ldots, m\}[1]$$

$$x_j \geq 0 \qquad \forall\, j \in \{1, 2, \ldots, m\}$$

$$EN \geq 0$$

$$AN \geq 0$$

Hierzu gehört das Dualproblem:

$$\min. Y;\quad Y := \sum_{t=0}^{n} b_t \cdot d_t + p \cdot d_0 - \delta \cdot EN^* + \sum_{j=1}^{m} x_j^{max} \cdot u_j$$

$$-\sum_{t=0}^{n} g_{jt} \cdot d_t + u_j \geq 0 \qquad \forall\, j \in \{1, 2, \ldots, m\}$$

$$\sum_{t=1}^{n} \overline{w}_t \cdot d_t - \delta \geq 0$$

---

[1] Diese Bedingung entfällt für alle x_j mit $x_j^{max} = \infty$.

$$\sum_{t=1}^{n} \overline{w}_t \cdot d_t \geq 1$$

$$d_t \geq 0 \qquad \forall\, t \in \{0, 1, 2, \ldots, n\}$$

$$u_j \geq 0 \qquad \forall\, j \in \{1, 2, \ldots, m\}[1]$$

$$\delta \geq 0$$

Annahmegemäß mögen die Ansätze zur Bestimmung des Basis- und des Bewertungsprogramms optimale Lösungen besitzen mit EN* > 0 und AN* > 0. In Verbindung mit der Bedingung EN ≥ EN* folgt auch im Bewertungsprogramm EN > 0. Nach dem Satz vom komplementären Schlupf müssen deshalb die zu EN und AN gehörenden Dualrestriktionen im Optimum zur Gleichung werden:

$$\sum_{t=1}^{n} \overline{w}_t \cdot d_t = \delta \quad \text{und} \quad \sum_{t=1}^{n} \overline{w}_t \cdot d_t = 1 \;\Rightarrow\; \delta = 1 > 0 \;\Rightarrow\; EN = EN^*.$$

Wie immer kann $d_0 > 0$ und damit die Existenz der endogenen Abzinsungsfaktoren $\rho_t = d_t/d_0$ vorausgesetzt werden,[2] woraus u.a. resultiert:

$$\sum_{t=1}^{n} \overline{w}_t \cdot \rho_t = \frac{1}{d_0} \qquad \text{(Rentenbarwertfaktor)}.$$

Berücksichtigt man schließlich die Tatsache, daß das Maximum AN* des Primalproblems dem Minimum Y* des Dualproblems gleich ist, geht die Zielfunktion des Dualproblems im Optimum über in

$$AN^* = p \cdot d_0 + \sum_{t=0}^{n} b_t \cdot d_t + \sum_{j=1}^{m} x_j^{max} \cdot u_j - EN^*,$$

was wie folgt interpretiert werden kann:

---

[1] Die Variable u_j entfällt für alle j mit $x_j^{max} = \infty$.
[2] Zum Beweis vgl. HERING, Investitionstheorie (2003), S. 162.

2.2 Investitionstheoretisches Fundament der Unternehmensbewertung

$$\underbrace{EN^* + AN^*}_{\substack{\text{Breite der Gesamtausschüttung}\\\text{an alte und neue Eigner}}} = \underbrace{p \cdot d_0 + \sum_{t=0}^{n} b_t \cdot d_t + \sum_{j=1}^{m} x_j^{\max} \cdot u_j}_{\substack{\text{Annuität des Bewertungsprogramms}\\\text{(einschließlich der Bareinlage p)}}}.^1$$

Multipliziert mit dem Rentenbarwertfaktor $1/d_0$ ergibt sich:

$$\underbrace{(EN^* + AN^*) \cdot \sum_{t=1}^{n} \overline{w}_t \cdot \rho_t}_{\substack{\text{Kapitalwert der Gesamtausschüttung}\\\text{an alte und neue Eigner}}} = \underbrace{p + \sum_{t=0}^{n} b_t \cdot \rho_t + \sum_{C_j > 0} x_j^{\max} \cdot C_j}_{\substack{\text{Kapitalwert des Bewertungsprogramms}\\\text{(einschließlich der Bareinlage p)}}}.^2$$

Damit ist die „komplexe Bewertungsformel" für den absoluten Grenzemissionsanteil AN* (am neuen Ausschüttungsstrom EN* + AN*) bzw. die relative Grenzemissionsquote

$$\alpha^* = \frac{AN^*}{EN^* + AN^*}$$

ökonomisch anschaulich gedeutet. Wie immer läßt sich nun auch noch nach einer „vereinfachten Bewertungsformel" fragen, die gilt, wenn sich die Grenzobjekte beim Übergang vom Basis- zum Bewertungsprogramm nicht ändern. Für die endogenen Abzinsungsfaktoren und Kapitalwerte bedeutet diese Annahme bekanntlich $\rho_t = \rho_t^{\text{Basis}}$ und $C_j = C_j^{\text{Basis}}$ ($\forall$ t und j), für die endogenen Rentenbarwertfaktoren demgemäß

$$\sum_{t=1}^{n} \overline{w}_t \cdot \rho_t = \frac{1}{d_0} = \frac{1}{d_0^{\text{Basis}}} = \sum_{t=1}^{n} \overline{w}_t \cdot \rho_t^{\text{Basis}}.$$

Mit Hilfe dieser Eigenschaften kann die komplexe Formel kompakter geschrieben werden:[3]

---

[1] Zur Annuität bei unvollkommenem Kapitalmarkt vgl. HERING, Investitionstheorie (2003), S. 163 f.

[2] Zu Definition und Eigenschaften der endogenen Abzinsungsfaktoren vgl. z.B. HERING, Investitionstheorie (2003), S. 149; zu den Zusammenhängen zwischen Kapitalwert und Dualvariablen vgl. ebenda, S. 152.

[3] Zur folgenden geschweiften Klammer vgl. bereits oben, Unterabschnitt 2.2.2.1.2.

$$(EN^* + AN^*) \cdot \sum_{t=1}^{n} \overline{w}_t \cdot \rho_t^{Basis} = \underbrace{p + \sum_{t=0}^{n} b_t \cdot \rho_t^{Basis} + \sum_{C_j^{Basis} > 0} x_j^{max} \cdot C_j^{Basis}}_{= \dfrac{EN^*}{d_0^{Basis}}}$$

$\Leftrightarrow$

$$(EN^* + AN^*) \cdot \sum_{t=1}^{n} \overline{w}_t \cdot \rho_t^{Basis} = p + EN^* \cdot \sum_{t=1}^{n} \overline{w}_t \cdot \rho_t^{Basis}$$

$\Leftrightarrow$

$$AN^* \cdot \sum_{t=1}^{n} \overline{w}_t \cdot \rho_t^{Basis} = p$$

$\Leftrightarrow$

$$AN^* = \frac{p}{\sum\limits_{t=1}^{n} \overline{w}_t \cdot \rho_t}.$$

Der an die neuen Anteilseigner maximal ausschüttbare Teilstrom AN* entspricht also im vereinfachten Fall genau der *Annuität* des eingelegten Emissionserlöses p unter der gegebenen Entnahmestruktur. Dies sollte letztlich auch nicht überraschen, da es exakt die finanzmathematische Umkehrung des Ergebnisses aus Unterabschnitt 2.2.4.2.1 bedeutet.

2.2.4.3.2 Vermögensmaximierung

Unter der Zielsetzung Vermögensmaximierung ergibt sich zunächst eine einfachere Lösungsmöglichkeit des Bewertungsproblems, und zwar nach dem Vorbild der klassischen Fusion im Unterabschnitt 2.2.4.1.2. (GW-Ziel). Da die GW-Zielfunktion Ausschüttungen direkt (exogen) bewertet, muß lediglich der nach Kapitalzuführung erzielbare neue maximale Konsumzielfunktionswert

$$GW^{*neu} = \sum_{t=0}^{n} w_t \cdot G_t^{*neu}$$

berechnet werden. Jede einzelne Ausschüttung G_t^{*neu} fließt im gesuchten Grenzfall mit dem Anteil $1 - \alpha^*$ an die alten und mit dem Anteil α^* an die neu hinzutretenden Eigentümer. Es gilt also mit AW* als maximalem „Ausschüttungswert" der Neueigentümer $GW^{*neu} = GW^* + AW^*$ und im einzelnen

$$GW^* = (1-\alpha^*) \cdot \sum_{t=0}^{n} w_t \cdot G_t^{*neu} \quad \text{sowie} \quad AW^* = \alpha^* \cdot \sum_{t=0}^{n} w_t \cdot G_t^{*neu},$$

2.2 Investitionstheoretisches Fundament der Unternehmensbewertung

hieraus schließlich (in Analogie zum vorangegangenen Unterabschnitt):

$$\alpha^* = \frac{AW^*}{GW^* + AW^*} \quad \text{mit} \quad AW^* = GW^{*neu} - GW^*.$$

Der Freiheitsgrad der GW-Zielfunktion erlaubt es prinzipiell, den neu hinzutretenden Eignern hinsichtlich der Bewertungsgewichte für an sie erfolgende Ausschüttungen eigene, von den Gewichten w_t der Alteigentümer abweichende Vorstellungen w_t^a zuzubilligen. Die Alteigentümer könnten demnach den Ausschüttungszielwert der Neueigentümer maximieren unter der Nebenbedingung, daß ihr eigener Basiswert GW* weiterhin erreicht wird. Als Resultat einer solchen Rechnung wären die in jedem Zeitpunkt t an die neuen Eigenkapitalgeber ausschüttbaren Geldbeträge bekannt. Stellt man einen solchen Ansatz auf, resultiert als (duale) Lösungsgleichung erwartungsgemäß eine Beziehung, der zufolge der Kapitalwert aller Ausschüttungen an Alt- und Neueigentümer dem Kapitalwert des Bewertungsprogramms (inklusive Einlage p der neuen Miteigentümer) entsprechen muß. Eindeutige Werte für die in allen einzelnen Zeitpunkten maximal zulässigen Zahlungen an die neuen Eigentümer ergeben sich aus so einer unterbestimmten Gleichung natürlich nicht, weshalb von der Präsentation ihrer Herleitung abgesehen sei.

Für ein spezielleres Vermögensziel erweist sich die im Hinblick auf eine eindeutige Bewertungsformel gerade versandete Lösungsidee dennoch als fruchtbar: Sofern Alt- und Neueigentümer das Endwertziel verfolgen, enthält die genannte (duale) Lösungsgleichung als Variable nur noch den absoluten Anteil AW* der Neueigentümer am neuen maximalen Endwert EW* + AW*, und hieraus läßt sich die kritische Anteilsquote der Neueigentümer leicht als

$$\alpha^* = \frac{AW^*}{EW^* + AW^*}$$

berechnen. Der zugehörige Bewertungsansatz maximiert den als Gegenleistung für die (in t = 0 erfolgende) Bareinlage p an die Neueigentümer (in t = n) „auszukehrenden" Endwertbestandteil $AW := A_n$ unter der Bedingung, daß die Alteigentümer weiterhin (in t = n) mindestens eine Entnahme G_n in Höhe ihres Basisendwerts EW* > 0 tätigen können. Formal liest sich das wie folgt:

max. AW; $AW := A_n$

$$-\sum_{j=1}^{m} g_{j0} \cdot x_j \leq b_0 + p$$

$$-\sum_{j=1}^{m} g_{jt} \cdot x_j \leq b_t \qquad \forall\, t \in \{1, 2, \ldots, n-1\}$$

$$-\sum_{j=1}^{m} g_{jn} \cdot x_j + G_n + A_n \leq b_n$$

$$-G_n \leq -EW^*$$

$$x_j \leq x_j^{max} \qquad \forall\, j \in \{1, 2, \ldots, m\}[1]$$

$$x_j \geq 0 \qquad \forall\, j \in \{1, 2, \ldots, m\}$$

$$G_n \geq 0$$

$$A_n \geq 0$$

Aus der optimalen Lösung dieses linearen Modells entnimmt man das Bewertungsprogramm und den gesuchten Anteils(end)wert AW*, der den neu hinzutretenden Eigentümern aus Sicht der Alteigentümer maximal abgegeben werden kann. Um zu einer griffigen, als Partialmodell für heuristische Bewertungen in der Praxis einsetzbaren Formel zu gelangen, ist erneut der Rückgriff auf das Dualproblem weiterführend. Dieses lautet:

$$\text{min. Y; } Y := \sum_{t=0}^{n} b_t \cdot d_t + p \cdot d_0 - \delta \cdot EW^* + \sum_{j=1}^{m} x_j^{max} \cdot u_j$$

$$-\sum_{t=0}^{n} g_{jt} \cdot d_t + u_j \geq 0 \qquad \forall\, j \in \{1, 2, \ldots, m\}$$

$$d_n - \delta \geq 0$$

$$d_n \geq 1$$

$$d_t \geq 0 \qquad \forall\, t \in \{0, 1, 2, \ldots, n\}$$

---

[1] Diese Bedingung entfällt für alle x_j mit $x_j^{max} = \infty$.

2.2 Investitionstheoretisches Fundament der Unternehmensbewertung 121

$$u_j \geq 0 \qquad \forall\, j \in \{1, 2, \ldots, m\}\,[1]$$

$$\delta \geq 0$$

Nimmt man EW* > 0 und AW* > 0 an, so sind im Bewertungsprogramm auch die entsprechenden Entnahmevariablen G_n und A_n positiv, wonach gemäß der Dualitätstheorie (Komplementarität) der Schlupf der diesen beiden Primalvariablen zugehörigen Restriktionen $d_n - \delta \geq 0$ und $d_n \geq 1$ jeweils verschwindet. Es gilt also im Optimum $d_n = \delta$ und $d_n = 1$, woraus unmittelbar auch $\delta = 1$ festliegt. Aus $\delta > 0$ folgt anschließend – wiederum über den Satz vom komplementären Schlupf – die volle Ausschöpfung der δ zugehörigen Primalrestriktion $G_n \geq EW^*$, und wir erhalten sicher $G_n = EW^*$. (Dies darf nicht überraschen, denn wenn G_n im Optimum größer wäre als EW*, könnte die Differenz $G_n - EW^*$ zulässigerweise unmittelbar an A_n abgetreten werden, im Widerspruch zur Voraussetzung, daß AW = A_n bereits maximal gewesen sei.)

Aus $d_n = 1$ ergibt sich wie üblich die Positivität aller vorgelagerten d_t und damit die Existenz der endogenen Abzinsungsfaktoren $\rho_t = d_t/d_0$. Speziell ist $\rho_n = 1/d_0$ und damit d_0 der endogene Aufzinsungsfaktor $1/\rho_n$ von $t = 0$ auf $t = n$.[2] Im Optimum gilt AW* = Y*, d.h.,

$$AW^* = p \cdot d_0 + \sum_{t=0}^{n} b_t \cdot d_t + \sum_{j=1}^{m} x_j^{\max} \cdot u_j - EW^*,$$

was nach Multiplikation mit $1/d_0$ (= ρ_n) die nachstehende Interpretation erlaubt:

$$\underbrace{(EW^* + AW^*) \cdot \rho_n}_{\substack{\text{Kapitalwert des an}\\ \text{alte und neue Eigner}\\ \text{fließenden Endwerts}}} = \underbrace{p + \sum_{t=0}^{n} b_t \cdot \rho_t + \sum_{C_j > 0} x_j^{\max} \cdot C_j}_{\substack{\text{Kapitalwert des Bewertungsprogramms}\\ \text{(einschließlich der Bareinlage p)}}}.$$

Diese „komplexe Bewertungsformel" für AW* bzw. die daraus folgende Grenzemissionsquote α^* läßt sich wiederum vereinfachen, wenn die Grenzobjekte beim Übergang vom Basis- zum Bewertungsprogramm nicht wechseln. Falls also $\rho_t = \rho_t^{\text{Basis}}$ und $C_j = C_j^{\text{Basis}}$ $\forall$ t und j vorausgesetzt werden kann, geht die „komplexe" Gleichung über in:[3]

---

[1] Die Variable u_j entfällt für alle j mit $x_j^{\max} = \infty$.
[2] Vgl. HERING, Investitionstheorie (2003), S. 148 f. und 158.
[3] Zur folgenden geschweiften Klammer vgl. bereits oben, Unterabschnitt 2.2.2.2.2.

$$(EW^* + AW^*) \cdot \rho_n^{Basis} = p + \underbrace{\sum_{t=0}^{n} b_t \cdot \rho_t^{Basis} + \sum_{C_j^{Basis} > 0} x_j^{max} \cdot C_j^{Basis}}_{\dfrac{EW^*}{d_0^{Basis}} = EW^* \cdot \rho_n^{Basis}}$$

$\Leftrightarrow \quad AW^* \cdot \rho_n^{Basis} = p$

$\Leftrightarrow \quad AW^* = \dfrac{p}{\rho_n}$.

Die „vereinfachte Bewertungsformel" sagt aus, daß der Endwert der Alteigentümer ungeschmälert bleibt, wenn die Neueigentümer am Ende des Planungszeitraums maximal ihre auf t = n aufgezinste Einlage p entnehmen dürfen.

Probe. Da die Endwertmaximierung zugleich ein Spezialfall der Einkommensmaximierung ist (mit nur einem einzigen Entnahmezeitpunkt t = n, also $\bar{w}_t = 0$ für t < n und $\bar{w}_n = 1$), muß die vereinfachte Bewertungsformel aus Unterabschnitt 2.2.4.3.1 dasselbe Resultat liefern. Tatsächlich ergibt sich in dieser Konstellation

$$AN^* = \dfrac{p}{\sum_{t=1}^{n} \bar{w}_t \cdot \rho_t} = \dfrac{p}{\rho_n} = AW^*.$$

Weil das Funktionsprinzip solcher Bewertungsformeln in den vorangegangenen Unterabschnitten schon vielfach an Zahlenbeispielen veranschaulicht wurde, mögen für den Fall der Grenzemissionsquote diese allgemeinen Ausführungen genügen.

2.2.5 Unternehmensbewertung bei der Spaltung

Die Entscheidungswertermittlung im Rahmen der Spaltung steckt noch in den Kinderschuhen. Sind Quellen zur Fusion schon dünn gesät, so handelt es sich bei modelltheoretischen Überlegungen zu Grenzquoten im Spaltungsfall erst recht um Raritäten. Da mittlerweile aber erste einschlägige Forschungsergebnisse vorliegen, sei auch ihnen ein Abschnitt gewidmet.

2.2 Investitionstheoretisches Fundament der Unternehmensbewertung 123

Definitorisch ist die *Spaltung* gewissermaßen das Gegenteil oder die Umkehrung der Fusion:[1] Vor der Spaltung besitzen die Eigentümer ein Unternehmen, während nach der Spaltung dessen Vermögen und Schulden auf mehr als ein Unternehmen aufgeteilt sind. Wenn Fusionen mit positiven Synergieeffekten begründet werden, dann kann umgekehrt die Auseinandertrennung eines (nicht funktionierenden) Konglomerats auf negative Synergien zurückführbar sein. In diesem Fall sind durchaus Verhandlungsspielräume in bezug auf die Beteiligungsquoten der bisherigen Eigner an den nach der Spaltung vorhandenen Unternehmen gegeben, so daß sich Grenzquotenfragen stellen.[2] Schon der Plural deutet auf eine Besonderheit der Spaltung hin: Bewertungsprobleme bei der Spaltung sind *ex definitione* mehrdimensional,[3] denn aus der Unternehmensmehrzahl im „Bewertungsprogramm" folgt zwingend, daß nicht nur ein einziger konfliktlösungsrelevanter Sachverhalt vorliegt. Sofern zusätzlich zu den Beteiligungsquoten auch die Aufteilung einzelner Wirtschaftsgüter auf die verschiedenen Rechtsträger strittig ist, gibt es nahezu unbegrenzt viele mögliche Teilungslösungen, über deren Gleichwertigkeit mit dem Erfolg aus dem Basisprogramm jeweils aus Sicht des betrachteten Bewertungssubjekts nachzudenken ist.

Beispiel. Selbst wenn durch Spaltung aus einem alten lediglich zwei neue Unternehmen werden und nur zwei natürliche Personen als Eigentümer zu betrachten sind, bedingt eine Konfliktlösung mindestens die Einigung über den Anteil des einen Eigentümers an jedem der beiden „entflochtenen" Unternehmen. Jeder Eigentümer muß also beurteilen, welche Kombinationen von Anteilen an den beiden neuen Unternehmen ihm denselben Nutzen stiften wie sein Anteil an dem alten Unternehmen.

Das Ausufern der Zahl möglicher gleichwertiger Konfliktlösungen mag mit ein Grund dafür sein, daß sich die Literatur mit diesem Fall bisher so gut wie gar nicht auseinandergesetzt hat. Um zu ersten Ergebnissen zu gelangen, bietet es sich an, ähnlich wie in der Situation Kauf/Verkauf modellanalytische Anleihen bei dem besser bekannten komplementären Bewertungsfall vorzunehmen.

---

1 Analog deutet sich der Verkauf als theoretisches Gegenstück zum Kauf. Nach dem Umwandlungsgesetz unterscheidet man als Unterformen der Spaltung eines Unternehmens (Rechtsträgers) die *Aufspaltung* (ursprünglicher Rechtsträger geht unter, neue entstehen), die *Abspaltung* (ursprünglicher Rechtsträger bleibt neben den neu entstehenden erhalten) und die *Ausgliederung* (wie Abspaltung, aber die Anteile an den neuen Rechtsträgern gehen an den alten Rechtsträger und nicht direkt an dessen Eigentümer). Vgl. ausführlicher MATSCHKE/BRÖSEL, Unternehmensbewertung (2005), S. 339 f.

2 Unproblematisch ist natürlich der Spezialfall, in dem die alte Eigentumsstruktur identisch auf alle nach der Spaltung existierenden Unternehmen übertragen wird. Bei einer solchen vertraglichen Einigung brauchen keine Beteiligungsquoten unter den bisherigen Eigentümern neu ausgehandelt zu werden.

3 Vgl. BYSIKIEWICZ/MATSCHKE/BRÖSEL, Spaltung (2005), S. 14.

Um das Fusionsmodell aus dem Unterabschnitt 2.2.4.1 für die Gegenfragestellung der Spaltung „umzupolen", muß zunächst die eingebaute Mehrdimensionalität der Spaltungsbewertung künstlich beseitigt werden. Dies bedeutet, bei ν nach der Spaltung existierenden Unternehmen im Wege von *Ceteris-paribus*-Annahmen stets genau eine Anzahl von ν − 1 Anteilsquoten α_j als vorgegeben zu betrachten, um dann die − ohne Einschränkung der Allgemeinheit mit der Nummer 1 versehene − erste Grenzquote α_1^* als Funktion der parametrisch variierenden anderen Quoten α_j (mit $1 < j \leq \nu$) zu ermitteln.[1]

Bei Einkommensmaximierung sei EN* der maximale Zielwert des bei Verzicht auf die Spaltung realisierbaren Basisprogramms, an dem der betrachtete Eigner den Anteil α haben möge. Nach der Spaltung ergeben sich aus den Spaltungsprogrammen der ν Folgeunternehmen maximale Entnahmestrombreiten von EN_j^*, an denen das Bewertungssubjekt mit den Quoten α_j partizipiert. Gesucht ist die minimale Quote α_1^* am Unternehmen j = 1 bei gegebenen Quoten $\alpha_2, \alpha_3, \ldots, \alpha_\nu$, die der betrachtete Eigner gerade noch ohne Konsumnutzeneinbuße im Vergleich zur Basissituation ohne Spaltung akzeptieren kann.

Im trivialen Fall sind die Entnahmeströme aller betrachteten Unternehmen gleich strukturiert, so daß folgende Grenzbedingung resultiert:[2]

$$\underbrace{\alpha \cdot EN^*}_{\substack{\text{Anteil des Eigentümers an der} \\ \text{Breite der alten Ausschüttung} \\ \text{(vor Spaltung)}}} = \underbrace{\alpha_1^* \cdot EN_1^* + \sum_{j=2}^{\nu} \alpha_j \cdot EN_j^*}_{\substack{\text{Anteil des Eigentümers an der Breite} \\ \text{der neuen Ausschüttungen} \\ \text{(nach Spaltung)}}}$$

$$\Leftrightarrow \quad \alpha_1^* = \frac{\alpha \cdot EN^* - \sum_{j=2}^{\nu} \alpha_j \cdot EN_j^*}{EN_1^*}.^3$$

Im Fall der komplexen Bewertung (unter Inanspruchnahme des Privatprogramms zur Erzielung der gewünschten Ausschüttungsstruktur) erhält man analog als abgewandelte Bedingung für den Zeitpunkt t:

---

1 Zu diesem Vorgehen und im folgenden vgl. *BYSIKIEWICZ/MATSCHKE/BRÖSEL*, Spaltung (2005), *MATSCHKE/BRÖSEL*, Unternehmensbewertung (2005), S. 346 ff.

2 Zu den im Spaltungsmodell von BYSIKIEWICZ/MATSCHKE/BRÖSEL genutzten Fusionsbewertungsformeln und ihrer Herleitung vgl. oben, Unterabschnitt 2.2.4.1.1.

3 Vgl. *MATSCHKE/BRÖSEL*, Unternehmensbewertung (2005), S. 347.

2.2 Investitionstheoretisches Fundament der Unternehmensbewertung

$$\underbrace{\underbrace{\sum_{j=1}^{m^P} g_{jt}^P \cdot \Delta x_j^P}_{\substack{\text{Umschichtungen} \\ \text{der privaten Kredite} \\ \text{und Geldanlagen}}} + \underbrace{\sum_{j=1}^{v} \alpha_j \cdot \overline{w}_t^j \cdot EN_j^*}_{\substack{\text{Ausschüttung gemäß} \\ \text{Anteilen } \alpha_j \text{ an den optimalen} \\ \text{Entnahmeströmen der} \\ \text{Spaltungsunternehmen}}}}_{\substack{\text{Zahlungsüberschuß des Eigentümers} \\ \text{(nach Spaltung)}}} \geq \underbrace{\alpha \cdot \overline{w}_t \cdot EN^*}_{\substack{\text{Zahlungsüberschuß} \\ \text{des Eigentümers} \\ \text{(vor Spaltung)}}}.$$

Da die Quoten $\alpha_2, \alpha_3, \ldots, \alpha_v$ als Parameter fix vorgegeben sind, können die zugehörigen Terme als Korrekturkonstanten von der rechten Seite der Ungleichung abgezogen werden. Das Fusionsmodell bleibt strukturidentisch anwendbar; die interessierende einzige Grenzquotenvariable heißt jetzt nur α_1 (statt α). Dementsprechend resultiert *mutatis mutandis* die „komplexe Grenzquotenformel" bei der Spaltung:

$$\alpha_1^* = \frac{\sum_{t=0}^{n}\left(\alpha \cdot \overline{w}_t \cdot EN^* - \sum_{j=2}^{v} \alpha_j \cdot \overline{w}_t^j \cdot EN_j^*\right) \cdot \rho_t^P - \sum_{C_j^P > 0} \Delta x_j^{P\,max} \cdot C_j^P}{\sum_{t=0}^{n} \overline{w}_t^1 \cdot EN_1^* \cdot \rho_t^P}.$$

Im Zähler steht der Kapitalwert der Dividenden des betrachteten Eigentümers bei Verzicht auf die Spaltung, vermindert um die ihm zufließenden Ausschüttungsbarwerte (aus seinen vorgegebenen Beteiligungen α_j an den anderen Spaltungsunternehmen) sowie um den Kapitalwert seiner privaten Umschichtungen.[1] Im Nenner des Bruchs findet sich der Ausschüttungskapitalwert des im Hinblick auf die Grenzquote des genannten Eigentümers analysierten Spaltungsunternehmens (mit der Nummer 1). Der Quotient setzt also die gesammelten und saldierten Kapitalwerte des Eigentümers aus Basis- und sonstiger Spaltungssituation ins Verhältnis zum Kapitalwert der Ausschüttung des betrachteten Spaltungsunternehmens 1, um diejenige kritische Beteiligungsquote α_1^* zu erhalten, bei der aus Sicht des Bewertungssubjekts gerade alle Vorteile aus der Unternehmensspaltung verschwänden.

---

[1] Nebenbei erkennt man an dieser Stelle noch einmal anschaulich, warum der Kapitalwert der Privatumschichtungen (auch im Fusionsfall) vom Ausgangskapitalwert zu *subtrahieren* ist: Es handelt sich – analog zu den Dividenden aus den anderen Spaltungsunternehmen – um einen zusätzlichen „Vorteil" aus dem Bewertungsprogramm, und entsprechend reduziert sich der wieder mindestens zu erreichende Kapitalwert vor Fusion bzw. Spaltung im Zähler des Bruchs.

Sofern bei den Umschichtungen im Privatprogramm nur Grenzobjekte bewegt werden (also Objekte mit $C_j^P = 0$), erhalten wir sofort die „vereinfachte Grenzquotenformel" bei der Spaltung:

$$\alpha_1^* = \frac{\sum_{t=0}^{n}\left(\alpha \cdot \overline{w}_t \cdot EN^* - \sum_{j=2}^{v}\alpha_j \cdot \overline{w}_t^j \cdot EN_j^*\right) \cdot \rho_t^P}{\sum_{t=0}^{n} \overline{w}_t^1 \cdot EN_1^* \cdot \rho_t^P}.$$

Sollten die in Rede stehenden Entnahmegewichte aller Spaltungsunternehmen für jeden Zeitpunkt t mit den Gewichten $\overline{w}_t$ der Basissituation (ohne Spaltung) übereinstimmen, verkürzt sich die „vereinfachte" Formel zum bereits eingangs behandelten Fall der „trivialen" Bewertungsformel:

$$\alpha_1^* = \frac{\alpha \cdot EN^* \cdot \sum_{t=0}^{n} \overline{w}_t \cdot \rho_t^P - \sum_{j=2}^{v} \alpha_j \cdot EN_j^* \cdot \sum_{t=0}^{n} \overline{w}_t^j \cdot \rho_t^P}{EN_1^* \cdot \sum_{t=0}^{n} \overline{w}_t^1 \cdot \rho_t^P}$$

$$= \frac{\alpha \cdot EN^* \cdot \sum_{t=0}^{n} \overline{w}_t \cdot \rho_t^P - \sum_{j=2}^{v} \alpha_j \cdot EN_j^* \cdot \sum_{t=0}^{n} \overline{w}_t \cdot \rho_t^P}{EN_1^* \cdot \sum_{t=0}^{n} \overline{w}_t \cdot \rho_t^P}$$

$$= \frac{\alpha \cdot EN^* - \sum_{j=2}^{v} \alpha_j \cdot EN_j^*}{EN_1^*}.$$

Da im Endeffekt modellanalytisch dasselbe vorgeht wie im Grenzquotenfall bei der Fusion, sei auf die Zahlenbeispiele im Unterabschnitt 2.2.4.1.3 verwiesen.[1]

---

[1] Sehr ausführlich durchgerechnete Beispiele für den Spaltungsfall mit $v = 2$ präsentieren MATSCHKE/BRÖSEL, Unternehmensbewertung (2005), S. 350 ff.

Mit diesen einführenden Überlegungen zum noch wenig untersuchten Bewertungsfall „Spaltung" soll die Diskussion der Konfliktsituationen vom Typ Kauf/Verkauf und Fusion/Spaltung abgeschlossen werden. Im nächsten Abschnitt sei noch kurz auf jungierte und allgemein mehrdimensionale Entscheidungswerte eingegangen.

2.2.6 Ermittlung bedingter Grenzpreise

2.2.6.1 Entscheidungswert in jungierten Konfliktsituationen

In den bisherigen Ausführungen ist vorausgesetzt worden, daß jeweils nur ein Objekt bewertet werden soll und die übrigen Zahlungsreihen des Entscheidungsfeldes gegeben sind. Wenn das Bewertungssubjekt jedoch gleichzeitig über mehr als eine Akquisition oder Desinvestition nachdenkt, lassen sich die zugehörigen Grenzpreise nicht mehr isoliert voneinander entwickeln. In diesem Falle hängt nämlich die Konzessionsbereitschaft hinsichtlich eines bestimmten Bewertungsobjekts mit davon ab, welche Verhandlungsergebnisse in bezug auf die anderen Bewertungsobjekte erzielt werden. Die vorzunehmenden Bewertungen sind interdependent, weil der Grenzpreis jedes einzelnen Objekts vom maximalen Zielfunktionswert des zugehörigen Basisprogramms abhängt und dieser wiederum von den Verhandlungsergebnissen (Preisen) der übrigen Bewertungsobjekte. Um aber die Preise der Objekte ökonomisch vernünftig aushandeln zu können, muß man sich über ihren Wert im klaren sein, der doch durch das ganze Verfahren erst zu bestimmen ist.[1]

Eine Bewertungssituation, in der mehrere Bewertungsobjekte über die Interdependenzen des Entscheidungsfelds miteinander *verbunden* sind, wird als *jungierte* Konfliktsituation bezeichnet. Zur Auflösung dieser Interdependenzen empfiehlt es sich, den Basis- und den Bewertungsansatz für ein bestimmtes Bewertungsobjekt jeweils als parametrische Optimierungsaufgabe zu interpretieren, in der die Preiskonstellation der übrigen Bewertungsobjekte variiert. Der Grenzpreis eines Objekts ergibt sich dann als Funktion der Preise der anderen Bewertungsobjekte.

Leider sind Probleme mit mehreren Parametern in der Koeffizientenmatrix im allgemeinen lösungsdefekt.[2] Ein gangbares heuristisches Vorgehen besteht darin, Grenzpreise wiederholt unter variierenden Ceteris-paribus-Bedingungen zu berechnen. Beispielsweise wird der angenommene Kaufpreis eines Objekts systematisch schrittweise erhöht, und man berechnet für jedes abgewandelte Entscheidungsfeld aufs neue den Grenzpreis des betrachteten Bewertungsobjekts. Auf diese Weise ergibt sich eine Funktion (oder Wertetabelle), die in diskreten Schritten anzeigt, wie der Grenzpreis

---

1 Vgl. MATSCHKE, Entscheidungswert (1975), S. 336-356.
2 Vgl. DINKELBACH, Sensitivitätsanalysen (1969), S. 134-138, GAL, Sensitivitätsanalyse (1973), S. 241.

des einen Objekts vom noch unbekannten Preis des anderen Objekts abhängt. Mit Hilfe eines geeigneten EDV-Programms zur Sensitivitätsanalyse lassen sich die erforderlichen Variationen komfortabel und schnell durchführen, ohne jeweils die ganze Aufgabe mit den geänderten Daten von Anfang an neu eingeben und lösen zu müssen.

p_K	EN*	p*
0	37,5592	96,5350
10	37,0592	96,5350
20	36,5592	96,5350
30	36,0592	96,5350
40	35,5592	96,5350
50	35,0592	96,5350
60	34,5592	96,5350
70	34,0592	96,5350
80	33,5592	96,5350
90	33,0592	96,5350
100	**32,5592**	**96,5350**
110	32,0592	96,5350
120	31,5376	96,1020
130	31,0159	95,6691
140	30,4943	95,2361
150	29,9726	94,8032
160	29,4820	94,9906
162,6512	29,3896	95,7933
164,9421	29,3121	96,5350
170	29,3121	96,5350
180	29,3121	96,5350
190	29,3121	96,5350
200	29,3121	96,5350

Tabelle 2-12: Jungierter Grenzpreis für den Verkauf

Das grundsätzliche Vorgehen zur Berechnung von Entscheidungswerten in jungierten Konfliktsituationen soll am Beispiel des Unterabschnitts 2.2.3.1.3 mit den Daten der Tabelle 2-2 veranschaulicht werden. Nunmehr sei die veränderte Situation gegeben, daß der Kaufpreis p_K des Akquisitionsobjekts K noch nicht feststeht, weil auch hierüber erst verhandelt werden muß. Gesucht wird nach wie vor der Entscheidungswert p* des Verkaufsobjekts V. Damit liegt eine jungierte Konfliktsituation vom Typ „Verkauf-Kauf" vor.[1] Tabelle 2-12 zeigt p* und EN* in Abhängigkeit von p_K.

---

[1] Beispielrechnungen für jungierte Konfliktsituationen vom Typ „Kauf-Kauf" und „Verkauf-Verkauf" finden sich in MATSCHKE, Entscheidungswert (1975), S. 336-356 sowie MATSCHKE/BRÖSEL, Unternehmensbewertung (2005), S. 365 ff.

2.2 Investitionstheoretisches Fundament der Unternehmensbewertung 129

Mit steigendem Kaufpreis p_K wird EN*, die Breite des vom Basisprogramm erzeugten Entnahmestroms, kontinuierlich reduziert. Dies gilt natürlich nur so lange, wie die Akquisition überhaupt noch wirtschaftlich vorteilhaft bleibt. Ab einem Preis von 164,9421 lohnt sich die Akquisition nicht mehr, so daß von ihr auch kein Einfluß mehr auf das Basisprogramm ausgeht. Bis zum Preis 110 ist der Kauf dagegen so günstig, daß keine Kredite erforderlich werden und die endogenen Grenzzinsfüße von Basis- und Bewertungsprogramm übereinstimmen: Sie betragen einheitlich 5%. Demnach ergibt sich der Grenzpreis des Verkaufsobjekts (p* = 96,5350) in all diesen Fällen als Ertragswert zu einem Zinssatz von 5%. Die grau unterlegte Zeile spiegelt speziell die Daten der Tabellen 2-3 und 2-4 wider. Jede Erhöhung des Preises um 10 schmälert den Entnahmestrom um 0,5, denn als Annuitätenfaktor ergibt sich bei der vorliegenden Entnahmestruktur:

$$\frac{1}{\frac{1}{1,05} + \frac{1}{1,05^2} + \frac{1}{1,05^3} + \frac{1}{1,05^4} + \frac{21}{1,05^5}} = 0,05.$$

In den letzten fünf Zeilen der Tabelle gilt hinsichtlich der Konstanz der Grenzzinsfüße das gleiche, so daß auch hier der bereits bekannte Entscheidungswert 96,5350 als Ertragswert resultiert. Interessant ist die Entwicklung im mittleren Teil der Tabelle: Der Grenzpreis sinkt zunächst und steigt später wieder an. Ursache dafür sind die ab einem Preis von p_K = 110 auftretenden Strukturverschiebungen zwischen Basis- und Bewertungsprogramm: Die Verteuerung des Kaufobjekts K beeinträchtigt das Basisprogramm zuerst stärker als das Bewertungsprogramm, weil der Basisansatz zunehmend auf teurere Opportunitäten (Kredite) zurückgreifen muß, während der Bewertungsansatz wegen der Vereinnahmung des Verkaufspreises für V in t = 0 noch ohne Kredite auskommt. Im weiteren Verlauf schwächt sich dagegen die Einkommensschmälerung im Basisprogramm mehr und mehr ab, weil das Akquisitionsobjekt K schon zum Grenzobjekt geworden ist und schließlich ganz aus der optimalen Lösung gedrängt wird. Das Bewertungsprogramm greift hingegen noch voll auf das im Vergleich zu den 5%-Geldanlagen attraktive Objekt K zurück, dessen Preissteigerung durch einen höheren Grenzpreis p* kompensiert werden muß.

Tabelle 2-12 zeigt den Grenzpreis des Verkaufsobjekts V für einen jeweils vorgegebenen Kaufpreis p_K des Akquisitionsobjekts K. Um p_K festlegen zu können, sollte die Unternehmensleitung aber auch den Grenzpreis von K kennen, der wiederum von dem für das Verkaufsobjekt V erzielten Preis mit abhängt. Daher ist für K in entsprechender Weise ein Tableau von bedingten Grenzpreisen zu berechnen. Das Ergebnis findet sich in Tabelle 2-13.

Bis zu einem Preis p_V in Höhe des bereits bekannten Ertragswerts 96,5350 ist der Verkauf im Basisprogramm nachteilig und daher ohne Einfluß auf EN*. Aus Sicht des Bewertungsprogramms wird allerdings eine anteilige Inanspruchnahme von V als

Kreditsubstitut bereits vorher, nämlich ab einem Preis von p_V = 92,1470, attraktiv. Mit Hilfe der „komplexen Bewertung" resultiert anfänglich ein Grenzpreis von p* = 162,6512 für das Kaufobjekt K. Ab p_V = 92,1470 steigt p* schrittweise bis auf 164,9421 an. Für $p_V \geq$ 96,5350 stimmen schließlich die endogenen Grenzzinsfüße von Basis- und Bewertungsprogramm immer überein, weil V jeweils vollständig verkauft wird und keine Kredite mehr vonnöten sind. Der endogene Grenzzins entspricht stets dem Habenzins 5%. Dann ergibt sich p* zwangsläufig als Ertragswert:

$$p^* = E_K = \frac{20}{1,05} + \frac{20}{1,05^2} + \frac{20}{1,05^3} + \frac{20}{1,05^4} + \frac{120}{1,05^5} = 164,9421.$$

p_V	EN*	p*
0	29,3121	162,6512
10	29,3121	162,6512
20	29,3121	162,6512
30	29,3121	162,6512
40	29,3121	162,6512
50	29,3121	162,6512
60	29,3121	162,6512
70	29,3121	162,6512
80	29,3121	162,6512
90	29,3121	162,6512
92,1470	29,3121	162,6512
96,5350	29,3121	164,9421
100	29,4854	164,9421
110	29,9854	164,9421
120	30,4854	164,9421
130	30,9854	164,9421
140	31,4854	164,9421
150	31,9854	164,9421
160	32,4854	164,9421
170	32,9854	164,9421
180	33,4854	164,9421
190	33,9854	164,9421
200	34,4854	164,9421

Tabelle 2-13: Jungierter Grenzpreis für den Kauf

2.2 Investitionstheoretisches Fundament der Unternehmensbewertung

Aus der Kombination beider Tableaus geht dann der jungierte Entscheidungswert hervor: Für jedes gegebene Paar (p_K, p_V) von Preisen für K und V läßt sich anhand der Ergebnistableaus feststellen, ob eine wirtschaftlich vorteilhafte Verhandlungslösung vorliegt, d.h., ob p_V über dem Grenzpreis von V oder p_K noch unter dem Grenzpreis von K liegt. Falls – wie im Beispiel – nur zwei jungierte Objekte zu beurteilen sind, können die Ergebnistableaus in einem (p_K, p_V)-Koordinatensystem sehr anschaulich graphisch umgesetzt werden.[1]

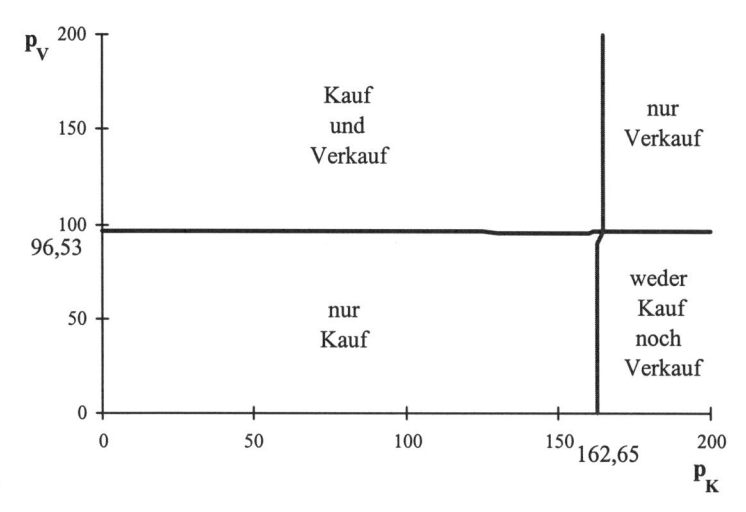

Abbildung 2-6: Jungierter Entscheidungswert

Die obere linke Fläche markiert den Bereich, in dem sowohl Kauf als auch Verkauf wirtschaftlich vorteilhaft sind. Analog lassen sich auch die anderen drei Felder interpretieren: Beispielsweise sind bei hohem p_K und niedrigem p_V weder Kauf noch Verkauf günstig (Feld rechts unten). Wie aus den Tabellen 2-12 und 2-13 hervorgeht, stellen die beiden Ertragswerte p_V = 96,5350 und p_K = 164,9421 jeweils zueinander kritische Preise p* dar. Sie definieren den Schnittpunkt der beiden im übrigen recht einförmigen Grenzpreiskurven. Abbildung 2-7 vergrößert den interessierenden Ausschnitt.

---

[1] Vgl. die exemplarischen Entscheidungswertfunktionen für die Situationen vom Typ „Kauf-Kauf" und „Verkauf-Verkauf" in MATSCHKE, Entscheidungswert (1975), S. 343 und 348.

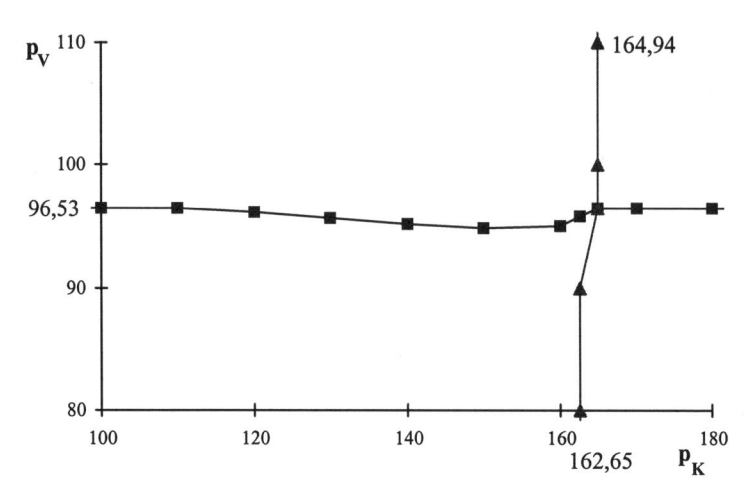

Abbildung 2-7: Jungierter Entscheidungswert (Ausschnitt)

Für drei oder mehr Objekte ist eine graphische Darstellung dieser Art nur noch schlecht oder überhaupt nicht mehr möglich. Es liegt in der Natur der Sache, daß jungierte Konfliktsituationen mit ihrer kombinatorisch zunehmenden Zahl zu berücksichtigender Preiskonstellationen sehr schnell rechentechnisch unbeherrschbar werden können. Die Planungsökonomie erfordert auch in diesem Falle wiederum heuristische Vereinfachungen zur Komplexitätsreduktion. Beispielsweise mag sich die jungierte Analyse vereinfachend auf die zwei bis drei wichtigsten Bewertungsobjekte beschränken und die übrigen Interdependenzen außer acht lassen.

2.2.6.2 Mehrdimensionaler Entscheidungswert

Ein Grenzpreis kann nicht nur wie in jungierten Konfliktsituationen durch noch offene Gestaltungsmöglichkeiten im Entscheidungsfeld *bedingt* sein, sondern auch durch Spielräume hinsichtlich der Ausformung des zu bewertenden Zahlungsstroms selbst. Bedingte Grenzpreise dieser Art entstehen auf natürliche Weise, wenn außer dem Preis noch mindestens ein weiterer konfliktlösungsrelevanter Sachverhalt existiert, über den in der Verhandlung eine Einigung erzielt werden muß.[1] Der Entscheidungswert wird dann grundsätzlich mehrdimensional, d.h., der Grenzpreis ist nur noch *eine* Komponente eines Vektors von Ausprägungen der konfliktlösungsrelevanten Sachverhalte. Daher gibt es auch nicht mehr zwingend genau einen Grenzpreis, weil das Entscheidungssubjekt durchaus zwei Vektoren mit unterschiedlicher Grenzpreiskomponente als gleichwertig (hinsichtlich seiner Konzessionsbereitschaft) auf-

---
1 Ein anderer „natürlicher" Fall mehrdimensionaler Bewertung ist die Spaltung; siehe oben, Abschnitt 2.2.5.

2.2 Investitionstheoretisches Fundament der Unternehmensbewertung 133

fassen kann, wenn z.B. Nachteile beim Preis durch Vorteile bei einem anderen konfliktlösungsrelevanten Sachverhalt kompensiert werden. Der Grenzpreis hängt also mit davon ab, welche Ausprägungen die anderen relevanten Sachverhalte annehmen. Als *mehrdimensionaler Entscheidungswert* ergibt sich die Menge derjenigen Vektoren konfliktlösungsrelevanter Sachverhalte, die das Entscheidungssubjekt als kennzeichnend für die Grenze seiner Konzessionsbereitschaft ansieht.[1]

Weil sich die vorliegende Untersuchung auf finanzwirtschaftliche Bewertungen bezieht, soll eine rein subjektiv vorzunehmende Quantifizierung nichtmonetärer Sachverhalte (etwa der Auflage, bei Verkauf eines Familienunternehmens die alte Firma mit den Namen der Gründer beizubehalten) außer Betracht bleiben.[2] Vorausgesetzt sei, daß die Auswirkungen der nicht-preislichen konfliktlösungsrelevanten Sachverhalte auf den Zahlungsstrom des Bewertungsobjekts bestimmbar sind.[3] Dann verbleibt lediglich die Aufgabe, den Grenzpreis unter den verschiedenen zur Diskussion stehenden Ceteris-paribus-Bedingungen zu ermitteln. Um die Konzessionsgrenze hinsichtlich eines Sachverhalts (Preis) zu bestimmen, sind für die anderen Sachverhalte jeweils feste Konstellationen vorzugeben.[4]

Zur Veranschaulichung sei wiederum das Zahlenbeispiel der Tabelle 2-2 herangezogen. In den Verkaufsverhandlungen um das Unternehmen V gehe es neben dem Preis nun auch darum, ob der Käufer bereit ist, ältere langjährige Mitarbeiter von V weiterzubeschäftigen, denen sich das Bewertungssubjekt gemäß seiner Unternehmensphilosophie verpflichtet fühlt. Falls der Käufer ablehnt, sollen die dann freigesetzten Mitarbeiter vom Bewertungssubjekt übernommen oder ggf. mit Abfindungen versehen werden, womit Zusatzauszahlungen von 3, 2 und 1 in $t = 0, 1$ und 2 verbunden wären. Unter diesen Bedingungen erhöht sich der Grenzpreis um den Barwert der Zusatzbelastungen auf:[5]

---

1 Zum mehrdimensionalen Entscheidungswert vgl. *MATSCHKE*, Entscheidungswert (1975), S. 356-390, *MATSCHKE*, Mehrdimensionale Entscheidungswerte (1993).

2 Der tatsächlich ausgehandelte Preis erlaubt u.U. Rückschlüsse auf die Höhe der Bewertung der nichtmonetären Aspekte. Vgl. *MOXTER*, Unternehmensbewertung (1983), S. 75.

3 Das in dieser Arbeit zugrunde gelegte Bewertungsmodell betrachtet Unternehmen nur auf der Ebene aggregierter Zahlungsströme. Eine detailliertere Schätzung der Auswirkungen nichtmonetärer Sachverhalte auf den Zahlungsstrom ergibt sich z.B. aus der expliziten Modellierung des Produktionsbereichs. Vgl. *MATSCHKE*, Entscheidungswert (1975), S. 356-384, *LAUX*, Unternehmensbewertung (1971), S. 533, *HERING*, Produktionsfaktoren (2002), *ROLLBERG*, Ressourcenbewertung (2005).

4 Vgl. *MATSCHKE*, Mehrdimensionale Entscheidungswerte (1993), S. 17.

5 Die endogenen Grenzzinsfüße bleiben von der geringfügigen Modifikation des Problems unberührt, so daß weiterhin eine „vereinfachte Bewertung" mit der Ertragswertmethode möglich ist.

$$p^* = 96{,}5350 + 3 + \frac{2}{1{,}05} + \frac{1}{1{,}05^2} = 102{,}3468.$$

Das neue Bewertungsprogramm ist der Tabelle 2-14 zu entnehmen.

Zeitpunkt	t = 0	t = 1	t = 2	t = 3	t = 4	t = 5
$b_t - g_{Vt}$	107	78	84	90	95	90
p*	102,3468					
K	–100	20	20	20	20	120
Geldanlage	–109,35	–180,25	–260,71	–351,18	–451,18	–651,18
Rückzahlung		114,81	189,27	273,74	368,74	473,74
Entnahme		–32,5592	–32,5592	–32,5592	–32,5592	–32,5592
Guthaben	109,35	180,25	260,71	351,18	451,18	651,1846

Tabelle 2-14: Bewertungsprogramm bei Nicht-Übernahme

Der zweidimensionale Entscheidungswert besteht demnach aus Vektoren mit den beiden Komponenten „Preis" und „Übernahme der älteren Mitarbeiter", und zwar:

(96,5350; ja)   und   (102,3468; nein).

Eine rein finanzwirtschaftliche mehrdimensionale Bewertung gelingt nur, wenn die Zahlungskonsequenzen der konfliktlösungsrelevanten Sachverhalte bekannt sind, so daß der mehrdimensionale Fall rechentechnisch auf das Grenzpreis-Grundmodell zurückgeführt und auf diese Weise gelöst werden kann.

2.3 Unternehmensbewertung mittels approximativer Dekomposition

2.3.1 Heuristische Investitionsrechnung bei unvollkommenem Kapitalmarkt und Unsicherheit

Nach dem „Ausgleichsgesetz der Planung"[1] müssen zur Vorbereitung von Entscheidungen die finanzwirtschaftlichen Engpässe identifiziert werden, an deren Opportunitätskosten sich die Vorteilhaftigkeit der zu beurteilenden Investitions- und Finanzierungsobjekte bemißt. Dies kann aus Gründen der Komplexität in realen Problemsituationen jedoch nicht mehr wie in der Theorie an einem unternehmensweiten Totalmodell erfolgen.[2] Da die exakte Zerlegung (Dekomposition) des Totalproblems in Partialmodelle aber an dem oben beschriebenen Dilemma der Lenkpreistheorie scheitert, wird eine heuristische Komplexitätsreduktion unvermeidlich.[3]

Im Abschnitt 2.2.1 ist für den Spezialfall des vollkommenen Kapitalmarkts gezeigt worden, wie mit Hilfe von Sensitivitäts- und Risikoanalysen der Entscheidungswert bei Unsicherheit als Bandbreite oder Verteilung quantifiziert werden kann. Um das gleiche auch für den Normalfall des unvollkommenen Kapitalmarkts zu ermöglichen, muß ein auf diese Bedingungen zugeschnittenes heuristisches Planungssystem zur Investitionsrechnung eingesetzt werden. Als geeignet erweist sich hierfür das Verfahren der approximativen Dekomposition, dessen Vorgehensweise im folgenden kurz dargestellt werden soll.[4]

Das Verfahren zur heuristischen Investitions- und Finanzierungsplanung bei Unsicherheit kombiniert eine approximative dezentrale Lenkpreissteuerung in einem divisionalisierten Unternehmen mit den Instrumenten der Sensitivitäts- und Risikoanalyse sowie der rollierenden Planung. Es läuft in sechs Schritten ab, die in der folgenden Abbildung 2-8 zusammengefaßt sind. Graue Unterlegung markiert dabei iterativ zu durchlaufende Phasen.

---

[1] *GUTENBERG*, Die Produktion (1983), S. 164.
[2] Zur Kritik an Totalmodellen vgl. z.B. *BALLWIESER*, Komplexitätsreduktion (1990), S. 28.
[3] Vgl. Unterabschnitt 2.2.2.1.1 und *BALLWIESER*, Komplexitätsreduktion (1990), S. 167-169.
[4] Die folgende Darstellung lehnt sich eng an *HERING*, Investitionstheorie (2003), S. 326 ff. an. Zu Verallgemeinerungen vgl. *ROLLBERG*, Integrierte Unternehmensplanung (2001), zur Anwendung im Medienbereich vgl. *BRÖSEL*, Medienrechtsbewertung (2002).

1. Festlegung der Rahmenvariablen
2. Hierarchisierung
3. Zentrale Ermittlung der Zinssatz-Bandbreiten
4. Dezentrale Investitionsrechnung mit Kapitalwerten
5. Rückkopplung oder Abbruch
6. Investitionsentscheidung der Zentrale

Abbildung 2-8: Heuristische Investitions- und Finanzierungsplanung

Schritt 1: **Festlegung der Rahmenvariablen**

Pragmatisch zu bestimmen sind zunächst der Rhythmus der rollierenden Planung und der Planungshorizont.[1] Wegen des Zeitbedarfs der Koordinations- und Analyseschritte ist es vermutlich nicht zweckmäßig, die Investitionsplanung häufiger als halbjährlich neu aufzuwerfen. Aus Flexibilitätsgründen sollte andererseits mindestens ein Planungsdurchlauf pro Planungsperiode (z.B. Jahr) erfolgen. Aufgrund der eingeschränkten Prognosereichweite sind nur Planungszeiträume zwischen fünf und zehn Jahren als realistisch anzusehen. Für die Zeit danach müssen pauschale Annahmen getroffen werden. Eine einzelne Planungsperiode entspricht auf der strategischen Ebene z.B. einem Jahr oder Halbjahr.

Als nächstes sind die von der Zusammensetzung des Investitions- und Finanzierungsprogramms unabhängigen Parameter des gegebenen Planungslaufs festzulegen. Die Divisionen melden hierzu der Zentrale die nicht mehr disponiblen fixen Zahlungsüberschüsse, ggf. unter Einschluß einer prozentualen Abweichungstoleranz aus Gründen der Prognoseunsicherheit. Die Unternehmensleitung muß sich sodann für eine bestimmte Politik hinsichtlich der fest einzuplanenden Gewinnausschüttungen und Eigenkapitalaufnahmen entscheiden.

Nach Festlegung dieser aus Sicht des Basisansatzes fixen Geldbewegungen ist eine geeignete Konsumentnahmezielsetzung zu wählen, die den Wünschen der Eigner(mehrheit) entspricht.[2]

---

1 Vgl. oben, Abschnitt 2.1.2.
2 Vgl. oben, Abschnitt 2.1.1.

2.3 Unternehmensbewertung mittels approximativer Dekomposition

Schritt 2: **Hierarchisierung**

Das heuristische Verfahren der approximativen Dekomposition[1] unterscheidet zwei Planungsebenen: Die Zentrale arbeitet mit einem gut auf Arbeitsplatzrechnern handhabbaren Totalmodell von geringer Dimension, welches nur wenige Objekte mit sehr großem Kapitalvolumen (darunter die vermuteten potentiellen Grenzobjekte) enthält und die zur Partialsteuerung erforderlichen Grenzzinsfüße auswirft. Das kleine zentrale Modell besitzt die im Unterkapitel 2.2 zugrunde gelegte Struktur eines *Basisansatzes*. Die Divisionen entscheiden selbständig nach der Kapitalwertmethode über alle nicht von der Zentrale kontrollierten Objekte. Welche Objekte dies sind, kann nur anhand einfacher, plausibler, im Einzelfall zu präzisierender Kriterien wie „Projektumfang" und „strategische Bedeutung" festgelegt werden.

Sämtliche von der Zentrale und den Divisionen zu fällenden Investitions- und Finanzierungsentscheidungen sind Bestandteil ein und desselben Problems und insofern logisch gleichgeordnet. Dennoch besteht ein hierarchisches Unterordnungsverhältnis, weil die Zentrale im Zweifelsfall weisungsbefugt ist und über die wichtigsten und größten strategischen Investitionsobjekte und Finanzierungen zu befinden hat. Sie ist außerdem befugt, den Divisionen Entscheidungskompetenzen zu entziehen oder zuzuteilen, insoweit sie die von der Zentrale zu planenden potentiellen Grenzobjekte betreffen.

Schritt 3: **Zentrale Ermittlung der Zinssatz-Bandbreiten**

Die Unternehmenszentrale führt mit dem ihr vorliegenden Basisansatz eine umfassende Sensitivitätsanalyse durch. In Form von Berechnungsexperimenten wird für eine Vielzahl von möglichen Datenkonstellationen die zugehörige Optimallösung ermittelt. Besondere Sorgfalt ist darauf zu verwenden, bei der Auswahl der zu testenden Datensätze auf vorhandene Abhängigkeiten zwischen den Objekten Rücksicht zu nehmen, denn nur so lassen sich Diversifikationspotentiale erkennen, die zu einem Risikoausgleich beitragen können.

Die Dokumentation der Rechenergebnisse besteht in der automatischen Erzeugung eines fortlaufenden Protokolls der einzelnen Optimallösungen. Es erscheint sinnvoll, nachstehende Daten festzuhalten: augenblicklicher Wert der Zielfunktion, endogene Grenzzinsfüße, Vorteilhaftigkeitsindex der einzelnen Investitions- und Finanzierungsobjekte (+1 für ein in der vorliegenden Lösung voll realisiertes Objekt, 0 für ein Grenzobjekt und −1 für ein unvorteilhaftes Objekt), Sicherheitsindex (Strichliste für jedes Objekt, in die ein Eintrag erfolgt, sobald der Kapitalwert des Objekts eine zu Beginn festgelegte Schwelle unterschreitet).

---

[1] Zum Grundmodell der approximativen Dekomposition unter Sicherheit vgl. *HERING*, Investitionstheorie (2003), S. 226-234.

Damit das zentrale Simultanmodell über die Bestimmung grober Bandbreiten der auftretenden endogenen Steuerungszinsfüße hinausgehende Informationen liefern kann, ist dafür Sorge zu tragen, daß nicht willkürlich irgendwelche denkbaren Datensituationen getestet werden. Ein gewisses Gespür für die Wahrscheinlichkeit von Datenkonstellationen ist unabdingbar. Die Sensitivitätsanalyse sollte somit als „Risikoanalyse zu Fuß" verstanden werden.[1] Nur dann lassen sich aus ihr auch verwertbare Informationen über die vermutete Verteilung der protokollierten Größen ableiten.

Um den Streubereich der Ergebnisse stärker einzugrenzen, ist es wünschenswert, mehrere sich gegenseitig ausschließende Grundsituationen (Szenarien) getrennt voneinander zu analysieren. Zum Beispiel mag die beschriebene Sensitivitätsanalyse insgesamt dreimal durchgeführt werden, und zwar einmal mit optimistischen, dann mit pessimistischen und schließlich mit (möglichst) neutralen Schätzungen der unsicheren Größen.[2] Die Zahl der Szenarien darf aus Praktikabilitätsgründen eine Handvoll nicht überschreiten.[3]

Das Ergebnisprotokoll liefert – nach Szenarien gegliedert – qualifizierte Informationen über die Wertebereiche der Zielfunktion, der periodenspezifischen Steuerungszinsfüße und der Variablen (Objekte) des Zentralproblems im Optimum. Die Intervalle (Bandbreiten), in denen sich die endogenen Grenzzinsfüße bewegen, sind zur dezentralen Lenkpreissteuerung an die Divisionen weiterzuleiten. Dies gilt auch für evtl. erkennbare Anhaltspunkte über die Verteilung der Steuerungszinsfüße (z.B. gleichverteilt, glockenförmig, rechtsschief usw.).

Schritt 4: **Dezentrale Investitionsrechnung mit Kapitalwerten**

Die in der Zentrale gewonnenen Informationen über die ungefähre Bandbreite oder Verteilung der endogenen Steuerungszinsfüße ermöglichen den Divisionen Investitionsentscheidungen nach dem Kapitalwertkriterium. Aufgrund der Unsicherheitssituation gibt es nicht mehr „den" Kapitalwert, so daß eines der verfügbaren Verfahren zur Aufdeckung der Kapitalwertverteilung oder zur Bestimmung kritischer Werte herangezogen werden muß. Aufgrund der einfachen Struktur des Partialmodells ist für diesen Zweck die Risikoanalyse prädestiniert. In bestimmten Fällen mag auch eine Sensitivitätsanalyse ausreichen. Insbesondere ergibt sich die Möglichkeit, investitions-

---

1 In der Literatur wird auch die Risikoanalyse eines Totalmodells (ohne Dekomposition) vorgeschlagen. Vgl. *SALAZAR/SEN*, Simulation Model (1968).

2 Zur Szenarioanalyse vgl. auch *SIEBEN*, Substanzwert (1963), S. 62, *MATSCHKE*, Arbitriumwert (1979), S. 121 f., *SIEBEN/SCHILDBACH*, Bewertung ganzer Unternehmungen (1979), S. 460 f., *GÖTZE*, Szenario-Technik (1993), S. 36-40.

3 Bei Vorliegen entsprechender EDV-Voraussetzungen können theoretisch auch detailliertere Szenarien untersucht werden, die Sensitivitäts- oder Risikoanalysen mit Entscheidungsbäumen verbinden. Vgl. *HESPOS/STRASSMANN*, Stochastic Decision Trees (1965), *KRAG*, Ungewißheit (1978), S. 445, *PUKE*, Investitionsplanung (1996), S. 216-229.

2.3 Unternehmensbewertung mittels approximativer Dekomposition 139

theoretische Sätze zur Komplexitätsreduktion[1] anzuwenden. Es bleibt den Divisionen selbst überlassen, ob sie die differenzierten Szenario-Informationen zur Erzeugung optimistischer, neutraler und pessimistischer Kapitalwertprofile nutzen oder lediglich eine einzige Risikoanalyse (mit entsprechend größerer Streuung der Grenzzinsfüße) durchführen.

Die Investitionsrechnung leistet zunächst den wichtigen Beitrag, diejenigen Objekte herauszufiltern, welche in jeder erwarteten Situation des heuristisch strukturierten Entscheidungsfelds entweder rechnerisch vorteilhaft oder unvorteilhaft sind. Sofern allerdings der Kapitalwert nicht immer positiv oder immer negativ ist, bedarf es einer unternehmerischen Entscheidung nach Maßgabe der Risikobereitschaft der Division. Hierzu sind neben den vorliegenden quantitativen Informationen der Investitionsrechnung (Kapitalwertprofil(e) als Ausdruck der finanziellen Chancen und Risiken) auch qualitative Faktoren (strategische Erwägungen, Sicherheitsziele wie Flexibilität, Diversifikation, Verhinderung existenzgefährdender Risiken) mit in die Betrachtung einzubeziehen. Auf das „Wegrechnen" der Unsicherheit durch eine Algorithmisierung der Investitionsentscheidung wird mangels geeigneter Optimalitätskriterien bewußt verzichtet.

Nach der Logik der approximativen Dekomposition müssen die Divisionen klare Entscheidungen für oder gegen ein Objekt treffen. Im Unsicherheitsfall kann gar nicht anders vorgegangen werden: Anhand eines Kapitalwertprofils läßt sich nur unbegründet mutmaßen, ob ein Grenzobjekt vorliegt oder ob nur ein zwar betragsmäßig kleiner, aber von null verschiedener Kapitalwert zu erwarten ist. Potentielle Grenzobjekte sind in der Hierarchisierungsphase (Schritt 2 in Abbildung 2-8) der Zentrale zu melden, die sie entweder in ihr Simultanmodell aufnimmt oder als zu unbedeutend an die Division zurückverweist.

Schritt 5: **Rückkopplung oder Abbruch**

Die Divisionen kalkulieren den sich aus ihren Investitions- und Finanzierungsentscheidungen ergebenden saldierten Zahlungsüberschuß für jede Periode des Planungszeitraums. Hierbei sind neutrale Punkt- oder Intervallschätzungen zugrunde zu legen, z.B. der subjektive Erwartungswert oder Median. Der summierte Zahlungsüberschuß ist in der Form „Erwartungswert ± prozentuale Abweichungstoleranz" an die Zentrale weiterzuleiten (Rückkopplung). Dort werden durch Addition der eingegangenen Meldungen die neuen rechten Seiten b_t der Liquiditätsrestriktionen des Simultanproblems berechnet. Hierdurch heben sich zu pessimistische oder zu optimistische Schätzungen einzelner Divisionen zumindest teilweise gegenseitig auf. Aus den absoluten Abweichungstoleranzen der Divisionen ergeben sich die für möglich

---

[1] Vgl. z.B. *HERING*, Investitionstheorie (2003), S. 219-226.

gehaltenen Schwankungsbreiten der Rahmenparameter b_t zur Verwendung in der Sensitivitätsanalyse (Schritt 3).

Sofern die Divisionen ihre Investitions- und Finanzierungsentscheidungen nicht mehr ändern, bricht das Iterationsverfahren ab, und es folgt Schritt 6. Anderenfalls ist zu Schritt 3 zurückzuspringen. Die Zentrale ermittelt erneut per Sensitivitätsanalyse Zinssatz-Bandbreiten. Falls sich die Intervalle nicht sehr vom letzten Durchgang unterscheiden, beendet die Zentrale das Verfahren mit Schritt 6. Sonst werden erneut die Schritte 4 und 5 durchlaufen, bis es zum Abbruch kommt.

Es ist zu erwarten, daß die Führungsinstanzen der Divisionen nach spätestens zwei bis drei Rückkopplungsschritten an ihren durch Abwägen aller quantitativen und qualitativen Vor- und Nachteile sorgsam getroffenen Entscheidungen festhalten werden, ohne sich von einer fortwährenden Revision der Zinsintervalle durch die Zentrale beeindrucken zu lassen. Dem Koordinationserfordernis ist im Unsicherheitsfall bereits hinreichend Genüge getan, wenn überhaupt Rückkopplungsschritte erfolgen.

Schritt 6: **Investitionsentscheidung der Zentrale**

Die Zentrale selbst kann i.d.R. nicht auf der Basis von Kapitalwertprofilen entscheiden, weil die Anzahl der berechneten Optimallösungen des Simultanmodells vermutlich nicht ausreicht, um eine klare „Verteilung" herauszukristallisieren. Sie zieht statt dessen das Protokoll des zuletzt berechneten Schritts 3 heran. Die aufgezeichnete Folge der Vorteilhaftigkeitsindexe (vgl. oben, Schritt 3) gibt darüber Auskunft, wie oft ein Objekt im Verlaufe der Sensitivitätsanalyse vorteilhaft, unvorteilhaft oder Grenzprojekt gewesen ist. Addiert man all diese Werte zum Summen- oder Gesamtindex eines jeden Objekts, so gilt:

- Ein Objekt mit deutlich positivem Gesamtindex ist in den meisten Situationen vorteilhaft. Der Vorteilhaftigkeitsgrad ergibt sich als Quotient aus dem Gesamtindex und der Anzahl der Datensätze im Protokoll (Anzahl der berechneten Optimallösungen). Er beträgt höchstens 100% (wenn das Objekt immer einen positiven Kapitalwert hatte).

- Ein Objekt mit deutlich negativem Gesamtindex ist in den meisten Situationen unvorteilhaft. Der Grad der Vorteilhaftigkeit beträgt im ungünstigsten Fall −100% (wenn das Objekt nie einen positiven Kapitalwert hatte).

- Objekte mit einem niedrigen absoluten Vorteilhaftigkeitsgrad sind entweder oftmals Grenzobjekte oder annähernd gleich häufig vorteilhaft bzw. unvorteilhaft.

Der Sicherheitsindex (vgl. Schritt 3) wird ins Verhältnis zur Anzahl der Datensätze im Protokoll gesetzt. Ein Objekt darf z.B. nur dann akzeptiert werden, wenn es in 100% oder auch nur in 99% der berechneten Fälle den vorgegebenen Mindestkapitalwert nicht unterschritten hat.

2.3 Unternehmensbewertung mittels approximativer Dekomposition

Die Zentrale braucht nur über die in t = 0 startenden Zahlungsströme definitiv zu entscheiden. Die übrigen sind im nächsten Durchlauf der rollierenden Planung ohnehin wieder disponibel, auch wenn sie in t = 0 vorläufig angenommen oder abgelehnt werden sollten. Die Entscheidung ergibt sich wie in den Divisionen durch Abwägung quantitativer und qualitativer Faktoren. Letzteren kommt im Falle der wichtigen strategischen Investitionsobjekte oder der langfristigen Finanzierungen vermutlich eine größere Bedeutung zu als im Schritt 4. Die quantitativen Argumente für oder gegen ein Objekt leiten sich aus den Vorteilhaftigkeitsindexen bzw. dem Vorteilhaftigkeitsgrad ab. Ergänzend tritt der Sicherheitsindex hinzu.

Zur Herstellung des Zahlungsgleichgewichts im Zeitpunkt t = 0 genügt es im allgemeinen nicht, nur auf Objekte mit hohem oder zumindest positivem Vorteilhaftigkeitsgrad zurückzugreifen. Eine Möglichkeit, passende „Grenzobjekte" zu bestimmen, besteht darin, aus dem Protokoll Korrelationskoeffizienten zwischen den Vorteilhaftigkeitsindexen zu berechnen. Als geeignete „Partner" geben sich dadurch diejenigen Objekte zu erkennen, die mit den auf jeden Fall durchzuführenden Projekten stark korreliert sind. Dies bedeutet nämlich, daß sie in den verschiedenen berechneten Optimallösungen häufig gemeinsam auftreten. Als einfache Alternative zum Korrelationskoeffizienten zweier Objekte kommt auch die Summe der absoluten (oder quadrierten) Differenzen der jeweiligen Vorteilhaftigkeitsindexe in Frage. Je kleiner sie ist, desto häufiger haben beide Objekte in den Optimallösungen das gleiche Kapitalwertvorzeichen.[1]

Nachdem die Zentrale das Zahlungsgleichgewicht des Konzerns für t = 0 sichergestellt hat, setzt sie ihre Divisionen vom Ende des Abstimmungsprozesses in Kenntnis. Damit können die im letzten Durchgang als vorteilhaft beurteilten dezentralen Vorhaben in die Tat umgesetzt werden (soweit sie zu t = 0 starten). Gleichzeitig bestätigt die Zentrale die Festsetzung der zuletzt verwendeten Zinssatz-Bandbreiten als Kalkulationszinsfuß-Intervalle für den gesamten Konzern. Sie bleiben so lange für sämtliche internen, zahlungsorientierten Planungsrechnungen gültig, bis der nächste Durchgang der rollierenden Planung abgeschlossen ist.

Die Abschätzung der Qualität von Heuristiken für ein offenes Entscheidungsfeld ist selbst ein strukturdefektes Problem, denn eine als Bezugsmaßstab heranzuziehende Optimallösung existiert nicht.[2] Die vorliegende Heuristik enthält zudem simulative

---

[1] Wenn die ermittelte Lösung für t = 0 Ganzzahligkeitsbedingungen verletzt, kann theoretisch ein Algorithmus der gemischt-ganzzahligen Optimierung auf der Basis von Durchschnittswerten eingesetzt werden. Aufgrund der geringen Problemgröße ergeben sich wohl kaum numerische Schwierigkeiten. Wegen der Datenunsicherheit ist es jedoch wahrscheinlich zweckmäßiger, in diesem Falle eine zulässige Lösung durch Runden herbeizuführen oder aber eine andere Wahl bezüglich der Grenzobjekte zu treffen (z.B. Rückgriff auf beliebig teilbare kurzfristige Kredite oder Geldanlagen).

[2] Vgl. BALLWIESER, Komplexitätsreduktion (1990), S. 64, BERENS, Heuristiken (1992), S. 24 f.

Komponenten, so daß das Studium ihres Verhaltens auf eine „Simulation der Simulation" hinausliefe. Ein derartig aufwendiges Vorgehen wäre aber weder praktikabel, noch könnte es allgemeingültige Ergebnisse liefern. Die Beurteilung muß sich daher auf einige Plausibilitätsüberlegungen beschränken, welche den theoretischen Gehalt und die praktische Durchführbarkeit betreffen:

1. Das zentral zu lösende Simultanproblem besitzt einen überschaubaren Umfang, der im Verlauf des Koordinationsprozesses nicht zunimmt. Es kann auf einem Personalcomputer gelöst und umfassenden Sensitivitätsanalysen unterzogen werden.

2. Die dezentral zu fällenden Entscheidungen beruhen auf der Kapitalwertmethode, einem einfachen Partialmodell. Zur Offenlegung der Unsicherheit stehen leistungsfähige und anschauliche rechnergestützte Verfahren bereit (Risikoanalyse in Form der Monte-Carlo-Simulation).

3. Die üblicherweise mit lenkpreisbasierten Verfahren verbundenen Probleme treten nicht auf. Es gibt weder Lücken in der pretialen Lenkung noch Schwierigkeiten aufgrund von Ganzzahligkeitsforderungen. Jeder Koordinationsschritt kann mit einer zulässigen Lösung des Gesamtproblems beendet werden.

4. Das Verfahren stellt verhältnismäßig geringe Anforderungen an die Prognosequalität und funktioniert bereits dann, wenn lediglich Ober- und Untergrenzen der unsicheren Koeffizienten bekannt sind. Die Daten brauchen nicht normalverteilt zu sein oder überhaupt einer bestimmten statistischen Verteilung zu gehorchen. Kenntnis von Kovarianzen wird nicht vorausgesetzt. Die Heuristik paßt sich dem Informationsstand an.

5. Der Algorithmus basiert auf dem soliden Fundament der Lenkpreistheorie. Er approximiert eine pretiale Lenkung bei Unsicherheit in einem offenen Entscheidungsfeld unter realistischer Berücksichtigung der Unvollkommenheit des Kapitalmarkts.

6. Als Nachteil ist zu sehen, daß die Heuristik recht hohe Anforderungen an die Marktübersicht und Erfahrung der Mitarbeiter in der Unternehmenszentrale stellt.[1] Das ganze Verfahren steht und fällt vor allem mit der Qualität der zentral geschätzten endogenen Steuerungszinsfüße.

---

1 Die Qualität des Bewerters beeinflußt generell in hohem Maße das Bewertungsergebnis. Vgl. z.B. das Fazit von *HIRIGOYEN/DEGOS*, Évaluation (1988), S. 166.

2.3.2 Einbindung der Unternehmensbewertung in ein Investitionsrechnungssystem nach dem Prinzip der approximativen Dekomposition

Im Unterkapitel 2.2 sind – außer im Abschnitt 2.2.1 für den Spezialfall des vollkommenen Kapitalmarkts – die beiden Problemkreise „Datenunsicherheit" und „Schätzung der endogenen Grenzzinsfüße" noch ausgeblendet worden, um den Blick auf die Strukturen des Bewertungsproblems bei unvollkommenem Kapitalmarkt konzentrieren zu können. Nachdem der vorangegangene Abschnitt 2.3.1 mit der approximativen Dekomposition ein heuristisches Verfahren vorgestellt hat, das Investitions- und Finanzierungsentscheidungen auf einem unvollkommenen Kapitalmarkt unter Unsicherheit unterstützt, soll abschließend gezeigt werden, wie sich die Unternehmensbewertung in das heuristische Planungssystem einfügen läßt. Damit ist der im Einleitungsunterkapitel 1.1 genannte dritte Problemkomplex (Operationalisierung im Sinne eines praxistauglichen Verfahrensvorschlags) angesprochen.

Das im folgenden zu entwickelnde heuristische Vorgehen nutzt eine Kongruenz aus, die zwischen der investitionstheoretischen Unternehmensbewertung und der approximativen Dekomposition besteht: Beide Verfahren weisen sowohl eine zentrale als auch eine dezentrale Komponente auf. Diese Tatsache erweist sich als Schlüssel zu der nachstehend empfohlenen Heuristik. Sobald eine Unternehmensbewertung ansteht, muß zunächst analog zu Schritt 2 in Abbildung 2-8 eine Hierarchisierung nach dem finanziellen Volumen des Bewertungsobjekts vorgenommen werden. Die Höhe des für die Abgrenzung kritischen Volumens hängt dabei vom individuellen Entscheidungsfeld des Bewertungssubjekts ab. Gleichwohl lassen sich einige Anhaltspunkte für die Hierarchisierung gewinnen:

Wie aus den theoretischen Überlegungen im Unterkapitel 2.2 hervorgeht, kommt es für die Anwendbarkeit der Ertragswertmethode darauf an, ob die endogenen Grenzzinsfüße des Basisprogramms beim Übergang zum Bewertungsprogramm ihre Gültigkeit behalten oder nicht. Wenn weiterhin mit Ertragswerten operiert werden kann, ergibt sich aus der Logik der approximativen Dekomposition, daß in diesem Falle eine dezentrale Bewertung durch die Divisionen angezeigt ist. Der Ertragswert steht nämlich als Partialmodell auf der gleichen Stufe wie der Kapitalwert, welcher in der heuristischen Investitionsrechnung das Hauptwerkzeug der dezentralen Führungsinstanzen darstellt. Verhältnismäßig „kleine" Bewertungsobjekte, deren Zu- oder Abgang die Grenzobjekte des zentralen Simultanansatzes voraussichtlich nicht tangiert, fallen also dem Kompetenzbereich der Divisionen zu.

Objekte, deren Umfang wahrscheinlich zu einer Umstrukturierung des von der Zentrale direkt kontrollierten Programms führt, verlangen konsequenterweise auch nach einer Bewertung durch die Zentrale. Auch dies entspricht genau der Logik der approximativen Dekomposition: Bei Umstrukturierungen gegenüber dem Basisprogramm versagt die Ertragswertmethode, und es wird eine Totalbetrachtung in Form eines Bewertungsansatzes erforderlich. Über ein dafür geeignetes Totalmodell verfügt aber nur die Zentrale. Folglich sind der Zentrale die eher „großen" Bewertungsobjekte zuzuweisen.

Nachdem die Zuständigkeit für die Bewertung eines Objekts geklärt ist, erfolgt im nächsten Schritt die investitionstheoretisch geleitete Grenzpreisschätzung. Wiederum ist danach zu unterscheiden, ob das Objekt den Divisionen oder der Zentrale zugeordnet wurde.

1. Im einfacheren Fall wird ein Objekt dezentral durch die zugehörige Division bewertet. Annahmegemäß erweist sich dann der Ertragswert als theoretisch richtiger Grenzpreis. Die anzuwendenden Kalkulationszinsbandbreiten oder -verteilungen sind aus dem letzten Planungslauf der heuristischen Investitions- und Finanzierungsplanung bekannt. Zur Berücksichtigung der Unsicherheit kommen die Verfahren der Risikoanalyse und der Sensitivitätsanalyse zur Anwendung, wie sie bereits in den Abschnitten 2.2.1 und 2.3.1 (Schritt 4) beschrieben worden sind. Im Ergebnis liegt dann der (unsichere) Entscheidungswert als Bandbreite oder als geschätzte Dichtefunktion vor.

2. Sofern die Zentrale für die Bewertung zuständig ist, übernimmt das ihr vorliegende Simultanmodell die Funktion des Basisansatzes. Aufgrund der Unsicherheitssituation wird als nächstes wie in der Heuristik des Abschnitts 2.3.1 (Schritt 3) eine Sensitivitätsanalyse dieses Modells vorgenommen, wobei die Rahmendaten aus dem letzten Planungslauf der heuristischen Investitions- und Finanzierungsplanung stammen. Für jede einzelne berechnete Datenkonstellation wird zuerst die optimale Lösung des Basisansatzes, d.h. das Basisprogramm ermittelt. Da zu jedem Basisansatz auch ein entsprechender Bewertungsansatz gehört, berechnet die Zentrale mit Hilfe des Bewertungsansatzes den aus der betrachteten Datenkonstellation resultierenden Grenzpreis. Nach einer hinreichend großen Zahl von Berechnungsexperimenten ergibt sich eine annähernd zuverlässige Bandbreite (oder gar Dichtefunktion) des Grenzpreises. Die Auswertung kann auch wiederum gegliedert nach Szenarien erfolgen.

Das Protokoll dieser Sensitivitätsanalyse umfaßt neben der Folge der Grenzpreise des Bewertungsobjekts auch die zugehörigen endogenen Grenzzinsfüße des Basis- und des Bewertungsprogramms. Bei der Auswertung sind dann zwei Fälle zu unterscheiden:

a) Wenn die Bandbreiten oder Verteilungen der endogenen Grenzzinsfüße von Basis- und Bewertungsprogramm in etwa gleich sind, kann der Bewertungsprozeß mit der Ermittlung der geschätzten Grenzpreisbandbreite als abgeschlossen gelten, weil etwaige Strukturverschiebungen zwischen Basis- und Bewertungsprogramm

2.3 Unternehmensbewertung mittels approximativer Dekomposition

offenbar zu unbedeutend sind, um sich von den sie überlagernden Auswirkungen der Unsicherheit trennen zu lassen.

b) Unterscheiden sich dagegen die Zinsbandbreiten des Basis- und Bewertungsprogramms deutlich voneinander, tangiert die Bewertung u.U. auch die Investitions- und Finanzierungsentscheidungen der Divisionen: Würde das Bewertungsobjekt zum Grenzpreis realisiert werden, sähe wegen der geänderten Opportunitäten vielleicht auch das Investitionsprogramm der Divisionen anders aus, weil auch sie z.T. durch Umstrukturierung auf das Bewertungsobjekt reagieren müßten. Darum ist es erforderlich, den Divisionen die endogenen Kalkulationszinsintervalle des Bewertungsprogramms zur Kenntnis zu geben und die dezentralen Instanzen um eine Rückkopplung zu bitten. Die Divisionen durchlaufen zum Zwecke der zentralen Bewertung die Schritte 4 und 5 der Heuristik des Abschnitts 2.3.1 und melden der Zentrale, wie ihre Reaktion auf die (hypothetische) Realisierung des Bewertungsobjekts zum Grenzpreis aussähe. Die Zentrale kann daraufhin die rechten Seiten der Liquiditätsrestriktionen des Bewertungsansatzes zutreffender modellieren und damit den Grenzpreis präziser schätzen. Unter Umständen wird sogar eine nochmalige Rückkopplung erforderlich, wenn das Bewertungsprogramm erneut stark veränderte Zinsbandbreiten liefert. Eine endlose Ausdehnung des Verfahrens ist jedoch unwahrscheinlich, da das Unsicherheitsproblem die Lenkpreissteuerung stark überlagert und deshalb die Divisionen ihre dezentralen Entscheidungen nicht ständig umstoßen werden.

Insgesamt liegt damit jeweils eine investitionstheoretisch fundierte Schätzung des unsicheren Entscheidungswerts als Grenzpreis-Bandbreite oder Dichtefunktion vor. Diese nimmt so weit wie möglich Rücksicht auf die individuelle Zielsetzung und das subjektive Entscheidungsfeld des Bewertungssubjekts und bildet auf diese Weise eine wertvolle Entscheidungshilfe für Verhandlungen über das Bewertungsobjekt. Es versteht sich von selbst, daß die Grundschwierigkeiten der Prognose auch mit einem lenkpreisgestützten Verfahren nicht aus der Welt zu schaffen sind. Sie treten vielmehr in den Bandbreitenschätzungen besonders klar zutage, weil die Heuristik eben gerade keinen Versuch unternimmt, das Nichtwissen hinsichtlich der künftigen Entwicklung durch (kapitalmarkt)statistische oder nutzentheoretische Verdichtungen zu kaschieren.

Heuristiken können generell keine optimale Lösung garantieren,[1] wobei in einem offenen Entscheidungsfeld erschwerend hinzutritt, daß ein Optimum ex ante nicht einmal definiert ist.[2] Für die Beurteilung der vorgeschlagenen approximativ dekomponierten Unternehmensbewertung sei deshalb auf die sinngemäß übertragbaren Aus-

---

1 Vgl. *BERENS*, Heuristiken (1992), S. 18.
2 Vgl. oben, Unterkapitel 1.1.

führungen am Ende des Abschnitts 2.3.1 verwiesen.[1] Die Abbildung 2-9 enthält zur Veranschaulichung eine Überblicksdarstellung der Heuristik.

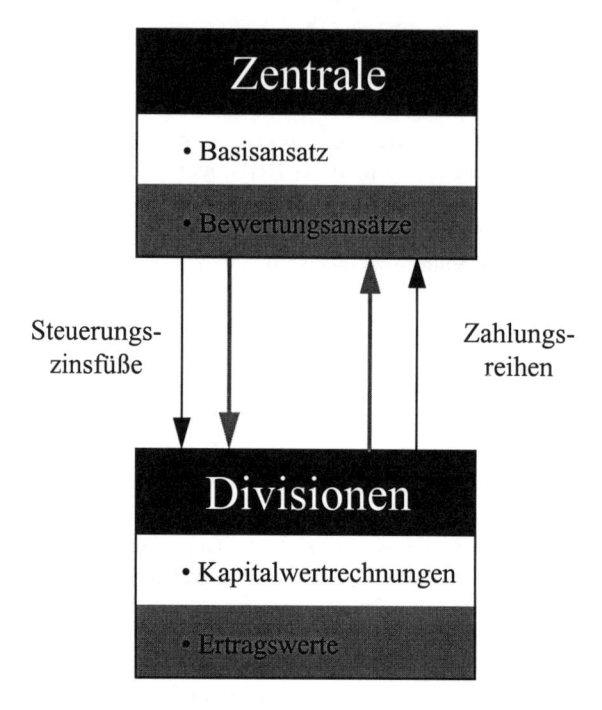

```
           ┌─────────────────────┐
           │      Zentrale       │
           │ • Basisansatz       │
           │ • Bewertungsansätze │
           └─────────────────────┘
Steuerungs-      ↑↓    ↑          Zahlungs-
zinsfüße                          reihen
           ┌─────────────────────┐
           │     Divisionen      │
           │ • Kapitalwertrechnungen │
           │ • Ertragswerte      │
           └─────────────────────┘
```

Abbildung 2-9: Approximativ dekomponierte Unternehmensbewertung

Hingewiesen sei noch auf die Möglichkeit, bestimmte Objekte auch ohne den vollen Aufwand der heuristischen Unternehmensbewertung zu beurteilen. Sofern das Bewertungssubjekt jederzeit in unbegrenzter Höhe für die Dauer einer Periode zum Habenzins $i_{Ht} \geq 0$ Geld anlegen und zum Sollzins $i_{St} \geq i_{Ht}$ Geld aufnehmen kann, liegt der endogene Grenzzinsfuß einer jeden Periode im geschlossenen Intervall zwischen Haben- und Sollzins: $i_{Ht} \leq i_t \leq i_{St}$.[2] Gleichzeitig gilt, daß sowohl der Grenzpreis aus Sicht eines Käufers als auch der Grenzpreis aus Sicht eines Verkäufers durch Ertragswerte eingegabelt werden können:[3]

---

1 Das von DRUKARCZYK zur Verteidigung des „Equity"-Anatzes gegen die (subjektive) Ertragswertmethode vorgebrachte Kernargument, letztere ließe (im Gegensatz zur „kapitalmarktorientierten" Sicht) entscheidende Diversifikationsaspekte unberücksichtigt, trifft übrigens gerade nicht die in dieser Arbeit (Kapitel 2) empfohlene Vorgehensweise, welche ausdrücklich von der Einbettung der Bewertungsobjekte in individuelle Entscheidungsfelder (Portefeuilles) ausgeht. Vgl. DRUKARCZYK, Unternehmensbewertung (2003), S. 310-314.

2 Vgl. z.B. HAX, Investitionstheorie (1985), S. 104 f., HERING, Investitionstheorie (2003), S. 217 f.

3 Vgl. oben, Abschnitte 2.2.2 und 2.2.3.

2.3 Unternehmensbewertung mittels approximativer Dekomposition

$$E_K \leq p^*(\text{Käufer}) \leq E_K^{\text{Basis}} \quad \text{und} \quad E_V^{\text{Basis}} \leq p^*(\text{Verkäufer}) \leq E_V.$$

Falls die Zahlungsreihe des Bewertungsobjekts nur nichtnegative Elemente enthält, ergibt sich der kleinstmögliche (größtmögliche) Ertragswert bei Verwendung der größtmöglichen (kleinstmöglichen) endogenen Zinssätze. Daher liegt der Grenzpreis zwingend zwischen dem Ertragswert E_{Soll} auf Basis der Sollzinsfüße i_{St} und dem Ertragswert E_{Haben} auf Basis der Habenzinsfüße i_{Ht}: $E_{\text{Soll}} \leq p^* \leq E_{\text{Haben}}$. Beispielsweise ist das Bewertungsobjekt für den Käufer immer mindestens E_{Soll} wert, weil es zu diesem Grenzpreis auch noch eine Finanzierung mit den höchstmöglichen Opportunitätskosten (Sollzins) rechtfertigt. Der Käufer kann andererseits auch sicher sein, daß das Objekt nicht mehr als E_{Haben} wert ist, weil maximal dieser Betrag die finanzielle Rekonstruktion des zu erwerbenden Zahlungsstroms am Kapitalmarkt zuläßt. Im Spezialfall des vollkommenen Kapitalmarkts gilt $E_{\text{Soll}} = E_{\text{Haben}} = E$ und deswegen $p^* = E$.

Die Intervallgrenzen E_{Soll} und E_{Haben} können unter Unsicherheit nicht fixiert, sondern wiederum nur mit Sensitivitäts- oder Risikoanalysen abgeschätzt werden. Insgesamt ergibt sich damit eine recht ungenaue vorläufige Eingrenzung des Entscheidungswerts, die aber im Einzelfall durchaus schon ausreichen mag, um ein in der Verhandlung vorgebrachtes Angebot der Gegenpartei als eindeutig vorteilhaft oder eindeutig nachteilig zu erkennen. Verfeinerte Verfahren wie die vorgeschlagene Heuristik sind erst dann erforderlich, wenn die erste grobe Abschätzung über die Soll- und Habenzinssätze für die Beurteilung der in der Verhandlung zur Diskussion stehenden Preise keine Trennschärfe besitzt.

Abschließend soll die in diesem Abschnitt entwickelte approximativ dekomponierte Unternehmensbewertung noch in die einschlägige Literaturdiskussion eingeordnet werden. Unstrittig ist, daß eine Bewertung grundsätzlich vom Simultanmodell auszugehen hat, weil nur so den vielfältigen Interdependenzen des Entscheidungsfelds Rechnung getragen werden kann.[1] Ebensoviel Einigkeit besteht aber auch darüber, daß Simultanmodelle dem Unsicherheitsproblem schwerlich gerecht werden und aufgrund ihrer Komplexität für Anwendungszwecke praktisch ausscheiden.[2] Als Ausweg aus diesem Dilemma sieht SIEBEN eine heuristische Komplexitätsreduktion an, welche die Schätzung des Kalkulationszinssatzes für die Ertragswertmethode erlaubt, dabei wirklichkeitsferne Annahmen vermeidet und sich nach Möglichkeit der EDV bedient.[3] Die approximativ dekomponierte Unternehmensbewertung ist als ein Schritt in dieser Richtung zu verstehen. Sie orientiert sich primär an theoretischen Anforde-

---

[1] Vgl. COENENBERG, Unternehmensbewertung (1992), S. 99-101, SIEBEN, Unternehmensbewertung (1993), Sp. 4324, MYERS, Capital Budgeting (1974), S. 23.

[2] Vgl. COENENBERG, Unternehmensbewertung (1992), S. 101 und 108, SIEBEN, Unternehmensbewertung (1993), Sp. 4324, SCHMIDT, DCF-Methode (1995), S. 1098 f., KROMSCHRÖDER, Unternehmungsbewertung und Risiko (1979), S. 22.

[3] Vgl. SIEBEN, Unternehmensbewertung (1993), Sp. 4324, 4326 und 4329.

rungen, achtet aber durchaus auch Praktikabilitätserfordernisse. Als Beispiel dafür seien die Instrumente der Risiko- und Sensitivitätsanalyse genannt, die auch bei Vertretern der Bewertungspraxis Anklang finden.[1]

Hingewiesen sei noch auf den heuristischen Vorschlag von LEUTHIER, der ebenfalls darauf abzielt, Interdependenzen bei der Bewertung nicht willkürlich zu zerschneiden, sondern im Wege der Komplexitätsreduktion zumindest angenähert zu erfassen.[2] Bei dem Vorschlag handelt es sich um ein sequentielles Totalmodell in Gestalt von vollständigen Finanzplänen, das in einem iterativen Suchprozeß nach dem BERNOULLI-Prinzip ausgewertet wird, wobei jedoch kein Optimierungsanspruch zugrunde liegt.[3] Die approximativ dekomponierte Unternehmensbewertung bleibt demgegenüber dem Leitbild der theoretisch gebotenen Simultanoptimierung treu und vermeidet gleichzeitig einen Teil der Einwände LEUTHIERS gegen das Modell von LAUX und FRANKE[4] (z.B. Behandlung des Unsicherheits- und des Ganzzahligkeitsproblems).

2.4 Beurteilung der investitionstheoretischen Unternehmensbewertung

In der Theorie der funktionalen Unternehmensbewertung nimmt der Entscheidungswert die zentrale Position ein. Fast alle anderen zweckbezogenen Werte setzen ihn als bekannt voraus. So soll etwa der Arbitriumwert eine gerechte Aufteilung der Differenz zwischen dem jeweiligen Entscheidungswert des Käufers und des Verkäufers bewirken, und der Argumentationswert versucht, für Verhandlungszwecke eine Preisvorstellung jenseits des (geheimgehaltenen) eigenen Entscheidungswerts zu rechtfertigen.[5]

Per definitionem ergibt sich der Entscheidungswert als subjektiver Grenzpreis oder allgemeiner als Grenze der Konzessionsbereitschaft einer Verhandlungspartei.[6] Diese subjektive Konzessionsbereitschaft läßt sich aber im Rahmen von finanzwirtschaftlichen Unternehmensbewertungen nur an der Zielsetzung und an dem Entscheidungsfeld des Bewertungssubjekts messen. Gefragt ist demnach ein an subjektiven Vorgaben orientiertes *Entscheidungsmodell* und nicht ein marktorientiert-objektiviertes

---

1 Vgl. z.B. *FUNK*, Unternehmensbewertung (1995), S. 495.
2 Vgl. *LEUTHIER*, Interdependenzproblem (1988), S. 208-236.
3 Vgl. *LEUTHIER*, Interdependenzproblem (1988), S. 212, 225 f., 234 f.
4 Vgl. oben, Unterabschnitt 2.2.2.1.1 und *LAUX/FRANKE*, Bewertung von Unternehmungen (1969).
5 Vgl. *SIEBEN*, Entscheidungswert (1976), *SIEBEN/SCHILDBACH*, Bewertung ganzer Unternehmungen (1979), S. 461, *MATSCHKE*, Mehrdimensionale Entscheidungswerte (1993), S. 1 f., *SCHILDBACH*, Funktionenlehre (1993), S. 33, *DRUKARCZYK*, Unternehmensbewertung (2003), S. 132 f.
6 Vgl. *MATSCHKE*, Entscheidungswert (1975).

2.4 Beurteilung der investitionstheoretischen Unternehmensbewertung

Erklärungs- oder Gleichgewichtsmodell. Anders ausgedrückt: Die Ermittlung von Entscheidungswerten stützt sich auf das methodische Instrumentarium der Investitionstheorie. „Die Ergebnisse der betriebswirtschaftlichen Investitionstheorie gelten deshalb auch für die Unternehmensbewertung uneingeschränkt."[1]

Die investitionstheoretische Unternehmensbewertung liefert eine umfassende mathematische Rechtfertigung der in Deutschland seit langem gebräuchlichen *Ertragswertmethode* auf der Basis von Zahlungsgrößen (Ausschüttungen an die Eigner). Zugleich zeigt sie jedoch auch die *Grenzen* dieser Methode auf: Im Falle des unvollkommenen Kapitalmarkts – von dem in der Bewertungspraxis wohl überwiegend ausgegangen werden muß – kann der Grenzpreis nur noch dann als Ertragswert mit den endogenen Grenzzinsfüßen des Bewertungsprogramms berechnet werden, wenn sich die endogenen Grenzzinsfüße beim Übergang vom Basis- zum Bewertungsprogramm nicht ändern.[2] Diese Einschränkung dürfte gerade für Großakquisitionen häufig kritisch sein. Mit Hilfe des heuristischen Verfahrens der *approximativ dekomponierten Unternehmensbewertung* läßt sich der Ertragswertmethode jedoch noch ein genügend großer Anwendungsbereich sichern.[3] Grenzquoten und Grenzemissionserlöse bei Fusionen und Kapitalerhöhungen können ebenfalls auf Ertragswerte oder Ertragswertquotienten zurückgeführt werden.

Der Ertragswert hat sich nicht zuletzt wegen seiner investitionstheoretischen Fundierung als Verfahren zur Entscheidungswertermittlung in Theorie und Praxis durchgesetzt.[4] Er wird nur noch von Teilen der Praktikerliteratur abgelehnt.[5] Die durch individuelle Zielsetzung und individuelles Entscheidungsfeld bewirkte Subjektivität des Ertragswerts ist als großer Vorzug zu werten, denn sie entspricht genau dem Wesen des Entscheidungswerts als eines subjektiven Grenzpreises.

---

1 COENENBERG, Unternehmensbewertung (1992), S. 107.

2 Vgl. oben, Unterkapitel 2.2. Die in LAUX/FRANKE, Bewertung von Unternehmungen (1969) erhobenen lenkpreistheoretischen Einwände gegen die Ertragswertmethode werden in der Literatur zur Unternehmensbewertung überraschend selten aufgegriffen. Dies gilt in ganz besonderem Maße für anglo-amerikanisch geprägte Veröffentlichungen zum „Discounted Cash Flow", in denen die uneingeschränkte Gültigkeit des Diskontierungsprinzips geradezu als Axiom „vom Himmel fällt" und offenbar als eine Selbstverständlichkeit angesehen wird, die keiner Begründung mehr bedürfe.

3 Vgl. oben, Unterkapitel 2.3.

4 Vgl. z.B. SIEBEN, Unternehmensbewertung (1993), Sp. 4322, KÖNIG/ZEIDLER, Steuern (1996), S. 1098.

5 Vgl. etwa BARTHEL, Unternehmenswert 1 (1990), S. 1148. BARTHEL, Unternehmenswert 2 (1996), versteigt sich z.B. auf S. 149 zu der These: „Allein die deutschen Bewertungstheoretiker verlieren sich in undurchsichtigen Mathematisierungsoptimierungen, Komplexitätsvergrößerungen und Detaillösungsvorschlägen." Eine gelungene Widerlegung BARTHELS liefert BALLWIESER, Neue Lehre? (1997).

Daß der Entscheidungswert nicht als Zahl, sondern nur „verschmiert" als Bandbreite ermittelbar ist,[1] stellt für die investitionstheoretische Unternehmensbewertung kein aus dem Rahmen fallendes Problem dar. Der Werkzeugkasten der Investitionstheorie verfügt mit der Sensitivitätsanalyse und der Risikoanalyse über bewährte Instrumente, die dazu beitragen können, die Bewertungsunsicherheit transparent werden zu lassen. Einer empirischen Untersuchung zufolge scheint auch die Bewertungspraxis kein Vertrauen in Grenzpreis-Punktschätzungen zu setzen, sondern die Ermittlung einer „Bandbreite von Unternehmenswerten"[2] zu präferieren.

Ein zur Rechtfertigung andersartiger Bewertungsmethoden häufig vorgebrachter Einwand gegen das Ertragswertverfahren lautet bis zum Zusammenbruch des sog. „Neuen Marktes", Ertragswerte könnten die bei Akquisitionen beobachtbaren hohen Kaufpreise nicht erklären.[3] Hierzu ist festzustellen, daß in solchen Fällen offenbar Planungsirrtümer, Wunschdenken und außerökonomische Beweggründe (z.B. Machtrausch, Hybris-Hypothese[4], Herdenverhalten) entscheidenden Einfluß auf gezahlte Preise nehmen. Auch die in der Praxis vorkommende fehlerhafte Quantifizierung von Modelldaten spricht nicht gegen das zugrundeliegende Modell. Da die Ertragswertmethode im Gegensatz zu anderen Modellen logisch konsistent aus der Investitionstheorie hergeleitet werden kann, gibt es keinen Grund, ihr nicht mehr zu trauen.[5]

Abschließend läßt sich festhalten: Die investitionstheoretische Unternehmensbewertung ist prädestiniert zur Berechnung von Entscheidungswerten. Damit eignet sie sich automatisch auch als Grundlage, um Arbitriumwerte zu bestimmen, sowie als Methode zur Entwicklung von Argumentationswerten. Im Rahmen der Hauptfunktionen der Unternehmensbewertung erweist sich die investitionstheoretische Sicht darum als besonders fruchtbar.

---

1 Vgl. oben, Unterkapitel 1.1.

2 *PRIETZE/WALKER*, Kapitalisierungszinsfuß (1995), S. 210.

3 Vgl. z.B. *SERFLING/PAPE*, Unternehmensbewertung 3 (1996), S. 57.

4 Vgl. z.B. *GERKE/GARZ/OERKE*, Unternehmensübernahmen (1995), S. 805.

5 Gar mancher, dessen Vermögen durch die im Jahre 2000 geplatzte „Spekulationsblase" geschädigt wurde, wird es heute bitter bereuen, seine damaligen Aktienanlagen an hochfliegenden, unseriösen „Realoptionswerten" oder „Marktmultiplikatoren" ausgerichtet zu haben statt am theoretisch fundierten, ökonomisch „geerdeten" Ertragswert. Vgl. hierzu *ex ante* (!) *HERING*, Unternehmensbewertung (1999), S. 91, 175 ff.

3. Kapitel

Finanzierungstheoretische Unternehmensbewertung

3 Finanzierungstheoretische Unternehmensbewertung

3.1 Rahmenbedingungen finanzierungstheoretischer Unternehmensbewertung

3.1.1 Die Zielsetzung Marktwertmaximierung

Finanzierungstheoretische Ansätze sehen den Unternehmenswert nicht als genuin subjektive Größe, sondern als gleichsam objektiven *Marktwert* an, den es im Interesse der Unternehmenseigner zu maximieren gelte: „Die Manager von Aktiengesellschaften handeln dann im Interesse der Aktionäre, wenn sie Investitions- und Finanzierungsentscheidungen so treffen, daß der Marktwert des Eigenkapitals der Unternehmung maximiert wird. [...] Der gesamte Marktwert ist deshalb der beste Schätzwert für den ‚wahren' Wert der Unternehmung."[1] Obwohl eine solche Sichtweise der Unternehmensbewertung auf den ersten Blick mit dem praxismäßigen „Shareholder Value"-Konzept[2] zu harmonieren scheint,[3] ist sie doch gleich aus mehreren Gründen problematisch:

1. Eine allein marktorientierte Sicht verwischt den für die Unternehmensbewertung elementaren Unterschied zwischen Wert und Preis des Unternehmens. Sie kommt einem Rückfall in den von der Theorie der funktionalen Unternehmensbewertung überwundenen Glauben an einen „wahren", objektiven, für jedermann am Markte gegebenen Unternehmenswert gleich. „Wert" ist aber ein subjektiver Begriff, der sich einer Objektivierung durch den Markt grundsätzlich entzieht. Es ist demnach zutreffender, vom Markt*preis* statt vom Marktwert zu sprechen.[4] Wenn der Entscheidungswert immer dem Marktpreis entspräche, gäbe es überdies auch kaum Gründe, ein Unternehmen zu kaufen oder zu verkaufen, weil eine Transaktion genau zum Grenzpreis definitionsgemäß keinen ökonomischen Vorteil bringt.[5] Das einzige Argument für Unternehmenskäufe oder -verkäufe wäre dann eine Ände-

---

1 *STEHLE*, Kapitalkosten (1995), Sp. 1113.

2 Vgl. oben, Abschnitt 2.1.1.

3 Eine Komplementarität von „Shareholder Value" und Marktwert sieht z.B. *STEHLE*, Kapitalkosten (1995), Sp. 1122.

4 Vgl. hierzu die grundlegenden Erörterungen im Unterkapitel 1.1 und im Abschnitt 2.1.2 sowie die dort jeweils angegebene Literatur. Vgl. auch *BALLWIESER*, Shareholder Value (1994), S. 1392, *ARBEITSKREIS „FINANZIERUNG" DER SCHMALENBACH-GESELLSCHAFT*, Wertorientierte Unternehmenssteuerung (1996), S. 547.

5 Bei Gleichheit von Wert und Preis ließen sich Geschäfte auch stets sofort rückgängig machen, was jeder Erfahrung auf echten Märkten widerspricht. Vgl. *MENGER*, Volkswirtschaftslehre (1923), S. 182 ff.

rung in der gewünschten zeitlichen Struktur des vom Bewertungssubjekt realisierbaren Konsumstroms.

2. Marktpreise spielen aber für die Unternehmensbewertung nur im Ausnahmefall eine Rolle, nämlich dann, wenn sich der subjektive Grenzpreis als Vollreproduktions- oder als Liquidationswert ergibt[1] und es sich dabei um einen Marktpreis handelt. Für ein anderes Bewertungssubjekt mit anderer Zielsetzung und/oder anderem Entscheidungsfeld ist dieser Marktpreis aber u.U. nicht Grenzpreis.

3. Die Zielsetzung Marktwertmaximierung ist nicht so einleuchtend, wie sie auf den ersten Blick wirkt. Sonst wäre es z.B. für eine Aktiengesellschaft nie sinnvoll, Dividenden auszuschütten, weil die Aktien ex Dividende zumindest vorübergehend am Markt niedriger notieren als vor der Ausschüttung. Gewinnausschüttungen, Rückzahlungen von Eigenkapital oder im Extremfall die Schließung des Betriebes können durchaus im Interesse der Eigner liegen, wenn die individuellen Opportunitäten außerhalb des Unternehmens günstiger sind oder die Eigner Konsumwünsche realisieren möchten. Natürlich bewertet der Markt im Börsenkurs einer Aktie implizit auch erwartete Ausschüttungen;[2] die Erwartungen und Opportunitätskosten der einzelnen Anteilseigner sind aber allenfalls zufällig mit den Durchschnittserwartungen und Durchschnittsopportunitäten des Gesamtmarktes identisch, so daß ein gesteigerter Marktpreis keineswegs automatisch auf einen gesteigerten Eigentümerwert oder Unternehmenswert schließen läßt.[3] Fehlende Eigentümerorientierung kommt auch darin zum Ausdruck, daß das Ziel Marktwertmaximierung keine Rücksicht auf die zeitliche Struktur und Höhe der Ausschüttungen, d.h. die individuelle Konsumentnahmezielsetzung der Eigner nimmt.[4] Nur unter idealen, in der Realität unerfüllbaren Marktbedingungen, auf die weiter unten zurückzukommen sein wird, finden sich Argumente für die Rationalität einer Marktwertmaximierung.[5]

4. Schon in der älteren Literatur zur Unternehmensbewertung wird mit Recht darauf aufmerksam gemacht, daß die Börsenkapitalisierung keineswegs den vollen Marktpreis einer Aktiengesellschaft widerspiegelt. Notiert wird nämlich mit dem Aktienkurs lediglich der Preis einer marginalen Eigentumsänderung, nicht aber der Preis, der für die Überwindung einer Sperrminorität oder gar die Übernahme der Aktien-

---

1 Vgl. oben, Unterabschnitte 2.2.2.3 und 2.2.3.3.
2 Vgl. z.B. BUSSE VON COLBE, Unternehmensführung (1995), S. 713 f., ARBEITSKREIS „FINANZIERUNG" DER SCHMALENBACH-GESELLSCHAFT, Wertorientierte Unternehmenssteuerung (1996), S. 544.
3 Vgl. z.B. auch DE ANGELO, Unanimity (1981), S. 23 f. und 26.
4 Vgl. oben, Abschnitt 2.1.1 sowie BALLWIESER, Shareholder Value (1994), S. 1391 f.
5 Vgl. z.B. HAX, Investitionstheorie (1985), S. 145-158, BALLWIESER, Aktuelle Aspekte (1995), S. 121.

3.1 Rahmenbedingungen finanzierungstheoretischer Unternehmensbewertung 155

mehrheit zu entrichten wäre. Sobald ein Interessent versucht, zum „Marktwert" größere Anteile der Gesellschaft zu kaufen, steigert seine Nachfrage den Preis. Die Höhe derartiger „Paketzuschläge" läßt sich schlecht abschätzen, so daß die Eignung von (Aktien-)Marktpreisen für Zwecke der Unternehmensbewertung schon allein aus diesem Grunde in Zweifel zu ziehen ist.[1]

5. Da es sich nur bei dem geringsten Teil der Bewertungsobjekte um börsennotierte Aktiengesellschaften handeln dürfte, stellt sich das gravierende Problem, die Zielsetzung Marktwertmaximierung auf solche Unternehmen zu übertragen, für die kein (organisierter) Markt existiert. Die dann erforderliche rechnerische Fingierung von nicht existierenden „Marktwerten" ist durchaus ein Widerspruch in sich und führt spätestens dann zu logischen Problemen, wenn ihre Methodik zur Kontrolle auf börsengängige Unternehmen angewendet wird.[2] Im Regelfall weichen Marktpreis und fingierter Marktpreis voneinander ab, weil sich das Börsengeschehen unsicherheitsbedingt nicht in einer betriebswirtschaftlichen „Alchimistenküche" vorausberechnen läßt. Dies gilt auch dann noch, wenn man von den das rein ökonomische Kalkül überlagernden börsenüblichen Irrationalitäten (psychologischen Einflüssen, „Herdenverhalten"[3], gewagten Spekulationen, Panikreaktionen) absieht. Es wird in diesem Kapitel noch ausführlich zu diskutieren sein, inwieweit rechnerisch fingierte Marktpreise geeignet sind, die Unternehmensbewertung heuristisch zu unterstützen.

Die Beurteilung der Marktwert- oder besser der Marktpreismaximierung für Zwecke der Unternehmensbewertung spitzt sich letzten Endes auf die Frage zu: Wann ist der (Entscheidungs-)Wert gleich dem (Markt-)Preis eines unsicheren Zahlungsstroms? Nur bei Gleichheit von Wert und Marktpreis kann mit vollem Recht vom „Marktwert" gesprochen werden, und nur dann ist die Maximierung des Marktwertes ein sinnvolles Unternehmensziel, weil sie unter diesen Umständen für die Eigner sowohl den subjektiven (Fortführungs-)Wert als auch den bei einer Veräußerung erzielbaren Verkaufserlös des Unternehmens höchstmöglich steigert.

Subjektiver Wert und objektiver Preis können aber von vornherein nur dann für alle Marktteilnehmer übereinstimmen, wenn beispielsweise von allen produktions- und finanzwirtschaftlichen Synergieeffekten, speziellen Kompetenzen und Geschäftsideen abstrahiert wird, die *exklusiv* nur bestimmten Bewertungssubjekten zur Verfügung stehen. Der unsichere Zahlungsstrom des Bewertungsobjekts muß also aus Sicht aller

---

1 Vgl. MÜNSTERMANN, Wert und Bewertung (1966), S. 136-138, COENENBERG, Unternehmensbewertung (1992), S. 107, SCHMIDT, DCF-Methode (1995), S. 1106, SPREMANN, Wirtschaft (1996), S. 462, HACHMEISTER, Discounted Cash Flow (2000), S. 47 f.
2 Die kapitalmarktorientierte Bewertungsliteratur erweckt manchmal den Eindruck, als stelle sich die Frage gar nicht, ob der Markt die subtil errechneten Werte auch tatsächlich so nachvollzieht, wie es die Theorie verheißt. Vgl. z.B. DRUKARCZYK/RICHTER, APV-Ansatz (1995).
3 Vgl. HIRTH/WALTER, Imitation (2002).

Marktteilnehmer der gleiche sein, d.h., für jede mögliche Umweltsituation muß Einigkeit darüber herrschen, welchen finanziellen Rückfluß das Bewertungsobjekt seinem Eigentümer verspricht. Diese Voraussetzung ist für bestimmte standardisierte Finanzprodukte wie Renten und Optionen eher unkritisch;[1] für hochkomplexe Bewertungsobjekte wie z.B. ganze Unternehmen oder auch nur Unternehmensteile kann sie hingegen wohl kaum als erfüllbar angesehen werden. Selbst wenn die Marktteilnehmer über ein homogenes Synergiepotential verfügten und deshalb den unsicheren Zahlungsstrom im Grundsatz identisch prognostizieren müßten, bräuchten ihre Erwartungen über die mit dem Bewertungsobjekt bei einer bestimmten Unternehmenspolitik in bestimmten Umweltzuständen erzielbaren finanziellen Überschüsse keineswegs übereinzustimmen. Allein diese Art von Inhomogenität der Erwartungen sorgt schon dafür, daß ein und dasselbe Unternehmen vom Markt nicht als homogenes Gut (im Hinblick auf die erzielbaren Rückflüsse) gesehen wird. Wenn aber die *Wahrnehmung* des Gutes durch die Marktteilnehmer subjektiven Einflüssen unterliegt, wäre es reiner Zufall, wenn sich der als Resultat von Angebot und Nachfrage entstehende Marktpreis mit den individuellen Wertvorstellungen aller Beteiligten deckte.

Der Berechnungsmodus des Börsenkurses[2] von Aktien ist ein gutes Beispiel dafür, daß die Preisbildung am Markt geradezu von den inhomogenen Erwartungen „lebt", die in den unterschiedlichen Limitierungen der Aufträge zum Ausdruck kommen. Kursbildend wirken nur die individuell vorgegebenen Grenzpreise (als subjektive „Entscheidungswerte"), welche deutlich von dem resultierenden umsatzmaximalen Kassakurs (als objektivem Marktpreis) zu unterscheiden sind.

Die für eine generelle Übereinstimmung von Wert und Preis unabdingbare Einheitlichkeit in der Einschätzung der Struktur des unsicheren Zahlungsstroms durch die Marktteilnehmer wird von den beschriebenen ökonomisch motivierten Inhomogenitäten in bezug auf die subjektiven Entscheidungsfelder empfindlich gestört. Daneben existieren aber auch noch außerökonomische Einflüsse, die sich in einem eindimensionalen Marktpreis nicht zum Ausdruck bringen lassen. Wenn beispielsweise ein Grundbesitzer das Angebot erhält, seinen seit Jahrhunderten im Familieneigentum befindlichen Stammsitz zu verkaufen, wird er wahrscheinlich mehr dafür fordern als den Ertragswert der Landwirtschaft des Gutes. Dieser Ertragswert bildet aber für die anderen Marktteilnehmer, welche an dem speziellen Grundbesitz nicht emotional hängen, die Preisobergrenze. Der Marktpreis ist dann nicht ausschlaggebend, wenn aus ideellen Gründen ein höherer Wert zum Tragen kommt. Außerdem braucht der Preis

---

1 Im Falle einer Kaufoption auf Aktien kann z.B. für jeden möglichen Umweltzustand – Kurs der Basisaktie – zumindest der innere Wert als Mindestrückfluß bei sofortigem Verkauf der Option objektiv errechnet werden. Zins- und Tilgungszahlungen deutscher Staatspapiere dürften zumindest in der Vergangenheit von den meisten Marktteilnehmern als beinahe deterministisch, mithin fast zustandsunabhängig konstant eingeschätzt worden sein.

2 Zur Börsenkursbildung vgl. MATSCHKE, Finanzierung (1991), S. 105-108; vertiefend zur Theorie der Marktmikrostruktur vgl. HIRTH, Marktmikrostruktur (2000).

3.1 Rahmenbedingungen finanzierungstheoretischer Unternehmensbewertung 157

keineswegs der einzige konfliktlösungsrelevante Sachverhalt in der Verkaufsverhandlung zu sein. Die Beschränkung des Wertbegriffs auf den Marktpreis ist deshalb u.U. schon allein aus diesem Grunde nicht sachgerecht. Ein prinzipiell mehrdimensionaler Entscheidungswert[1] kann mit einem eindimensionalen Marktpreis nicht allgemein zur Deckung gebracht werden.

Sieht man sowohl von der Inhomogenität der individuellen Synergiepotentiale und Wahrnehmungen als auch von der prinzipiell möglichen Mehrdimensionalität des Entscheidungswertes für die Marktteilnehmer ab, so gelingt theoretisch unter bestimmten idealen Marktbedingungen tatsächlich die Überführung von Wert und Preis. Es ist das Verdienst der Nobelpreisträger ARROW und DEBREU, eine Gleichgewichtstheorie entwickelt zu haben, mit der sich unsichere Zahlungsströme so bewerten lassen, daß für alle Marktteilnehmer unabhängig von ihrer individuellen Risikoneigung derselbe Entscheidungswert resultiert, der aus Arbitragegründen auch zum Marktpreis werden muß.[2] Die für die Bewertung entscheidenden Marktfaktoren werden deshalb auch als ARROW-DEBREU-Preise bezeichnet.

Folgende Voraussetzungen müssen erfüllt sein, damit die arbitragefreie Bewertung beliebiger unsicherer Zahlungsströme gelingt:

1. *Vollkommenheit des Marktes.* Allen Marktteilnehmern ist für jeden möglichen Umweltzustand bekannt, welchen finanziellen Rückfluß die am Markte gehandelten Wertpapiere (Zahlungsströme) liefern. Höhe und Struktur der Rückflüsse eines Zahlungsstroms sind für alle Marktteilnehmer gleich. Jeder Zahlungsstrom kann ohne Transaktionskosten zum gleichen Preis in unbegrenztem Umfang gekauft oder verkauft werden.[3]

2. *Vollständigkeit des Marktes.* Die gehandelten Zahlungsströme spannen den gesamten Umweltzustandsraum auf, d.h., sie können beliebig strukturierte andere Zahlungsströme durch Linearkombination nachbilden. Für einen gegebenen zu bewertenden Zahlungsstrom genügt die schwächere Voraussetzung, daß er im von den gehandelten Zahlungsströmen aufgespannten Vektorraum liegt, also von ihnen nachgebildet werden kann (sog. „Spanning"-Eigenschaft).[4]

---

[1] Vgl. oben, Unterkapitel 1.2 und Unterabschnitt 2.2.6.2.
[2] Vgl. grundlegend *ARROW*, Securities (1964) und *DEBREU*, Theory of Value (1959) sowie für weitere Erläuterungen unten, Abschnitt 3.2.3.
[3] Vgl. *WILHELM*, Marktwertmaximierung (1983), S. 521, *BREUER*, Marktwertmaximierung (1997), S. 223.
[4] Vgl. *WILHELM*, Marktwertmaximierung (1983), S. 528 f., *BREUER*, Marktwertmaximierung (1997), S. 224.

3. *Vollständigkeit des Wettbewerbs.* Die Marktteilnehmer haben im Gleichgewicht keinen Einfluß auf die Marktpreise der gehandelten Zahlungsströme.[1] Neue Zahlungsströme ändern nicht die am Markt herrschenden Preise, weil die Marktteilnehmer lediglich als Mengenanpasser agieren können (sog. „Competitivity"-Eigenschaft).[2]

Jeder neue Zahlungsstrom läßt sich unter diesen Voraussetzungen mit dem Preis p* des zu seiner Nachbildung erforderlichen, aus am Markt gehandelten Zahlungsströmen zusammengesetzten Portefeuilles bewerten. Kein Käufer wird mehr als den „Vollreproduktionswert" p* zu zahlen bereit sein, und kein Verkäufer wird weniger als den „Liquidationswert" p* verlangen. Aus Arbitragegründen stellt sich dann auch der Marktpreis des zu bewertenden Zahlungsstroms auf p* ein. Damit gilt: Der Marktpreis fällt mit dem für alle Marktteilnehmer gleichen Entscheidungswert zusammen.

Diese Argumentation erweitert das einfache Bewertungsprinzip des vollkommenen Kapitalmarkts bei Sicherheit[3] auf den Unsicherheitsfall. Mit Hilfe von zustandsabhängigen Preisen zur Bewertung normierter Zahlungsströme (ARROW-DEBREU-Preisen) ergibt sich der Marktwert eines Zahlungsstroms formal wie im Sicherheitsfall als Ertragswert.[4]

Das Prinzip der arbitragefreien Bewertung besticht durch die theoretische Bewältigung des Unsicherheitsproblems in einer idealisierten Denkwelt. Für Zwecke der Unternehmensbewertung erweist sich aber sein Prämissenkranz als viel zu restriktiv, um eine Anwendungsempfehlung zu gestatten. Die Anforderungen an Marktvollkommenheit und -vollständigkeit sind zu hoch, um in der Realität auch nur annähernd erfüllbar zu sein. Als besonders problematisch erscheint die unübersehbar große Zahl (überwiegend unbekannter) möglicher Umweltzustände, welche jeden Zahlungsstrom zu einem Vektor von fast unendlicher Dimension ausdehnt, der nur zu einem verschwindenden Bruchteil mit Zahlen angefüllt werden kann. Obwohl die Verfügbarkeit von Optionen Märkte tendenziell „vollständiger" werden läßt,[5] werden wohl nie

---

1 Zur vollständigen Konkurrenz vgl. SCHUMANN/MEYER/STRÖBELE, Mikroökonomische Theorie (1999), S. 207-209.

2 Vgl. WILHELM, Marktwertmaximierung (1983), S. 528, BREUER, Marktwertmaximierung (1997), S. 224.

3 Vgl. oben, Abschnitt 2.2.1.

4 Zu weiteren Erläuterungen vgl. Unterabschnitt 3.2.3.1.

5 Vgl. z.B. WILHELM, Marktwertmaximierung (1983), S. 529 f., WOSNITZA, State-Preference 2 (1995), S. 698-701.

3.1 Rahmenbedingungen finanzierungstheoretischer Unternehmensbewertung 159

genug verschiedenartige Zahlungsströme gehandelt werden können, um so komplexe Gebilde wie Unternehmen finanzwirtschaftlich nachzustellen.[1]

„Die Maximierung des Marktwertes des Eigenkapitals ist die gängige Zielsetzung amerikanischer Lehrbücher über Investition und Finanzierung. Das macht sie nicht über eine Kritik erhaben."[2] Marktwertmaximierung ergibt sich als sinnvolle Zielsetzung aus einem finanzierungstheoretischen Gleichgewichtsmodell. Für Entscheidungsmodelle zur Unternehmensbewertung auf realen (d.h. unvollkommenen und unvollständigen) Märkten läßt sich ein derartiges Ziel jedoch, wie gezeigt, nicht schlüssig begründen.[3] Es spricht statt dessen viel dafür, das Bewertungssubjekt seine eigene Zielsetzung vor dem Hintergrund seines individuellen Entscheidungsfeldes wählen zu lassen.

Die Überlegenheit einer subjektiv-entnahmeorientierten Zielsetzung, welche pragmatisch die Konsumpräferenz des Bewertungssubjekts widerspiegelt und von der Eignermehrheit frei ausgestaltet werden kann, ergibt sich nicht zuletzt aus dem Umstand, daß normativ-zwingende Aussagen auf der Ebene der Zielvorgabe fehl am Platze sind. Es gehört zum Wesen des Unternehmers, seine Ziele und Strategien frei zu wählen. Der vom „Shareholder Value"-Ansatz angestrebte Interessenausgleich zwischen Eigentümern, Unternehmensleitung, Mitarbeitern, Kunden und anderen „Anspruchsgruppen"[4] bedarf keiner für alle Unternehmen gleichen „Einheitszielfunktion". Als Indiz für diese Einschätzung könnte die Zurückhaltung gewertet werden, mit der deutsche börsennotierte Aktiengesellschaften den vor allem von ausländischen institutionellen Anlegern erhobenen Forderungen nach einer „wertorientierten Führung" begegneten.[5] Mittlerweile hat die modische Sprachregelung der (angeblich früher noch nie beachteten) „Wertorientierung" auf viele Gebiete der Betriebswirtschaftslehre übergegriffen und auch dem an sich schon schillernden Begriff „Controlling" weitere Inhalte und Abgrenzungsprobleme beschert.[6]

---

1 Vgl. *LOISTL*, Kapitalmarkttheorie (1994), S. 316 f., *WILHELM*, Marktwertmaximierung (1983), S. 531.
2 *BALLWIESER*, Shareholder Value (1994), S. 1391.
3 Zur zusammenfassenden Einschätzung der Marktwertmaximierung vgl. *WILHELM*, Marktwertmaximierung (1983), S. 531, *BALLWIESER*, Shareholder Value (1994), S. 1393 f., 1404, *BREUER*, Marktwertmaximierung (1997), S. 226, *HACHMEISTER*, Discounted Cash Flow (2000), S. 11-19.
4 Vgl. *RAPPAPORT*, Creating Shareholder Value (1986), S. 11 f., *RAPPAPORT*, Shareholder Value (1999), S. 12 f.
5 Vgl. *ARBEITSKREIS „FINANZIERUNG" DER SCHMALENBACH-GESELLSCHAFT*, Erwiderung (1997), S. 380.
6 Vgl. *HERING/VINCENTI*, Wertorientiertes Controlling (2004).

3.1.2 Die Vorstellung des Kapitalmarktgleichgewichts

Investitionstheoretisch ergibt sich der Unternehmenswert als Grenzpreis aus einem Optimierungskalkül, wobei das Bewertungssubjekt aus seinem speziellen Entscheidungsfeld[1] diejenigen Handlungsmöglichkeiten sucht, welche seine individuelle Konsumentnahmezielsetzung bestmöglich erfüllen. Der finanzierungstheoretische Bewertungsprozeß ist demgegenüber von grundsätzlich anderer Art: Unter der Annahme homogener Entscheidungsfelder auf einem vollkommenen und vollständigen Kapitalmarkt bei vollständiger Konkurrenz entspricht die im vorangegangenen Abschnitt behandelte Zielsetzung Marktwertmaximierung den Interessen aller Unternehmenseigentümer, und der für sämtliche Marktteilnehmer gleiche Entscheidungswert stellt sich durch Arbitrageprozesse als im *Gleichgewicht* gültiger Marktpreis ein. Dieser Grenzpreis ist keine subjektive Größe, sondern das objektive Resultat einer durch den Markt gleichsam automatisch ausgeführten Bewertungsprozedur.

Die Übereinstimmung von Wert und Preis steht demnach erst am Ende eines Marktprozesses, der zum Gleichgewicht führt, wie auch die Gültigkeit der arbitragefreien ARROW-DEBREU-Preise erst im Gleichgewichtszustand vorausgesetzt werden kann. Solange der Bewertungsprozeß noch nicht abgeschlossen ist, liefert der Markt Wertansätze (Preise), die noch zu Arbitragegeschäften ausgenutzt werden können und dadurch erst die Begründung dafür liefern, daß die Marktteilnehmer aus ihrer Sicht unterbewertete Zahlungsströme kaufen und überbewertete verkaufen. Überschußnachfrage und Überangebot in bezug auf einzelne Zahlungsströme führen zur allmählichen Anpassung der Marktpreise in Richtung auf die arbitragefreien Gleichgewichtspreise. Handel setzt also das Ungleichgewicht beinahe notwendig voraus, weil die Arbitragemöglichkeiten Finanztransaktionen vorteilhaft erscheinen lassen, die bei „korrekter" Bewertung im Gleichgewicht wenig interessant wären, weil sie einen Kapitalwert von null aufwiesen und deshalb allenfalls zur zeitlichen Umstrukturierung bestehender Konsumströme abgeschlossen würden.

Unter idealen Marktbedingungen mit fast unendlich hoher Informationsverarbeitungskapazität und -geschwindigkeit könnte davon ausgegangen werden, daß die Marktteilnehmer die Anpassungsprozesse antizipierten, sich deshalb die Gleichgewichtspreise sehr schnell – praktisch sofort – einpendelten und der Handel stark zurückginge. Eine Unternehmensbewertung zum Gleichgewichtspreis wäre dann schlüssig, wobei sich natürlich die Frage stellte, ob es überhaupt noch Interessenten für Käufe und Verkäufe gäbe, wenn alle Transaktionen genau zum Grenzpreis erfolgten. Ganz unabhängig von praktischen Einwänden kranken Gleichgewichtsmodelle an dem logischen Problem, daß bei Gültigkeit ihrer Prämissen kein Geschäft mehr einen Vermögens- oder Einkommenszuwachs verspricht, weil am Markte nur

---

1 Vgl. oben, Abschnitt 2.1.2.

3.1 Rahmenbedingungen finanzierungstheoretischer Unternehmensbewertung 161

noch Zahlungsreihen mit dem Kapitalwert null vorkommen.[1] Durch den Abschluß von Geschäften läßt sich dann nur noch die Struktur bereits bestehender Konsumströme ändern, ohne jedoch dabei *zusätzliche* Konsummöglichkeiten zu erzeugen.

Auf den unvollkommenen und unvollständigen Kapitalmärkten der Realität ist eine Tendenz zu konvergierenden und schließlich unveränderlichen Preisen mit am Ende stark zurückgehendem Handel nicht zu erkennen.[2] Ein stationärer Gleichgewichtszustand mit endgültig fixierten Preisen widerstrebt der Vorstellung des Ökonomen schon deshalb, weil der Preismechanismus mit beweglichen Preisen als Ausdruck wechselnder Knappheitsverhältnisse von vitaler Bedeutung für die optimale Ressourcenallokation ist. Wenn aber die Realität auf den Kapitalmärkten von einem Gleichgewichtszustand mehr oder weniger weit entfernt zu sein scheint und ständig Arbitrageprozesse und Spekulationen[3] ablaufen, stellt sich sofort die Frage, inwieweit Ergebnisse der Gleichgewichtstheorie überhaupt noch – zumindest heuristisch – anwendbar bleiben.[4] Das theoretisch bestechende Modell der arbitragefreien Bewertung enthält nur Aussagen über den Gleichgewichtszustand, aber keine genauen Informationen über die Preisdynamik im Ungleichgewicht sowie über die Form, Dauer und Konvergenz der Anpassungsprozesse, wenn die zugrundeliegenden idealen Marktbedingungen nicht erfüllt sind. Befürworter einer kapitalmarktorientierten Bewertung stehen damit in der Schuld, die Fragen wohlbegründet zu erörtern, ob

1. z.B. aus dem deutschen Aktienmarkt stammende Preise zur Schätzung gleichgewichtiger Marktpreise im Sinne des Modells der Marktwertmaximierung geeignet sind und

2. eine solche Schätzung von gleichgewichtigen Marktwerten für die Unternehmensbewertung überhaupt von Belang ist, wenn die Modellprämissen in der Realität nicht erfüllt sind und ein Kapitalmarktgleichgewicht mit unveränderlichen Preisen noch nie beobachtet werden konnte.

Die Vorstellung vom Kapitalmarktgleichgewicht ist verlockend, weil sie es theoretisch erlaubt, schwierige Bewertungsprobleme durch den Mechanismus des Marktes

---

[1] Zur grundsätzlichen Kritik an Gleichgewichtsmodellen vgl. SCHNEIDER, Investition (1992), S. 568-574, SCHNEIDER, Betriebswirtschaftslehre (1993), S. 275-282, BRINKMANN, Wissenschaftstheorie (1997), S. 241-258.

[2] Marktunvollkommenheiten beeinflussen die ARROW-DEBREU-Preise in unvorhersagbarer Weise. Vgl. GARMAN/OHLSON, Valuation of Risky Assets (1981), S. 277 f., HERING, Arbitragefreiheit (1998), S. 171-174.

[3] Börsengeschäfte werden häufig mit Wetten oder Spielen verglichen, vgl. z.B. SIEGERT, Shareholder Value (1995), S. 593. Wären die Aktienkurse Gleichgewichtspreise, gäbe es nichts (mehr) zu wetten. Vgl. auch SCHNEIDER, Klumpfuß (1998), S. 1478.

[4] Die Anwendbarkeit von Gleichgewichtsmodellen auf unvollkommene Märkte wird in der Literatur durchaus kritisch gesehen oder verneint. Vgl. z.B. KLINK, Anleihenbewertung (1997), S. 1 f.

lösen zu lassen. Übertragen auf die Unternehmensbewertung, impliziert die marktorientierte Bewertung eine radikale Abkehr von der subjektiven Wertlehre und damit auch von der seit Jahrzehnten anerkannten Theorie des Entscheidungswerts.[1] Die Objektivierung des Unternehmenswerts wird jedoch mit unerfüllbar hohen Anforderungen an die Vollkommenheit und Vollständigkeit des Marktes und des Wettbewerbs erkauft. Weil der Marktwert im Gleichgewicht ein nur unter idealen Bedingungen begründbarer theoretischer Grenzfall des Entscheidungswerts ist, muß für reale Bewertungen weiterhin von der Subjektivität des Grenzpreises ausgegangen werden.[2]

Anhänger einer pragmatischen Anwendung der Gleichgewichtstheorie ziehen sich in der Regel auf die (unbewiesene) Behauptung zurück, das Bewertungsergebnis reagiere nicht übermäßig empfindlich auf ihre Modellvereinfachungen. Wer Prämissen vereinfacht, trägt jedoch die Beweislast für die Zweckmäßigkeit seines Vorgehens und muß zeigen, daß für vollkommene und vollständige Märkte abgeleitete Erkenntnisse ohne größere Fehler auf unvollkommene und unvollständige Märkte übertragbar sind. Der Versuch eines solchen Nachweises könnte manchem Verfechter der „objektivierten" Kapitalmarkttheorie zu der Einsicht verhelfen, daß das subjektive Entscheidungsfeld in der Tat bewertungsrelevant ist.

Unter realistischen Marktbedingungen gibt es keine Begründung dafür, die Übereinstimmung von Marktwert und Entscheidungswert anzunehmen. Dies gilt um so mehr, wenn nur „marginale" Marktwerte (z.B. Aktienkurse) oder gar nur rechnerisch fingierte hypothetische „Marktwerte" (z.B. „Shareholder Value"-Formeln aus der angloamerikanischen Literatur) vorliegen. Während Gleichgewichtsmodelle also im allgemeinen ungeeignet zur Ermittlung von Entscheidungswerten sind, liegt ihre wahre Bedeutung im Bereich der beiden anderen Hauptaufgaben funktionaler Bewertung: Sofern ein – wie auch immer operationalisierter – „Marktwert" die Zustimmung beider Verhandlungsparteien findet (also zwischen den beiden individuellen Entscheidungswerten liegt), eignet er sich als Arbitriumwert. Der Schiedsgutachter braucht in diesem Falle nicht einmal mehr die Entscheidungswerte der beiden Parteien zu kennen. Als noch nützlicher erweisen sich errechnete „Marktwerte" in der Argumentationsfunktion: Erstens genießt der Markt in einem freiheitlichen Wirtschaftssystem den Vertrauensvorschuß einer effizienten, neutralen und objektiven Bewertungsinstanz, so daß allein die Verwendung des positiv belegten Begriffs „Markt" über die Eigen-

---

[1] Zur Problematik einer markt- oder börsenorientierten Bewertung im Vergleich zur subjektiven Wertlehre vgl. z.B. MÜNSTERMANN, Wert und Bewertung (1966), S. 136-138, COENENBERG, Unternehmensbewertung (1992), S. 108, DIRRIGL, Strategische Unternehmensbewertung (1994), S. 421, BALLWIESER, Shareholder Value (1994), S. 1402, BALLWIESER, Aktuelle Aspekte (1995), S. 126 und 129, MANDL/RABEL, Unternehmensbewertung (1997), S. 20, SCHILDBACH, Discounted Cash-flow (1998).

[2] Anderenfalls wären viele allgemein anerkannte Aussagen der Theorie der Unternehmensbewertung – wie etwa die Abhängigkeit des Grenzpreises von der Risikoneigung des Bewertungssubjekts (vgl. z.B. COENENBERG, Monte-Carlo-Simulation (1970), S. 794) – hinfällig.

3.1 Rahmenbedingungen finanzierungstheoretischer Unternehmensbewertung 163

nützigkeit des zu begründenden Preisvorschlags hinwegzutäuschen hilft. Zweitens stößt eine (rechnerisch fingiert) marktorientierte Bewertung zur Zeit auf hohe Akzeptanz, besonders bei Unternehmen, die populäre Schlagworte wie „Value Based Management" gebrauchen und jeweils den aktuellsten amerikanischen „Management-Gurus" (und ihren europäischen Epigonen) folgen. Drittens kann die in der Gleichgewichtstheorie geltende Übereinstimmung von Marktpreis und Entscheidungswert argumentativ genutzt werden, um den Eindruck besonderer Uneigennützigkeit zu erwecken: Wer einen Gleichgewichts-Marktpreis vorschlägt, ist offenbar bereit, ein Grenzgeschäft mit dem Kapitalwert null zu tätigen, bei dem er nichts verliert, aber auch nichts gewinnt.

3.1.3 Die verschiedenen Rechengrößen

In finanzierungstheoretischen Gleichgewichtsmodellen wird ganz unstrittig mit *Zahlungsgrößen* gerechnet. Zu bewerten sind zukünftige, unsichere Zahlungsströme zwischen Unternehmen und ihren Eigentümern, und insofern besteht kein Unterschied zur Sichtweise der Investitionstheorie.[1] Die praxisorientierte Beraterliteratur diskutiert in diesem Zusammenhang nochmals ausführlich die von der Investitions- und Finanzierungstheorie längst negativ beantwortete Frage nach der Eignung buchhalterischer Erfolgsmaße für finanzwirtschaftliche Steuerungszwecke,[2] um zu dem (nicht überraschenden) Schluß zu kommen: „Cash Is King"[3]!

Gemäß der allgemeinen Gleichgewichtstheorie müßten die zustandsabhängigen Zahlungen des Bewertungsobjekts mit den ARROW-DEBREU-Preisen bewertet werden. Da dies jedoch wegen der Vielzahl möglicher Zustände nicht gelingt, ist entweder eine heuristische Komplexitätsreduktion vorzunehmen (Beschränkung auf ausgewählte Zustände)[4] oder aber ein anderes Gleichgewichtsmodell zu wählen, welches zusätzliche Annahmen trifft und z.B. mit Erwartungswerten und Streuungen arbeitet[5]. Der zweite Weg, d.h. das Rechnen mit *erwarteten* finanziellen Überschüssen, ist typisch für die in der anglo-amerikanischen Literatur vorherrschenden „Discounted Cash Flow"-Bewertungsmodelle, die einzelne Komponenten aus der Kapitalmarkttheorie entlehnen und sehr pragmatisch miteinander kombinieren.

---

1 Vgl. oben, Abschnitt 2.1.3.
2 Vgl. vor allem *RAPPAPORT*, Creating Shareholder Value (1986).
3 *COPELAND/KOLLER/MURRIN*, Valuation (2000), S. 73. In der deutschen Ausgabe wurde diese plakative Kapitelüberschrift offenbar als leicht unseriös oder zu unwissenschaftlich angesehen und deshalb sehr frei und wesentlich trockener mit „Cash-flow als Erfolgsmaßstab" übersetzt. Vgl. *COPELAND/KOLLER/MURRIN*, Unternehmenswert (1998), S. 99.
4 Vgl. Unterkapitel 3.4.
5 Vgl. Unterkapitel 3.3.

In der investitionstheoretischen Unternehmensbewertung wird nur unterstellt, daß mit dem Bewertungsobjekt j ein subjektiv geschätzter (Netto-)Zahlungsstrom g_j verbunden ist, der dem Bewertungssubjekt als Käufer zufließt (oder als Verkäufer entgeht). Die finanzierungstheoretische Unternehmensbewertung legt demgegenüber auch die Struktur des zu bewertenden erwarteten Zahlungsstroms nach pauschalen Annahmen fest, wobei beinahe jeder Autor einen anderen Vorschlag unterbreitet, welche Rechengröße der Bewertung zugrunde zu legen sei.[1] Bei Festlegung auf ein bestimmtes Konzept verbleiben dem Bewerter somit geringere Spielräume, die ihm relevant erscheinenden Zahlungsgrößen einzubeziehen und seinen individuellen Informationsstand voll auszunutzen.

Dies zeigt sich besonders deutlich an den in der anglo-amerikanischen Literatur verbreiteten, aber inzwischen auch auf dem europäischen Festland nachgeahmten Cash-flow-Ansätzen. Der Cash-flow hat als erfolgswirtschaftlicher Umsatzüberschuß zwischen Unternehmen und Umwelt nur einen sehr losen Bezug zu den letztlich interessierenden Ausschüttungen des Unternehmens an seine Eigner.[2] Um diesem Mangel abzuhelfen, werden an der Ausgangsgröße „Cash-flow" umfangreiche Modifikationen vorgenommen, die sich am Grundmuster einer Kapitalflußrechnung orientieren und letztlich die Veränderung der Bilanzposition „liquide Mittel" nachzeichnen.[3] Neben erfolgsneutralen, aber finanzwirksamen Bestandsänderungen im Anlage- und Umlaufvermögen (Investitionen/Desinvestitionen) sind auch die Kapitalaufnahmen und Tilgungen im Bereich der Außenfinanzierung zu berücksichtigen. Im Ergebnis liegt dann ein sogenannter freier Cash-flow (FCF) vor, der an die Eigner ausgeschüttet werden kann oder den Kassenbestand erhöht.

Das Problem der Quantifizierung künftiger Ausschüttungen stellt sich also im Rahmen der Cash-flow-Ansätze in gleicher Weise wie im investitionstheoretischen Ansatz (Ertragswertmethode). Die Annahme, freie Cash-flows ließen sich leichter schätzen als der Ausschüttungsstrom, trügt, weil sich beide Größen lediglich geringfügig – nämlich um die Veränderung des Kassenbestandes beim Bewertungsobjekt – unterscheiden. Um Bewertungsproblemen hinsichtlich der Wiederanlage und Verzinsung des thesaurierten Kassenzuwachses aus dem Wege zu gehen, empfiehlt es sich überdies, eine Vollausschüttung des freien Cash-flows zu unterstellen und somit die Veränderung des Kassenbestandes gleich null zu setzen.[4] Dann aber gibt es überhaupt keinen Unterschied mehr zwischen Ausschüttung und freiem Cash-flow.

---

1 Eine Übersicht von 14 ausgewählten Vorschlägen zeigt GÜNTHER, Controlling (1997), S. 112-118.

2 Vgl. GÜNTHER, Controlling (1997), S. 82 f., COENENBERG/SCHULTZE, Discounted Cash Flow (1998), S. 271-273.

3 Vgl. GÜNTHER, Controlling (1997), S. 123 f., 142 f., COENENBERG/SCHULTZE, Discounted Cash Flow (1998), S. 279, 293 f., MATSCHKE/BRÖSEL, Unternehmensbewertung (2005), S. 565 ff.

4 Vgl. COENENBERG/SCHULTZE, Discounted Cash Flow (1998), S. 294 f.

3.1 Rahmenbedingungen finanzierungstheoretischer Unternehmensbewertung 165

Prognoseprobleme werden demnach durch den Übergang zu einer Cash-flow-Betrachtung nicht gemildert. Die Grundidee, Ausschüttungen ausgehend von Plan-Gewinn-und-Verlustrechnungen, Planbilanzen, Kapitalflußrechnungen oder Finanzierungsplänen zu schätzen, ist ebenfalls kein Vorzug der Cash-flow-Modelle, sondern im Rahmen der klassischen Ertragswertmethode schon lange gebräuchlich.[1]

In der praxisorientierten Literatur finden sich, wie bereits erwähnt, mannigfaltige Empfehlungen bestimmter Berechnungsschemata für den bewertungsrelevanten Zahlungsstrom.[2] Die Fixierung auf den isolierten Cash-flow des Bewertungsobjekts als Ausgangsbasis der Betrachtung birgt jedoch die Gefahr in sich, wichtige und bewertungsrelevante finanzielle Verflechtungen zwischen dem Bewertungsobjekt und dem Bewertungssubjekt zu übersehen, die in individuellen produktions- oder finanzwirtschaftlichen Synergien (z.B. produktionswirtschaftlichen Verbundeffekten, steuerlichen Verlustvorträgen) begründet liegen. Jedes nicht dem Einzelfall angepaßte Schema zur Ermittlung des freien Cash-flows läuft Gefahr, das Bewertungsobjekt als für sich wirtschaftende isolierte Einheit zu interpretieren und zahlreiche Interdependenzen zum kaufenden oder verkaufenden Unternehmen zu ignorieren. Die z.B. von Unternehmensberatern empfohlenen, sehr uneinheitlichen Cash-flow-Berechnungsvorschriften erscheinen in diesem Lichte eher als Rückschritt hinter den von der investitionstheoretischen Bewertungslehre erreichten Erkenntnisstand, dem zufolge der relevante Netto-Zahlungsstrom g_j höchst individuell aus der Einbettung des Bewertungsobjekts in ein subjektives Entscheidungsfeld hervorgeht. Zu bewerten sind nicht allein die womöglich noch schematisch berechenbaren Ausschüttungen aus dem Bewertungsobjekt, sondern auch die nur individuell und fallspezifisch bestimmbaren finanziellen Einsparungen oder Zusatzbelastungen im Entscheidungsfeld des Bewertungssubjekts.[3]

Angesichts der Vernachlässigung des wichtigen subjektiven Bewertungsumfelds durch die Cash-flow-Ansätze erstaunt die große Aufmerksamkeit, welche die einschlägige Literatur einem Nebenaspekt widmet, nämlich der Diskussion der Frage, ob und unter welchen Umständen einzelne Varianten der FCF-Definition äquivalent sind, also zum gleichen rechnerischen „Marktwert" des Bewertungsobjekts führen. Wie in den Abschnitten 3.1.1 und 3.1.2 begründet wurde, sind die für eine Marktbe-

---

1 Vgl. z.B. BREMER, Unternehmensbewertung (1996).

2 Einer der bekanntesten Vorschläge stellt den Cash-flow als Ergebnis des Zusammenwirkens verschiedener „Werttreiber" dar; vgl. RAPPAPORT, Creating Shareholder Value (1986), S. 76 f., RAPPAPORT, Shareholder Value (1999), S. 79 f. Zur Kritik an diesem schematisierten Konzept vgl. z.B. SCHMIDT, Strategische Erfolgsfaktoren (1997), S. 69, HACHMEISTER, Discounted Cash Flow (2000), S. 59 ff.

3 Schematisierte Bewertungen sind weniger problematisch, wenn es lediglich um marginale Eigentumsänderungen geht. Wer nur wenige Aktien kaufen möchte und keinen Einfluß auf die Geschäftspolitik des Bewertungsobjekts nehmen kann, kommt wegen des Fehlens von Verbundwirkungen mit einer isolierten Betrachtung des Bewertungsobjekts aus.

wertung erforderlichen Gleichgewichtsbedingungen in der Realität nicht erfüllt und auch unerfüllbar. Wenn also dennoch mit finanzierungstheoretischen Gleichgewichtsmodellen operiert wird, dann zum Zwecke der Vermittlung oder der Argumentation. Gerade für diese Funktionen der Unternehmensbewertung kommt es aber nicht darauf an, daß die unterschiedlichen Modelle zu einem einheitlichen Ergebnis führen. Je nach Modell variierende Unternehmenswerte sind vor allem in der Argumentationsfunktion geradezu erwünscht, damit ein Spielraum besteht, die zur Rechtfertigung der eigenen Preisvorstellung günstigste Variante auszuwählen und als Verhandlungsgrundlage durchzusetzen. Nur wer – abweichend von der im Unterkapitel 1.1 vertretenen Sicht vom Wesen des Entscheidungswerts als subjektiver Bandbreite – an einen objektiven, eindeutigen Marktwert glaubt, läßt sich durch die Nichtübereinstimmung von verschiedenen rechnerisch fingierten „Marktwerten" verwirren und verunsichern. Ein von der subjektiven Wertlehre geprägter Betrachter findet dagegen nichts Beunruhigendes daran, daß unterschiedliche Finanzierungsannahmen oder allgemeiner unterschiedliche heuristische Problemstrukturierungen auch unterschiedliche Bewertungsergebnisse nach sich ziehen können.

Ausführlich wird die Frage erörtert, ob rechnerisch von einem Brutto- oder einem Nettoansatz auszugehen sei, d.h., ob der freie Cash-flow neben den Ausschüttungen an die Unternehmenseigner auch die Zahlungen an die Fremdkapitalgeber umfassen soll oder nicht.[1] Die Einbeziehung des Kapitaldienstes an Unternehmensgläubiger in den freien Cash-flow ist in der anglo-amerikanischen Literatur üblich, obwohl sie einem am Eigentümerwert interessierten Bewerter befremdlich erscheint. Sie läßt sich in der rigiden Modellwelt der Gleichgewichtstheorie mit gewissen rechentechnischen Vorteilen gegenüber dem Nettoansatz begründen. Die (tautologische) Überführung von Brutto- und Nettoansatz gelingt aber nur unter sehr einschränkenden Voraussetzungen.[2] Damit bleibt festzuhalten, daß – auch in einfachen Fällen – die Ergebnisse finanzierungstheoretischer Bewertungsansätze sehr wohl von dem jeweils verwendeten Modell und seinen spezifischen Finanzierungsprämissen abhängen.[3]

Die Berücksichtigung von Ertragsteuern verursacht im von der Literatur favorisierten Bruttoansatz u.U. Interpretationsschwierigkeiten, und zwar hinsichtlich der Definition des freien Brutto-Cash-flows als Summe der an die Eigen- und Fremdkapitalgeber fließenden Zahlungen.[4] Das Grundkonzept, den freien Cash-flow nach Steuern, aber

---

1 Zu diesen beiden und weiteren FCF-Varianten vgl. z.B. COENENBERG/SCHULTZE, Discounted Cash Flow (1998), S. 280-285, HACHMEISTER, Discounted Cash Flow (2000), S. 94 ff., HACHMEISTER, Unternehmenswert (1996), S. 366, BÜHNER, Shareholder Value (1993), S. 751.

2 Vgl. unten, Abschnitt 3.3.1.

3 Eine „krampfhaft" künstlich herbeigeführte Ergebnisgleichheit unterschiedlicher DCF-Methoden ist übrigens „kein Gütesiegel! [...] Diese Art der Harmonisierung dient einem Zweck: Sie soll die Argumentationsbasis schützen." MATSCHKE/BRÖSEL, Unternehmensbewertung (2005), S. 589.

4 Zu dieser Definition vgl. z.B. KIRSCH/KRAUSE, Kritische Überlegungen (1996), S. 795 f. Vgl. auch RAPPAPORT, Creating Shareholder Value (1986), S. 51 f.

vor Fremdkapitalzinsen zu definieren, führt zu einem fremdfinanzierungsabhängigen freien Brutto-Cash-flow: Durch die steuerliche Abzugsfähigkeit der Fremdkapitalzinsen ergibt sich ceteris paribus für verschuldete Unternehmen ein höherer freier Brutto-Cash-flow als für unverschuldete,[1] weil der Fiskus den Eignern einen Teil der an die Fremdkapitalgeber fließenden Zahlungen erstattet. Um diesen möglicherweise unerwünschten und zu Mißverständnissen Anlaß gebenden Effekt zu vermeiden, wird i.d.R. als Rechengröße ein freier Cash-flow bei (hypothetischer) reiner Eigenfinanzierung verwendet.[2] Diese Größe entspricht den an die Eigen- und Fremdkapitalgeber fließenden Zahlungen, reduziert um die Steuerersparnis durch die Abzugsfähigkeit der Fremdkapitalzinsen. Der so definierte hypothetische freie Cash-flow hängt per def. nicht mehr vom Ausmaß der Fremdfinanzierung ab, kann aber andererseits auch nicht länger als ein an die Eigen- und Fremdkapitalgeber ausschüttbarer Überschuß interpretiert werden (außer natürlich bei reiner Eigenfinanzierung). Wenn dieser fremdfinanzierungsunabhängige hypothetische freie Cash-flow als Rechengröße dient, muß die darin nicht mehr enthaltene Steuerwirkung der Fremdkapitalzinsen auf andere Weise berücksichtigt werden. Im Rahmen der weiter unten zu behandelnden „Discounted Cash Flow"-Ansätze geschieht dies entweder durch einen sogenannten „Steuerschild" (beim APV-Ansatz) oder durch eine Steuerkorrektur des Kalkulationszinsfußes (beim WACC-Ansatz).[3]

Auf diese Weise lassen sich aber die individuellen (auch steuerlichen) Gegebenheiten und Präferenzen der einzelnen Unternehmenseigner nicht abbilden. Während die Eigentümer im Vorfeld einer investitionstheoretischen Unternehmensbewertung immerhin die Möglichkeit haben, durch Mehrheitsentscheid die zeitliche Struktur der gewünschten Ausschüttungen und damit auch die Thesaurierungsquote festzulegen, werden ihnen derartige Entscheidungen in finanzierungstheoretischen Ansätzen durch den rechnerisch fingierten „Markt" aus der Hand genommen. Die Cash-flow-Modelle sehen keine Optimierung des Ausschüttungsstroms nach subjektiven Zielen vor, sondern die Vollausschüttung des formelmäßig berechneten freien Cash-flows.[4] Zusätzlich gelten spezielle und unplausible Finanzierungsannahmen, deren Optimalität i.d.R. nicht einmal thematisiert, geschweige denn nachzuweisen versucht wird. So bleibt beispielsweise völlig ungeklärt, warum es ökonomisch vorteilhaft sein soll, eine bestimmte Zielkapitalstruktur oder eine bestimmte Schuldenhöhe anzustreben, nur um den für die „Discounted Cash Flow"-Ansätze erforderlichen Prämissen gerecht zu werden.[5]

---

1 Vgl. *ALBACH*, Shareholder Value (1994), S. 275.
2 Vgl. z.B. *KIRSCH/KRAUSE*, Kritische Überlegungen (1996), S. 796 f.
3 Vgl. unten, Abschnitt 3.3.1.
4 Vgl. *DRUKARCZYK*, DCF-Methoden (1995), S. 332-334.
5 Vgl. Unterabschnitt 3.3.2.1 und *HERING*, Atmende Finanzierung (2005).

Während die Stoßrichtung der Investitionstheorie dahin geht, mit *einem* Modell[1] *verschiedene* mögliche Grenzpreise zu errechnen und so den Entscheidungswert als Bandbreite zu quantifizieren, möchte die Finanzierungstheorie mit *verschiedenen* Modellen *den einen* gleichgewichtigen Marktwert bestimmen. Da aber die Voraussetzungen der allgemeinen Gleichgewichtstheorie in der Realität nicht erfüllt werden können und eine andere „einheitliche Theorie" des Marktwerts fehlt, liefern die verschiedenen finanzierungstheoretischen Ansätze – erst recht in realen Fällen – unterschiedliche Ergebnisse. Sie scheitern damit an ihrem eigenen hohen Anspruch, „den" im Gleichgewicht gültigen, eindeutigen Marktwert auszurechnen.

Die Auswahl des Modells und der zugehörigen speziellen Rechengröße erweist sich demnach als kritisch für das Resultat der Unternehmensbewertung. Weil es aber in der Welt der neoklassischen Finanzierungstheorie nur einen Marktwert geben kann, stehen die von einer steigenden Anzahl von Autoren und Unternehmensberatern propagierten „Discounted Cash Flow"-Ansätze zwangsläufig in Konkurrenz zueinander. Diese Methodenvielfalt braucht jedoch, wie bereits erwähnt wurde, den mit der funktionalen Lehre vertrauten Bewerter nicht zu verdrießen: Obwohl rechnerisch fingierte „Marktwerte" (in Ermangelung eines ausreichenden Bezugs zum Bewertungssubjekt) nicht die Qualität von subjektiven Entscheidungswerten aufweisen, stellen sie jedoch ein ergiebiges Reservoir dar, aus dem sich verschiedenste Argumentationswerte und bei gegenseitigem Einvernehmen auch Arbitriumwerte schöpfen lassen.

3.2 Finanzierungstheoretisches Fundament der Unternehmensbewertung

3.2.1 Theorie der Kapitalstruktur

3.2.1.1 Klassische These versus Irrelevanzthese

Finanzierungstheoretische Gleichgewichtsmodelle überlassen die Unternehmensbewertung einem Arbitrageprozeß, der zu einem eindeutigen Marktpreis für das Bewertungsobjekt führt. In der Realität existiert aber für den Kauf oder Verkauf ganzer Unternehmen oder großer Unternehmensteile kein organisierter Markt, auf dem sich die Gleichgewichtspreise aller interessierenden Bewertungsobjekte täglich neu und in aller Öffentlichkeit bilden.[2] Um ein Unternehmen dennoch „marktorientiert" bewer-

---

1 Das investitionstheoretische Modell ist im Kern immer das gleiche: eine Liquiditätsbilanz (Einzahlungen ≥ Auszahlungen in jedem Zeitpunkt), gekoppelt mit einer entnahmeorientierten Zielfunktion. Vgl. oben, Unterkapitel 2.2.

2 Es gibt lediglich in Gestalt der Börse einen organisierten Markt für Unternehmens*bruchteile*, und dies auch nur im Fall notierter Aktiengesellschaften. Zur mangelnden Anwendbarkeit von Aktienkursen auf Fragen der Unternehmensbewertung vgl. oben, Abschnitt 3.1.1.

3.2 Finanzierungstheoretisches Fundament der Unternehmensbewertung

ten zu können, muß das Marktgeschehen rechnerisch vorweggenommen (fingiert) werden. Hierzu bedarf es zahlreicher Annahmen und Erkenntnisse über die Reaktionen von Anbietern und Nachfragern auf bestimmte Merkmale des Bewertungsobjekts, damit der Preisbildungsprozeß auf dem hypothetischen Markt korrekt modelliert werden kann.

Die neoklassische Finanzierungstheorie hat ihr Augenmerk seit den späten fünfziger Jahren des letzten Jahrhunderts auf die Klärung der Fragen konzentriert, ob und wie der Markt drei entscheidende Merkmale eines Unternehmens bewertet, und zwar: die Kapitalstruktur, das Risiko und die (Real-)Optionen. Aus den in diesem Zusammenhang getrennt voneinander entwickelten theoretischen Gleichgewichtsmodellen ergeben sich Bewertungsgleichungen, die jeweils auf ganz bestimmten Voraussetzungen über die Kapitalmarktumgebung beruhen. Die Grundannahmen der drei angesprochenen Gruppen von Gleichgewichtsmodellen sind nicht aufeinander abgestimmt und deshalb z.T. unverträglich, beispielsweise in bezug auf die Existenz von Steuern, den zeitlichen Horizont und die Homogenität der Erwartungen der Marktteilnehmer. Gleichwohl hindert dieser Umstand die Verfechter einer „marktorientierten" Bewertung nicht daran, verschiedene Elemente der Gleichgewichtstheorien pragmatisch in einem „Shareholder Value"- oder „Discounted Cash Flow"-Ansatz zusammenzuführen. Als Grundlage zur Beurteilung derartiger Ansätze ist deshalb zunächst auf die drei Gruppen von Gleichgewichtsmodellen näher einzugehen, die in der finanzierungstheoretischen Unternehmensbewertung eine so herausragende Rolle spielen. An vorderster Stelle steht dabei unzweifelhaft die Theorie der Kapitalstruktur, welche in bezug auf Grundmodelle, Argumentationsweisen und Begriffe den nachhaltigsten Einfluß ausgeübt hat.

Wie MODIGLIANI und MILLER in ihren berühmten Aufsätzen[1] gezeigt haben, sind das Problem der optimalen Kapitalstruktur und die Frage nach dem Unternehmenswert im Kapitalmarktgleichgewicht aufs engste miteinander verflochten. Bevor auf die von den beiden Autoren formulierten Irrelevanzthesen eingegangen werden soll, sei noch kurz der Standpunkt der traditionellen Theorie diskutiert.

Die ältere Theorie geht von der sogenannten „klassischen These" aus, der zufolge ein nicht beliebig wählbarer „optimaler" Verschuldungsgrad existiert, bei dem die subjektive Zielsetzung der Eigentümer des Unternehmens ceteris paribus bestmöglich erfüllt wird.[2] Im investitionstheoretischen Ansatz beteiligt sich jeder einzelne Anteils-

---

[1] Vgl. MODIGLIANI/MILLER, Cost of Capital (1958), MODIGLIANI/MILLER, Taxes and the Cost of Capital (1963).

[2] Eine andere, von der Literatur als „traditionell" bezeichnete und leicht angreifbare These unterstellt verschuldungsgradabhängige Eigen- und Fremdkapitalrenditeforderungen. Sie verwendet die schillernden Begriffe „Kapitalkosten" und „Marktwert", ohne jedoch dabei theoriegeleitet zu argumentieren. Zur „traditionellen These" vgl. z.B. DRUKARCZYK, Finanzierung (1993), S. 147-150, PERRIDON/STEINER, Finanzwirtschaft (2004), S. 506 ff.

eigner so lange an Kapitalerhöhungen, wie ihm die dadurch ermöglichte Steigerung seiner durch die Zielfunktion maximierten Konsumentnahmen noch vorteilhafter erscheint als der Rückfluß aus alternativ möglichen anderen Geldanlagen außerhalb des Unternehmens. Die Kapitalstruktur schwankt also mit den situationsbezogenen individuellen Opportunitäten der Eigentümer und der Fähigkeit der Unternehmensleitung, die Beteiligungsfinanzierung im Sinne der Konsumzielsetzung der Eigner attraktiv zu erhalten. Sehr hohe Eigenkapitalquoten sind unwahrscheinlich, weil die Unternehmensleitung i.d.R. von der Hebelwirkung der Verschuldung[1] Gebrauch machen wird, um die Grenzrendite der Einlagen im Unternehmen gegenüber den Opportunitäten am Markte konkurrenzfähig bleiben zu lassen. Außerdem ist Eigenkapital aus vielen Gründen (z.B. Informationsasymmetrien zwischen Unternehmensleitung, Alteigentümern und neuen Eignern, Risikoscheu der Anleger, geringe Fungibilität bei den meisten Rechtsformen) knapper als Fremdkapital,[2] so daß die Aufrechterhaltung oder Expansion des Geschäftsvolumens nicht ohne eine beträchtliche Fremdkapitalquote auskommt. Umgekehrt kann aber die Eigenkapitalquote auch nicht ins Bodenlose fallen, weil sonst die Kreditwürdigkeit des Unternehmens leidet und zusätzliches Fremdkapital nur noch zu immer schlechteren Konditionen erhältlich ist. Daneben bestehen gesetzliche Schranken, die bei vielen Rechtsformen eine Kapitalherabsetzung erschweren. Im Ergebnis resultiert aus rationalen Entscheidungen der Eigentümer und der Unternehmensleitung eine nur individuell begründbare positive Eigenkapitalquote, die im Normalfall wesentlich kleiner als 100% sein wird. Diese These von der Relevanz der Kapitalstruktur ist unter realitätsnahen Rahmenbedingungen bis heute unwiderlegt und wird auch durch neo-institutionalistische Erklärungsansätze gestützt.[3]

MODIGLIANI und MILLER zeigen, daß theoretisch eine Situation konstruierbar ist, in der die Kapitalstruktur keinen Einfluß auf den Unternehmensgesamtwert hat und deshalb für Investitions- und Finanzierungsentscheidungen im Rahmen des Modells der Marktwertmaximierung irrelevant ist. Diese der klassischen These entgegengesetzte Irrelevanzthese verneint also die Existenz einer rational begründbaren, „optimalen" Kapitalstruktur. Sie geht von den folgenden Voraussetzungen aus:[4]

---

1 Zum Hebeleffekt vgl. z.B. MATSCHKE, Finanzierung (1991), S. 31-35, MATSCHKE/HERING/KLINGELHÖFER, Finanzplanung (2002), S. 56 ff.
2 Vgl. z.B. SCHMIDT/TERBERGER, Investitions- und Finanzierungstheorie (1997), S. 456 ff.
3 Vgl. DRUKARCZYK, Finanzierung (1993), S. 150, SCHMIDT/TERBERGER, Investitions- und Finanzierungstheorie (1997), S. 452 ff.
4 Vgl. MODIGLIANI/MILLER, Cost of Capital (1958), S. 265-268, PERRIDON/STEINER, Finanzwirtschaft (2004), S. 510 ff.

3.2 Finanzierungstheoretisches Fundament der Unternehmensbewertung

1. Rationalität der Marktwertmaximierung (Vollkommenheit und Vollständigkeit des Marktes, vollständige Konkurrenz);[1]

2. keine Konditionenunterschiede zwischen privater Verschuldung und Kreditaufnahmen durch Unternehmen;

3. Indifferenz der Anleger zwischen privater Verschuldung und Beteiligung an einem verschuldeten Unternehmen;

4. Abwesenheit von Illiquiditätsgefahren: keine Konkurskosten, keine Abhängigkeit des Fremdkapitalzinses vom Verschuldungsgrad;

5. keine Unterschiede in der steuerlichen Behandlung von Eigen- und Fremdkapital.

Um die These von der Irrelevanz der Kapitalstruktur zu begründen, bedient man sich am besten der arbitragefreien Zustandspreise ρ_t (ARROW-DEBREU-Preise), deren Existenz durch die Prämissen der Marktwertmaximierung gesichert ist.[2] Für jeden künftigen Umweltzustand seien sowohl der Preis ρ_t als auch der zur Befriedigung der Ansprüche von Eigen- und Fremdkapitalgebern zur Verfügung stehende freie Brutto-Cash-flow FCF_t^{br} des Bewertungsobjekts bekannt. Gemäß den Modellprämissen hängen diese Größen nicht von der Finanzierung ab.[3] Der Unternehmensgesamtwert ergibt sich damit im Gleichgewicht als

$$V = \sum_{t=1}^{n} FCF_t^{br} \cdot \rho_t$$

und ist ersichtlich unabhängig davon, welcher Anteil des freien Brutto-Cash-flows an die Eigentümer oder an die Fremdkapitalgeber fließt. Es gilt *Wertadditivität*, d.h.: Eine Aufspaltung von FCF_t^{br} in jeweils zwei Summanden verändert den Gesamtwert V nicht, da Eigen- und Fremdkapitalgeber die gleichen Zustandspreise ρ_t verwenden. Bezeichnet man den gleichgewichtigen Marktwert des Eigenkapitals mit EK und den des Fremdkapitals mit FK, ergibt sich V = EK + FK oder EK = V − FK.

Um weitere Implikationen hinsichtlich der „Kapitalkosten" abzuleiten, gehen MODIGLIANI und MILLER zur Vereinfachung davon aus, daß die Geldanleger am Markte einen bestimmten freien Brutto-Cash-flow FCF^{br} erwarten und als ewige Ren-

---

[1] Vgl. oben, Abschnitt 3.1.1.

[2] Zum Folgenden vgl. *FRANKE/HAX*, Finanzwirtschaft (2004), S. 337 ff. Auch die ursprüngliche Beweisführung von MODIGLIANI und MILLER fußt auf dem gleichgewichtstheoretischen Arbitrageargument; vgl. MODIGLIANI/MILLER, Cost of Capital (1958), S. 267-271.

[3] Ein Zahlenbeispiel, das die Folgen einer Verletzung dieser Annahmen aufzeigt (Existenz von Konkurskosten und Steuern), findet sich in *FRANKE/HAX*, Finanzwirtschaft (2004), S. 341 f.

te mit einem durchschnittlichen Kalkulationszins k diskontieren, in dem das Risiko des betrachteten Unternehmens mit zum Ausdruck kommt. Für ein rein eigenfinanziertes Unternehmen gelte demnach per def.:[1]

$$V = \frac{FCF^{br}}{k}.$$

Da aber sowohl FCF^{br} als nach der Irrelevanzthese auch V unabhängig vom *Verschuldungsgrad* FK/EK sind, muß k ebenfalls unabhängig von der Kapitalstruktur sein, d.h., die Bewertungsgleichung $V = FCF^{br}/k$ gilt auch für verschuldete Unternehmen.[2]

Der ursprünglich nur für rein eigenfinanzierte Unternehmen angesetzte Kalkulationszins k entpuppt sich demnach als durchschnittlicher „Kapitalkostensatz", mit dem der freie Brutto-Cash-flow eines beliebig finanzierten Unternehmens abzuzinsen ist, um den (von der Kapitalstruktur unabhängigen) Marktwert des Gesamtkapitals zu erhalten. Aus der Beziehung $k = FCF^{br}/V = FCF^{br}/(EK + FK)$ läßt sich herleiten, daß der durchschnittliche Kapitalkostensatz dem gewogenen Mittel aus erwarteter Eigen- und Fremdkapitalrendite entspricht (k = „WACC" = Weighted Average Cost of Capital):

Die Fremdkapitalgeber erhalten auf dem vollkommenen Markt eine Verzinsung in Höhe von $i \cdot FK$, während den Eigenkapitalgebern residual der freie (Netto-)Cashflow in Höhe von

$$FCF = FCF^{br} - i \cdot FK$$

verbleibt. Bezeichnet man die erwartete Rendite der Eigenkapitalgeber mit

$$i_{EK} = \frac{FCF}{EK},$$

kann k als gewogenes Mittel von i_{EK} und i interpretiert werden:

$$k = \frac{FCF^{br}}{EK + FK} = \frac{FCF + i \cdot FK}{V} = i_{EK} \cdot \frac{EK}{V} + i \cdot \frac{FK}{V}.$$

Als Gewichtungsfaktoren fungieren die *Eigenkapitalquote* EK/V und die *Fremdkapitalquote* FK/V. Umgestellt nach i_{EK}, resultiert eine Gleichung, die als Hebelformel schon aus der elementaren Finanzierungslehre bekannt ist und nunmehr in Markt- und Erwartungswerten anstatt in bilanziellen Größen formuliert wird:

---

1 Vgl. MODIGLIANI/MILLER, Cost of Capital (1958), S. 267.
2 Vgl. MODIGLIANI/MILLER, Cost of Capital (1958), S. 268 f.

3.2 Finanzierungstheoretisches Fundament der Unternehmensbewertung 173

$$k = i_{EK} \cdot \frac{EK}{EK+FK} + i \cdot \frac{FK}{EK+FK}$$

$$\Leftrightarrow \quad i_{EK} = k+(k-i)\cdot\frac{FK}{EK}.$$

Die von den Eigentümern erwartete Rendite steigt[1], ausgehend von i_{EK} = k bei reiner Eigenfinanzierung, linear mit dem Verschuldungsgrad FK/EK an.[2] Ein solcher Zusammenhang wird von der kapitalmarkttheoretischen Unternehmensbewertung gerne unterstellt, wenn es um die Schätzung von „Eigenkapitalkosten" geht. Ohne die im Abschnitt 3.3.2 zu führende Diskussion vorwegnehmen zu wollen, sei bereits an dieser Stelle darauf hingewiesen, daß die oben formulierten Modellprämissen in der Praxis allesamt (von 1. bis 5.) mehr oder minder nicht erfüllt sind.[3]

3.2.1.2 Die Irrelevanzthese bei Existenz von Steuern

Schon die erste, von MODIGLIANI und MILLER selbst vorgenommene Lockerung der realitätsfernen Modellvoraussetzungen führt zum sofortigen „Einsturz" der Irrelevanzthese. Wird die Prämisse 5. (keine Unterschiede in der steuerlichen Behandlung von Eigen- und Fremdkapital) durch die realistischere Annahme ersetzt, daß Fremdkapital wegen der steuerlichen Abzugsfähigkeit von Sollzinsen Vorteile gegenüber dem Eigenkapital aufweist, entsteht ein durch Arbitrage nicht mehr zu beseitigender Zusatzwert für fremdfinanzierte Unternehmen.[4]

Die vom Fiskus gewährte „Steuersubvention" vergrößert mit zunehmendem Fremdkapital den freien Brutto-Cash-flow FCF^{br} und damit den an Eigen- und Fremdkapitalgeber insgesamt verteilbaren „Kuchen". Bei einem für das Unternehmen gültigen Ertragsteuersatz von s erhalten die Fremdkapitalgeber nach wie vor den Betrag i · FK, die Eigentümer hingegen zusätzlich zum freien Cash-flow der Ausgangssituation noch die *fremdfinanzierungsabhängige* Steuererstattung s · i · FK. Der freie Brutto-Cash-flow

$$FCF^{br} = FCF + i \cdot FK$$

---

[1] Hierbei wird stillschweigend k > i vorausgesetzt.
[2] Zu diesem Ergebnis vgl. MODIGLIANI/MILLER, Cost of Capital (1958), S. 271.
[3] Zu alternativen Herleitungen und Modellkritik vgl. beispielsweise SCHMIDT/TERBERGER, Investitions- und Finanzierungstheorie (1997), S. 252 ff., DRUKARCZYK, Finanzierung (1993), S. 133, MATSCHKE/HERING/KLINGELHÖFER, Finanzplanung (2002), S. 18 ff.
[4] Vgl. MODIGLIANI/MILLER, Taxes and the Cost of Capital (1963). Zur Übertragung auf das deutsche Steuersystem vgl. KRUSCHWITZ, Finanzierung (2004), S. 274 ff.

läßt sich also zerlegen in einen freien Cash-flow FCF^e bei hypothetischer reiner Eigenfinanzierung und in die Steuerersparnis durch die Abzugsfähigkeit der Fremdkapitalzinsen:

$$FCF^{br} = FCF + i \cdot FK = FCF^e + s \cdot i \cdot FK.$$

Wäre das Unternehmen tatsächlich unverschuldet, würden die Marktteilnehmer seinen Wert V^e gemäß der Gleichgewichtstheorie ermitteln, indem sie den von ihnen als ewige Rente erwarteten freien Cash-flow FCF^e mit einem risikoangepaßten Kalkulationszins k^e diskontierten.[1] Es ergäbe sich mithin

$$V^e = \frac{FCF^e}{k^e}.$$

Im Unterschied zu Unterabschnitt 3.2.1.1 kann der Unternehmensgesamtwert V jedoch durch Aufnahme von Fremdkapital kontinuierlich gesteigert werden, denn der freie Brutto-Cash-flow FCF^{br} enthält neben FCF^e noch die „risikolose" Komponente $s \cdot i \cdot FK$, deren Barwert auf dem vollkommenen Markt bei Abwesenheit von Illiquiditätsgefahren mit dem „Sicherheitszinsfuß" i berechnet werden kann. Der gesamte Marktwert V = EK + FK lautet demnach im Gleichgewicht:[2]

$$V = \frac{FCF^e}{k^e} + \frac{s \cdot i \cdot FK}{i} = V^e + s \cdot FK.$$

Weil der Grundbarwert V^e noch um den werterhöhenden „Steuerschild" $s \cdot FK$ korrigiert wird, spricht die anglo-amerikanische Literatur von einem „Adjusted Present Value" (APV).[3] Marktwertmaximierend ist im Modell eine vollständige Fremdfinanzierung – daß diese radikale, unter den gesetzten Prämissen jedoch zwingende Schlußfolgerung nicht uneingeschränkt auf die Realität übertragen werden kann, wird schon von MODIGLIANI und MILLER eingeräumt.[4]

Die Finanzierungsabhängigkeit des gesamten Marktwertes spiegelt sich auch im durchschnittlichen Kapitalkostensatz k („WACC") wider, der nunmehr nicht länger konstant ist, sondern mit steigendem Verschuldungsgrad abnimmt. Weil die Steuerwirkung der Fremdkapitalzinsen bereits im Kalkulationszinsfuß k berücksichtigt wird,

---

1 Vgl. MODIGLIANI/MILLER, Taxes and the Cost of Capital (1963), S. 435.

2 Vgl. MODIGLIANI/MILLER, Taxes and the Cost of Capital (1963), S. 436, DRUKARCZYK, Finanzierung (1993), S. 152 f.

3 Vgl. z.B. MYERS, Capital Budgeting (1974), S. 1-9, DRUKARCZYK, DCF-Methoden (1995), S. 331.

4 Vgl. MODIGLIANI/MILLER, Taxes and the Cost of Capital (1963), S. 442.

3.2 Finanzierungstheoretisches Fundament der Unternehmensbewertung

darf sie nicht zusätzlich in der zu diskontierenden Cash-flow-Größe enthalten sein. Es gilt also nicht mehr $V = FCF^{br}/k$, sondern[1]

$$V = \frac{FCF^e}{k}.$$

Mit Hilfe der Definition des freien Brutto-Cash-flows[2] resultiert für den gewogenen durchschnittlichen Kapitalkostensatz

$$k = \frac{FCF^e}{EK + FK} = \frac{FCF + (1-s) \cdot i \cdot FK}{V} = i_{EK} \cdot \frac{EK}{V} + (1-s) \cdot i \cdot \frac{FK}{V}$$

und umgeformt für die erwartete Rendite der Eigenkapitalgeber ($i_{EK} = FCF/EK$):

$$i_{EK} = k + (k - (1-s) \cdot i) \cdot \frac{FK}{EK}.$$

Abgesehen von der Steuerkorrektur $(1-s)$ des Fremdkapitalzinses gleichen die Terme für k und i_{EK} formal den entsprechenden Ausdrücken bei Gültigkeit der Irrelevanzthese. Der entscheidende Unterschied liegt jedoch darin, daß k keine Konstante mehr ist, sondern nunmehr von der Kapitalstruktur abhängt. Per definitionem gilt nämlich[3] die Beziehung:[4]

$$k = \frac{FCF^e}{EK + FK} = \frac{(V - s \cdot FK) \cdot k^e}{V} = \left(1 - s \cdot \frac{FK}{V}\right) \cdot k^e.$$

Die Größe k^e ist finanzierungsunabhängig (konstant). Deshalb fällt k ersichtlich mit steigendem Fremdkapitalanteil. Dennoch gilt weiterhin ein linearer Zusammenhang zwischen der Renditeerwartung i_{EK} der Eigenkapitalgeber und dem Verschuldungsgrad. Bei Anwendung der bereits bekannten Definitionen und Ergebnisse resultiert:

$$i_{EK} = \frac{FCF}{EK} = \frac{FCF^e - (1-s) \cdot i \cdot FK}{EK} = \frac{(V - s \cdot FK) \cdot k^e}{EK} - (1-s) \cdot i \cdot \frac{FK}{EK}$$

---

1 Vgl. auch VOLPERT, Kapitalwert (1989), S. 101.
2 $FCF^{br} = FCF + i \cdot FK = FCF^e + s \cdot i \cdot FK \Leftrightarrow FCF^e = FCF + (1-s) \cdot i \cdot FK$.
3 Wegen: $V = FCF^e/k^e + s \cdot FK \Leftrightarrow FCF^e = (V - s \cdot FK) \cdot k^e$.
4 Vgl. MODIGLIANI/MILLER, Taxes and the Cost of Capital (1963), S. 438.

$$= \left(1 + \frac{FK}{EK}\right) \cdot k^e - s \cdot k^e \cdot \frac{FK}{EK} - (1-s) \cdot i \cdot \frac{FK}{EK}$$

$$= k^e + (1-s) \cdot k^e \cdot \frac{FK}{EK} - (1-s) \cdot i \cdot \frac{FK}{EK}$$

$$\Leftrightarrow \quad i_{EK} = k^e + (1-s) \cdot (k^e - i) \cdot \frac{FK}{EK}.$$

Im Vergleich zur ursprünglichen Hebelformel fällt auf, daß (ceteris paribus) die erwartete Rendite der Eigentümer bei zunehmender Verschuldung langsamer steigt, weil ein als Steuerkorrektur interpretierbarer Term $(1 - s)$ hinzugekommen ist.[1]

Die erstmals von MODIGLIANI und MILLER hergeleiteten Formeln für V, k und i_{EK} bilden das Herzstück der kapitalmarkttheoretischen Unternehmensbewertung und stellen zugleich die „Prototypen" für Modelle bereit, welche später unter den Namen „APV-Ansatz", „WACC-Ansatz" und „Equity-Ansatz" bekannt geworden sind.

3.2.2 Theorie des Rendite-Risiko-Zusammenhangs

3.2.2.1 Theorie der Wertpapiermischung

Obwohl MODIGLIANI und MILLER in ihrer rigiden Modellwelt das Problem des gleichgewichtigen Marktwerts theoretisch lösen konnten, läßt ihre Argumentation noch wichtige Fragen offen. Selbst wenn der Einfluß der Kapitalstruktur auf den Unternehmensgesamtwert geklärt ist, verbleibt die Schwierigkeit, die von den Eigentümern im Marktgleichgewicht erwartete Rendite zu schätzen. Wie quantifiziert der Markt beispielsweise die risikoangepaßte Größe k^e, von der sowohl i_{EK}, k als auch V abhängen? Um die Renditeerwartung der Eigentümer zu erklären, reicht es nicht aus, nur das aus der Kapitalstruktur resultierende *finanzwirtschaftliche* Risiko zu betrachten. In die Größe i_{EK} fließt nämlich zusätzlich auch das mit dem zu bewertenden Unternehmen verbundene *leistungswirtschaftliche* Risiko ein, welches sich aus der Unsicherheit über die künftige Entwicklung des freien Cash-flows ergibt.

Modelle des Rendite-Risiko-Zusammenhangs wurden zuerst zur Unterstützung von Entscheidungen über die optimale Zusammensetzung von Wertpapierportefeuilles entwickelt. Der bekannteste Ansatz dieser Art stammt von MARKOWITZ und zählt insofern auch zu den Grundlagen der finanzierungstheoretischen Unternehmensbewertung, als er den Ausgangspunkt für das „Capital Asset Pricing Model" (CAPM) bildet, dessen Bedeutung für die kapitalmarktorientierte Schätzung von Renditeer-

---

[1] Vgl. MODIGLIANI/MILLER, Taxes and the Cost of Capital (1963), S. 439.

3.2 Finanzierungstheoretisches Fundament der Unternehmensbewertung

wartungen im nächsten Unterabschnitt zu würdigen sein wird. MARKOWITZ geht in seinem Modell der Portefeuilleauswahl (Portfolio Selection) von den folgenden Voraussetzungen aus:[1]

1. Der Entscheidungsträger ist risikoscheu und folgt dem µ-σ-Prinzip, d.h., er zieht von zwei Portefeuilles mit dem gleichen Renditeerwartungswert µ dasjenige mit der geringeren Standardabweichung der Rendite (σ) vor.

2. Betrachtet wird nur eine einzige Planungsperiode zwischen den Zeitpunkten t = 0 und t = 1.

3. Erwartungswerte μ_j, Standardabweichungen σ_j und Kovarianzen σ_{jk} der einperiodigen Renditen sind für sämtliche Objekte j und k (Wertpapiere) bekannt.

Mit µ sei die erwartete Gesamtrendite und mit x_j der Anteil des Wertpapiers j am gesuchten Portefeuille bezeichnet. Der nachstehende parametrische quadratische Optimierungsansatz liefert für jedes vorgegebene µ die varianzminimale Wertpapiermischung:

$$\min. \sigma^2; \quad \sigma^2 := \sum_{j=1}^{m} \sigma_j^2 \cdot x_j^2 + \sum_{j=1}^{m} \sum_{\substack{k=1 \\ k \neq j}}^{m} \sigma_{jk} \cdot x_j \cdot x_k$$

$$\sum_{j=1}^{m} \mu_j \cdot x_j = \mu$$

$$\sum_{j=1}^{m} x_j = 1$$

$$x_j \geq 0 \qquad \forall\, j \in \{1, 2, \ldots, m\}$$

Die erste Nebenbedingung definiert den parametrisch zu variierenden Erwartungswert µ der Portefeuillerendite, während die zweite Restriktion die Summe der im Portefeuille enthaltenen Wertpapieranteile auf 100% normiert. Bei Beschränkung des Lösungsraums auf nichtnegative Anteile x_j liegt ein quadratisches Optimierungsproblem vor, in dessen Optimum die KUHN-TUCKER-Bedingungen erfüllt sein müssen.[2]

---

[1] Vgl. *MARKOWITZ*, Portfolio Selection (1952), *MATSCHKE*, Investitionsplanung (1993), S. 301-330, *KRUSCHWITZ*, Investitionsrechnung (2003), S. 339-362.

[2] Zur quadratischen Optimierung vgl. z.B. *COLLATZ/WETTERLING*, Optimierungsaufgaben (1971), S. 134-152.

Sollten jedoch auch negative Anteile x_j erlaubt sein (Leerverkäufe), vereinfacht sich das Problem zu einem LAGRANGE-Ansatz:

$$\min. L; \quad L := \sum_{j=1}^{m} \sigma_j^2 \cdot x_j^2 + \sum_{j=1}^{m} \sum_{\substack{k=1 \\ k \neq j}}^{m} \sigma_{jk} \cdot x_j \cdot x_k + \lambda_1 \cdot \left(\mu - \sum_{j=1}^{m} \mu_j \cdot x_j \right) + \lambda_2 \cdot \left(1 - \sum_{j=1}^{m} x_j \right).$$

Im Ergebnis liefert der parametrische Ansatz die Gesamtheit aller μ-σ-effizienten Wertpapiermischungen oder, graphisch ausgedrückt, die Effizienzkurve im μ-σ-Diagramm. Welches effiziente Portefeuille nun optimal ist, hängt von der individuellen Risikoneigung des Entscheidungsträgers ab. Die endgültige Auswahl einer bestimmten Wertpapiermischung kann formal mit Hilfe von Nutzenindifferenzlinien oder auch nach anderen subjektiven Kriterien erfolgen.[1]

Als Hauptschwäche des beschriebenen Ansatzes läßt sich der Rückgriff auf das entscheidungstheoretisch umstrittene μ-σ-Prinzip identifizieren, welches nur in bestimmten Fällen mit dem anerkannteren BERNOULLI-Prinzip verträglich ist. Falls beispielsweise weder von einer quadratischen Nutzenfunktion noch von normalverteilten (d.h. nur durch μ_j und σ_j determinierten) Renditen ausgegangen werden kann,[2] besteht die Möglichkeit, daß das μ-σ-Prinzip zur Auswahl einer dominierten Lösung führt und somit eine klare Fehlentscheidung fällt.[3] Ebensowenig muß es sachgerecht sein, dem Entscheidungsträger eine bestimmte Haltung zum Risiko (Scheu) vorzuschreiben. Selbst wenn Risikoaversion unterstellt werden darf, ist es fraglich, ob sich die Standardabweichung als Risikomaß eignet, da sie nicht allein die Verlustgefahren, sondern auch die Gewinnchancen widerspiegelt.

Neben den grundsätzlichen Bedenken hinsichtlich des Optimierungskriteriums „μ-σ-Prinzip" ist zu beachten, daß der Ansatz zur Portefeuilleauswahl ein statisches Totalmodell darstellt, das weder den für Unternehmensbewertungen geltenden Anforderungen der Mehrperiodigkeit noch der Dezentralisierbarkeit genügt. Die hohe Zahl einzubeziehender Investitionsobjekte (und Kovarianzen) läßt es im allgemeinen nicht zu, das finanzielle Entscheidungsfeld des Bewertungssubjekts in einem zentralen Optimierungsmodell zutreffend abzubilden. Überdies dürfte es unzulässig sein, die Vielzahl der meist aus Vergangenheitsdaten geschätzten Renditeerwartungswerte, Varianzen und Kovarianzen für einen längeren Planungszeitraum zu extrapolieren

---

1 Zu Ansätzen der Portefeuilleauswahl, die auf das theoretisch problematische und schwer operationalisierbare Konzept der Nutzenfunktion verzichten, vgl. z.B. HELLWIG, Portfolioplanung (1993), SPECKBACHER, Portfolioselektion (1996).

2 Zur fehlenden Realitätsnähe der Normalverteilungsannahme und der quadratischen Nutzenfunktion vgl. z.B. LEUTHIER, Interdependenzproblem (1988), S. 112 f.

3 Vgl. FRANKE/HAX, Finanzwirtschaft (2004), S. 306-310. Ein einfaches Zahlenbeispiel findet sich z.B. in HERING, Investitionstheorie (2003), S. 289 f.

oder auch nur für die nahe Zukunft als annähernd konstant zu betrachten. Schließlich liegen für Bewertungsobjekte wie innovative Sachinvestitionen und einmalige Akquisitionen gar keine Renditezeitreihen aus der Vergangenheit vor, so daß insbesondere die Schätzung der m · (m − 1)/2 im Modell benötigten Kovarianzen jeder Vergleichsgrundlage entbehrt.

3.2.2.2 Theorie der Wertpapierpreise

Während die Theorie der Wertpapiermischung subjektive Entscheidungsmodelle zur Verfügung stellt, die in Abhängigkeit von den individuellen Erwartungen und Nutzenvorstellungen des jeweiligen Anwenders zu höchst unterschiedlichen Empfehlungen gelangen können, versucht die Theorie der Wertpapierpreise, das am Markt existierende Preisgefüge durch ein Gleichgewichtsmodell zu erklären. Um – jenseits von subjektiven Erwartungen – Aussagen über tatsächlich eintretende Marktergebnisse im Gleichgewicht abzuleiten, sind wesentlich schärfere Prämissen nötig als im MARKOWITZ-Ansatz. Dies liegt daran, daß nunmehr das Verhalten *aller* Marktteilnehmer antizipiert und im Modell abgebildet werden muß. Der theoretische Erkenntniszuwachs in bezug auf das Verhältnis von Renditeerwartung und Risiko im Marktgleichgewicht wird allerdings mit so schwerwiegenden Modellvereinfachungen erkauft, daß jede Übertragung auf reale Entscheidungssituationen außerordentlich begründungsbedürftig erscheint.[1] Um so mehr überrascht es, wie stereotyp weite Teile der Literatur (nicht nur zur Unternehmensbewertung) die praktische Anwendung von aus der Kapitalmarktgleichgewichtstheorie abgeleiteten risikoadjustierten Kalkulationszinsfüßen empfehlen.

Kapitalmarkttheoretische Gleichgewichtsmodelle unterscheiden sich auch von dem zur Rechtfertigung der Marktwertmaximierung herangezogenen Ansatz der allgemeinen Gleichgewichtstheorie[2] durch zusätzliche Annahmen. Sie erfassen die Unsicherheit nicht explizit über die volle Vielzahl künftiger Umweltzustände, sondern implizit durch stochastische Verteilungsannahmen, d.h. mit Hilfe von aggregierten Schätzgrößen wie Renditeerwartungswerten, Standardabweichungen und Kovarianzen. Insofern fehlt bereits ein ungebrochener Bezug zur Marktwertmaximierung. Das die gesamte Kapitalmarkttheorie dominierende „Capital Asset Pricing Model" (CAPM) wurzelt nicht nur in der allgemeinen Gleichgewichtstheorie, sondern auch in der entscheidungsorientierten Theorie der Wertpapiermischung. Durch Hinzufügen weiterer Prämissen erfährt der als subjektives Entscheidungsmodell konstruierte MARKOWITZ-

---

[1] Zur mangelnden Übertragbarkeit der Ergebnisse von Gleichgewichtsmodellen auf Entscheidungsmodelle vgl. auch PERRIDON/STEINER, Finanzwirtschaft (2004), S. 524.
[2] Vgl. oben, Abschnitt 3.1.1 (ARROW-DEBREU-Preise).

Ansatz eine Metamorphose zu einem Kapitalmarktgleichgewichtsmodell. Diese den Modellcharakter fundamental ändernden Prämissen sind:[1]

1. Die Marktteilnehmer hegen für sämtliche Objekte j und k (Wertpapiere) homogene Erwartungen hinsichtlich der Erwartungswerte μ_j, Standardabweichungen σ_j und Kovarianzen σ_{jk} der einperiodigen Renditen. Niemand hat einen Informationsvorsprung.

2. Der Kapitalmarkt ist vollkommen und verfügt mithin über einen einheitlichen Kalkulationszinsfuß i, zu dem sich in unbegrenztem Umfang sichere Geldanlagen tätigen oder Kredite aufnehmen lassen. Es gibt weder Transaktionskosten noch Steuern.

Das Vorhandensein des vollkommenen Kapitalmarkts verändert zunächst die Effizienzkurve im μ-σ-Diagramm der Portefeuilleauswahl dergestalt, daß nur noch Linearkombinationen zwischen einem genau bestimmbaren Tangentialportefeuille und Geschäften zum Sicherheitszinsfuß i μ-σ-effizient sind. Da zusätzlich alle Marktteilnehmer die einzelnen Anlageobjekte gänzlich übereinstimmend einschätzen, bildet das Tangentialportefeuille die für alle Anleger optimale Wertpapiermischung. Es heißt deshalb das *Marktportefeuille* und umfaßt zwangsläufig alle am Markte gehandelten Objekte im Verhältnis ihres zahlenmäßigen Vorkommens, denn nur wenn jeder Marktteilnehmer entsprechend proportionale Anteile an allen Wertpapieren hält, kann die Zusammensetzung aller individuellen Wertpapierportefeuilles gleich sein. Unterschiedliche Entscheidungen der Anleger sind im Modell nur noch hinsichtlich des Mischungsverhältnisses zwischen Sicherheitszinsfuß und unsicherem Marktportefeuille möglich, aber nicht mehr hinsichtlich der Portefeuilleauswahl innerhalb der unsicherheitsbehafteten Anlagemöglichkeiten (TOBIN-Separation). Die Radikalität dieses Modellergebnisses ist augenfällig: Bei Gültigkeit der Prämissen des CAPM degeneriert die Wahl der Struktur des unsicherheitsbehafteten Portefeuillebestandteils zur Trivialität. Gleichgewichtsergebnis kann bei homogenen Erwartungen nicht eine geschickte Auswahl besonders aussichtsreicher Papiere sein, sondern zwangsläufig nur die „Gleichmacherei" einer vollständigen Diversifizierung.

Alle möglichen Mischungen zwischen dem voll diversifizierten Marktportefeuille und dem Sicherheitszinsfuß liegen auf der markteinheitlichen Effizienzgeraden im μ-σ-Diagramm, die deswegen als *Kapitalmarktlinie* bezeichnet wird. Ihre Steigung dμ/dσ gibt als „Marktpreis des Risikos" an, mit welcher Erhöhung des Renditeerwartungswerts der Markt im Gleichgewicht die Bereitschaft honoriert, einen Anstieg des Risikos (gemessen durch die Standardabweichung der Rendite) um den Wert eins hinzunehmen. Bildet man eine marginale Störung des Marktportefeuilles, so läßt sich unter

---

1 Zum CAPM vgl. SHARPE, Capital Asset Prices (1964), LINTNER, Valuation of Risk Assets (1965), MOSSIN, Equilibrium (1966) sowie auch z.B. PERRIDON/STEINER, Finanzwirtschaft (2004), S. 274 ff.

3.2 Finanzierungstheoretisches Fundament der Unternehmensbewertung

Ausnutzung des bekannten Terms für den Marktpreis des Risikos eine Formel herleiten, welche die Renditeerwartungswerte μ_j der einzelnen Objekte j im Gleichgewicht erklärt:

$$\mu_j = i + (\mu_M - i) \cdot \frac{\sigma_{jM}}{\sigma_M^2} =: i + (\mu_M - i) \cdot \beta_j.$$

Hierbei kennzeichnet der Index M das Marktportefeuille und β_j den sogenannten Betafaktor des Objekts j, der statistisch als Steigung der Regressionsgeraden zwischen der unabhängigen Variable „Rendite des Marktportefeuilles" und der abhängigen Variable „Rendite des Objekts j" interpretiert werden kann. Der Faktor β_j charakterisiert das von der Kovarianz mit dem Gesamtmarkt abhängende „systematische Risiko" des Wertpapiers j, welches sich auch durch vollständige Diversifikation (also Wahl des Marktportefeuilles im Gleichgewicht) nicht mehr reduzieren läßt. Die zwischen dem Betafaktor und der Renditeerwartung bestehende Geradengleichung $\mu_j = i + (\mu_M - i) \cdot \beta_j$ ist in der Kapitalmarkttheorie als Gleichung der *Wertpapierlinie* bekannt. Sie zeigt, daß sich die Renditeerwartung eines unsicheren Objekts in die Summe aus Sicherheitszinsfuß i und „Risikozuschlag" $(\mu_M - i) \cdot \beta_j$ zerlegen läßt. Da der Betafaktor reellwertig ist, kann die Risikoprämie im Einzelfall durchaus null (bei der sicheren Anlage zum Zinssatz i) oder negativ (bei im Verhältnis zum Markt antizyklisch reagierenden Papieren) werden.

Der Zusammenhang zwischen dem gegenwärtigen Wertpapierpreis (Marktpreis, Marktwert, Kurs) p_j, der einperiodigen Renditeerwartung μ_j und dem durch β_j gemessenen Risiko ergibt sich im CAPM rein tautologisch als:

$$p_j = \frac{p_j \cdot (1 + \mu_j)}{1 + i + (\mu_M - i) \cdot \beta_j}.$$

Am Ende der Periode wird nach Voraussetzung ein Rückfluß in Höhe von $p_j \cdot (1 + \mu_j)$ erwartet, der mit dem aus dem CAPM resultierenden risikoadjustierten Kalkulationszinsfuß $\mu_j = i + (\mu_M - i) \cdot \beta_j$ zu diskontieren ist.[1] Das Modell gibt also keinerlei praktische Hilfestellung für Entscheidungszwecke, da es lediglich aussagt, daß im Marktgleichgewicht alle Objekte einen Kapitalwert von null besitzen:

$$C_j^{\text{Gleichgewicht}} = -p_j + \frac{p_j \cdot (1 + \mu_j)}{1 + i + (\mu_M - i) \cdot \beta_j} = -p_j + \frac{p_j \cdot (1 + \mu_j)}{1 + \mu_j} = 0.$$

---

[1] Alternativ könnte auch das Sicherheitsäquivalent des künftigen Rückflusses mit dem Sicherheitszinsfuß i diskontiert werden. Vgl. BREALEY/MYERS, Corporate Finance (1991), S. 206 f., PERRIDON/STEINER, Finanzwirtschaft (2004), S. 524 f.

Es dürfte nicht übertrieben sein, den Informationsgehalt eines derartigen Gleichgewichtskapitalwerts ebenfalls mit null zu bemessen. Auch die Berechnung der Wertpapierpreise und Kapitalwerte liefert wiederum nur den Aufschluß, das Marktportefeuille zu kaufen, in dem sämtliche Objekte (als Grenzobjekte mit einem Kapitalwert von null) enthalten sind. Die Annahme homogener Erwartungen ist so einschneidend, daß sie in letzter Konsequenz alle Investitions- und Finanzierungsprobleme wegdefiniert.

Folgerichtig entzündet sich die Diskussion um das CAPM an der Frage, welche Aussagen eine Kapitalmarktgleichgewichtstheorie des Rendite-Risiko-Zusammenhangs für reale Problemstellungen überhaupt noch treffen kann, wenn ihre Prämissen nicht erfüllt sind. Schon die Einwände gegen die auch dem CAPM zugrundeliegenden Voraussetzungen der Portefeuilleauswahl (μ-σ-Prinzip, Einperiodigkeit, bekannte Erwartungswerte, Standardabweichungen und Kovarianzen) sind schwerwiegend, besonders wenn es – wie in der Unternehmensbewertung – um lange Planungszeiträume geht.[1] Die Vorstellung, künftige, u.U. vielfältig beeinflußbare Zahlungsströme durch nur zwei womöglich noch aus der Vergangenheit abgeleitete statistische Kennzahlen (μ und σ) hinreichend abbilden zu können, um daraus eine Punktschätzung (!) des Unternehmenswerts abzuleiten, ist selbst für Erklärungszwecke der Gleichgewichtstheorie nicht haltbar.[2] Auch wenn man z.B. die kaum begründbare Annahme akzeptierte, der Rückfluß aus Unternehmen sei mit bekannten Parametern normalverteilt und das μ-σ-Prinzip damit vertretbar, verbliebe immer noch folgendes Problem: Bis heute existiert kein schlüssiges Mehrperioden-CAPM.[3] Eine Anwendung von Betafaktoren auf Fragen der Unternehmensbewertung kommt somit in der Entscheidungsfunktion definitiv nicht in Betracht (womit nichts gegen den Einsatz der populären und scheinbar wissenschaftlich fundierten Betas in der Argumentationsfunktion gesagt ist).

Vollends wirklichkeitsfremd sind namentlich die Annahmen, die das Entscheidungsmodell der Portefeuilleauswahl in ein Gleichgewichtsmodell überführen. Nach aller Erfahrung lebt der Börsenhandel gerade von den *inhomogenen* Erwartungen, die dazu führen, daß Anleger, die sich von bestimmten Papieren trennen möchten, Geschäftspartner finden, welche just die angebotenen Papiere interessant finden und deshalb nachfragen. Spekulanten wählen andere unsicherheitsbehaftete Wertpapiere als Versicherungsgesellschaften, und Fondsgesellschaften suggerieren gerne, durch besonders geschickte Portefeuilleauswahl, d.h. gezieltes Kaufen und Verkaufen bestimmter

---

1 Vgl. oben, Unterabschnitt 3.2.2.1.

2 Mit Recht wird in diesem Zusammenhang die „*Nichtswürdigkeit unbegründeter Schlüsse von der Vergangenheit auf die Zukunft*" betont. SCHNEIDER, Investition (1992), S. 604. Vgl. auch ebenda, S. 536-541, sowie SCHNEIDER, Klumpfuß (1998), S. 1477 f.

3 Vgl. *FAMA*, Risk-Adjusted Discount Rates (1977), *BANZ/MILLER*, State-contingent Claims (1978), S. 654-657, *KRUSCHWITZ/MILDE*, Kapitalkosten (1996), S. 1120, *SCHMIDT/TERBERGER*, Investitions- und Finanzierungstheorie (1997), S. 373 f., *LAUX*, Unternehmensrechnung (2006), S. 68.

riskanter Papiere, den Marktdurchschnitt „schlagen" zu können. Berücksichtigt man schließlich, daß das Marktportefeuille theoretisch auch alle nicht börsengängigen Vermögenswerte umfaßt (Kommanditanteile, Eigentumswohnungen, Rittergüter, Pferde, Passagierschiffe, Münzsammlungen usw.), nimmt die Vorstellung eines allgemeinverbindlichen, für alle Anleger gültigen Einheitsportefeuilles absurde Züge an. In der realen Welt gibt es keine einheitliche Kapitalmarktlinie und deswegen auch keine theoretisch abgesicherten Betafaktoren.

Die Gleichgewichtstheorie abstrahiert vollständig von Unvollkommenheiten in Form von Mengenbeschränkungen: Da ein bestimmtes zu bewertendes Unternehmen nur einmal in der Welt existiert, störte der Kauf sämtlicher Anteile das Kapitalmarktgleichgewicht, weil die Vereinigung der vor dem Kauf vollständig gestreuten Anteile in einer Hand schlechterdings unvereinbar mit dem Marktportefeuille wäre. Weil insbesondere das Portefeuille des Käufers nach Durchführung der Großakquisition und dem zur Finanzierung erforderlichen Verkauf anderer Vermögensgegenstände nicht mehr vollkommen diversifiziert wäre, würde das vom CAPM gar nicht berücksichtigte „unsystematische Risiko" relevant.[1] Soll hingegen ein neues Unternehmen bewertet werden, das noch nicht im Marktportefeuille enthalten ist, liegt ein Ungleichgewichtszustand vor, über den das CAPM naturgemäß keinerlei Informationen bieten kann.[2] Es fragt sich, warum eine Theorie, die den Kauf ganzer Unternehmungen aus Gründen der Modellogik nicht zuläßt, überhaupt im Zusammenhang mit der Unternehmensbewertung ernsthaft diskutiert wird.

Während die Prämisse homogener Erwartungen mit der Konsequenz des einheitlichen Marktportefeuilles verheerend wirkt, indem sie am Sinngehalt einer Übertragung des CAPM auf die Unternehmensbewertung zweifeln läßt, bedeutet die Unterstellung des vollkommenen Kapitalmarkts „nur" einen schwerwiegenden methodischen Rückschritt gegenüber investitionstheoretischen Modellen, die auch Unvollkommenheiten wie z.B. Transaktionskosten und Kapitalknappheit verarbeiten können. Angesichts der großen Bedeutung, die der unterschiedlichen steuerlichen Behandlung von Eigen- und Fremdkapital in der MODIGLIANI-MILLER-Modellwelt zukommt,[3] ist es für Befürworter einer pragmatischen Anwendung der Kapitalmarkttheorie besonders

---

[1] Vgl. auch BAETGE/KRAUSE, Unternehmensbewertung (1994), S. 454, SCHMIDT, DCF-Methode (1995), S. 1106 f. „Vollkommen diversifiziert" ist nur das Marktportefeuille.

[2] Läßt man – abweichend von den Grundannahmen – auch (in marginalem Umfang) individuelle, nicht allgemein zugängliche Investitionsmöglichkeiten zu, so können diese im Rahmen des CAPM einen von null verschiedenen Kapitalwert aufweisen. Zu den logischen Einschränkungen der Aussagen eines Gleichgewichtsmodells vgl. z.B. SCHILDBACH, Discounted Cash-flow (1998), S. 309.

[3] Vgl. oben, Unterabschnitt 3.2.1.2.

schmerzlich, daß das CAPM auch die durch Steuern bewirkten Marktunvollkommenheiten nicht abbildet.[1]

Aus einer lediglich anwendungsorientierten Sicht sind risikoadjustierte CAPM-Zinsfüße immerhin eine besser begründbare, für Argumentationszwecke brauchbare Alternative zu den in der Praxis verbreiteten, willkürlich gegriffenen Risikozuschlägen.[2] Aber auch mit reduziertem Geltungsanspruch hat das CAPM noch verschiedene Fallgruben zu gewärtigen: Wer pragmatisch für alle künftigen Perioden den gleichen risikoadjustierten Zins ansetzt, unterstellt implizit über den Zinseszinseffekt eine außerordentlich starke, u.U. so nicht beabsichtigte Abwertung von weit in der Zukunft liegenden Rückflüssen.[3] Und wer tatsächlich versucht, Betafaktoren aus empirischen Kapitalmarktdaten vergangener Zeiträume zu schätzen, wird wegen großer subjektiver Ermessensspielräume kaum zu einem eindeutigen Ergebnis gelangen. Obwohl das CAPM die Bewertung durch Einschaltung des Marktes objektivieren soll, scheitert es mit diesem Anspruch schon an den zahllosen Freiheitsgraden, die sich z.B. aus der Auswahl des in die Stichprobe eingehenden Datenmaterials ergeben. Betafaktoren sind nämlich leider keine Naturkonstanten, sondern schwanken ihrerseits im Zeitablauf.[4] Die vielen ungeklärten Anwendungsprobleme schrecken offenbar eher davon ab, das CAPM in der Praxis einzusetzen: Nach einer Umfrage von 1994 fand das Modell in Investitionsrechnungen deutscher Unternehmen kaum Verwendung.[5] Gleiches galt für die Unternehmensbewertung.[6] Wenn heute, mehr als 40 Jahre nach der „Erfindung" des CAPM, das IdW und die großen WP-Gesellschaften ausgerechnet dieses Modell für sich „entdecken",[7] dürfte dahinter weniger späte wissenschaftliche Einsicht als vielmehr durchsichtiges kommerzielles Interesse (weltweite Anpassung an amerikanische Gepflogenheiten als willig angenommener „Standard") zu vermuten sein.

---

1 „Wir stülpen dem steuerlosen CAPM hier pragmatisch eine Steuer über, ohne die Angemessenheit zu hinterfragen." KRUSCHWITZ/MILDE, Kapitalkosten (1996), S. 1120. Das Adjektiv „steuerlos" trifft auf das CAPM auch noch in einem anderen Sinne sehr gut zu: Der nach praktischer Anwendung strebende „Rudergänger" (Modellbenutzer) hat keine Möglichkeit, das tautologiegetriebene, steuerlos driftende „Schiff" (Modell) auf den von ihm gewünschten „Kurs" (zweckgerichtete Anpassung an die reale Planungssituation) zu bringen.

2 Wirtschaftsprüfer beziffern einen in der Praxis akzeptierten Risikozuschlag z.B. auf 30% (bezogen auf den „landesüblichen" Zins). Vgl. BREMER, Unternehmensbewertung (1996), S. 67.

3 Vgl. MATSCHKE, Entscheidungswert (1975), S. 213, MYERS, Financial Strategy (1984), S. 132, BALLWIESER, Komplexitätsreduktion (1990), S. 171-177, SPREMANN, Wirtschaft (1996), S. 472, SIEGEL, Steuern (1997), S. 2391 f., HERING, Investitionstheorie (2003), S. 279-282.

4 Vgl. BAETGE/KRAUSE, Unternehmensbewertung (1994), S. 453-455, BALLWIESER, Shareholder Value (1994), S. 1398, 1405, SCHMIDT, DCF-Methode (1995), S. 1106.

5 Vgl. HUPE/RITTER, Risikoadjustierte Kalkulationszinsfüße (1997), S. 604, 611.

6 Vgl. PRIETZE/WALKER, Kapitalisierungszinsfuß (1995), S. 204.

7 Vgl. FISCHER-WINKELMANN, IDW S 1 (2003).

3.2 Finanzierungstheoretisches Fundament der Unternehmensbewertung

Da das CAPM Aussagen über nicht beobachtbare Erwartungswerte trifft und sich strenggenommen auf die Gesamtheit der in der Welt möglichen Geldanlagen bezieht, ist es mangels empirischer Testbarkeit als bloßes tautologisches Denkmodell nicht falsifizierbar. Pragmatisch angelegte empirische Untersuchungen deuten allerdings für Aktienmärkte eher auf eine Widerlegung des vom CAPM behaupteten linearen Zusammenhangs zwischen Aktienrendite und Betafaktor hin.[1] Auch das Modell der „Arbitrage Pricing Theory" (APT), welches zunächst als unproblematischere Alternative zum CAPM erschien, gilt mittlerweile als widerlegt.[2]

Die Theorie der Wertpapierpreise wartet zwar im Hinblick auf die Argumentations- und möglicherweise auch die Schiedsfunktion der Unternehmensbewertung mit geachteten, nobelpreisgekrönten theoretischen Gleichgewichtsmodellen auf. In bezug auf die Entscheidungsfunktion steht sie hingegen „mit leeren Händen" da.[3]

3.2.3 Theorie der arbitragefreien Bewertung

3.2.3.1 Die starke Arbitragefreiheitsbedingung

Wie im Abschnitt 3.1.1 gezeigt wurde, läßt sich die finanzierungstheoretische Zielsetzung Marktwertmaximierung nur unter den Prämissen der auf ARROW und DEBREU zurückgehenden allgemeinen Gleichgewichtstheorie[4] rechtfertigen, d.h. Vollkommenheit und Vollständigkeit des Marktes sowie vollständige Konkurrenz. Unter diesen Voraussetzungen sorgen Arbitrageprozesse dafür, daß der Marktpreis eines unsicheren Zahlungsstroms im Kapitalmarktgleichgewicht mit dem subjektiven Entscheidungswert aller Marktteilnehmer zusammenfällt. Da ein Gleichgewichtszustand die Abwesenheit von Arbitragegelegenheiten notwendig voraussetzt, nennt man den gleichgewichtigen Marktpreis ein Resultat *arbitragefreier Bewertung*.

Während das CAPM auch evtl. verfügbare detaillierte Informationen über die Struktur künftiger Zahlungsströme nicht zu nutzen versteht, sondern immer eine mit Informationsverlust einhergehende Verdichtung der Zahlungsdaten zu Erwartungswerten,

---

[1] Vgl. *FAMA/FRENCH*, Stock Returns (1992), S. 427 f., 464, *SCHMIDT*, DCF-Methode (1995), S. 1107 f., *KOSFELD*, Kapitalmarktmodelle (1996), S. 224, *HACHMEISTER*, Discounted Cash Flow (2000), S. 185 ff., *PERRIDON/STEINER*, Finanzwirtschaft (2004), S. 287 f.

[2] Vgl. *GILLES/LEROY*, Arbitrage Pricing Theory (1991), S. 216, 229, *KRUSCHWITZ/LÖFFLER*, APT (1997), *STEINER/WALLMEIER*, Totgesagte leben länger (1997), *KRUSCHWITZ/ LÖFFLER*, Mors certa (1997), *HACHMEISTER*, Discounted Cash Flow (2000), S. 227 ff.

[3] Zu weiteren Argumenten und Quellen zum CAPM vgl. *HERING*, Investitionstheorie (2003), S. 289-296, *BAMBERG/DORFLEITNER*, Schwere Ränder (2002).

[4] Vgl. *DEBREU*, Theory of Value (1959), *ARROW*, Securities (1964).

Varianzen und Kovarianzen vornimmt,[1] setzt die arbitragefreie Bewertung unmittelbar auf der Ebene der Zahlungsströme an. Dadurch kann auf die drei besonders problematischen Prämissen Erwartungshomogenität, Normalverteilung und Risikoscheu verzichtet werden. Arbitragefreiheit erweist sich somit als ein im Vergleich zur Wertpapierlinie wesentlich mächtigeres Bewertungsprinzip.[2] Als Motor des Arbitrageprozesses muß lediglich das Dominanzprinzip unterstellt werden, also die sehr schwache Voraussetzung, daß die Marktteilnehmer ceteris paribus immer an zusätzlichen Einzahlungen interessiert sind (Nichtsättigung in bezug auf Geld).

Ungeachtet ihrer sehr hohen Grundanforderungen an die Vollkommenheit und Vollständigkeit des Kapitalmarkts stellt die arbitragefreie Bewertung das finanzierungstheoretisch überzeugendste und in sich geschlossenste Konzept zur Bewältigung des Unsicherheitsproblems im Rahmen der Gleichgewichtstheorie dar. Sie erlaubt nicht allein die Herleitung zentraler Theoriebereiche wie der Zielsetzung Marktwertmaximierung und der MODIGLIANI-MILLER-Irrelevanzthese.[3] Wie im folgenden gezeigt werden soll, liefert die allgemeine Gleichgewichtstheorie darüber hinaus auch mathematische Bedingungen, mit denen sich evtl. im Markt verborgene Arbitragemöglichkeiten aufdecken lassen. Die mit den hergeleiteten Arbitragefreiheitsbedingungen verbundenen Zustandspreise (ARROW-DEBREU-Preise) bilden schließlich die Grundlage für eine präferenz- und verteilungsfreie Marktbewertung von unsicheren Zahlungsströmen, insbesondere auch von Derivaten. Für Zwecke der Unternehmensbewertung sind vor allem diejenigen Anwendungen aus dem Feld der Optionspreistheorie interessant, mit denen sich Aussagen über den Wert von Realoptionen ableiten lassen. Die zunehmend verbreitete Argumentation mit sogenannten „strategischen Werten" verlangt dem Bewerter die Fähigkeit ab, moderne finanzwirtschaftliche Methoden zu handhaben und mit ihrer Hilfe die in einem Bewertungsobjekt vermuteten strategischen Optionen (Handlungsmöglichkeiten) einzuschätzen.

Auf einem im Gleichgewicht befindlichen Markt ist keine Arbitrage möglich, d.h., niemand kann sich durch Kombination von Kapitalmarktgeschäften zusätzliche Vorteile (Einzahlungen) verschaffen, ohne dafür Nachteile (Auszahlungen) in Kauf nehmen zu müssen.[4] Woran läßt sich erkennen, ob ein Wertpapiermarkt bei gegebenen

---

1 BANZ und MILLER kritisieren die entscheidungstheoretische Verdichtung von Zahlungsströmen durch den anschaulichen Vergleich, der CAPM-Umweg über Mittelwerte und Kovarianzen sei etwa so, als wolle man Kühe zählen, indem man ihre Beine summiere und das Ergebnis durch vier teile. Vgl. *BANZ/MILLER*, State-contingent Claims (1978), S. 655, *WOSNITZA*, State-Preference 2 (1995), S. 702.

2 Vgl. *HAX/NEUS*, Kapitalmarktmodelle (1995), Sp. 1168, *WOSNITZA*, State-Preference 1 (1995), S. 594, *WOSNITZA*, State-Preference 2 (1995), S. 701 f.

3 Vgl. oben, Abschnitt 3.1.1 und Unterabschnitt 3.2.1.1.

4 Vgl. *SPREMANN*, Wirtschaft (1996), S. 557-560, *KRUSCHWITZ*, Finanzierung (2004), S. 42 ff., 64 ff., 159 ff., *FRANKE/HAX*, Finanzwirtschaft (2004), S. 368 ff. Zum Folgenden vgl. *HERING*, Arbitragefreiheit (1998), S. 166 ff.

3.2 Finanzierungstheoretisches Fundament der Unternehmensbewertung 187

Preisen arbitragefrei ist oder ob ein Investor durch geschickte Transaktionen einen sicheren Gewinn („free lunch") erzielen kann? Die Beantwortung dieser Frage führt auf die ARROW-DEBREU-Preise und bedarf vorab einiger begrifflicher Festlegungen.

Unter einem „Zustand" t soll entweder ein Zeitpunkt oder allgemeiner eine für möglich erachtete künftige Situation verstanden werden.[1] Im ersten Fall ist für jedes Wertpapier (Objekt) j mit Sicherheit bekannt, welche Zahlung g_{jt} es im Zeitpunkt t erbringt. Die Interpretation der Zustände als Zeitpunkte bietet sich z.B. für die Analyse von Rentenmärkten an. Im zweiten Fall herrscht Unsicherheit, welche von n möglichen Situationen künftig eintreten werden; aber der mit dem Papier j in der Situation t verbundene Rückfluß g_{jt} ist bekannt. Diese Sichtweise der Zustände erlaubt beispielsweise die Modellierung von Aktien- und Optionsmärkten. Welche Interpretation auch jeweils gelten möge – in beiden Fällen sei einheitlich g_{j0} die Zahlung des Papiers j im gegenwärtigen Zeitpunkt t = 0, d.h. in der Ausgangssituation. Eine Arbitragemöglichkeit liegt vor, wenn es eine Kombination von Wertpapieren gibt, die in mindestens einem Zustand t zusätzliche Einzahlungen liefert, ohne in irgendeinem anderen Zustand zusätzliche Auszahlungen hervorzurufen.[2] Die Zusatzeinzahlung in t wird also durch keinen Nachteil erkauft, so daß jeder rational handelnde Investor diese Wertpapiermischung im größtmöglichen Umfang realisiert. Auf einem Kapitalmarkt ohne Mengenbeschränkungen könnte demnach in t ein unendlich hoher Geldbetrag entnommen werden, wenn nicht in der Realität die Wertpapierkurse (Preise) auf die umfangreichen Transaktionen des Arbitrageurs reagierten und das vermeintliche Perpetuum mobile stoppten.[3] Aber auch dann hätte es sich auf jeden Fall gelohnt, die Arbitragemöglichkeit entdeckt und so lange wie möglich genutzt zu haben.

Im folgenden soll untersucht werden, wie sich eine Arbitragemöglichkeit aufdecken oder – alternativ – die Arbitragefreiheit von Wertpapiermärkten bestätigen läßt. Die neoklassische Finanzierungstheorie hat diese Fragestellung für den Gleichgewichtsfall eines vollkommenen Marktes bereits eingehend abgehandelt. Es fehlt ihr jedoch ein allgemeiner Ansatz, der sowohl sämtliche Arbitragemöglichkeiten erfaßt als auch in einfacher Weise an realitätsnähere Prämissen angepaßt werden kann. Die Investitionstheorie ist geeignet, einen solchen Ansatz zur Verfügung zu stellen. Dadurch werden einerseits mathematische Hilfsmittel wie das Lemma von FARKAS oder der Trennungssatz für konvexe Mengen durch das in der Betriebswirtschaftslehre geläufigere und leichter zu beweisende Dualitätstheorem der linearen Optimie-

---

1 Vgl. SPREMANN, Wirtschaft (1996), S. 559 f., FRANKE/HAX, Finanzwirtschaft (2004), S. 368 f. Selbstverständlich müssen sich die n künftigen unsicheren Zustände nicht alle auf ein und denselben Zeitpunkt beziehen. Mehrperiodigkeit und Unsicherheit lassen sich simultan modellieren. Vgl. zu dieser Klarstellung z.B. HERING, Investitionstheorie (2003), S. 262 ff.

2 Vgl. DUFFIE, Dynamic Asset Pricing (1996), S. 3. Zu verschiedenen Arbitragedefinitionen und ihrem Zusammenhang vgl. BAMBERG/KRAPP, Arbitragefreiheit (2003), S. 261 ff.

3 Vgl. KRUSCHWITZ, Finanzierung (2004), S. 47.

rung ersetzt, woraus eine erhebliche Vereinfachung der Herleitungen resultiert. Andererseits ist der investitionstheoretische Ansatz geradezu prädestiniert, Marktunvollkommenheiten wie z.B. Geld-Brief-Spannen oder Transaktionskosten zu behandeln, die in einer finanzierungstheoretischen Gleichgewichtsanalyse Schwierigkeiten bereiten.

Bevor der investitionstheoretische Ansatz formuliert wird, sei zum Vergleich die bislang in der Finanzierungstheorie übliche Methodik der Behandlung von Arbitrageproblemen beispielhaft skizziert. Im Jahre 1902 veröffentlichte JULIUS FARKAS aus Klausenburg (Österreich-Ungarn) seine „Theorie der einfachen Ungleichungen" im Berliner Journal für die reine und angewandte Mathematik. Sein „Grundsatz der einfachen Ungleichungen" ist eine der ersten Aussagen über Dualität und erlangte große Bedeutung für die Entwicklung der linearen Optimierung und der Spieltheorie (z.B. GEORGE B. DANTZIG, JOHN VON NEUMANN). Er ist seitdem als das „Lemma von FARKAS" bekannt und besagt:[1] Wenn eine lineare homogene Ungleichung für alle Lösungen eines linearen homogenen Ungleichungssystems erfüllt ist, dann ist sie eine nichtnegative Linearkombination der Ungleichungen des Systems (die Umkehrung „⇐" gilt natürlich auch):

$$\mathbf{p}^T \mathbf{x} \geq 0 \; \forall \, \mathbf{x} \in \{ \mathbf{x} \mid \mathbf{B}^T \mathbf{x} \geq 0 \} \; \Rightarrow \; \exists \, \rho \geq 0 \; \text{mit} \; \mathbf{B}\rho = \mathbf{p}.$$

Dieser Trennungssatz besitzt in der betriebswirtschaftlichen Theorie eine unmittelbare ökonomische Deutung als Arbitragefreiheitsbedingung. Um dies einzusehen, bedarf es lediglich einer ökonomischen Interpretation der Symbole: Gegeben seien m Wertpapiere j mit den zustandsbedingten Rückflüssen g_{jt}, $t \in \{1, 2, \ldots, n\}$. Man stelle sich der Einfachheit halber vor, der Zustand t entspreche jeweils dem Zeitpunkt t. Das Papier j verursacht im Zeitpunkt 0 die Zahlung g_{j0}, d.h., sein Kaufpreis beträgt $p_j := -g_{j0}$. Die Kaufpreise seien im Vektor $\mathbf{p} \in \mathbb{R}^m$ zusammengefaßt und die zustandsabhängigen Rückflüsse in der Matrix $\mathbf{B} \in \mathbb{R}^{m \times n}$. Die im Vektor $\mathbf{x} \in \mathbb{R}^m$ versammelten Variablen x_j geben an, mit welcher Menge das Papier j im Portefeuille enthalten sein soll. Positive x_j bedeuten Wertpapierkäufe, negative x_j Verkäufe. Sofern der Investor ein zu verkaufendes Papier nicht besitzt, emittiert er ein eigenes Papier zu den gleichen Konditionen. Der Kapitalmarkt ist also (zumindest aus Sicht des betrachteten Investors) vollkommen. Dann folgt aus dem Lemma von FARKAS:[2]

Entweder gibt es ein Arbitrageportefeuille $\mathbf{x}$, das in t = 0 eine Entnahme ermöglicht (also einen negativen Preis hat), ohne in den Zuständen 1 bis n zu einer Auszahlung zu führen, formal:

---

[1] Zum Beweis vgl. FARKAS, Ungleichungen (1902), S. 5-7, DANTZIG, Lineare Programmierung (1966), S. 159 f.

[2] Vgl. SPREMANN, Wirtschaft (1996), S. 564 f., KRUSCHWITZ, Finanzierung (2004), S. 162 f., WILHELM, Arbitragefreiheit (1981), S. 901 f.

3.2 Finanzierungstheoretisches Fundament der Unternehmensbewertung

$\exists \, x \in \mathbb{R}^m$ mit $p^T x < 0$ und $B^T x \geq 0$.

Oder es existieren *nichtnegative* arbitragefreie Zustandspreise ρ_t (zusammengefaßt im Vektor $\rho \in \mathbb{R}^n_{\geq 0}$) zur Bewertung der Zahlungen in den Zuständen t = 1 bis t = n, die dazu führen, daß für jedes Papier j der Wert seiner künftigen Rückflüsse genau dem bereits bekannten Marktpreis $p_j = -g_{j0}$ entspricht. Formal:

$\exists \, \rho \geq 0$ mit $B \rho = p$.

Die letzte Gleichung ist die *schwache Arbitragefreiheitsbedingung*.[1] Nach ihr ist der Kapitalmarkt also genau dann arbitragefrei, wenn Faktoren $\rho_t \geq 0$ existieren, so daß für jedes Wertpapier $j \in \{1, 2, \ldots, m\}$ gilt:

$$g_{j0} + \sum_{t=1}^{n} g_{jt} \cdot \rho_t = 0.$$

Wenn die Zustände Zeitpunkten entsprechen, bedeutet dies: Bei Arbitragefreiheit ist der *Kapitalwert* eines jeden Papiers j, berechnet mit den *Abzinsungsfaktoren* ρ_t, genau gleich null.[2] Der Abschluß von Geschäften lohnt sich also nicht.

Die Arbitragefreiheitsbedingung nach dem FARKAS-Lemma heißt *schwach*, weil sie per Definition nur Arbitrage erfaßt, die im Zustand t = 0 zu einer Entnahmemöglichkeit führt. Eine derartig eingeschränkte Arbitragedefinition ist aber nicht sinnvoll, wie das folgende Beispiel (Tabelle 3-1) zeigt. Betrachtet sei ein Kapitalmarkt mit zwei Papieren j und zwei künftigen Zuständen t:

Papier j	Preis in t = 0 $-g_{j0}$	Zahlung t = 1 g_{j1}	Zahlung t = 2 g_{j2}
1	1	0,05	1,1
2	1	0,10	1,1

Tabelle 3-1: Ein nicht arbitragefreier Markt

Es gibt ersichtlich keine Möglichkeit, durch Kombination beider Papiere in t = 0 eine Einzahlung herbeizuführen, ohne zumindest im Zustand t = 2 eine Auszahlung hinnehmen zu müssen. Dies folgt auch aus dem Lemma von FARKAS, denn es existieren die nichtnegativen Preise $\rho_1 = 0$ und $\rho_2 = 1/1,1$ mit $B \rho = p$:

---

[1] Vgl. DERMODY/ROCKAFELLAR, Cash Stream Valuation (1991), S. 39 f., DUFFIE, Dynamic Asset Pricing (1996), S. 13.
[2] Vgl. HERING, Investitionstheorie (2003), S. 216, FRANKE/HAX, Finanzwirtschaft (2004), S. 370.

$$\mathbf{B} \cdot \mathbf{\rho} = \begin{pmatrix} 0{,}05 & 1{,}1 \\ 0{,}10 & 1{,}1 \end{pmatrix} \cdot \begin{pmatrix} 0 \\ 1/1{,}1 \end{pmatrix} = \begin{pmatrix} 1 \\ 1 \end{pmatrix} = \mathbf{p}.$$

Die schwache Arbitragefreiheitsbedingung ist zwar erfüllt, weil es keinen sog. „free lunch" zu t = 0 gibt. Papier 1 ist aber offensichtlich dominiert. Wer es verkauft (oder zu diesen Konditionen am vollkommenen Markt Kredit aufnimmt) und in Papier 2 investiert, erhält ein „Geschenk" in t = 1. Das normierte Portefeuille

$$\mathbf{x} = (x_1, x_2)^T = (-1;\ 1)^T$$

erzeugt in t = 1 die Einzahlung 0,05 und in t = 0 sowie t = 2 jeweils eine Zahlung von null.

Um solche Fälle auszuschließen, bedarf es einer verschärften Arbitragefreiheitsbedingung. Intuitiv leuchtet ein: Die Zustandspreise ρ_t müssen auf einem im erweiterten Sinne arbitragefreien Markt offenbar positiv sein. Es widerspricht dem ökonomischen Prinzip, in einem bestimmten Zustand verfügbare Zahlungsmittel mit null zu bewerten, wie es im obigen Beispiel für t = 1 geschieht. Um eine „starke Arbitragefreiheitsbedingung" herzuleiten, die Arbitrage in allen Zuständen t ∈ {0, 1, 2, ... , n} und nicht bloß in t = 0 ausschließt,[1] wird üblicherweise auf den Satz von STIEMKE verwiesen[2] oder der Trennungssatz für konvexe Mengen herangezogen[3]. Im folgenden soll der Beweis auf wesentlich elementarere Weise geführt werden. Hierzu ist es lediglich erforderlich, die Portefeuilleoptimierung als Investitionsproblem mit der Zielsetzung Vermögensmaximierung zu formulieren.

Gesucht wird ein reellwertiges Arbitrageportefeuille **x**, das in mindestens einem Zustand t (möglichst hohe) Geldentnahmen G_t erlaubt, ohne in anderen Zuständen zu Auszahlungen zu führen. Diese Optimierungsaufgabe ist ein Spezialfall des im Unterabschnitt 2.2.2.2.1 aufgestellten GW-Ansatzes. Die Zielfunktion maximiert den gewichteten[4] Entnahmewert $GW = G_0 + G_1 + ... + G_n$. Um zu überprüfen, ob bei gegebenen Marktpreisen durch geschickte Kombination der Wertpapiere in irgendeinem Zustand t unendlich hohe Geldbeträge G_t entnommen werden können, braucht der Investor also nur das folgende lineare Primalproblem zu lösen:

---

[1] Vgl. DERMODY/ROCKAFELLAR, Cash Stream Valuation (1991), S. 45.

[2] Vgl. GARMAN/OHLSON, Valuation of Risky Assets (1981), S. 274, Fußnote 3, DUFFIE, Dynamic Asset Pricing (1996), S. 13. Zum Beweis des Satzes vgl. STIEMKE, Positive Lösungen (1915), DANTZIG, Lineare Programmierung (1966), S. 160.

[3] Vgl. GREEN/SRIVASTAVA, Arbitrage (1985), S. 259, DUFFIE, Dynamic Asset Pricing (1996), S. 4. Zum Beweis des Satzes vgl. COLLATZ/WETTERLING, Optimierungsaufgaben (1971), S. 203-205.

[4] Die Gewichtungsfaktoren w_t vor den Geldentnahmen G_t sind auf den Wert eins normiert. Alternativ können aber auch beliebige andere positive Zahlen w_t als Gewichte gewählt werden. Auf den Wert der Zielfunktion hat dies keinerlei Einfluß, da entweder GW = 0 (Arbitragefreiheit) oder $GW \to \infty$ (Arbitrage) gilt.

3.2 Finanzierungstheoretisches Fundament der Unternehmensbewertung

$$\text{max. GW;} \quad GW := \sum_{t=0}^{n} G_t$$

$$-\sum_{j=1}^{m} g_{jt} \cdot x_j + G_t \leq 0 \qquad \forall\, t \in \{0, 1, 2, \ldots, n\}$$

$$x_j \in \mathbb{R} \qquad \forall\, j \in \{1, 2, \ldots, m\}$$

$$G_t \geq 0 \qquad \forall\, t \in \{0, 1, 2, \ldots, n\}$$

Zu maximieren ist die Summe GW der einzelnen Geldentnahmen G_t unter der einleuchtenden Nebenbedingung, daß die Entnahme G_t in keinem Zustand t größer sein darf als die zu ihrer Finanzierung bereitstehenden Rückflüsse aus den Wertpapiergeschäften. Die Zielfunktion sucht nach zusätzlichen Einzahlungen, und die Nebenbedingungen stellen sicher, daß es dabei in keinem Zustand zu zusätzlichen Auszahlungen kommt. Die erweiterte Arbitragefreiheitsbedingung läßt sich nun aus dem zugehörigen Dualproblem ableiten. Es lautet:

$$\text{min. Z;} \quad Z := 0$$

$$-\sum_{t=0}^{n} g_{jt} \cdot d_t = 0 \qquad \forall\, j \in \{1, 2, \ldots, m\}$$

$$d_t \geq 1 \qquad \forall\, t \in \{0, 1, 2, \ldots, n\}$$

$$d_t \geq 0 \qquad \forall\, t \in \{0, 1, 2, \ldots, n\}$$

Das Dualproblem besitzt eine triviale Zielfunktion und besteht also folglich nur darin, eine zulässige Lösung für das Gleichungssystem zu finden. Wegen der Forderung $d_t \geq 1\ \forall\, t$ können die m Gleichungen jeweils durch $-d_0$ dividiert werden. Definiert man noch (genau wie in Kapitel 2) $\rho_t := d_t/d_0$, erweist sich der Lösungsraum des Dualproblems als:

$$g_{j0} + \sum_{t=1}^{n} g_{jt} \cdot \rho_t = 0 \qquad \forall\, j \in \{1, 2, \ldots, m\}$$

$$\rho_t \geq 1/d_0 > 0 \qquad \forall\, t \in \{1, 2, \ldots, n\}$$

Das Dualproblem hat demnach dann und nur dann eine zulässige Lösung, wenn die bekannte Bedingung $\mathbf{B}\rho = \mathbf{p}$ in *positiven* Preisen ρ_t erfüllbar ist (*starke Arbitragefreiheitsbedingung*). Jede zulässige Lösung des Dualproblems führt zum Zielfunktionswert Z = 0 und ist somit zugleich Optimallösung. Existiert eine solche Lösung, so muß nach den Dualitätssätzen[1] auch der optimale Zielfunktionswert des Primalproblems null betragen, d.h., es ist dann keine Arbitrage möglich. Die Existenz eines Preisvektors $\rho > 0$ mit der Eigenschaft $\mathbf{B}\rho = \mathbf{p}$ stellt somit eine *hinreichende* Bedingung für starke Arbitragefreiheit dar.

Die *Notwendigkeit* der Arbitragefreiheitsbedingung sieht man wie folgt ein: Wenn das System $\mathbf{B}\rho = \mathbf{p}$ für $\rho > 0$ nicht erfüllbar ist, besitzt das Dualproblem keine zulässige Lösung. Da andererseits das Primalproblem mindestens eine zulässige Lösung hat ($x_j = 0 \ \forall \ j, G_t = 0 \ \forall \ t$), muß nach der Dualitätstheorie der Wert seiner Zielfunktion gegen unendlich streben. Ein endliches primales Optimum hätte nämlich die optimale Lösbarkeit des Dualproblems zur Konsequenz. Wenn also keine Lösung $\rho > 0$ mit $\mathbf{B}\rho = \mathbf{p}$ existiert, gibt es zwangsläufig Arbitragemöglichkeiten. ∎

Die starke Arbitragefreiheitsbedingung folgt demnach *direkt* aus den (verhältnismäßig einfach zu beweisenden) Dualitätssätzen der linearen Optimierung. Auch die schwache Arbitragefreiheitsbedingung kann sehr leicht als Spezialfall hergeleitet werden, ohne auf das FARKAS-Lemma zurückzugreifen: Wenn nur Arbitrage im Zustand t = 0 betrachtet wird, entfallen im Primalproblem die Variablen G_1 bis G_n und entsprechend im Dualproblem die Restriktionen $d_t \geq 1 \ \forall \ t \in \{1, \dots, n\}$. Der Lösungsraum des Dualproblems erweitert sich damit auf $\mathbf{B}\rho = \mathbf{p}$ mit $\rho_t \geq 0 \ \forall \ t \in \{1, 2, \dots, n\}$; d.h., unter diesen Umständen reicht die schwächere Bedingung der Existenz nichtnegativer (anstatt positiver) Zustandspreise für die Arbitragefreiheit aus.

Sofern die Zustände jeweils Zeitpunkten entsprechen, gibt es eine Klasse von Arbitragemöglichkeiten, die auch von der starken Arbitragefreiheitsbedingung (prämissenbedingt) noch nicht erfaßt wird. Um dies zu belegen, sei der folgende Kapitalmarkt mit inverser Zinsstruktur betrachtet (Tabelle 3-2):[2]

---

1 Vgl. z.B. DANTZIG, Lineare Programmierung (1966), S. 149 f., KOLBERG, Optimierungstheorie (1992).

2 Der vierjährige Zins wurde etwas höher als 3% gewählt, damit die Summe der Zinsen noch größer ist als bei dreijähriger Laufzeit.

3.2 Finanzierungstheoretisches Fundament der Unternehmensbewertung

j	$-g_{j0}$	g_{j1}	g_{j2}	g_{j3}	g_{j4}
1	1	1,06			
2	1	0,05	1,05		
3	1	0,04	0,04	1,04	
4	1	0,0301	0,0301	0,0301	1,0301

Tabelle 3-2: Ein Markt mit inverser Zinsstruktur

Auf den ersten Blick erscheint nichts ungewöhnlich. Zur Prüfung auf Arbitragefreiheit ist das Gleichungssystem $\mathbf{B}\rho = \mathbf{p}$ zu lösen. Wenn wie im Beispiel am Markt endfällige Papiere mit der Laufzeit t und der Nominalverzinsung r_t zum Preis p_t gehandelt werden, läßt sich für die Zustandspreise die folgende geschlossene Lösung herleiten:[1]

$$\rho_t = \frac{p_t - r_t \cdot \sum_{\tau=1}^{t-1} p_\tau \cdot \prod_{k=\tau}^{t-1}(1+r_k)^{-1}}{1+r_t} \qquad \forall\, t \in \{0, 1, 2, \ldots, n\}.$$

Es resultiert: $\rho_1 = 0{,}94340$, $\rho_2 = 0{,}90746$, $\rho_3 = 0{,}89035$ und $\rho_4 = 0{,}89068$. Die starke Arbitragefreiheitsbedingung ist erfüllt. Dennoch bestehen Arbitragemöglichkeiten, sofern eine sehr schwache Zusatzannahme getroffen wird: Außer den vier Kapitalmarktpapieren existiere in jedem Zeitpunkt die (kostenlose) Möglichkeit, unverzinsliche Kassenbestände in unbegrenzter Höhe zu halten. Die Berechnung des impliziten Terminzinssatzes vom Zeitpunkt 3 auf den Zeitpunkt 4 ergibt sodann: $i_4 = \rho_3/\rho_4 - 1 = -0{,}04\%$. Durch Kombination der Wertpapiere kann also zwischen t = 3 und t = 4 ein einperiodiger „synthetischer" Kredit mit einem negativen Sollzins aufgenommen werden. Da annahmegemäß Kassenhaltung zu einem Zins von 0% > −0,04% möglich ist, erweist sich eine schrankenlose Verschuldung zum negativen Terminzins als optimal. Die in t = 4 aus der Kassenhaltung zurückfließenden Mittel lassen sich mit Hilfe der Kapitalmarktpapiere auf den Zeitpunkt t = 0 vorziehen. Das folgende Schaubild (Tabelle 3-3) zeigt den Konstruktionsplan dieser Arbitrage (normiert auf das Papier j = 2):

---

[1] Zum Beweis der Formel vgl. HERING, Formeln (1996), S. 104-106 oder HERING, Investitionstheorie (2003), S. 349-351. Man beachte die Definitionen $r_0 := 0$, $p_0 := 1$ und die Konvention, daß leere Summen (Obergrenze < Untergrenze) gleich null sind.

j	g_{j0}	g_{j1}	g_{j2}	g_{j3}	g_{j4}
1	0,943	−1			
2	1	−0,05	−1,05		
3	−100,254	4,01	4,01	104,26	
4	98,343	−2,96	−2,96	−2,96	−101,3
Kasse				−101,3	101,3
Σ	0,03	0	0	0	0

Tabelle 3-3: Arbitrageplan

Zu t = 0 „sprudelt" eine unbegrenzt ergiebige „Geldquelle". Diese Arbitragemöglichkeit ist allerdings so gut versteckt, daß sie auch der geübte Betrachter nur durch genaues Nachrechnen findet. Die starke Arbitragefreiheitsbedingung bedarf offensichtlich der Verschärfung: Sofern die Zustände als Zeitpunkte interpretiert werden können und Kassenhaltung erlaubt ist, dürfen die positiven Zustandspreise (Abzinsungsfaktoren) ρ_t im Zeitablauf nicht zunehmen, weil sonst negative Kreditzinssätze auftreten.[1]

Dies läßt sich im Rahmen des investitionstheoretischen Ansatzes sehr leicht nachweisen: Falls sich die Zustände t = 1 bis t = n als aufeinanderfolgende Zeitpunkte interpretieren lassen und jederzeit unbeschränkt Kassenhaltung möglich ist, sind im Primalproblem n nichtnegative Variable x_j hinzuzufügen mit den zustandsbedingten Zahlungen $(g_{jt-1}, g_{jt}) = (-1, +1)$ und $j \in \{m + 1, ... , m + n\}$. Im Dualproblem finden sich demnach n zusätzliche Restriktionen:

$$d_{t-1} - d_t \geq 0 \qquad \forall\, t \in \{1, 2, ... , n\}.$$

Hieraus folgt per def. ($\rho_t = d_t/d_0$):

$$\rho_{t-1} \geq \rho_t \qquad \forall\, t \in \{1, 2, ... , n\}.$$

Die gesuchten Zustands-Abzinsungsfaktoren ρ_t müssen also im Intervall zwischen null und eins liegen und dürfen im Zeitablauf nicht zunehmen. Nur dann sind negative implizite Zinssätze $i_t = \rho_{t-1}/\rho_t - 1$ ausgeschlossen. Durch diese zusätzliche Anforderung wird der Lösungsraum des Dualproblems weiter eingeschränkt. Der Kapital-

---

[1] DERMODY und ROCKAFELLAR weisen darauf hin, daß Kassenhaltung in den meisten finanzierungstheoretischen Arbeiten zum Arbitrageproblem nicht explizit vorkommt. Vgl. DERMODY/ ROCKAFELLAR, Cash Stream Valuation (1991), S. 39. Eine Ausnahme bildet z.B. auch die Arbeit von PICHLER, die aber nur den Fall schwacher Arbitragefreiheit auf vollständigen Märkten untersucht. Vgl. PICHLER, Zinsstruktur (1995), S. 11-17 und S. 111-115.

3.2 Finanzierungstheoretisches Fundament der Unternehmensbewertung

markt ist genau dann arbitragefrei, wenn eine Lösung $\rho > 0$ mit $\mathbf{B}\rho = \mathbf{p}$ existiert, in der $\rho_{t-1} \geq \rho_t \ \forall \ t \in \{1, 2, \ldots, n\}$ gilt.

Wie die Herleitung zeigt, setzt die starke Arbitragefreiheitsbedingung nicht voraus, daß der zu untersuchende Kapitalmarkt vollständig ist. Die Existenz eines beliebigen, die Bedingung erfüllenden Vektors von Zustandspreisen reicht aus. Die Faktoren ρ_t werden auch als Preise reiner Wertpapiere oder ARROW-DEBREU-Preise bezeichnet. Auf einem arbitragefreien und vollständigen Kapitalmarkt gilt für sie allerdings zusätzlich die Eigenschaft der Eindeutigkeit, weil die Papiere in diesem Falle eine *Basis* des Zustandsraums bilden und deshalb wegen der Identität von Zeilen- und Spaltenrang einer Matrix auch das System $\mathbf{B}\rho = \mathbf{p}$ eindeutig lösbar sein muß.[1] Sofern der arbitragefreie Kapitalmarkt vollständig ist, liefert deshalb die Anwendung der Zustandspreise ρ_t für jeden Zahlungsstrom einen eindeutigen Gleichgewichtswert, der sich aus Arbitragegründen als Marktpreis einstellt. Die vollständige Konkurrenz garantiert schließlich, daß der Vektor $\mathbf{p}$ und damit auch die Lösung ρ nicht von einzelnen Marktteilnehmern verändert werden können.

Auf einem arbitragefreien, aber unvollständigen Markt gibt es hingegen mehr Zustände als linear unabhängige Zahlungsströme, wodurch das nach Voraussetzung lösbare System $\mathbf{B}\rho = \mathbf{p}$ Freiheitsgrade erhält und unendlich viele Zustandspreisvektoren ρ liefert.[2] Für alle als Linearkombination aus den vorhandenen Papieren darstellbaren Zahlungsströme $\mathbf{g}_K := (g_{K1}, \ldots, g_{Kt}, \ldots, g_{Kn})^T$ ergibt sich aber gleichwohl noch ein eindeutiger Gleichgewichtswert. Wenn $\mathbf{g}_K$ in der linearen Hülle der m Kapitalmarktpapiere liegt (sog. „Spanning"-Eigenschaft), gibt es also einen Vektor $\lambda \in \mathbb{R}^m$ mit der Eigenschaft $\mathbf{B}^T\lambda = \mathbf{g}_K \Leftrightarrow \mathbf{g}_K^T = \lambda^T\mathbf{B}$. Die Anwendung jedes der starken Arbitragefreiheitsbedingung genügenden Zustandspreisvektors ρ führt dann auf den eindeutigen Wert $\mathbf{g}_K^T\rho = \lambda^T\mathbf{B}\rho = \lambda^T\mathbf{p}$. Diese Zahl entspricht genau dem Preis des zur Nachbildung des Zahlungsstroms $\mathbf{g}_K$ linear zu kombinierenden Portefeuilles.[3]

Zahlungsströme, die bei Unvollständigkeit außerhalb des durch die Kapitalmarktpapiere aufgespannten Zustandsraums liegen, lassen sich mit der vorgestellten Methode nicht bewerten, da die mehrdeutigen Zustandspreise keinen eindeutigen Gleichgewichtswert ergeben. Ein derartiger, offenbar „innovativer" Zahlungsstrom ist imstande, den Kapitalmarkt mit verschiedenen Preisen arbitragefrei zu erweitern.

Der Marktpreis eines arbitragefrei bewertbaren, d.h. als Linearkombination der vorhandenen Papiere darstellbaren Zahlungsstroms $\mathbf{g}_K = (g_{K1}, \ldots, g_{Kt}, \ldots, g_{Kn})^T$ muß

---

[1] Vgl. FISCHER, Lineare Algebra (1986), S. 43 f., 99.

[2] Vgl. EWERT, Kapitalmarkt (1996), S. 537 f.

[3] Wenn der Vektor λ nicht eindeutig ist, also verschiedene Linearkombinationen λ mit der Eigenschaft $\mathbf{B}^T\lambda = \mathbf{g}_K$ existieren, muß aufgrund der Arbitragefreiheit jede dieser Kombinationen denselben Wert (Preis) haben, nämlich $\mathbf{g}_K^T\rho$.

unter den gegebenen Bedingungen im Gleichgewicht mit dem (schon vorher ermittelten) subjektiven Grenzpreis p* der Marktteilnehmer übereinstimmen. Dies ergibt sich auch ohne explizite Ermittlung eines Bewertungsprogramms direkt aus der starken Arbitragefreiheitsbedingung: Jeder andere Preis p stünde im Widerspruch zur *eindeutigen* Bewertung durch die (ein- oder mehrdeutigen) arbitragefreien Zustandspreise und erlaubte demnach Arbitrage, mithin einen unbegrenzt höheren Zielfunktionswert als das arbitragefreie Basisprogramm. Weil die gegenüber dem Basisprogramm vorteilhafte Arbitrage erst bei einem Preis p in Höhe des Marktgleichgewichtswerts unterbunden wird, markiert dieser Wert den Grenzpreis p*, bei dem der Käufer oder Verkäufer gerade noch nicht schlechter steht als zuvor mit seinem Basisprogramm.

Dasselbe Ergebnis resultiert auch aus dem im Unterabschnitt 2.2.2.2.1 aufgestellten Bewertungsansatz „max. U; U := p", wenn er (wie bereits oben der Basisansatz „max. GW") auf den Spezialfall des vollkommenen Kapitalmarkts zugeschnitten wird.[1] Annahmegemäß gilt Arbitragefreiheit, also im Basisprogramm GW* = 0. Dann ergibt sich der Grenzpreis p* aus dem folgenden Modell:

max. U; U := p

$$-\sum_{j=1}^{m} g_{j0} \cdot x_j + G_0 + p \leq 0$$

$$-\sum_{j=1}^{m} g_{jt} \cdot x_j + G_t \leq g_{Kt} \quad \forall\, t \in \{1, 2, \ldots, n\}$$

$$-\sum_{t=0}^{n} G_t \leq 0 \quad \text{(Arbitragefreiheit: } -GW^* = 0)$$

$$x_j \in \mathbb{R} \quad \forall\, j \in \{1, 2, \ldots, m\}$$

$$G_t \geq 0 \quad \forall\, t \in \{0, 1, 2, \ldots, n\}$$

$$p \geq 0$$

Die lenkpreistheoretische Bewertungsgleichung für p* ergibt sich wie üblich aus dem Dualproblem dieses Ansatzes. Zur Vereinfachung wird die aufgrund der Nichtnegati-

---

1 Für die Verkäufersituation kann analog argumentiert werden. Vgl. oben, Unterabschnitt 2.2.3.2.

3.2 Finanzierungstheoretisches Fundament der Unternehmensbewertung

vitätsbedingungen redundante primale Restriktion $-\sum G_t \leq 0$ vorher gestrichen. Das Dualproblem des Bewertungsansatzes lautet dann:[1]

$$\min. Y; \quad Y := \sum_{t=1}^{n} g_{Kt} \cdot d_t$$

$$-\sum_{t=0}^{n} g_{jt} \cdot d_t = 0 \qquad \forall j \in \{1, 2, \ldots, m\}$$

$$d_0 \geq 1$$

$$d_t \geq 0 \qquad \forall t \in \{0, 1, 2, \ldots, n\}$$

Wegen $d_0 \geq 1$ und $\rho_t = d_t/d_0$ schreibt sich der Lösungsraum auch als $\mathbf{B}\boldsymbol{\rho} = \mathbf{p}$:

$$g_{j0} + \sum_{t=1}^{n} g_{jt} \cdot \rho_t = 0 \qquad \forall j \in \{1, 2, \ldots, m\}$$

$$\rho_t \geq 0 \qquad \forall t \in \{1, 2, \ldots, n\}$$

Im Unterschied zur starken Arbitragefreiheitsbedingung sind im Bewertungsansatz auch Zustandspreise von null zugelassen, da die Zielfunktion „max. U; U = p" (ähnlich wie beim Lemma von FARKAS) nur auf den Zeitpunkt (Zustand) t = 0 Wert legt.

Zur ökonomischen Auswertung des Ansatzes sei o.B.d.A.[2] angenommen, daß der Grenzpreis $U^* = p^* = Y^*$ positiv ist. Dann gilt wegen der Komplementarität im Optimum $d_0 = 1$, mithin $d_t = \rho_t$ und:

$$p^* = \sum_{t=1}^{n} g_{Kt} \cdot \rho_t.$$

Wie auf dem vollkommenen Kapitalmarkt nicht anders zu erwarten war, entspricht der Grenzpreis p^* des zu bewertenden Zahlungsstroms seinem „Ertragswert" $\mathbf{g}_K^T \boldsymbol{\rho}$ auf

---

[1] Vgl. für den allgemeinen Fall oben, Unterabschnitt 2.2.2.2.2.

[2] Falls nach der arbitragefreien Bewertung mit Zustandspreisen $p^* < 0$ herauskommt, betrachte man auf dem vollkommenen Kapitalmarkt einfach die mit -1 multiplizierte Zahlungsreihe, also die Position des Marktpartners mit $p^* > 0$. Für $p^* = Y^* = 0$ kann in der dualen Zielfunktion Y ebenfalls problemlos d_t durch ρ_t ersetzt werden, ohne Y zu verändern.

Basis der Zustandspreise des Bewertungsprogramms. Bei *vollständigem* Markt ist das System $B\rho = p$ eindeutig lösbar, so daß auch der Bewertungsansatz keinen anderen Vektor ρ liefern kann. Daher ermittelt das subjektive Grenzpreismodell exakt denselben Wert $g_K^T \rho$ wie die Zustandspreise der arbitragefreien Bewertung.

Um diese Äquivalenz auch für *unvollständige* Märkte zu zeigen, muß wiederum vorausgesetzt werden, daß der zu bewertende Zahlungsstrom $g_K = (g_{K1}, \ldots, g_{Kt}, \ldots, g_{Kn})^T$ als Linearkombination aus den vorhandenen m Papieren darstellbar ist und demnach ein Vektor $\lambda \in \mathbb{R}^m$ existiert mit $g_K^T = \lambda^T B$. Im Modell der arbitragefreien Bewertung (Basisansatz) gibt es unendlich viele positive Zustandspreisvektoren ρ^{Basis}, die der starken Arbitragefreiheitsbedingung genügen und alle zum gleichen Marktwert $g_K^T \rho^{Basis} = \lambda^T B \rho^{Basis} = \lambda^T p$ führen. Für die Zustandspreise ρ des Bewertungsprogramms kann wegen der Zulässigkeit des Werts null keineswegs davon ausgegangen werden, daß sie alle mit den Preisen ρ^{Basis} identisch sind. Es gilt aber nach dem Dualproblem auf jeden Fall $B\rho = p$, so daß für den eindeutigen Gleichgewichtswert $g_K^T \rho^{Basis} = \lambda^T p$ auch $\lambda^T B \rho$ geschrieben werden kann, was aber nach Voraussetzung mit $g_K^T \rho = p^*$ übereinstimmt, q.e.d.

Die vorstehende Überführung zeigt, daß die arbitragefreie Bewertung als Spezialfall des allgemeinen investitionstheoretischen Ansatzes aus Kapitel 2 hergeleitet werden kann. Darüber hinaus ermöglicht das auf die Finanzierungstheorie übertragene Grenzpreismodell „max. U; U = p" aber auch die subjektive Bewertung[1] von solchen Zahlungsströmen, die nicht als Linearkombinationen der Kapitalmarktpapiere darstellbar sind, und geht damit unter den gleichen Prämissen noch einen Schritt weiter als die arbitragefreie Bewertung.

Die beschriebenen Zusammenhänge auf vollkommenen Kapitalmärkten gelten für die meisten Investoren in der Realität bestenfalls als Näherungen. Auch Wertpapiermärkte sind in der Regel unvollkommen, und zwar zumindest in dem Sinne, daß der Kaufpreis der gehandelten Papiere über dem Verkaufspreis liegt (Existenz von Geld-Brief-Spannen aufgrund von Börsenspesen oder Bonitätsunterschieden) und generell auch andere Transaktionskosten anfallen.[2] Rechnerische Arbitragemöglichkeiten können sich durch diese Marktunvollkommenheiten u.U. schnell „in Luft auflösen". Hinzu treten aus der Sicht des einzelnen Anlegers möglicherweise Verschuldungsrestriktionen (z.B. aufgrund fehlender dinglicher Sicherheiten) oder umgekehrt Kontingentierungen von Wertpapierkäufen (z.B. bei Überzeichnung). Während sich die starke Arbitragefreiheitsbedingung mit Hilfe des beschriebenen Ansatzes noch verallgemeinern und nahtlos in die dem Kapitel 2 zugrunde gelegte Investitionstheorie des

---

[1] Wenn der Lösungsraum nicht leer und die Zielfunktion beschränkt ist (Arbitragefreiheit), hat das LO-Problem immer ein eindeutiges endliches Maximum p* (die Zusammensetzung der Lösung braucht nicht eindeutig zu sein).

[2] Vgl. *DERMODY/ROCKAFELLAR*, Cash Stream Valuation (1991), S. 32 und 37.

unvollkommenen Kapitalmarkts überführen läßt,[1] bereiten schon die ersten Prämissenabschwächungen der gleichgewichtsorientierten Marktbewertung ein jähes Ende.

Weil die starke Arbitragefreiheitsbedingung schon bei der geringsten Kapitalmarktunvollkommenheit Ungleichungsform annimmt, sind die Kapitalwerte aller am Markt gehandelten Papiere unter Arbitragefreiheit nicht mehr zwangsläufig gleich null. Dadurch kann ungeachtet der weiterbestehenden Arbitragefreiheit die Eindeutigkeitseigenschaft der durch die Zustandspreise induzierten Marktwerte verlorengehen, so daß subjektive Wertüberlegungen wieder unverzichtbar werden. Liegt beispielsweise der Sollzins über dem Habenzins, hängt der individuell anzuwendende Zustandspreis mit von der Liquiditätslage des Bewertungssubjekts ab.[2] Mengenrestriktionen für einzelne Papiere lassen auch positive Kapitalwerte zu, behindern aber die Arbitrageprozesse und führen u.U. beim Auftauchen neuer Bewertungsobjekte zu einer Änderung der Zustandspreise, wodurch die Ertragswertmethode außer Gefecht gesetzt wird und infolgedessen die rein partialanalytische Bewertung der Zahlungsreihen durch Zustandspreise versagt.[3] Auf unvollkommenen Märkten lassen sich ohne zusätzliche Informationen über individuelle Gegebenheiten, Transaktionskosten und Präferenzen keine Entscheidungswerte begründen; allgemeinverbindliche, allein vom Markt determinierte Entscheidungswerte gibt es nicht mehr.[4]

In diesem Unterabschnitt konnte gezeigt werden, daß die finanzierungstheoretischen Arbitragefreiheitsbedingungen mathematisch aufs engste mit den investitionstheoretischen Dualproblemen verwandt sind und deshalb nichts anderes als Spezialfälle der allgemeinen Lenkpreistheorie darstellen. Damit gibt die in betriebswirtschaftlichen Streitfragen unbestechliche Mathematik einen nicht zu übersehenden Fingerzeig, für Bewertungsfragen auf realen, also unvollkommenen und unvollständigen Märkten nicht die dann überforderte objektiv-„marktorientierte" Gleichgewichtstheorie, sondern die modelltechnisch robustere, subjektiv ausformbare Investitionstheorie heranzuziehen. Die im Unterkapitel 2.2 aufgestellten linearen Ansätze gelten strukturell auch als Zustandspreismodelle im Unsicherheitsfall, wenn t den Zustand bezeichnet

---

1 Vgl. *HERING*, Arbitragefreiheit (1998), S. 171-174.
2 Eine einperiodige Investition mit einer Rendite zwischen dem Soll- und dem Habenzins ist z.B. für einen Kreditnehmer zum Sollzins uninteressant, während sie einem Geldanleger zum Habenzins attraktiv erscheint. Die Investition hat daher ceteris paribus für den Geldanleger einen höheren (Ertrags-) Wert als für den Kreditnehmer, weil jener mit dem niedrigeren Habenzins, dieser aber mit dem Sollzins diskontiert. Zur Ertragswertmethode vgl. oben, Unterabschnitt 2.2.2.1.2.
3 Ändern sich die Zustandspreise p_t des Basisprogramms durch den Kauf eines Bewertungsobjekts, kann der Wert (Grenzpreis) p^* unter den mit den ursprünglichen Zustandspreisen berechneten Ertragswert sinken: $E_K \leq p^* \leq E_K^{Basis}$; vgl. oben, Unterabschnitt 2.2.2.1.2.
4 Vgl. *GARMAN/OHLSON*, Valuation of Risky Assets (1981), S. 277 f.

und die endogenen Abzinsungsfaktoren ρ_t als Zustandspreise aufgefaßt werden.[1] Der investitionstheoretische Bewertungsansatz zur Ermittlung von p* entpuppt sich also als ein allgemeines *Zustands-Grenzpreismodell* („ZGPM"), das erstens die Bewertung beliebiger unsicherer Zahlungsströme auf unvollkommenen Märkten erlaubt und aus dem sich zweitens, wie gezeigt, durch zusätzliche Annahmen sowohl die approximative Dekomposition als auch die arbitragefreie Bewertung entwickeln lassen. Damit bildet das ZGPM die Basis einer vereinheitlichten Investitions- und Finanzierungstheorie. Seine Formulierung als *geschlossenes Theoriegebäude* erfolgt am Ende dieses Buches im Kapitel 4.

Einem direkten Einsatz des theoretisch allgemein anwendbaren ZGPM als Entscheidungsmodell steht allerdings das ungelöste Problem entgegen, die unüberschaubare Anzahl möglicher Zustände zu beherrschen. Dieser Einwand trifft die Achillesferse der theoretisch eleganten Zustandspreismodelle und erzwingt heuristische Vereinfachungen im Zustandsraum.

3.2.3.2 Das Prinzip der Bewertung von Optionen

Optionen sind Wahlrechte (Handlungsmöglichkeiten), die es ihrem Inhaber gestatten, auf bestimmte Umweltzustände flexibler zu reagieren. Finanzwirtschaftlich handelt es sich lediglich um eine Sonderform zustandsabhängiger Zahlungsströme, so daß durchaus auch ganze Unternehmen, Unternehmensteile oder Investitionen als (Real-) Optionen angesehen werden können.[2] Finanzierungstheoretische Modelle zur Bewertung von Optionen kommen daher grundsätzlich auch für Zwecke der Unternehmensbewertung in Betracht. Die bekanntesten Modelle dieser Art stützen sich auf die Prämissen der allgemeinen Gleichgewichtstheorie und greifen auf das im letzten Unterabschnitt behandelte Prinzip der arbitragefreien Bewertung zurück.[3] Weil im allgemeinen Gleichgewicht subjektiver Entscheidungswert und objektiver Marktpreis eines Zahlungsstroms aus Arbitragegründen übereinstimmen, ist eine gleichgewichtige Optionsbewertungstheorie zugleich Optionspreistheorie.

---

1 Zustandsbezogene Basis- und Bewertungsansätze unter Unsicherheit finden sich bereits in *LAUX*, Unternehmensbewertung (1971). Sie werden dort allerdings weder als lineare Modelle spezifiziert noch dualitätstheoretisch ausgewertet. Außerdem setzt LAUX für die Zustände bekannte Eintrittswahrscheinlichkeiten voraus und verwendet zur Unsicherheitsverdichtung den BERNOULLI-Nutzen. Insofern ist sein Modell einerseits allgemeiner, andererseits enger als das hier vertretene. Ähnliches gilt für die teils allgemeinere (da nichtlineare), andererseits prämissenmäßig engere Modellierung von *PFAFF/PFEIFFER/GATHGE*, Zustands-Grenzpreismodelle (2002).

2 Vgl. *COX/ROSS/RUBINSTEIN*, Option Pricing (1979), S. 230, *DIXIT/PINDYCK*, Investment (1994), S. 147.

3 Vgl. *GILLES/LEROY*, Arbitrage Pricing Theory (1991), S. 228, *HAX/NEUS*, Kapitalmarktmodelle (1995), Sp. 1169 f.

3.2 Finanzierungstheoretisches Fundament der Unternehmensbewertung

Eine Optionsbewertung bei unvollkommenem und unvollständigem Markt könnte mit dem allgemeinen Zustands-Grenzpreismodell (ZGPM) des Unterabschnitts 3.2.3.1 erfolgen, das formal mit den investitionstheoretischen Bewertungsansätzen des Unterkapitels 2.2 übereinstimmt (Optionswert = Grenzpreis p* des zustandsabhängigen Zahlungsstroms).[1] Der als subjektiver Entscheidungswert errechnete Betrag wäre sodann mit dem am Markte gültigen Optionspreis zu vergleichen.

Da sich die Schwierigkeit des unendlich großen unsicheren Zustandsraums nicht aus der Welt schaffen läßt, kommt eine arbitragefreie Bewertung riskanter Zahlungsströme von vornherein nur als Heuristik in Betracht. Während die Theorie der Wertpapierpreise (CAPM) sowohl Präferenz- als auch Verteilungsannahmen setzt (Risikoscheu, Normalverteilung), ist die arbitragefreie Bewertung demgegenüber präferenz- und verteilungsfrei: Es gilt lediglich die Annahme finanzieller Nichtsättigung; Risikonutzenfunktionen und Eintrittswahrscheinlichkeiten für die Zustände werden nicht benötigt. Optionspreismodelle bewerten zwar ebenfalls präferenzfrei, treffen aber typischerweise strenge Verteilungsannahmen, um den Zustandsraum auf ein rechnerisch beherrschbares Maß zu reduzieren.[2] Die heuristische Vereinfachung der Optionsmodelle liegt also darin, das Prinzip der arbitragefreien Bewertung auf einen sinnvoll definierten Ausschnitt des theoretisch ausfernden Zustandsraums anzuwenden.

Im Binomialmodell[3] wird für die unsichere Kursentwicklung des Basistitels, auf den sich die Option bezieht, ein diskreter Zufallsprozeß unterstellt. Der Kurs des Basispapiers muß von einem Zeitpunkt zum nächsten entweder um einen festen Prozentsatz steigen oder um einen (ggf. anderen) festen Prozentsatz sinken. Von dieser angenommenen Entwicklung abweichende Zustände sind nicht möglich. Das BLACK-SCHOLES-Modell[4] kann unter bestimmten Voraussetzungen als ein stetiger Grenzfall des Binomialmodells interpretiert werden, dem die Annahme eines WIENER-Prozesses zugrunde liegt. Grundidee beider Modelle ist die Konstruktion eines absichernden Portefeuilles, dessen Wertentwicklung unabhängig vom unsicheren Kurs des Basistitels ist und das deshalb durch Diskontierung mit dem Zinsfuß für sichere Geldanlagen bewertet werden kann.

Im folgenden soll an einem einfachen Zwei-Zustände-Modell gezeigt werden, daß das ökonomisch anschauliche Prinzip „Bewertung von Optionen mit Hilfe eines absi-

---

1 Vgl. unten, Kapitel 4.
2 Vgl. TERSTEGE, Optionsbewertung (1995), S. 244.
3 Vgl. COX/ROSS/RUBINSTEIN, Option Pricing (1979), COPELAND/WESTON, Financial Theory (1988), S. 256-267, SPREMANN, Wirtschaft (1996), S. 640-647, KRUSCHWITZ, Finanzierung (2004), S. 313 ff.
4 Vgl. BLACK/SCHOLES, Pricing of Options (1973), COX/ROSS/RUBINSTEIN, Option Pricing (1979), S. 246-255, COPELAND/WESTON, Financial Theory (1988), S. 267-269, 296-299, SPREMANN, Wirtschaft (1996), S. 647-652.

chernden Portefeuilles" auf das allgemeinere Grundmodell der arbitragefreien Bewertung mittels zustandsabhängiger Preise zurückgeführt werden kann.¹

Zu bewerten sei eine europäische Kaufoption auf eine Aktie, die mit einem Basispreis in Höhe von B und einer (Rest-)Laufzeit von einem Jahr ausgestattet ist. Die Aktie notiere heute zum Kurs K. In einem Jahr seien genau zwei alternative Zustände möglich: Entweder steht der Aktienkurs auf K^+ (Zustand t = 1) oder auf K^- (Zustand t = 2), wobei $K^+ > K^-$ gelte. Damit die Option nicht den „Sicherheitszinsfuß" i des vollkommenen Marktes dominiert oder von ihm dominiert wird, muß weiterhin $K^+ > K \cdot (1 + i) > K^-$ vorausgesetzt werden. In Abhängigkeit vom eintretenden Zustand besitzt die Option am Ausübungstag den inneren Wert $KO^+ = \max \{K^+ - B; 0\}$ oder $KO^- = \max \{K^- - B; 0\}$.

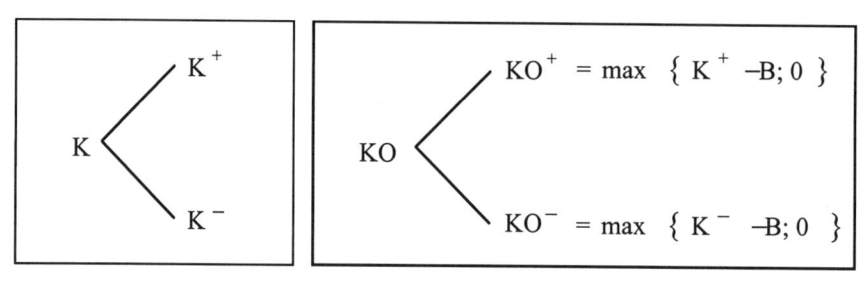

Abbildung 3-1: Wertentwicklung von Aktie und Kaufoption

Gesucht ist KO, der heutige Gleichgewichtspreis der Kaufoption. Um ihn herzuleiten, wird ein absicherndes Portefeuille konstruiert, dessen Wert in einem Jahr unabhängig von der Aktienkursentwicklung ist. Hierzu sind a Aktien mit dem Verkauf einer Kaufoption zu kombinieren.

Abbildung 3-2: Wertentwicklung des absichernden Portefeuilles

---

1 Zum Folgenden vgl. COX/ROSS/RUBINSTEIN, Option Pricing (1979), S. 231-236, 240, 262 f.

3.2 Finanzierungstheoretisches Fundament der Unternehmensbewertung

Das Portefeuille ist sicher, wenn $a \cdot K^+ - KO^+ = a \cdot K^- - KO^-$ gilt, d.h., die Zahl der Aktien beträgt $a = (KO^+ - KO^-)/(K^+ - K^-)$. Bei vollkommenem Kapitalmarkt muß sich aber der heutige Wert eines sicheren künftigen Rückflusses als Barwert zum Kalkulationszins i ergeben: $a \cdot K - KO = (a \cdot K^+ - KO^+)/(1 + i)$. Nach Einsetzen des Ausdrucks für a und einigen elementaren Umformungen resultiert die Formel für den heutigen arbitragefreien Marktpreis der Kaufoption:

$$KO = \frac{1}{1+i} \cdot \left(\frac{K \cdot (1+i) - K^-}{K^+ - K^-} \cdot KO^+ + \frac{K^+ - K \cdot (1+i)}{K^+ - K^-} \cdot KO^- \right).$$

Beispiel. Es gelte B = 109, K = 100, K^+ = 120, K^- = 80 und i = 10%. Die Kaufoption hat somit in einem Jahr den Wert KO^+ = 120 – 109 = 11, wenn der Aktienkurs steigt. Bei ungünstiger Entwicklung gilt hingegen KO^- = 0 (Option verfällt). Obwohl wegen B > K zum Ausgabetermin kein innerer Wert vorliegt, muß die Option aufgrund der mit ihr verbundenen Gewinnchance dennoch einen positiven Wert KO haben, der aus Arbitragegründen zum Gleichgewichtspreis wird. Nach der Formel ergibt sich KO = 7,5. Wegen a = 11/40 kann nämlich ein risikoloses Portefeuille aus z.B. 110 Aktien und dem Verkauf von 400 Kaufoptionen gebildet werden, das in beiden künftigen Umweltzuständen den gleichen Wert aufweist:

$$110 \cdot 120 - 400 \cdot 11 = 110 \cdot 80 - 400 \cdot 0 = 8800.$$

Ein sicherer Rückfluß von 8800 resultiert aber ebensogut aus einer Geldanlage zum Kalkulationszins 10%, so daß das Portefeuille bei Arbitragefreiheit den Marktwert 8800/1,1 = 8000 besitzen muß. Hieraus ergibt sich der gesuchte heutige Preis der Kaufoption: $110 \cdot 100 - 400 \cdot KO = 8000 \Leftrightarrow KO = 7,5$.

Das Grundmodell der arbitragefreien Bewertung gelangt auf kürzerem (wenngleich abstrakterem) Wege zum selben Ergebnis. Aktie und sichere Anlage konstituieren unter den gegebenen Voraussetzungen einen vollständigen Kapitalmarkt:

Papier	Preis in t = 0	Zahlung t = 1	Zahlung t = 2
j	$-g_{j0}$	g_{j1}	g_{j2}
Aktie	K	K^+	K^-
Anlage	1	1 + i	1 + i
Option	KO (gesucht)	KO^+	KO^-

Tabelle 3-4: Vollständiger Markt

Die arbitragefreien Zustandspreise ρ_1 und ρ_2 dieses Marktes können aus der Bedingung $\mathbf{B}\rho = \mathbf{p}$ errechnet werden:

$$\begin{pmatrix} K^+ & K^- \\ 1+i & 1+i \end{pmatrix} \cdot \begin{pmatrix} \rho_1 \\ \rho_2 \end{pmatrix} = \begin{pmatrix} K \\ 1 \end{pmatrix}.$$

Als Lösung dieses Systems folgt aus der CRAMERschen Regel:

$$\rho_1 = \frac{\det\begin{pmatrix} K & K^- \\ 1 & 1+i \end{pmatrix}}{\det\begin{pmatrix} K^+ & K^- \\ 1+i & 1+i \end{pmatrix}} = \frac{1}{1+i} \cdot \frac{K \cdot (1+i) - K^-}{K^+ - K^-},$$

$$\rho_2 = \frac{\det\begin{pmatrix} K^+ & K \\ 1+i & 1 \end{pmatrix}}{\det\begin{pmatrix} K^+ & K^- \\ 1+i & 1+i \end{pmatrix}} = \frac{1}{1+i} \cdot \frac{K^+ - K \cdot (1+i)}{K^+ - K^-}.$$

Es ist nun ein leichtes, bei Kenntnis der Zustandspreise ρ_1 und ρ_2 jeden weiteren zweidimensionalen Zahlungsstrom arbitragefrei zu bewerten. Beispielsweise ergibt sich der gesuchte Wert (Preis) der Kaufoption als:

$$KO = KO^+ \cdot \rho_1 + KO^- \cdot \rho_2 = \frac{1}{1+i} \cdot \left(\frac{K \cdot (1+i) - K^-}{K^+ - K^-} \cdot KO^+ + \frac{K^+ - K \cdot (1+i)}{K^+ - K^-} \cdot KO^- \right).$$

Dies ist exakt das gleiche Ergebnis, welches oben mit Hilfe des absichernden Portefeuilles hergeleitet wurde. Die Zustandspreise erlauben aber einen wesentlich übersichtlicheren und vor allem mühelos auch für n > 2 Zustände gangbaren Lösungsweg.[1]

Eine gravierende Einschränkung der arbitragefreien Bewertung von Optionen und anderen unsicheren Zahlungsströmen (z.B. Unternehmen) ist natürlich in der Annahme des (vollkommenen und) vollständigen Marktes zu sehen. Wenn die heuristische Vereinfachung des Zustandsraums eine Gleichgewichtsbewertung ermöglichen soll, müssen die in den Zustandsraum einbezogenen Zahlungsströme ein Erzeugendensystem für die zu bewertenden Zahlungsströme bilden, d.h., die Bewertungsobjekte

---

[1] Zum n-Zustände-Fall vgl. die Zahlenbeispiele von COPELAND/WESTON, Financial Theory (1988), S. 411-414 und KRUSCHWITZ, Finanzierung (2004), S. 331 ff.

3.2 Finanzierungstheoretisches Fundament der Unternehmensbewertung 205

müssen als Linearkombinationen der mit ihren Preisen und Rückflüssen bekannten Papiere darstellbar sein. Schon ein „Trinomialmodell" mit jeweils nur drei Zuständen für den Aktienkurs genügt dieser Anforderung nicht mehr, wenn wie beim Binomialmodell nur die Aktie und die Geschäfte zum Kalkulationszins in den Zustandsraum eingehen. Zwei Papiere spannen nämlich keinen dreidimensionalen Raum auf, was sich auch darin äußert, daß mit ihnen allein kein absicherndes Portefeuille mehr konstruierbar ist, welches in drei (statt zwei) Zuständen die gleichen Rückflüsse liefert.[1] Um im Modell n Zustände zuzulassen, sind n „linear unabhängige" Wertpapiere mit bekannten zustandsabhängigen Zahlungen und bekannten Marktpreisen erforderlich. Die Komplexitätsreduktion des Zustandsraums stößt dadurch sehr schnell an Grenzen.

Auch das berühmte BLACK-SCHOLES-Modell zahlt einen hohen Preis für die Vereinfachung des realen Zustandsraums. Es setzt wie das Binomialmodell eine sehr einschränkende Verteilungsannahme, die es überhaupt erst ermöglicht, das absichernde Portefeuille aus nur zwei anderen Wertpapieren zu konstruieren. Die Voraussetzung, Sicherheitszins und Varianz der Aktienrendite seien bekannt und im Zeitablauf konstant,[2] läßt sich im Rahmen der Unternehmensbewertung – außer für Argumentationszwecke – wohl kaum akzeptieren.

Ohne Zweifel besitzen die bekannten Optionspreismodelle den Vorzug, über ihre rigiden Verteilungsprämissen zu praktisch anwendbaren, geschlossenen Lösungsformeln zu gelangen. Sie bergen allerdings – nicht zuletzt durch ihre weite Verbreitung – die große Gefahr in sich, vorschnell mit der gesamten Optionsbewertungstheorie gleichgesetzt zu werden. Wie sich gerade mit Hilfe des allgemeineren Ansatzes der Zustandspreise zeigen läßt, sind viele aus dem Binomial- oder BLACK-SCHOLES-Modell abgeleitete Aussagen keineswegs verallgemeinerbar, sondern prämissengebunden. Dies gilt z.B. für die häufig ungeprüft akzeptierte These, der Wert einer Option steige mit der Standardabweichung des zugrundeliegenden Aktienkurses. Im Rahmen des Modells der arbitragefreien Bewertung lassen sich ohne weiteres Beispielsituationen konstruieren, in denen diese scheinbar plausible These falsch ist.[3] Überhaupt gibt es nur wenige „Gesetze" der Optionsbewertung, die wirklich präferenz- *und* verteilungsunabhängig gültig sind.[4]

Insgesamt kann deshalb nur der Schluß gezogen werden, zur Bewertung von Optionen gedanklich vom allgemeinen Zustands-Grenzpreismodell (ZGPM) auszugehen und nach situations- und zweckbedingt geeigneten heuristischen Vereinfachungen zu

---

1 Vgl. COX/ROSS/RUBINSTEIN, Option Pricing (1979), S. 240 f.
2 Vgl. BANZ/MILLER, State-contingent Claims (1978), S. 657, SCHNEIDER, Investition (1992), S. 535, LOISTL, Kapitalmarkttheorie (1994), S. 195 f.
3 Vgl. TERSTEGE, Optionsbewertung (1995), S. 164 f. Selbst ein steigender Aktienkurs läßt nicht immer auf einen steigenden Wert der Kaufoption schließen; vgl. ebenda, S. 135-137.
4 Vgl. TERSTEGE, Optionsbewertung (1995), S. 244-251.

suchen. Die arbitragefreie Bewertung mit Zustandspreisen aus einem heuristisch definierten Zustandsraum ist grundsätzlich für beliebige Verteilungsannahmen offen und bietet deshalb in der Argumentationsfunktion der Unternehmensbewertung viele Vorteile gegenüber verteilungsstrengen Optionspreismodellen, die eher für kurzfristige Gleichgewichtsbetrachtungen an Aktienmärkten konstruiert sind.

Nachdem die gemeinsame theoretische Basis geklärt ist, sollen im folgenden einige derzeit aktuelle, finanzierungstheoretisch begründete „Praktikermodelle" dargestellt und im Sinne der funktionalen Unternehmungsbewertungslehre eingeordnet werden.

3.3 Kapitalmarkttheoretische Unternehmensbewertung

3.3.1 Varianten der „Discounted Cash Flow"-Methode

3.3.1.1 „Adjusted Present Value"-Ansatz

Die unter der Überschrift „Discounted Cash Flow"-Methode (DCF-Methode) diskutierte anglo-amerikanische Alternative zum in Deutschland gebräuchlichen Ertragswertverfahren der Unternehmensbewertung präsentiert sich nicht als geschlossenes Konzept, sondern zerfällt in einzelne miteinander konkurrierende Varianten, die unter realistischen Bedingungen jeweils unterschiedliche Bewertungsergebnisse liefern.[1] Im folgenden sollen drei dieser Varianten exemplarisch vorgestellt werden, und zwar „APV", „WACC" und „Equity". Diese kapitalmarkttheoretisch begründeten Ansätze kombinieren in pragmatischer (und problematischer) Weise die Resultate von MODIGLIANI und MILLER mit denen des CAPM. Eine derartige heuristische Kopplung partiell inkompatibler Gleichgewichtsmodelle kann von vornherein nur Argumentations- und eventuell auch Schiedswerte generieren, nicht jedoch Entscheidungswerte. Eine Konkurrenz zum investitionstheoretisch fundierten Ertragswertverfahren besteht insofern vor allem in der Argumentationsfunktion der Unternehmensbewertung.

Durch die Ausführungen der Unterkapitel 3.1 und 3.2 sind DCF-basierte Unternehmenswerte theoretisch bereits hinreichend relativiert. Unabhängig von den schon diskutierten Anwendungsgrenzen der MODIGLIANI-MILLER-Formeln und des CAPM wirft jedoch die Art der Zusammenführung beider Modellelemente in einem praxistauglichen Ansatz eine Fülle von ungelösten Zusatzproblemen auf. Bevor im Abschnitt 3.3.2 auf diese für Argumentationszwecke wichtigen Theoriedefizite eingegangen werden soll, seien die bekanntesten DCF-Varianten kurz skizziert.

---

1 Vgl. oben, Abschnitt 3.1.3 und BALLWIESER, Aktuelle Aspekte (1995), S. 126, HACHMEISTER, Discounted-Cash-Flow-Verfahren (2000), S. 261-267, KRUSCHWITZ/LÖFFLER, Mißverständnisse (2003), S. 731 f., BALLWIESER, Unternehmensbewertung (2004), S. 176 f., MATSCHKE/BRÖSEL, Unternehmensbewertung (2005), S. 589.

3.3 Kapitalmarkttheoretische Unternehmensbewertung

Der „Adjusted Present Value" (APV) ist ein steuerangepaßter Unternehmensgesamtwert im Gleichgewicht unter den Prämissen von MODIGLIANI und MILLER.[1] Er ergibt sich durch Addition des fremdkapitalinduzierten „Steuerschildes" zum Grundbarwert des (hypothetisch) unverschuldeten Unternehmens.[2]

Zunächst sei der einfachste mögliche Fall an einem Zahlenbeispiel veranschaulicht. Ein Unternehmen verfügt über Fremdkapital im Marktwert von FK = 600, das effektiv mit i = 5% p.a. zu verzinsen ist. Der Ertragsteuersatz beläuft sich auf s = 40%. Die Unternehmenseigner erwarten als freien Cash-flow eine ewige Rente der Breite FCF = 58, und sie würden den freien Cash-flow mit k^e = 10% p.a. diskontieren, wenn ihr Unternehmen unverschuldet wäre.

Der freie Brutto-Cash-flow, der an Eigen- und Fremdkapitalgeber ausgeschüttet wird, beträgt FCF^{br} = FCF + i · FK = 58 + 5% · 600 = 88. Ohne die steuerliche Abzugsfähigkeit der Sollzinsen wäre FCF^{br} um s · i · FK = 40% · 30 = 12 kleiner, d.h., bei hypothetischer reiner Eigenfinanzierung könnte an die Eigner ein Betrag von FCF^e = 88 − 12 = 76 ausgeschüttet werden. Nach MODIGLIANI und MILLER errechnet sich dann der Grundbarwert als V^e = FCF^e/k^e = 76/0,1 = 760 und der Barwert des Steuerschildes als s · FK = 40% · 600 = 240, woraus als APV ein Gesamtwert von V = 760 + 240 = 1000 resultiert. Der Wert des Eigenkapitals stellt sich residual auf EK = V − FK = 400.

Wie den Eigenkapitalgebern (nachträglich) klar wird, beträgt ihre Renditeerwartung also i_{EK} = FCF/EK = 58/400 = 14,5% p.a. Diese Zahl erklärt sich auch aus einem linear mit dem Verschuldungsgrad steigenden Zuschlag zur Grundforderung k^e:

$$i_{EK} = k^e + (1-s) \cdot (k^e - i) \cdot \frac{FK}{EK} = 10\% + (1-40\%) \cdot (10\% - 5\%) \cdot \frac{600}{400} = 14,5\%.$$

Vertreter des APV-Ansatzes empfehlen, die hypothetischen „Eigenkapitalkosten" k^e „pragmatisch" mit Hilfe des CAPM zu schätzen,[3] obwohl das CAPM weder für einen Mehrperiodenfall noch für eine Welt mit Steuern konstruiert ist und außerdem Risikoscheu unterstellt, wohingegen das arbitragefreie Bewertungsmodell MODIGLIANIS und MILLERS präferenzfrei ist. Weiterhin wird vorgeschlagen, das APV-Modell in

---

[1] Er ist nicht zu verwechseln mit dem viel allgemeineren „korrigierten Kapitalwert" aus der Investitionstheorie, mit dem sich ebenfalls ein an steuerliche oder andere Restriktionseinflüsse angepaßter Kapitalwert errechnen läßt. Vgl. MYERS, Capital Budgeting (1974), S. 1-6, HERING, Zinsfreibetrag (1998), HERING, Investitionstheorie (2003), S. 185-190.

[2] Vgl. oben, Unterabschnitt 3.2.1.2 und MODIGLIANI/MILLER, Taxes and the Cost of Capital (1963), S. 436, MYERS, Capital Budgeting (1974), S. 1-9, VOLPERT, Kapitalwert (1989), S. 159-161, DRUKARCZYK, DCF-Methoden (1995), S. 331, HACHMEISTER, Unternehmenswert (1996), S. 358, 366.

[3] Vgl. DRUKARCZYK, DCF-Methoden (1995), S. 329, DRUKARCZYK/RICHTER, APV-Ansatz (1995), S. 562.

verallgemeinerter Form auch dann anzuwenden, wenn der hypothetische freie Cashflow FCF^e und der Fremdkapitalmarktwert FK in der APV-Formel

$$V = \frac{FCF^e}{k^e} + s \cdot FK$$

nicht konstant sind, sondern im Zeitablauf schwanken können.[1] Im wesentlichen ungeklärt bleibt dabei, wie und mit welcher modelltheoretischen Begründung k^e periodenspezifisch angepaßt werden soll und mit welchem Zinssatz der nunmehr möglicherweise unsichere Steuervorteil der Fremdfinanzierung zu diskontieren ist.[2] Auch die im Rahmen des um Steuern erweiterten MODIGLIANI-MILLER-Modells offengebliebene Frage nach einer „optimalen" (marktwertmaximalen) Kapitalstruktur ohne vollständige Fremdfinanzierung wird vom APV-Ansatz nicht beantwortet.[3] Ob diese Probleme von der Kapitalmarkttheorie noch schlüssig gelöst werden können (z.B. durch ein überzeugendes Mehrperioden-CAPM), sei dahingestellt; der derzeitige Stand der Theorie ist jedoch lückenhaft genug, um mannigfache, meist autorenspezifische Modellvarianten für die Argumentationsfunktion der Unternehmensbewertung hervorzubringen. Mangels einer allgemein akzeptierten *und zugleich* praktikablen Gleichgewichtstheorie läßt sich die Überlegenheit eines bestimmten Modells kaum wissenschaftlich nachweisen, sondern allenfalls heuristisch unter Anwendungsgesichtspunkten erörtern.

Ein praktischer Vorteil des APV-Ansatzes besteht allerdings in seiner Übersichtlichkeit (sofern freilich auf die iterative Ermittlung von Zinsfüßen zur Diskontierung des Steuerschilds bei im Zeitablauf schwankendem Fremdkapital verzichtet wird): Die einzelnen Wertkomponenten sind additiv und können deshalb stufenweise ermittelt werden,[4] wobei auch pragmatische Modellverfeinerungen im Hinblick auf das komplizierte deutsche Steuersystem möglich sind.[5]

---

1 Vgl. DRUKARCZYK, DCF-Methoden (1995), S. 331, DRUKARCZYK/RICHTER, APV-Ansatz (1995), S. 561 und 563.

2 Der Marktwert des Fremdkapitals wird unsicher, wenn sich die Finanzierungspolitik in jedem Zeitpunkt an den bis dahin realisierten Verhältnissen (z.B. Gesamtmarktwert) orientiert. Zur Bewältigung dieses Problems werden iterative Vorgehensweisen vorgeschlagen, welche der Übersichtlichkeit des APV-Verfahrens schweren Abbruch tun. Vgl. VOLPERT, Kapitalwert (1989), S. 172-177, HACHMEISTER, Unternehmenswert (1996), S. 365, HACHMEISTER, Discounted Cash Flow (2000), S. 112 ff., 128 f., CASEY, Roll Back (2004).

3 Vgl. auch BISCHOFF, Shareholder Value (1994), S. 124.

4 Vgl. DRUKARCZYK, Unternehmensbewertung (2003), S. 214.

5 Vgl. DRUKARCZYK/RICHTER, APV-Ansatz (1995), S. 561-566, DRUKARCZYK, Unternehmensbewertung (2003), S. 215 ff.

3.3.1.2 „Weighted Average Cost of Capital"-Ansatz

In der anglo-amerikanischen Literatur dominiert überraschenderweise nicht der immerhin z.T. auf das Modell von MODIGLIANI und MILLER gestützte APV-Ansatz, sondern eine sogenannte „Lehrbuchformel", die den hypothetischen freien Cash-flow bei reiner Eigenfinanzierung (FCF^e) mit einem gewogenen durchschnittlichen Kapitalkostensatz (k = „WACC" = Weighted Average Cost of Capital) diskontiert.[1] Dieser Durchschnittssatz k gewichtet die Renditeerwartung i_{EK} der Eigenkapitalgeber mit der in Marktwerten gemessenen Eigenkapitalquote EK/V und analog den steuerkorrigierten Fremdkapitalzins (1 − s) · i mit der in Marktwerten ausgedrückten Fremdkapitalquote FK/V. Dabei tritt ein Zirkelschluß auf, denn die zur Berechnung erforderlichen Gewichte (und auch der „Eigenkapitalkostensatz" i_{EK}) enthalten bereits die erst als Endergebnis zu ermittelnden Größen V und/oder EK.[2] Nach MODIGLIANI und MILLER gilt:[3]

$$V = \frac{FCF^e}{k} = \frac{FCF + (1-s) \cdot i \cdot FK}{i_{EK} \cdot \frac{EK}{V} + (1-s) \cdot i \cdot \frac{FK}{V}}.$$

Schon im einfachen Fall der ewigen Rente läßt sich nur Abhilfe schaffen, indem auf die (dann ohne iteratives Vorgehen direkt erhältlichen) Ergebnisse des APV-Ansatzes zurückgegriffen wird: Für das Zahlenbeispiel aus dem Unterabschnitt 3.3.1.1 ergab sich i_{EK} = 14,5% und V = 1000. Wer diesen Gesamtwert über den WACC-Ansatz errechnen möchte (obwohl er ihn ja schon aus dem APV-Ansatz kennt), mag verifizieren:

$$\text{„WACC"} = k = 14{,}5\% \cdot \frac{400}{1000} + (1 - 40\%) \cdot 5\% \cdot \frac{600}{1000} = 7{,}6\%$$

$$\Rightarrow \quad V = \frac{76}{7{,}6\%} = 1000.$$

Interpretiert man den WACC-Ansatz als eigenständige Methode und nicht bloß (wie im Beispiel) als (an sich unnötige) Äquivalenzumformung des APV-Ansatzes, führen

---

1 Vgl. DRUKARCZYK, DCF-Methoden (1995), S. 330, DRUKARCZYK, Unternehmensbewertung (2003), S. 260.

2 Vgl. SCHNEIDER, Investition (1992), S. 525, DRUKARCZYK, Finanzierung (1993), S. 209, 212 f., BALLWIESER, Shareholder Value (1994), S. 1395, 1405, BISCHOFF, Shareholder Value (1994), S. 123, HACHMEISTER, Discounted-Cash-Flow-Verfahren (1996), S. 256 f., GÜNTHER, Controlling (1997), S. 107, COPELAND/KOLLER/MURRIN, Valuation (2000), S. 204, HACHMEISTER, Discounted Cash Flow (2000), S. 129.

3 Vgl. oben, Unterabschnitt 3.2.1.2 und MODIGLIANI/MILLER, Taxes and the Cost of Capital (1963).

beide Modelle im allgemeinen *nicht* mehr zum gleichen Ergebnis.[1] Ohne die im APV-Ansatz nach MODIGLIANI/MILLER zwingende Beziehung

$$i_{EK} = k^e + (1-s) \cdot (k^e - i) \cdot \frac{FK}{EK}$$

zu beachten, empfiehlt nämlich die Praktiker- oder Beraterliteratur, die „Eigenkapitalkosten" i_{EK} mit dem CAPM zu schätzen.[2] Es gibt nun aber keinerlei Grund für die Annahme, eine derartige „kapitalmarktorientierte" Schätzung liefere den gleichen Wert wie die unter ganz anderen Prämissen abgeleitete MODIGLIANI-MILLER-Formel (im Beispiel 14,5%). Um beim vorliegenden Beispiel zu bleiben, möge der den WACC-Ansatz propagierende Unternehmensberater seinen Betafaktor so quantifizieren, daß für das Bewertungsobjekt i_{EK} = 16% gilt. (Die präsumtiven Eigner beschließen daraufhin, diese Rendite zu „fordern".) Wegen i_{EK} = FCF/EK resultiert allein hieraus bereits der Eigentümerwert („Shareholder Value") in Höhe von EK = 58/0,16 = 362,5. Damit ergibt sich V = EK + FK = 962,5. Um jedoch den WACC-Ansatz zur Geltung zu bringen, rechnet der Unternehmensberater unbeirrt weiter. Er erhält:

$$\text{„WACC"} = k = 16\% \cdot \frac{362,5}{962,5} + (1-40\%) \cdot 5\% \cdot \frac{600}{962,5} = 7,8961\%$$

$$\Rightarrow \quad V = \frac{76}{7,8961\%} = 962,5.$$

Dieses Resultat kollidiert mit dem Ergebnis V = 1000 nach dem APV-Ansatz. Da der praxisorientierte WACC-Ansatz den Wert k^e = 10% aus dem APV-Ansatz konzeptionell nicht kennt und i_{EK} auf andere Weise festlegt, wäre eine zufällige Übereinstimmung im übrigen sehr überraschend. Woher sollte auch umgekehrt ein APV-Nutzer wissen, daß er k^e = 10,5190311% annehmen muß, um auf i_{EK} = 16% und V = 962,5 zu gelangen?

APV- und WACC-Ansatz sind also selbst im Falle der ewigen Rente nur dann äquivalent, wenn das Ergebnis des ersten Ansatzes bekannt ist und die Parameter des zweiten Ansatzes *daraufhin* konsistent gewählt werden. Während sich der APV-Ansatz aber immerhin auf ein anerkanntes finanzierungstheoretisches Modell stützt (MODIGLIANI/MILLER), schwebt der WACC-Ansatz in einem beinahe theorielosen Raum, jedenfalls dann, wenn er praxisorientiert und nicht bloß als überflüssige APV-

---

1 Die von HACHMEISTER vorgenommenen „Überführungen" von APV- und WACC-Ansatz sind tautologisch (sie setzen die erst zu beweisende Identität beider Gesamtunternehmenswerte bereits voraus). Vgl. HACHMEISTER, Unternehmenswert (1996), S. 361 f.
2 Vgl. z.B. COPELAND/KOLLER/MURRIN, Valuation (2000), S. 214 ff., DRUKARCZYK, Unternehmensbewertung (2003), S. 363 ff.

3.3 Kapitalmarkttheoretische Unternehmensbewertung

Tautologie interpretiert wird. Es kommt nicht von ungefähr, daß die Beraterliteratur für den WACC-Ansatz keine weitere Begründung anführen will oder kann als: „Die von uns empfohlene allgemeine Formel zur Berechnung des Kapitalkostensatzes (WACC) nach Steuern lautet ...".[1]

Sofern nicht wie bei MODIGLIANI/MILLER die Höhe des Fremdkapitals vorgegeben ist („autonome Finanzierungspolitik"), sondern statt dessen die Fremdkapitalquote deterministisch vorgeschrieben wird („atmende Finanzierungspolitik", „Zielkapitalstruktur"), vermeidet man zwar rechentechnisch das oben beschriebene Zirkularitätsproblem mit Blick auf die direkte Anwendung der WACC-Formel. Allerdings führt eine solche Bindung des Fremdkapitalbestandes an den (unsicheren) Unternehmensgesamtwert dazu, daß die Höhe des „Steuerschilds" nicht mehr sicher ist und deshalb nicht mehr wie im APV-Ansatz (und der dazu äquivalenten WACC-Variante nach MODIGLIANI/MILLER) mit Hilfe des „Sicherheitszinsfußes" i bestimmt werden kann. Dies schlägt sich im Rahmen des WACC-Ansatzes in einer gegenüber dem MODIGLIANI/MILLER-Fall erhöhten Eigenkapitalrenditeforderung i_{EK} und einem entsprechend gesunkenen „Unternehmenswert" nieder (sog. MILES-EZZELL-Korrektur).[2] Warum aber ein Unternehmen eine derart wunderliche, im Modell noch dazu eindeutig wertsenkende „atmende" Finanzierungspolitik überhaupt verfolgen sollte, wird von den Verfechtern des WACC-Ansatzes nicht dargelegt.

Generell zeichnen sich die DCF-Methoden, wie am Beispiel der „MILES-EZZELL-Korrektur" deutlich ersichtlich, geradezu durch die *Abwesenheit* des ökonomischen Prinzips aus: Welche Finanzierungspolitik denn im Interesse der an maximalen Ausschüttungen interessierten Eigentümer (optimal) sein könnte, wird in der (angeblich) eigentümer- und „kapitalmarktorientierten" DCF-Welt nicht hergeleitet; schlimmer noch, es wird nicht einmal gefragt.[3]

Sobald die Voraussetzung der ewigen Rente fällt, ergibt sich wie beim APV-Ansatz das Problem, das Modell prämissengerecht an im Zeitablauf schwankende Rückflüsse anzupassen.[4] Um weiterhin mit einem konstanten (oder auch deterministisch schwankenden) „WACC" rechnen zu können, bedarf es (wie bei MILES/EZZELL) der aus ökonomischer Sicht unbegründeten und daher willkürlichen Prämisse einer in Marktwer-

---

1 COPELAND/KOLLER/MURRIN, Unternehmenswert (1998), S. 261.

2 Vgl. MILES/EZZELL, Clarification (1980), KRAG/KASPERZAK, Unternehmensbewertung (2000), S. 106 f., DRUKARCZYK, Unternehmensbewertung (2003), S. 276 ff.

3 Zur leichten Angreifbarkeit der betriebswirtschaftlich schwachen DCF-Modelle vgl. exemplarisch HERING, Atmende Finanzierung (2005).

4 Die Theorielosigkeit des WACC-Ansatzes erschwert dieses Unterfangen erheblich und führt dabei leicht zu Denkfehlern. So erliegen z.B. KIRSCH und KRAUSE einem Widerspruch, indem sie das Fremdkapital und den Verschuldungsgrad konstant halten, was für den von ihnen betrachteten Fall im Zeitablauf schwankender Überschüsse inkonsistent ist. Vgl. KIRSCH/KRAUSE, Kritische Überlegungen (1996), S. 802-809.

ten vorzugebenden „Zielkapitalstruktur" bei gleichzeitig determinierten Werten von i_{EK}, i und s.[1] Weil V und k interdependent sind, muß der mühselige Weg einer iterativen Lösung der Bewertungsgleichungen beschritten werden.[2] Ein gravierendes Zusatzproblem ergibt sich daraus, daß der Wert des Fremdkapitals (FK) theoretisch in jedem Zeitpunkt mit dem Barwert des noch ausstehenden Kapitaldienstes übereinzustimmen hat – diese Anforderung wird jedoch vom WACC-Ansatz nicht berücksichtigt und daher im allgemeinen verletzt, was das ganze Vorgehen logisch fragwürdig erscheinen läßt.[3]

Die Kapitalstruktur sollte grundsätzlich nicht durch die Eigentümlichkeiten und Schwächen eines Modells bestimmt werden, sondern das Resultat betriebswirtschaftlich rationaler Entscheidungen sein.[4] Angesichts der Umständlichkeit, Widersprüchlichkeit und mangelnden theoretischen Fundierung des WACC-Ansatzes erstaunt es, daß viele Autoren und Unternehmensberater ausgerechnet diese DCF-Variante zu präferieren scheinen.[5]

3.3.1.3 „Equity"-Ansatz

Als dritte Version der DCF-Methode soll noch kurz der weniger verbreitete Eigenkapitalansatz („Equity"-Ansatz) vorgestellt werden. Er bewertet ähnlich wie die Ertragswertmethode unmittelbar die den Eigentümern zufließenden Zahlungen, ohne zuvor den Gesamtunternehmenswert zu errechnen. Damit erschöpfen sich allerdings auch schon die Parallelen zur investitionstheoretischen Ertragswertmethode, denn beim kapitalmarkttheoretisch verstandenen „Equity"-Ansatz handelt es sich um ein dem APV- und WACC-Ansatz konzeptionell eng verwandtes Modell, das ebenfalls von der Vorstellung des Kapitalmarktgleichgewichts ausgeht und finanzierungstheoretische Modellkomponenten (MODIGLIANI/MILLER, CAPM) in pragmatischer Weise koppelt. Der Marktwert des Eigenkapitals (equity) ergibt sich in diesem Ansatz aus

---

1 Vgl. BALLWIESER, Shareholder Value (1994), S. 1395 f., SCHMIDT, DCF-Methode (1995), S. 1099 f., HACHMEISTER, Discounted Cash Flow (2000), S. 109 ff., 271.

2 Vgl. BALLWIESER, Shareholder Value (1994), S. 1405, HACHMEISTER, Discounted-Cash-Flow-Verfahren (1996), S. 256 f., GÜNTHER, Controlling (1997), S. 107, COPELAND/KOLLER/MURRIN, Valuation (2000), S. 204, CASEY, Roll Back (2004).

3 Vgl. BALLWIESER, Shareholder Value (1994), S. 1395 f., HACHMEISTER, Discounted-Cash-Flow-Verfahren (1996), S. 267, HACHMEISTER, Discounted Cash Flow (2000), S. 122 ff., 271.

4 Zur „klassischen These" der Kapitalstruktur als Planungsresultat vgl. oben, Unterabschnitt 3.2.1.1. Zur Fragwürdigkeit einer Zielkapitalstruktur vgl. ausführlicher unten, Unterabschnitt 3.3.2.1.2.

5 Vgl. BALLWIESER, Aktuelle Aspekte (1995), S. 122 und 126. Scharfe Kritik am WACC-Ansatz üben auch SCHNEIDER, Klumpfuß (1998), S. 1476 f. und LAUX, Unternehmensrechnung (2006), S. 74 f. SPREMANNS Gnom resümiert: „Vielleicht ist die große Zeit der WACC vorbei." SPREMANN, Unternehmensbewertung (2002), S. 313.

3.3 Kapitalmarkttheoretische Unternehmensbewertung

der Diskontierung des von den Eigentümern erwarteten freien Cash-flows FCF mit der zugehörigen „Renditeforderung" i_{EK}:[1]

$$EK = \frac{FCF}{i_{EK}}.$$

Im Zahlenbeispiel der Unterabschnitte 3.3.1.1 und 3.3.1.2 erhält man wiederum nur dann das gleiche Resultat wie die anderen Ansätze, wenn die Modellparameter jeweils konsistent gewählt werden. Falls sich i_{EK} in Übereinstimmung mit den Prämissen und in Kenntnis der Ergebnisse des APV-Ansatzes nach der MODIGLIANI-MILLER-Formel

$$i_{EK} = k^e + (1-s) \cdot (k^e - i) \cdot \frac{FK}{EK}$$

bestimmt, also i_{EK} = 14,5% angesetzt wird, folgt EK = 58/0,145 = 400. In diesem Falle besteht Äquivalenz mit dem APV-Ansatz. Sofern jedoch der Bewerter wie bei der praxisorientierten Version des WACC-Ansatzes vorgeht und aus empirischen Kapitalmarktdaten i_{EK} = 16% schätzt, resultiert natürlich per def. mit EK = 58/0,16 = 362,5 auch das gleiche Ergebnis wie im WACC-Ansatz. Ob der „Equity"-Ansatz mit den anderen beiden DCF-Varianten äquivalent ist, hängt also nur davon ab, inwieweit jeweils die Renditeerwartung der Eigenkapitalgeber (i_{EK}) übereinstimmend quantifiziert wird. Drei Bewerter, die i_{EK} selbst finden müssen und untereinander keine Informationen austauschen, können also mit den drei Ansätzen nur rein zufällig zum gleichen Ergebnis gelangen. Für den Fall, daß jeweils der gleiche Wert i_{EK} Verwendung findet, folgt die Äquivalenz von APV-, WACC- und „Equity"-Ansatz schon direkt aus den im Unterabschnitt 3.2.1.2 hergeleiteten Formeln von MODIGLIANI und MILLER. Dies ist auch der Grund dafür, daß es im ganzen Abschnitt 3.3.1 genügt, nur mit Zahlenbeispielen zu operieren.[2]

Versuche, den „Equity"-Ansatz auch auf die Situation im Zeitablauf schwankender Rückflüsse zu übertragen, rufen wiederum wie beim WACC-Ansatz Zirkularitätsprobleme auf den Plan, die Zweifel an der Praktikabilität und am Sinngehalt des Verfahrens erregen. Um den Einfluß des Verschuldungsgrades auf die periodenspezifische Eigenkapitalrenditeerwartung i_{EK} berücksichtigen zu können, müßten nämlich die Kapitalstruktur und darum bei nicht feststehendem Fremdkapital auch der erst zu

---

[1] Vgl. oben, Unterabschnitt 3.2.1.2 und *MODIGLIANI/MILLER*, Taxes and the Cost of Capital (1963), S. 439, *VOLPERT*, Kapitalwert (1989), S. 141-148, *HACHMEISTER*, Unternehmenswert (1996), S. 357 f.

[2] Die angeblich „modernen" DCF-Methoden gehen im Fall der ewigen Rente nicht über den Stand des Aufsatzes von *MODIGLIANI/MILLER*, Taxes and the Cost of Capital (1963) hinaus.

errechnende Eigentümerwert EK schon bekannt sein.¹ Als Lösungswege bieten sich wieder das Rückwärtseinsetzen oder die Matrixinvertierung an.²

Sofern i_{EK} „kapitalmarktorientiert" ohne Berücksichtigung der MODIGLIANI-MILLER-Formel und ohne ein überzeugendes Mehrperioden-CAPM (das bis jetzt nicht existiert) geschätzt wird, ist der praxisorientierte „Equity"-Ansatz (ebenso wie der WACC-Ansatz) im Vergleich zum APV-Ansatz stärker dem Vorwurf der Theorielosigkeit ausgesetzt. Vor- und Nachteile gegenüber dem WACC-Ansatz halten sich hingegen annähernd die Waage: Beide Modelle sind durch Zirkularitätsprobleme gezeichnet, die ihre intendierte Praxistauglichkeit beeinträchtigen und deren pragmatische Lösungsversuche (z.B. Zielkapitalstruktur) eher geeignet sind, die heuristische Plausibilität des ganzen Vorgehens zu untergraben. Für den „Equity"-Ansatz spricht allenfalls die einfache und darum leicht vermittelbare Formel, die allerdings bei pragmatischer Anwendung und Verzicht auf kapitalmarkttheoretische Begründungsversuche der altbekannten Ertragswertvariante mit Risikozuschlag im Kalkulationszins³ sehr nahekommt.

Sofern der Ertragswert nicht investitionstheoretisch (als Bandbreite auf unvollkommenem Markt, siehe Kapitel 2), sondern eher herkömmlich oder im Sinne der Wirtschaftsprüferpraxis verstanden wird, verschwimmen die Grenzen zum „Equity"-Verfahren vollständig. Das IdW empfiehlt neuerdings, den Risikozuschlag für die Ertragswertmethode mittels des CAPM oder eines sog. „Tax CAPM" zu ermitteln.⁴ Bei voller Unterwerfung unter die Bewertungsphilosophie angelsächsischer Prüfungs- und Beratungsgesellschaften läßt sich die begriffliche Hülle des Ertragswerts natürlich mit dem „Equity"-Ansatz füllen.⁵ Eine gesonderte Diskussion des so definierten „Ertragswerts" erübrigt sich dann freilich.

---

1 Vgl. HACHMEISTER, Unternehmenswert (1996), S. 365, HACHMEISTER, Discounted Cash Flow (2000), S. 118 ff., DRUKARCZYK, Unternehmensbewertung (2003), S. 301 ff.

2 Vgl. CASEY, Roll Back (2004).

3 Vgl. z.B. BALLWIESER, Komplexitätsreduktion (1990), S. 172, BALLWIESER, Shareholder Value (1994), S. 1383 f., BALLWIESER, Aktuelle Aspekte (1995), S. 123 f.

4 Das IdW „entdeckt" damit überraschend Modelle, die bereits seit Jahrzehnten bekannt sind und die von der jetzt in den Ruhestand tretenden Wirtschaftsprüfer-Generation sicherlich nicht ohne Grund ignoriert wurden. Vgl. INSTITUT DER WIRTSCHAFTSPRÜFER, IDW-S1 (2000) im Kontrast zu INSTITUT DER WIRTSCHAFTSPRÜFER, HFA 2 (1983). Zur Kritik an dem neuen „Bewertungsstandard" des IdW vgl. FISCHER-WINKELMANN, IDW S 1 (2003), HERING, IDW-S1 (2004), HERING/BRÖSEL, Argumentationswert (2004), MATSCHKE/BRÖSEL, Unternehmensbewertung (2005), S. 54 ff., 637 ff.

5 Vgl. BALLWIESER, Discounted-Cashflow-Verfahren (2002), S. 365 f., DRUKARCZYK, Unternehmensbewertung (2003), S. 304, BALLWIESER, Unternehmensbewertung (2004), S. 169.

3.3.2 Kritik der kapitalmarkttheoretischen Ansätze

3.3.2.1 Das ungelöste Problem der Kapitalstruktur

3.3.2.1.1 Irrelevanz der Irrelevanzthese

Nachdem die drei bekanntesten Varianten der DCF-Ansätze kurz vorgestellt und im Hinblick auf vermeintliche Äquivalenz und mögliche Erweiterungen miteinander verglichen worden sind, sollen im folgenden Anwendungsprobleme im Mittelpunkt stehen, die allen Varianten gleichermaßen anhaften.

Von der Kapitalmarkttheorie nach wie vor unbeantwortet ist die Frage nach der optimalen Kapitalstruktur. Einigkeit herrscht allerdings darüber, daß zumindest angesichts der steuerlichen Benachteiligung des Eigenkapitals gegenüber dem Fremdkapital kein Zweifel an der Relevanz des Verschuldungsgrades für den Gesamtwert des Unternehmens besteht. Der durch Arbitrage nicht eliminierbare zusätzliche Wertbeitrag des Fremdkapitals wird in der Gleichgewichtstheorie am deutlichsten an dem Steuerschild („tax shield") ersichtlich, welcher den freien Cash-flow gegen den Zugriff des Fiskus abschirmt. Theoretisch erfordert die Zielsetzung Marktwertmaximierung dann allerdings eine vollständige Fremdfinanzierung. Diese radikale Konsequenz mißachtet vor allem die Verlustausgleichs- und Kreditwürdigkeitsfunktion[1] des Eigenkapitals; der Vorschlag stellt somit keine praktikable Lösung des Kapitalstrukturproblems dar.[2]

Auch die übrigen im Unterabschnitt 3.2.1.1 angeführten Prämissen, unter denen MODIGLIANI und MILLER ihre ursprüngliche Irrelevanzthese ableiteten, sind in bezug auf realitätsnahe Unternehmensbewertungen nicht erfüllt:[3]

1. Reale Kapitalmärkte sind unvollkommen und unvollständig, wodurch Zweifel an der Begründbarkeit des Ziels Marktwertmaximierung entstehen.[4] Nicht alle Geldanleger haben Zugang zum Kapitalmarkt, so daß als Folge die Opportunitätskosten der Eigentümer eines Unternehmens differieren. Ein und dieselbe Eigenkapitalrendite kann für Privatpersonen attraktiv sein, während sie institutionellen Anlegern nicht genügt, um eine Beteiligung zu rechtfertigen. Ob also Eigenkapital zugeführt oder abgezogen wird, hängt mit von den individuellen Zielsetzungen und Entschei-

---

1 Zu den Eigenkapitalfunktionen vgl. z.B. MATSCHKE, Finanzierung (1991), S. 62.
2 Vgl. oben, Unterabschnitt 3.2.1.2 und die Korrektur der Irrelevanzthese durch MODIGLIANI/MILLER, Taxes and the Cost of Capital (1963). BREUER sieht in der Implikation eines unendlich hohen Verschuldungsgrades das „wesentlichste Problem" der DCF-Verfahren. Vgl. BREUER, Unternehmensbewertung (2001), S. 1515.
3 Vgl. z.B. SWOBODA, Finanzierung (1994), S. 102 f., SCHNEIDER, Investition (1992), S. 569, HACHMEISTER, Discounted-Cash-Flow-Verfahren (1996), S. 268 f.
4 Vgl. oben, Abschnitt 3.1.1.

dungsfeldern der Eigner ab. Unvollkommenheiten im Entscheidungsfeld wie z.B. Geld-Brief-Spannen, Transaktionskosten und Steuern zerstören aber den Bewertungsmechanismus der arbitragefreien Zustandspreise.[1] Damit bricht der Arbitragebeweis zusammen, und die Irrelevanzthese verliert ihre Begründung.

2. In der Realität ist mit Konditionenunterschieden zwischen privater Verschuldung und Kreditaufnahmen durch Unternehmen zu rechnen. Die Ansätze der Neuen Institutionenökonomik erklären derartige Marktunvollkommenheiten mit der Existenz von Informationsasymmetrien und Transaktionskosten.[2]

3. Die Annahme, Geldanleger seien indifferent zwischen privater Verschuldung und Beteiligung an einem verschuldeten Unternehmen, ist irreal. Während natürliche Personen mit ihrem gesamten Privatvermögen für ihre Schulden haften, gehen sie bei einer Beteiligung an einem rechtsformbedingt haftungsbeschränkten Unternehmen nur ein geringeres Risiko ein. Der Käufer einer Aktie empfindet z.B. die Schuldenlast der Aktiengesellschaft nicht als Einschränkung seines persönlichen Handlungsspielraums, ganz im Gegensatz etwa zu einer Hypothek auf sein Haus.

4. Von Konkurskosten kann ebensowenig abstrahiert werden wie von Reaktionen des Fremdkapitalzinses auf einen steigenden Verschuldungsgrad.

Die durch Informationsasymmetrien ausgelösten Probleme führen zu dem Schluß: „Eine umfassende Theorie ist nicht in Sicht."[3] Im Ergebnis bleibt die klassische These gültig, der zufolge die Kapitalstruktur auf Entscheidungen sowohl der Unternehmensleitung als auch der Anteilseigner einwirkt und insofern ein Kuppelprodukt der „optimalen" Unternehmens- und Beteiligungsplanung darstellt. Der „optimale" Verschuldungsgrad kann keineswegs in beliebiger Höhe festgesetzt werden, sondern resultiert aus „optimalen" Entscheidungen.[4]

3.3.2.1.2 Zur Fragwürdigkeit einer Zielkapitalstruktur

Um so seltsamer mutet es an, wie wenig problembewußt große Teile der Literatur über die Interdependenzen zwischen Kapitalstruktur und Unternehmensplanung hinweggehen, indem sie – i.d.R. ohne den Versuch einer Begründung – eine bestimmte „Zielkapitalstruktur" als gegeben oder anzustreben unterstellen.[5] Mitunter wird auch

---

1 Vgl. oben, Unterabschnitt 3.2.3.1.
2 Vgl. oben, Abschnitt 2.1.2.
3 SWOBODA, Finanzierung (1994), S. 262.
4 Vgl. oben, Unterabschnitt 3.2.1.1.
5 Vgl. z.B. RAPPAPORT, Creating Shareholder Value (1986), S. 55 f., COPELAND/KOLLER/MURRIN, Valuation (2000), S. 204.

diejenige Kapitalstruktur als „optimal" bezeichnet, welche „WACC" minimiert.[1] Dieser Vorschlag läuft jedoch nach dem APV-Ansatz wiederum auf eine „marktwertmaximierende" vollständige Fremdfinanzierung hinaus.[2] Nur selten wird deutlich eingeräumt, daß die DCF-Verfahren den theoretisch gebotenen Optimierungsanspruch hinsichtlich der simultanen Abstimmung von Investition und Finanzierung nicht erheben. Offen bleibt dann allerdings die Frage, warum z.B. der APV-Ansatz als korrektes „Referenzmodell" zur Beurteilung anderer Bewertungsverfahren geeignet sein soll, wenn erstens an den in der Realität verletzten Prämissen von MODIGLIANI und MILLER festgehalten wird und zweitens keine Optimierung im Sinne der Konsumentnahmewünsche der Unternehmenseigner beabsichtigt ist.[3]

Durch das eher hilflose[4] als ökonomisch begründete Konstrukt der Zielkapitalstruktur wird die Unternehmensbewertung in das Prokrustesbett einer überforderten Bewertungsmethode gezwängt. Mit ihrem Beharren auf den theoretisch wie praktisch unbefriedigenden Implikationen der MODIGLIANI-MILLER-Ansätze begibt sich die DCF-Methode ohne Not aller Möglichkeiten, Finanzierungsentscheidungen nach dem ökonomischen Prinzip zu fällen. Das Streben nach betriebswirtschaftlich optimalen Investitions- und Finanzierungsentscheidungen wird den rechentechnischen Erfordernissen eines Bewertungsmodells untergeordnet, ohne danach zu fragen, worin der ökonomische Sinn einer Finanzierungspolitik liegt, welche die Kapitalstruktur oder auch das Fremdkapital unveränderlich vorgibt (sei es konstant oder im Zeitablauf deterministisch schwankend) und dadurch beispielsweise zusätzliche Kredite erzwingt, die wirtschaftlich unvorteilhaft (gewinnmindernd) sind und bei Verzicht auf eine starre Finanzierungsregel gar nicht in Betracht gezogen würden. Willkürliche, aus der Not unausgereifter Bewertungsmodelle geborene Annahmen wie die der „atmenden" und der „autonomen" Fremdfinanzierung ignorieren wichtige, auf einem unvollkommenen Markt real gegebene betriebswirtschaftliche Entscheidungsprobleme. Eine gewinnorientierte Unternehmenspolitik, welche im Interesse der Eigentümer konkret auf Vermögens- oder Einkommensmaximierung abzielt und dabei die Liquidität zu wahren hat, darf die zwischen Investition und Finanzierung bestehenden Interdependenzen nicht zerschneiden.[5]

---

1 Vgl. z.B. *RAPPAPORT*, Creating Shareholder Value (1986), S. 41.
2 Vgl. oben, Unterabschnitt 3.2.1.2 und *DRUKARCZYK*, Finanzierung (1993), S. 159 f.
3 Vgl. z.B. *RICHTER*, Finanzierungsprämissen (1996), S. 1077 f.
4 Beispielsweise wird empfohlen, zur Bestimmung der Zielkapitalstruktur zunächst die gegenwärtige Kapitalstruktur möglichst genau zu schätzen, anschließend die Kapitalausstattung vergleichbarer Unternehmen zu analysieren und nicht zuletzt die Finanzierungsstrategie der Unternehmensleitung zu berücksichtigen. Vgl. *ARBEITSKREIS „FINANZIERUNG" DER SCHMALENBACH-GESELLSCHAFT*, Wertorientierte Unternehmenssteuerung (1996), S. 562.
5 Siehe oben, Kapitel 2.

Daß eine starre, nicht an ökonomischen Vorteilhaftigkeitskriterien orientierte Finanzierungspolitik zu betriebswirtschaftlichen Fehlentscheidungen führen kann, soll im folgenden anhand eines Zahlenbeispiels demonstriert werden. Der Einfachheit halber sei die Kapitalstruktur in Buchwerten definiert.[1] Falls Marktwerte nach der DCF-Methode angesetzt werden sollen, ergeben sich nämlich wiederum Zirkularitätsprobleme, weil die Wertansätze nur simultan mit der optimalen Investitionspolitik bestimmt werden können.

Untersucht sei ein Unternehmen mit einem Kassenbestand von 200, das in seiner Bilanz Eigenkapital in Höhe von 1000 und Fremdkapital in Höhe von 2000 ausweist. In jedem der zwei betrachteten kommenden Jahre des Planungszeitraums wird ein einzahlungsgleicher Gewinn von 400 erwartet. Kredite zu einem Zinssatz von 10% p.a. und Geldanlagen zu 5% p.a. sind nun so zu planen, daß die Breite des in $t = 1$ und $t = 2$ an die Eigner auszuschüttenden uniformen Einkommensstroms maximiert wird. Als Nebenbedingung soll aber weiterhin stets ein bilanzieller Verschuldungsgrad von 2 : 1 gelten.[2]

Aktiva	$t = 0$		Passiva
Sachvermögen	2800	Eigenkapital	1000
Kasse	200	Fremdkapital	2000
	3000		3000

Tabelle 3-5: Ausgangsbilanz bei Zielkapitalstruktur

In dieser Situation ist es optimal, jedes Jahr Geldanlagen von 200 zu tätigen und deren Zinsen zusammen mit dem bereits vordisponierten Grundgewinn auszuschütten (Basisprogramm). Ein linearer Optimierungsansatz mit den entsprechenden zusätzlichen Kapitalstrukturnebenbedingungen liefert $EN^* = 410$.

Zu evaluieren sei ein vollständig eigenfinanziertes Kaufobjekt K mit der Zahlungsreihe $(-p, 20, 120)$ und der Gewinnreihe $(0, 20, 120 - p)$.[3] Aus dem zugehörigen linearen Bewertungsansatz ergibt sich $p^* = 126{,}65$. Das Bewertungsprogramm ist jedoch in $t = 1$ ökonomisch unvernünftig zusammengesetzt: Um der Zielkapitalstrukturrestriktion gerecht zu werden, erfolgt eine partielle „Gewinnvernichtung", indem das Fremdkapital erhöht wird, obwohl die zusätzlichen Mittel nur in die schlechter

---

1 Einen WACC-Bewertungsansatz für diesen Buchwertfall stellen ESSLER/KRUSCHWITZ/LÖFFLER, Bilanzielle Verschuldung (2004) in Aussicht. Vgl. dort, S. 146.

2 Nur zur Vereinfachung werden lediglich zwei künftige Zustände bei Sicherheit betrachtet. Analoge Beispiele gelten auch im Unsicherheitsfall, wenn die „Zeitpunkte" als unsichere „Zustände" interpretiert werden. Vgl. oben, Unterabschnitt 3.2.3.1; vgl. auch Unterabschnitt 2.2.2.1.

3 Die Abschreibung des Kaufpreises p erfolgt also komplett in $t = 2$.

3.3 Kapitalmarkttheoretische Unternehmensbewertung

verzinsliche Geldanlage fließen können. Die folgenden Tabellen zeigen, wie sich der Unternehmenskauf zum Grenzpreis im Jahresabschluß auswirkt.

Aufwand	t = 1		Ertrag
Gewinn	423,67	Nettoerlöse	400
		Gewinn K	20
		Habenzinsen	3,67
	423,67		423,67

Tabelle 3-6: GuV bei Zielkapitalstruktur in t = 1

Wird das Objekt K unmittelbar nach dem Bilanzstichtag in t = 0 zum Grenzpreis p* gekauft und aus dem Kassenbestand bezahlt (vgl. Tabelle 3-5), verbleibt für die Geldanlage noch ein Betrag von 200 − 126,65 = 73,35. Damit sind die Habenzinsen des ersten Jahres in Höhe von 5% · 73,35 = 3,67 erklärt. Der Gewinn erlaubt nach Ausschüttung von EN* = 410 eine Thesaurierung im Umfang von 423,67 − 410 = 13,67. Wenn aber das Eigenkapital um diesen Betrag steigt und die Kapitalstruktur konstant bleiben soll, muß das Fremdkapital um 27,33 zunehmen. Für dieses Geld besteht keine andere Verwendungsmöglichkeit als die Geldanlage. Die Zielkapitalstrukturrestriktion erzwingt eine unvorteilhafte Finanzierungsmaßnahme.

Aktiva	t = 1		Passiva
Sachvermögen	2800	Eigenkapital	1013,67
K	126,65	Fremdkapital	2027,33
Geldanlage	114,35		
	3041		3041

Tabelle 3-7: Bilanz bei Zielkapitalstruktur in t = 1

In der Bilanz ist das Bewertungsobjekt zum Kaufpreis aktiviert. Die Geldanlage wirft Zinsen in Höhe von 5% · 114,35 = 5,71 ab, während das zusätzliche Fremdkapital Sollzinsen von 10% · 27,33 = 2,73 verursacht.[1] Beim Abgang des Kaufobjekts K entsteht ein Verlust von 126,65 − 100 = 26,65.[2]

---

[1] Die Zinsen auf das Ausgangsfremdkapital von 2000 sind bereits im Grundgewinn (in der GuV Position „Nettoerlöse") von 400 berücksichtigt.

[2] Die Einzahlung von 120 in t = 2 möge neben den laufenden Nettoerlösen von 20 einen Restverkaufserlös von 100 beinhalten.

Aufwand		t = 2	Ertrag
Verlust K	26,65	Nettoerlöse	400
Sollzinsen	2,73	Gewinn K	20
Gewinn	396,33	Habenzinsen	5,71
	425,71		425,71

Tabelle 3-8: GuV bei Zielkapitalstruktur in t = 2

Da auch in t = 2 das Einkommen des Basisprogramms, EN* = 410, entnommen wird, ist eine Rücklagenauflösung in Höhe von 410 − 396,33 = 13,67 erforderlich. Das Eigenkapital fällt also wieder auf 1000 zurück, und kapitalstrukturkonform wird auch die zusätzliche Verschuldung abgebaut. Die Abschlußbilanz gleicht somit der Ausgangsbilanz.

Aktiva		t = 2	Passiva
Sachvermögen	2800	Eigenkapital	1000
Geldanlage	200	Fremdkapital	2000
	3000		3000

Tabelle 3-9: Bilanz bei Zielkapitalstruktur in t = 2

Das Beispiel zeigt, daß die Forderung nach einer konstanten Kapitalstruktur u.U. eine ökonomisch unsinnige Verschuldungspolitik erzwingt, die Fremdkapital aufnimmt, für das keine gewinnbringende Verwendungsmöglichkeit besteht. Es dürfte dem Konsumentnahmeziel der Eigner („Shareholder Value"!) eindeutig widersprechen, wenn die „kapitalmarktorientierte" Unternehmensleitung in t = 1 nur zum Erhalt des Verschuldungsgrades Fremdkapital mit einem Sollzins von 10% p.a. aufnimmt und gleichzeitig Geldanlagen tätigt, die nur 5% p.a. einbringen. Wer schematisch eine Zielkapitalstruktur (oder alternativ ein Ziel-Fremdkapital) vorgibt, ohne die ökonomische Vorteilhaftigkeit der daraus resultierenden Maßnahmen zu überprüfen, paßt letztlich das Bewertungsproblem den Unzulänglichkeiten einer Bewertungsmethode (DCF) an, anstatt umgekehrt, wie es richtig wäre, eine problemadäquate Bewertungsmethode zu wählen.

Die Zielkapitalstruktur ist auch in bezug auf die Ermittlung des Grenzpreises wenig hilfreich: Obwohl sich im Beispiel das Fremd- zum Eigenkapital stets wie 2 : 1 verhält, führt eine DCF-Berechnung auf Basis des WACC-Ansatzes nicht zum richtigen Ergebnis. Mit einem Eigenkapitalzins von 5% und einem Fremdkapitalzins von 10% ergibt sich:

3.3 Kapitalmarkttheoretische Unternehmensbewertung

$$\text{„WACC"} = 5\% \cdot \frac{1}{3} + 10\% \cdot \frac{2}{3} = 8\frac{1}{3}\%$$

$$\Rightarrow V = \frac{20}{1{,}08\overline{3}} + \frac{120}{1{,}08\overline{3}^2} = 120{,}71 \neq 126{,}65 = p^*.$$

Der Mischzins führt zum falschen Bewertungsergebnis: Wie z.B. die obigen Bilanzen belegen, könnten die Unternehmenseigner bis zu 126,65 für das Objekt K zahlen, ohne ihren Einkommensstrom (EN* = 410) zu schmälern. Nach dem WACC-Ansatz wird aber trotz prämissengerechter, d.h. kapitalstrukturerhaltender Finanzierung ein zu niedriger Wert ausgewiesen. Kapitalmarktgleichgewichtstheoretiker und Beratungspraktiker würden vielleicht einwenden, daß die „Eigenkapitalkosten" 5% im Beispiel deutlich unter den Fremdkapitalkosten 10% lägen, obwohl doch nach dem CAPM die umgekehrte Relation gelten müsse. Folgt man diesem Gedanken, wird das Ergebnis des WACC-Ansatzes indessen noch „verkehrter", da eine stärkere Abzinsung des Zahlungsstroms den rechnerisch fingierten Gleichgewichtswert V nur noch weiter verringert und vom investitionstheoretischen Grenzpreis p* entfernt.

Abschließend soll gezeigt werden, daß bei Verzicht auf die ökonomisch unvernünftigen starren Kapitalstrukturvorgaben ein höherer Unternehmenswert p* resultiert. Um die Vergleichbarkeit mit dem bisherigen Beispiel zu gewährleisten, muß in t = 2 ebenfalls ein finanzielles Endvermögen von 200 gefordert werden. Dann liefert der um die Kapitalstrukturrestriktionen erleichterte Basisansatz wiederum das gleiche Basisprogramm mit dem Zielfunktionswert EN* = 410. Der Bewertungsansatz ist jedoch jetzt frei, in t = 1 auf die wertvernichtende Kreditfinanzierung von Geldanlagen zu verzichten, was sofort zu dem höheren Grenzpreis p* = 127,89 führt. Nach Bezahlung des Kaufpreises in t = 0 wird eine Geldanlage in Höhe von 200 – 127,89 = 72,11 getätigt, die im ersten Jahr Habenzinsen von 5% · 72,11 = 3,61 einträgt.

Aufwand	t = 1		Ertrag
Gewinn	423,61	Nettoerlöse	400
		Gewinn K	20
		Habenzinsen	3,61
	423,61		423,61

Tabelle 3-10: GuV ohne Zielkapitalstruktur in t = 1

Der Gewinn übersteigt die Ausschüttung, also wächst das Eigenkapital um den Thesaurierungsbetrag 423,61 – 410 = 13,61. Im Gegensatz zur starren Zielkapitalstrukturregel braucht aber deswegen noch lange nicht das Fremdkapital vermehrt zu werden. Die Bilanz weist lediglich eine gestiegene Eigenkapitalquote aus.

Aktiva	t = 1	Passiva	
Sachvermögen	2800	Eigenkapital	1013,61
K	127,89	Fremdkapital	2000
Geldanlage	85,72		
	3013,61		3013,61

Tabelle 3-11: Bilanz ohne Zielkapitalstruktur in t = 1

Im zweiten Jahr fällt neben den Habenzinsen von 5% · 85,72 = 4,28 ein Abgangsverlust durch das Ausscheiden des Bewertungsobjekts K an.

Aufwand	t = 2	Ertrag	
Verlust K	27,89	Nettoerlöse	400
Gewinn	396,39	Gewinn K	20
		Habenzinsen	4,28
	424,28		424,28

Tabelle 3-12: GuV ohne Zielkapitalstruktur in t = 2

Der Gewinn reicht für die Ausschüttung nicht hin, so daß die in t = 1 gebildete Rücklage wieder verlorengeht: 410 − 396,39 = 13,61. Mit einem Eigenkapital von 1000 entspricht die Bilanz für t = 2 wiederum der Ausgangsbilanz (Tabelle 3-5 oder Tabelle 3-9).

Aus einem investitionstheoretisch korrekten Vorgehen, das auf unnötige Einschränkungen der Kapitalstruktur verzichtet, resultiert nicht allein ein höherer Grenzpreis, sondern auch die Chance, möglicherweise eine „vereinfachte Bewertung" mit der Ertragswertmethode vornehmen zu können.[1] Im Beispiel ändern sich tatsächlich die endogenen Grenzzinsfüße beim Übergang vom Basis- zum Bewertungsprogramm nicht, da stets die letzte verfügbare DM zu 5% p.a. angelegt wird. Daher kann der vom WACC-Ansatz verschätzte Grenzpreis auf einfache Weise als Ertragswert erklärt werden. Es gilt:

$$p^* = \frac{20}{1,05} + \frac{120}{1,05^2} = 127,89.$$

---

1 Vgl. oben, Unterabschnitt 2.2.2.1.2.

Der Glaube an die Anwendbarkeit eines bestimmten Kapitalmarktgleichgewichtsmodells kann zur Lösung von Entscheidungsproblemen nicht eine an den Konsumzielen der Unternehmenseigner orientierte Optimalplanung ersetzen. Auch MODIGLIANI und MILLER behaupten keineswegs, daß bei Gültigkeit ihrer Thesen keine Finanzierungsentscheidungen mehr zu treffen seien.[1] Sie bezeichnen vielmehr den gewogenen Kapitalkostensatz auf Basis einer Zielkapitalstruktur vorsichtig nur als „erste Näherung" eines Kalkulationszinses.[2] Weite Teile der heutigen Literatur empfehlen demgegenüber das Konzept der „Kapitalkosten" zur praktischen Anwendung in der Unternehmensbewertung und zeigen sich dabei deutlich weniger problembewußt als MODIGLIANI und MILLER. Hierauf wird im nächsten Unterabschnitt näher einzugehen sein.

3.3.2.2 Das ungelöste Problem der Kapitalkosten

3.3.2.2.1 Die künstliche Spaltung des Kapitalkostensatzes

Wie im Unterkapitel 2.2 allgemein gezeigt und anhand des Zahlenbeispiels zur Kapitalstruktur im letzten Unterabschnitt nochmals vergegenwärtigt wurde, kommt für die Grenzpreisermittlung nur den endogenen *Grenz*zinsfüßen Lenkungsfunktion zu, sofern überhaupt die Ertragswertmethode als Partialmodell anwendbar bleibt. *Misch*zinsfüße wie im WACC-Ansatz oder *gespaltene Kapitalkostensätze* wie im APV-Ansatz lassen sich – außer unter den engen Prämissen von MODIGLIANI und MILLER –[3] theoretisch nicht begründen, jedenfalls nicht aus einem optimierenden Bewertungsansatz zur Ermittlung des Entscheidungswerts als Grenzpreis. Während also die grenzzinsgestützte Ertragswertmethode aus einem *Entscheidungsmodell* hergeleitet werden kann (wobei gleichzeitig ihre Einschränkungen zutage treten), entspringen die Argumente für Mischzinsfüße oder getrennte Eigen- und Fremdkapitalkostensätze nur einem idealisierten *Gleichgewichtsmodell*, in dem überdies das Diskontierungsprinzip nicht einmal begründet, sondern als gleichsam selbstverständlich axiomatisch vorausgesetzt wird.

Für die *Entscheidungsfunktion* der Unternehmensbewertung mangelt es den DCF-Verfahren somit an einer theoretischen Fundierung.[4] Der Anwendungsorientierung verschriebene DCF-Vertreter bleiben den Beweis schuldig, warum die Erkenntnisse der Kapitalmarktgleichgewichtstheorie nach MODIGLIANI und MILLER auch noch in einem Entscheidungsfeld gültig sein sollen, für das die Investitionstheorie zu *anderen*

---

1 Vgl. MODIGLIANI/MILLER, Cost of Capital (1958), S. 292.

2 Vgl. MODIGLIANI/MILLER, Taxes and the Cost of Capital (1963), S. 441.

3 Vgl. oben, Unterabschnitt 3.2.1.1.

4 Zu diesem Fazit vgl. z.B. auch BALLWIESER, Shareholder Value (1994), S. 1405, SCHMIDT, DCF-Methode (1995), S. 1115 und 1118, SCHILDBACH, Discounted Cash-flow (1998), S. 318 f.

Ergebnissen gelangt.[1] Das Resultat der Entscheidungsrelevanz von Grenzzinsfüßen gilt im übrigen nicht nur in der Investitionstheorie, sondern auch in der finanzierungstheoretischen Modellwelt der arbitragefreien Bewertung: Die ARROW-DEBREU-Preise können, wie gezeigt, mit Hilfe des Zustands-Grenzpreismodells (ZGPM) als Spezialfälle endogener Abzinsungsfaktoren hergeleitet und interpretiert werden.[2]

Kapitalkosten werden in der Kapitalmarkttheorie durch Opportunitätskosten oder „die von den Kapitalgebern geforderte erwartete Rendite"[3] definiert. Dabei bestimmt das verwendete Modell, ob es sich um projektspezifische oder zustandsspezifische Opportunitätskosten handelt: In einer CAPM-Welt gelten projektbezogene Renditeerwartungen,[4] während nach dem ZGPM, der Investitionstheorie und der ARROW-DEBREU-Gleichgewichtstheorie (Theorie arbitragefreier Bewertung) beliebige Zahlungsströme durch einheitliche Zustandspreise bewertet werden. Diese Zustandspreise differenzieren weder zwischen einzelnen Bewertungsobjekten noch im Hinblick auf den Eigen- oder Fremdkapitalcharakter der Zahlungsgrößen.

Da der MODIGLIANI-MILLER-Ansatz und das CAPM jeweils auf speziellen, in der Praxis nicht erfüllten Annahmen beruhen, sind für Entscheidungsrechnungen die allgemeingültigeren, d.h. auf schwächeren Annahmen fußenden Theorien vorzuziehen. Aus diesen ergeben sich aber keine theoretischen Anhaltspunkte für einen gespaltenen oder auch einen projektspezifischen Kalkulationszinssatz.

Es entspricht daher eher einer pragmatisch-bilanzorientierten statt einer theoretisch-zahlungsstromorientierten Sichtweise, wenn der Kapitalkostensatz für praktische Anwendungen künstlich in einen eigen- und einen fremdkapitalbezogenen Teil aufgespalten wird. Bezeichnend ist, daß die Ermittlung des Mischzinses i.d.R. nicht nur ohne theoriegeleitete, modellgestützte Begründung, sondern häufig sogar *ohne jegliche Begründung* erfolgt.[5] Der WACC-Ansatz erweckt dadurch den Eindruck eines Beratungsprodukts, das allein durch seine weite Verbreitung argumentativ bestechen

---

[1] So empfiehlt beispielsweise RICHTER die APV-Methode ausdrücklich im Zusammenhang mit der Ermittlung von Grenzpreisen. Vgl. RICHTER, Finanzierungsprämissen (1996), S. 1092. Zur Kritik an der Modellwelt von MODIGLIANI und MILLER sowie am WACC-Ansatz vgl. bereits MYERS, Capital Budgeting (1974), S. 1.

[2] Vgl. oben, Unterabschnitt 3.2.3.1.

[3] STEHLE, Kapitalkosten (1995), Sp. 1112.

[4] Vgl. oben, Unterabschnitt 3.2.2.2 und STEHLE, Kapitalkosten (1995), Sp. 1114.

[5] Vgl. z.B. SCHNEIDER, Wirtschaftlichkeitsrechnung (1973), S. 68 f., RAPPAPORT, Creating Shareholder Value (1986), S. 55, BÜHNER, Shareholder Value (1993), S. 754, GOMEZ, Shareholder Value (1995), Sp. 1724, SERFLING/PAPE, Unternehmensbewertung 3 (1996), S. 61, BÜHNER, Unternehmenssteuerung 1 (1996), S. 337, ARBEITSKREIS „FINANZIERUNG" DER SCHMALENBACH-GESELLSCHAFT, Wertorientierte Unternehmenssteuerung (1996), S. 547, 563, 569, 575 f., COPELAND/KOLLER/MURRIN, Valuation (2000), S. 202, BAETGE/NIEMEYER/KÜMMEL, DCF-Verfahren (2002), S. 271.

3.3 Kapitalmarkttheoretische Unternehmensbewertung

soll, wobei das leicht verständliche, scheinbar plausible Mischzinskonzept nicht am Ende einer Argumentationskette steht, sondern im Gegenteil *ad hoc* zum Ausgangspunkt für die Empfehlung von Bewertungsformeln wird. Die Spaltung des Kalkulationszinses in Eigen- und Fremdkapitalkostensatz steht im Widerspruch zu denjenigen investitions- und finanzierungstheoretischen Ansätzen, die den Kalkulationszins aus einer auf Optimierung abzielenden Marginalanalyse ableiten (z.B. endogene Grenzzinsfüße, ARROW-DEBREU-Preise).[1]

3.3.2.2.2 Zur Fragwürdigkeit von Renditeforderungen und ihrer empirischen Ermittlung

Im Zusammenhang mit der Spaltung des Kalkulationszinses ist auch der „schillernde" Begriff der „Eigenkapitalkosten" zu diskutieren. Ausschüttungen an die Eigenkapitalgeber sind nicht vertraglich festgelegt,[2] sondern dispositionsabhängig und ergeben sich aus einem residualen Gewinnanspruch. Da Gewinngrößen nicht als Kosten ausgegeben werden sollten, ist das Wort Eigenkapitalkosten schon semantisch schlecht gewählt.[3] Es dient aber auch ökonomisch betrachtet nicht gerade der Klarheit, das Eigenkapital rechentechnisch nur als eine teurere Variante des Fremdkapitals abzubilden, die in Höhe der „Renditeforderung" zu verzinsen sei. Eigenkapitalgeber sind nicht wie Gläubiger mit einem – wenn auch risikoadjustierten – Festzins „abzuspeisen", sondern streben nach der *Maximierung* ihres Vermögens oder Einkommens, vielleicht auch des „Marktwerts". Die praxisübliche Vorgabe eines mit hohen Risikoprämien versehenen Schwellenwerts für die Eigenkapitalrendite steht aber (erst recht mangels eines geeigneten Mehrperioden-CAPM) in keinem modelltheoretisch nachweisbaren Zusammenhang mit dem *zu optimierenden* Konsumzahlungsstrom oder dem zu maximierenden Marktwert.

Der Begriff der Renditeforderung verstellt den Blick auf die ursprünglich klare Tatsache, daß ein mit einem festen Ausgangskapital ausgestatteter Eigentümer nach dem erwerbswirtschaftlichen Prinzip einerseits „unersättlich" ist, d.h. stets ceteris paribus eine weitere Erhöhung seines Konsumzahlungsstroms zu schätzen weiß, und andererseits aber mit dem zufrieden sein muß, was er nach Maßgabe der tatsächlich realisierten Geschäftsentwicklung maximal entnehmen kann. Eine vorher bestimmte Mindestrenditeforderung ist beinahe in jedem Fall unnütz und allenfalls für einen nachträglichen Soll-Ist-Vergleich interessant: Läßt sich mit dem Kapital mehr erwirtschaften, wird die höhere Rendite sofort auch angestrebt („gefordert"); wenn nicht, muß der Eigner eine geringere Rendite akzeptieren und kann seiner nicht mehr realistischen ursprünglichen „Forderung" nur noch nachtrauern. Punktuelle, im voraus

---

1 Einige Praktikerveröffentlichungen dokumentieren allerdings die Hilflosigkeit und Angreifbarkeit einer weitgehend theorielosen Annäherung an das Kalkulationszinsproblem sehr augenfällig. Vgl. z.B. *LIEBLER*, Strategische Optionen (1996), S. 246-248.
2 Vgl. z.B. *PEEMÖLLER/KELLER/RÖDL*, Strategische Unternehmensbewertung (1996), S. 75.
3 Vgl. *SCHNEIDER*, Investition (1992), S. 523-526.

festgelegte Meßlatten sind für ein Extremalziel nicht relevant, sie werden bei bestmöglicher Anpassung an die gegebenen Umstände überschritten oder verfehlt, ohne daß ihnen eine eigenständige Bedeutung für den Optimierungsprozeß zukommt.

Der richtige Kalkulationszins für die Kapitalwertmethode ist nach der Lenkpreistheorie die im Optimum gültige Grenzrendite[1] (diese Aussage gilt nach dem ZGPM auch bei Unsicherheit[2]); die endogenen Abzinsungsfaktoren ρ_t sind jedoch außer bei vollkommenem Kapitalmarkt erst zusammen mit der optimalen Lösung bekannt. Was aber vor Abschluß der Planung nicht bekannt ist, kann auch nicht ex ante „gefordert" werden.

Sofern der Begriff „Kapitalkosten" einen für die Partialplanung geeigneten Kalkulationszins meint, ist also eine Interpretation als Ex-ante-Renditeforderung wenig passend. Vollends überfrachtet wird der Kapitalkostenbegriff aber dadurch, daß er *zugleich* mit dem Kalkulationszins und der geforderten Rendite auch noch die erwartete Rendite widerspiegeln soll.[3] Eine derartige Identität ist rein sprachlich nicht zweckmäßig, denn man könnte durchaus im Einzelfall mehr oder weniger erwarten, als man (mindestens) fordert. Abweichende Erwartungen führen (sofern sie sich als berechtigt erweisen) mit der Zeit zu einer Anpassung der „Forderung" oder zu einer Änderung der Eigentumsverhältnisse (Erhöhung der Beteiligung oder Rückzug). Wird aber die erwartete Rendite immer automatisch auch „gefordert", ist der Begriff „Forderung" in diesem Zusammenhang sinnentleert und überflüssig.

Um den von „der Börse" implizit „verwendeten Diskontierungssatz" als Renditeforderung oder Renditeerwartung aus den Aktienkursen zu erschließen, bedarf es der Annahme rationaler Erwartungen, d.h., es wird unterstellt, daß „der Markt" (also die Gesamtheit der Marktteilnehmer) die künftigen Dividendenzahlungen „im Prinzip richtig" einschätzt.[4] Nur dann kann der Diskontierungssatz des Barwertmodells aus dem bekannten Marktpreis sowie den „rational" und homogen erwarteten Dividenden eindeutig berechnet werden.

Diese Begründung für einen aus Marktdaten „objektiv" ablesbaren „Eigenkapitalkostensatz" besitzt aber zwei Schwachpunkte: Erstens wird die These „im Prinzip richtiger" Erwartungen dem Unsicherheitsproblem nicht gerecht und steht in fundamentalem Widerspruch zur Erkenntnistheorie.[5] Wer unterstellt, alle Marktteilnehmer

---

1 Vgl. *HAX*, Investitions- und Finanzplanung (1964), *FRANKE/LAUX*, Kalkulationszinsfüße (1968).
2 Vgl. *HERING*, Investitionstheorie (2003), S. 264 und oben, Unterabschnitt 3.2.3.1.
3 Vgl. *STEHLE*, Kapitalkosten (1995), Sp. 1112, *SCHMIDT/TERBERGER*, Investitions- und Finanzierungstheorie (1997), S. 198 ff.
4 Die wörtlichen Zitate in diesem Satz stammen aus *SCHMIDT/TERBERGER*, Investitions- und Finanzierungstheorie (1997), S. 202. Vgl. auch ebenda, S. 209 ff.
5 Vgl. hierzu die grundsätzlichen Erörterungen im Unterkapitel 1.1.

3.3 Kapitalmarkttheoretische Unternehmensbewertung

schätzten die zukünftigen Dividenden (oder auch nur ihre Verteilungen) einheitlich *und* zutreffend ein,[1] verlangt Übermenschliches und könnte ebensogut ohne Umschweife behaupten, die „rationalen" und prognosesicheren Anleger seien sich auch stets über den „richtigen" Marktwert der börsengehandelten Unternehmen im klaren.[2] Das Bewertungsproblem wird durch derart weitgehende und empirisch nicht bestätigte Prämissen kaum gelöst, sondern eher wegdefiniert. Zweitens ist ungeklärt, ob der Mechanismus der Preisbildung am Aktienmarkt überhaupt durch das zugrunde gelegte Barwert- und Kapitalkostenmodell richtig beschrieben wird.[3] Ein empirischer Bestätigungsversuch dürfte schon daran scheitern, daß die in das Modell einfließenden Dividendenerwartungen der Marktteilnehmer nicht beobachtbar sind[4] und die Annahme homogener Erwartungen darum als „aus der Not geboren" erscheint. Ohne Klarheit über die Informationseffizienz des Kapitalmarkts und die Einheitlichkeit der Dividendenerwartungen ist aber auch der markteinheitliche Eigenkapitalkostensatz ein *Trugbild*. Warum sollte nicht die wesentlich voraussetzungsärmere These gültig sein, der zufolge individuell unterschiedliche Erwartungen, unterschiedliche Opportunitätskosten und unterschiedliche Bewertungsmodelle Angebot und Nachfrage erzeugen und dadurch die Aktienkurse bestimmen?[5]

Kapitalmarktorientierte Bewerter halten dennoch vielfach unbeeindruckt an der modelltheoretisch und empirisch nicht bewiesenen These fest, die „Eigenkapitalkosten" seien ein Marktdatum, das sich unternehmensspezifisch an den Aktienkursen ablesen lasse. Als Schätzmodell wird – offenbar mangels einer Alternative[6] – grund-

---

1 SCHMIDT und TERBERGER gehen für den Schluß auf die „geforderte Verzinsung" von „zutreffenden Unterstellungen" (sic!) im Hinblick auf die Dividendenerwartung der Aktionäre aus. Vgl. SCHMIDT/TERBERGER, Investitions- und Finanzierungstheorie (1997), S. 214.

2 Eine weitere Kostprobe der tautologischen kapitalmarkttheoretischen Lehre von den angeblich zutreffenden, rationalen Erwartungen des Marktes: „Auch bei Unsicherheit kann es ‚rationale Erwartungen' geben. Bei rationalen Erwartungen müßten sich aufgrund der Entscheidungen der Anleger die Kurse so bilden, daß die Rendite, die die Aktionäre *im Durchschnitt* erhalten [Fußnote: „Zum Beispiel wenn sich solche Situationen oft wiederholen würden."] oder die sie zu erhalten erwarten *können*, der geforderten *erwarteten* Rendite gleich ist." SCHMIDT/TERBERGER, Investitions- und Finanzierungstheorie (1997), S. 212.

3 Vgl. SCHMIDT/TERBERGER, Investitions- und Finanzierungstheorie (1997), S. 202.

4 Vgl. HAX, Investitionstheorie (1985), S. 153, BÖRSIG, Unternehmenswert (1993), S. 88.

5 Erinnert sei wiederum an den in der Ökonomie grundlegenden Unterschied von Wert und Preis. Vgl. oben, Kapitel 1 und 2 sowie die den Sachverhalt anschaulich illustrierenden Abbildungen von PIERRAT, Évaluer (1990), S. 12 (Wertvorstellungen von Käufer und Verkäufer werden durch den *Markt* in einen Preis transformiert) und MATSCHKE/BRÖSEL, Unternehmensbewertung (2005), S. 656 (bis auf die Grenzanbieter bzw. -nachfrager realisieren alle Akteure auf dem Markt eine Produzenten- bzw. Konsumentenrente).

6 Einer empirischen Untersuchung zufolge scheinen deutsche Unternehmen in den investitionstheoretischen Verfahren der Risiko- und Sensitivitätsanalyse durchaus eine robustere Alternative zum problembeladenen und deshalb in der Praxis kaum verbreiteten CAPM zu sehen. Vgl. HUPE/RITTER, Risikoadjustierte Kalkulationszinsfüße (1997), S. 598, 609 und 611.

sätzlich auf das CAPM zurückgegriffen,[1] obwohl dieses Modell und seine Prämissen den Erfordernissen der entscheidungsorientierten Unternehmensbewertung (insbesondere subjektiver[2] Ziel- und Entscheidungsfeldbezug, Mehrperiodigkeit, Relevanz des unsystematischen Risikos) in vielfacher Hinsicht nicht gerecht werden.[3] Daß es konzeptionell wenig überzeugt, Planungsdaten aus u.U. nicht mehr relevanten Vergangenheitszeitreihen von Aktienkursen zu gewinnen, wiegt als Einwand mindestens ebenso schwer wie die zahlreichen Freiheitsgrade, die im Zusammenhang mit der Beta-Ermittlung existieren und die selbst bei Verwendung ein und desselben Datenbestandes zu Kapitalkostenschätzungen führen können, welche um Größenordnungen voneinander abweichen.[4] Die Konstanz des irgendwie ermittelten Betawertes im (u.U. viele Jahrzehnte langen) Planungszeitraum kann ebenfalls nur „beschworen" werden;[5] theoretische Argumente finden sich für eine solche Annahme nicht.

Weil angesichts dieser Fülle vereinfachender Annahmen große Zweifel an der Aussagefähigkeit des CAPM-Ergebnisses für das ursprüngliche Bewertungsproblem aufkommen, begehen praxisorientierte Bewerter z.T. den systematischen Fehler, die „mühsam" gefundenen Parameter des Gleichgewichtsmodells durch Sensitivitätsanalysen wieder in Frage zu stellen („was wäre z.B., wenn β nicht 0,9, sondern 1,2 betrüge?").[6] Derartige Überlegungen sind zwar in einem Entscheidungsmodell völlig angemessen; sie verstoßen aber massiv gegen die Logik eines Kapitalmarktgleichgewichtsmodells.[7] Im Betafaktor drückt sich per def. das ganze systematische Risiko aus, so daß es inkonsistent und unzulässig ist, die Unsicherheit durch Variation der erwarteten Überschüsse oder der Betafaktoren ein zweites Mal zu berücksichtigen. Mit derartigen praxisorientierten „Nachbesserungen" wird der Boden einer theoriege-

---

1 Vgl. z.B. die *Ad-hoc*-Empfehlungen von RICHTER/SIMON-KEUENHOF, Kapitalkostensätze (1996), S. 707, COPELAND/KOLLER/MURRIN, Valuation (2000), S. 214, DRUKARCZYK, Unternehmensbewertung (2003), S. 363 f. Kritisch zu dieser Kanonisierung des „Glaubensgegenstands" CAPM äußert sich auch *LAUX*, Unternehmensrechnung (2006), S. 68.

2 Marktmäßig objektivierte Eigenkapitalkosten stehen im Gegensatz zur subjektiven Wertlehre. Vgl. *BALLWIESER*, Aktuelle Aspekte (1995), S. 126 und 129, *SCHMIDT*, DCF-Methode (1995), S. 1106, *ARBEITSKREIS „FINANZIERUNG" DER SCHMALENBACH-GESELLSCHAFT*, Wertorientierte Unternehmenssteuerung (1996), S. 547.

3 Vgl. oben, Unterabschnitt 3.2.2.2 und z.B. PEEMÖLLER/KELLER/RÖDL, Strategische Unternehmensbewertung (1996), S. 76, HACHMEISTER, Discounted Cash Flow (2000), S. 171 ff.

4 Vgl. *BAETGE/KRAUSE*, Unternehmensbewertung (1994), S. 453-455, *BALLWIESER*, Unternehmensbewertung (1995), Sp. 1875 f., *BALLWIESER*, Aktuelle Aspekte (1995), S. 124-126, BÖCKING/NOWAK, Typisierungsproblematik (1998), S. 688 ff., KASPERZAK, Unternehmensbewertung (2000).

5 Vgl. z.B. STEHLE, Kapitalkosten (1995), Sp. 1117 f. und konträr dazu *BALLWIESER*, Unternehmensbewertung (1995), Sp. 1876.

6 Vgl. z.B. GOMEZ, Shareholder Value (1995), Sp. 1725 f., COPELAND/KOLLER/MURRIN, Valuation (2000), S. 319.

7 Vgl. *BALLWIESER*, Shareholder Value (1994), S. 1397, HACHMEISTER, Discounted Cash Flow (2000), S. 139.

stützten Unternehmensbewertung endgültig verlassen. Im Rahmen der Argumentationsfunktion lassen sich auf diese Weise allerdings beinahe beliebige Unternehmenswerte rechtfertigen, so daß theoretisch wenig versierte Verhandlungspartner möglicherweise gerade durch diese unbekümmerte Kopplung verschiedener „Versatzstücke" der Investitions- und Finanzierungstheorie beeindruckt werden können.

Für die große Mehrzahl der nicht börsennotierten Unternehmen muß zur Ermittlung von kapitalmarktorientierten Renditeforderungen ohnehin auf improvisierte Praktikermethoden wie z.B. nivellierende Branchen-Betaschätzungen[1] zurückgegriffen werden. Sofern allen theoretischen Einwänden zum Trotz eine „Renditeforderung" empirisch ermittelt worden ist, kann schließlich noch das praktische Problem auftauchen, sie den Eigentümern plausibel zu machen: Wenn z.B. in einer Zeit schlechter oder gar negativer Aktienerträge im CAPM $\mu_M < i$ gilt,[2] ergibt sich bei positivem Beta eine Renditeerwartung, die unter dem Sicherheitszinsfuß i liegt und vielleicht sogar negativ ist. Es gehört schon ein wenig Zynismus dazu, Eigentümern eines Unternehmens, dessen Aktien zeitweilig fallen (das also in der Sprache der Unternehmensberater „Werte vernichtet"), auseinanderzusetzen, ihre „Renditeforderung" sei negativ.

3.3.2.2.3 Künftiger Zins oder Stichtagszins?

Ganz unabhängig davon, ob ein Fremdkapitalkostensatz für die DCF-Methode oder lieber ein endogener Grenzzins für die Ertragswertmethode geschätzt werden soll, stellt sich die Frage, ob von den sich auch am Terminmarkt niederschlagenden Verhältnissen des Bewertungsstichtags auszugehen ist oder ob genau wie bei der Schätzung der zu bewertenden freien Cash-flows oder Zahlungsströme zukünftige, zum Bewertungsstichtag noch unsichere Größen relevant sind. Diese Frage ist komplementär zu dem Gegensatz zwischen objektiver, marktorientierter und subjektiver, entscheidungsfeldorientierter Bewertung. Wie im Unterabschnitt 3.2.3.1 durch Überführung des ZGPM in die arbitragefreie Bewertung gezeigt wurde, löst sich der Gegensatz zwischen Entscheidungs- und Gleichgewichtsmodell nur auf, wenn die Prämissen der Marktwertmaximierung gelten: Vollkommenheit und Vollständigkeit des Marktes bei vollständiger Konkurrenz.

Die Antwort auf die Frage „Künftiger Zins oder Stichtagszins?" hängt also davon ab, ob der Terminmarkt informationseffizient und in zeitlicher Hinsicht vollkommen genug ist, um seine Wertansätze durch Arbitrageprozesse im Zeitablauf durchzusetzen. Denn dann ist es rational, sich der Zinserwartung des Terminmarkts anzuschließen. Reale Kapitalmärkte genügen jedoch (auf jeden Fall im Hinblick auf die Vollständigkeit) den idealisierenden Annahmen der Gleichgewichtstheorie nicht. Wie

---

[1] Zur Problematik von Branchen- und sogenannten Fundamental-Betas vgl. z.B. HACHMEISTER, Discounted Cash Flow (2000), S. 195-225.

[2] Vgl. z.B. den Zeitraum 1987-1991 in der empirischen Untersuchung von BAETGE/KRAUSE, Unternehmensbewertung (1994), S. 452.

unabhängig voneinander durchgeführte neuere empirische Untersuchungen eindeutig belegen, gibt es speziell im Hinblick auf Terminzinssätze keine Anhaltspunkte dafür, daß der Markt zutreffende Prognosen künftiger Zinssätze liefert.[1] Eine vom Terminzins abweichende subjektive Zinserwartung hat demnach entscheidungstheoretisch die gleiche Berechtigung wie eine „orthodoxere" Erwartung, die im Terminzins eine heuristische Richtschnur zu erblicken glaubt.[2]

Natürlich ist es bei vom Terminzins abweichenden individuellen Zinserwartungen möglich, auf die Zinsdifferenz zu spekulieren. Rein finanzielle Spekulationen sind aber aus Diversifikationsgründen betragsmäßig zu begrenzen und sofort abzuschließen; die Termingeschäfte entsprechen dann aber nicht mehr den in späteren Perioden tatsächlich noch zur Verfügung stehenden Opportunitäten.[3] Der für Ertragswertberechnungen steuerungsrelevante Grenzzins, zu dem sich die letzte verfügbare DM in einem künftigen Zeitpunkt verzinsen wird, ist deshalb ein unsicherer *zukünftiger* Zins, dessen Höhe aus Sicht des Bewertungsstichtages nur geschätzt werden kann.[4] Bei unvollkommenem Kapitalmarkt tritt noch erschwerend hinzu, daß der Grenzzins zusätzlich von der Zielsetzung und dem Entscheidungsfeld des Bewertungssubjekts abhängt.

Zinstermingeschäfte bieten zwar den Vorteil eines *sicheren* Vergleichsmaßstabs und eignen sich insofern für eine sehr risikoscheue Finanzierung. Daß ein Geschäft sicher ist, sagt aber allein noch nichts über seine Vorteilhaftigkeit aus. Ohne an dieser Stelle die Diskussion um die „Marktzinsmethode" rekapitulieren zu wollen,[5] seien als Denkanstoß nur die folgenden Fragen gestellt: Paßt eine sichere Finanzierung bei unternehmerischem Verhalten konzeptionell zu einer unsicheren Investition, d.h., welchen Sinn hat es, Investitionsrisiken (und -chancen) einzugehen und dabei Finanzierungsrisiken (und -chancen) ausschließen zu wollen? Lohnt sich die mit dem Abschluß der sicheren Terminfinanzierung verbundene „Versicherungsprämie" immer?[6] Ist ein Ter-

---

[1] Vgl. SCHMITZ/PESCH, Abweichungsanalyse (1994), ADAM/HERING/JOHANNWILLE, Prognosequalität (1995), GISCHER, Terminzinsen (1998).

[2] Vgl. MOXTER, Unternehmensbewertung (1983), S. 172.

[3] Vgl. HERING, Investitionstheorie (2003), S. 275 ff.

[4] Vgl. SCHMALENBACH, Werte von Unternehmungen (1917), S. 4, JAENSCH, Wert und Preis (1966), S. 32, MOXTER, Unternehmensbewertung (1983), S. 172, BAETGE/KRAUSE, Unternehmensbewertung (1994), S. 450.

[5] Vgl. HERING, Investitionstheorie (2003), S. 269-278, BITZ/EWERT/TERSTEGE, Investition (2002), S. 147-167.

[6] Der Terminmarkt neigt im empirischen Durchschnitt entgegen der Effizienzthese zu einer Überschätzung der künftig tatsächlich eintretenden kurzfristigen Zinssätze. Die Sicherheit der Finanzierung hat also ihren Preis. Vgl. SCHMITZ/PESCH, Abweichungsanalyse (1994), S. 553, ADAM/HERING/JOHANNWILLE, Prognosequalität (1995), S. 1411, GISCHER, Terminzinsen (1998), S. 74.

mingeschäft automatisch, d.h. ohne Wirtschaftlichkeitsrechnung vorteilhaft?[1] Warum halten dann viele Anleger bei niedrigen Zinsen Geldmarktfonds und warten auf „bessere Zeiten", anstatt dürftig verzinste Papiere aller – auch sehr langer – Laufzeiten zu kaufen?[2] Wird nicht gerade von der (für Kapitalmarktgleichgewichtstheoretiker gewöhnlich sakrosankten) anglo-amerikanischen Theorie der positive (Options-)Wert des Abwartens, also hier des Nicht- bzw. Später-Kaufens eines marktgehandelten Wertpapiers, betont?[3] Mit welcher Berechtigung erfolgt in der langfristigen Unternehmensbewertung zu t = 10 ein Methodenbruch, wenn nur für die ersten zehn[4] Jahre des Planungszeitraums Terminzinssätze verfügbar sind und für den ganzen, weit mehr ins Gewicht fallenden Rest des (u.U. unbegrenzten) Planungszeitraums ohnehin nur noch subjektive Erwartungen zählen (können)?

Die Antwort auf diese Fragen muß jeder Bewerter in Abhängigkeit von seiner Bereitschaft, unternehmerisch zu handeln und Chancen und Risiken gleichermaßen abzuwägen, selbst finden. Abzulehnen ist auf jeden Fall eine Auffassung, die dem Bewerter „bei Rationalverhalten" apodiktisch vorzuschreiben versucht, welche angeblich „rationalen" Erwartungen er unter Unsicherheit zu hegen habe. Um es noch etwas deutlicher zu formulieren: Die Orientierung an Terminzinssätzen ist *eine*, aber nicht die einzige Möglichkeit, subjektive Erwartungen über künftige steuerungsrelevante Zinssätze zu bilden. Wegen der schlechten Prognosequalität von Terminzinssätzen und der Unvollkommenheit des Kapitalmarktes[5] kommt subjektiven, dem individuellen Entscheidungsfeld besser Rechnung tragenden Verfahren allerdings die größere Plausibilität zu. Beispielsweise überläßt die für unvollkommene Märkte konstruierte Heuristik der approximativen Dekomposition[6] die Quantifizierung der Zinserwartung dem Bewerter und legt sich nicht von vornherein auf ein bestimmtes Prognoseverfahren fest.

---

1 Die Annahme, alle augenblicklich verfügbaren Kapitalmarktgeschäfte seien zumindest nicht nachteilig, geht auf die empirisch nicht bestätigte Vorstellung vom informationseffizienten, vollkommenen Kapitalmarkt mit homogenen Erwartungen im Gleichgewicht zurück. Vgl. z.B. SCHWETZLER, Zinsänderungsrisiko (1996), S. 1090, 1092-1094.

2 Geldanlagen zum Terminzins sind nur dann automatisch vorteilhaft, wenn keine Alternative zur Wahl stehen, die Mittel also insbesondere nicht als Kasse oder Festgeld so lange kurzfristig „geparkt" werden können, bis eine subjektiv erwartete Zinserhöhung eintritt. Vgl. MATSCHKE, Arbitriumwert (1979), S. 216 f.

3 Vgl. z.B. DIXIT/PINDYCK, Investment (1994), S. XI.

4 Vgl. z.B. SCHWETZLER, Zinsänderungsrisiko (1996), S. 1091.

5 Die meisten Unternehmen haben keinen (direkten) Kapitalmarktzugang und können deshalb auch nicht auf Terminzinssätze zu Kapitalmarktkonditionen zurückgreifen.

6 Vgl. oben, Unterkapitel 2.3. Zur subjektiven Schätzung von Zinsbandbreiten vgl. auch MOXTER, Unternehmensbewertung (1983), S. 172.

3.4 Strategische Unternehmensbewertung

3.4.1 Zum Begriff der strategischen Bewertung

Während die kapitalmarkttheoretisch begründeten DCF-Methoden versuchen, Modelle der Gleichgewichtstheorie auf reale Bewertungssituationen zu übertragen und damit direkt zu einer Formel für den Gesamtwert des Unternehmens zu gelangen, gibt es noch eine zweite Strömung innerhalb der Literatur, die auf finanzierungstheoretische Erkenntnisse Bezug nimmt: die „strategische" Unternehmensbewertung. Dieses Konzept präsentiert sich aber nicht als eigenständige, in sich geschlossene Lehre[1] und greift eher punktuell auf Modellbausteine und Grundgedanken aus der Finanzierungstheorie zurück.

Strategie ist nach Generalfeldmarschall GRAF HELMUTH VON MOLTKE „die Fortbildung des ursprünglich leitenden Gedankens entsprechend den stets sich ändernden Verhältnissen", „ein System der Aushülfen"[2] und damit letztlich „nichts weiter als die Anwendung des gesunden Menschenverstandes"[3]. Dieser ursprüngliche Strategiebegriff bezieht sich auf die zielgerichtete Ressourcenallokation und Improvisation auf der obersten Planungsebene.[4] Im Unternehmen bestimmt die Strategie demnach die grundsätzlichen Entscheidungen mit den (zeitlich und ergebnisbezogen) weitreichendsten Konsequenzen. Strategische Planung zielt auf die langfristige Erschließung und Sicherung von Erfolgspotentialen ab und beurteilt hierzu Chancen und Risiken von Maßnahmen vor dem Hintergrund der Stärken und Schwächen des Unternehmens. Charakteristisch ist dabei die fehlende Vorhersehbarkeit[5] von Entwicklungen jenseits des noch überschaubaren und detailliert planbaren zeitlichen Horizonts.[6] Strategische Maßnahmen entziehen sich daher einer exakten quantitativen Beurteilung. Alle diese Merkmale kennzeichnen auch die Unternehmensbewertung als potentiell strategische Planungsaufgabe.[7]

---

1 Vgl. *DIRRIGL*, Strategische Unternehmensbewertung (1994), S. 412 f., *MANDL/RABEL*, Unternehmensbewertung (1997), S. 53-55, *SERFLING/PAPE*, Unternehmensbewertung 3 (1996), S. 64.
2 *GRAF VON MOLTKE*, Militärische Werke (1900), S. 293.
3 Zitiert bei *HINTERHUBER*, Wettbewerbsstrategie (1990), S. 26.
4 Zum Strategiebegriff vgl. z.B. *HINTERHUBER*, Wettbewerbsstrategie (1990), S. 49 f., *ROLLBERG*, Unternehmensführung (1996), S. 13 f.
5 Vgl. *HINTERHUBER*, Wettbewerbsstrategie (1990), S. 32, 44.
6 „Kein Operationsplan reicht mit einiger Sicherheit über das erste Zusammentreffen mit der feindlichen Hauptmacht hinaus." *GRAF VON MOLTKE*, Militärische Werke (1900), S. 291.
7 Vgl. die Ausführungen zum Wesen der Unternehmensbewertung im Unterkapitel 1.1.

3.4 Strategische Unternehmensbewertung

Die Betriebswirtschaftslehre kennt daneben noch einen engeren, spieltheoretischen Strategiebegriff, auf den im folgenden jedoch nicht eingegangen werden soll.[1] Weiterhin ist die strategische von der operativen und der taktischen Planung abzugrenzen, welche danach trachten, die geschaffenen Erfolgspotentiale zielgerecht auszuschöpfen.[2]

Da die Unternehmensbewertung wegen der u.U. weitreichenden Konsequenzen einer Akquisition (oder eines Verkaufs) häufig im Rahmen strategischer Überlegungen erfolgt, ist der Zusatz „strategisch" im Grunde nichtssagend. Die Unternehmensberater- und Praktikerliteratur übertreibt, wenn sie die aus der Investitions- und Finanzierungstheorie geläufige Barwertberechnung von Zahlungsströmen als vorher nicht gekannte Verbindung zwischen Strategie und Finanzierung „verkauft".[3] DCF-Methoden haben nicht mehr mit Strategie zu tun als die Kapitalwert- oder Ertragswertmethode.[4] Es ist keine neue Erkenntnis, daß Finanzierungsentscheidungen strategisch motiviert sein können (z.b. Mindesteigenkapitalquote zur Wahrung der Unabhängigkeit, Sperrminoritäten) und Strategien auf ihren Kapitalwert hin überprüft werden müssen.

Von einer strategischen Bewertung läßt sich nur sprechen, wenn die Methode das der strategischen Planung eigentümliche besondere Gewicht qualitativer Argumente widerspiegelt, das sich aus der fehlenden Einsicht in die weit in der Zukunft liegenden Abschnitte des Planungszeitraums ergibt. Typisch für strategische Entscheidungen ist die enge Verbindung qualitativer und quantitativer Vorteilhaftigkeitskriterien.[5] In den folgenden beiden Abschnitten wird noch kurz auf spezielle Methoden einge-

---

1 Vgl. z.B. *NEUS/NIPPEL*, Strategisches Verhalten (1996).

2 Gemäß dem militärischen wie auch dem allgemeinen Sprachgebrauch ist die operative Planung der taktischen übergeordnet, so daß hauptsächlich zwischen Strategie und Taktik unterschieden wird, während die operative Ebene dazwischen liegt. Vgl. *GRAF VON MOLTKE*, Militärische Werke (1900), S. 291, *VON MANSTEIN*, Verlorene Siege (1991), S. 174, *HINTERHUBER*, Wettbewerbsstrategie (1990), S. 32, *KOCH*, Integrierte Unternehmensplanung (1982), S. 36 f. Viele betriebswirtschaftliche Autoren vertauschen hingegen die Begriffe „operativ" und „taktisch"; vgl. z.B. *ADAM*, Planung und Entscheidung (1996), S. 314-318.

3 Extrem „marktschreierisch" *COPELAND/KOLLER/MURRIN*, Unternehmenswert (1998), S. 23 f.: „Finanzierung und Investition sind heute eng miteinander verknüpft. Diese neue Wirklichkeit stellt Führungskräfte vor eine zusätzliche Herausforderung: die Notwendigkeit *zum wertorientierten Management*. Sie müssen sich wie nie zuvor auf den Wert konzentrieren, den ihre Unternehmens- und Geschäftsbereichsstrategien hervorbringen." Die Fixierung auf den angeblich nie zuvor berücksichtigten Wert erzeugt in der Literatur Stilblüten wie einen Buchtitel „Wertorientierte Strategiebewertung" (*PESCHKE*, Wertorientierte Bewertung (1997)).

4 Vgl. ähnlich auch *DIRRIGL*, Strategische Unternehmensbewertung (1994), S. 427 f., *BALLWIESER*, Shareholder Value (1994), S. 1403, *SCHMIDT*, DCF-Methode (1995), S. 1088, *BUSSE VON COLBE*, Unternehmensführung (1995), S. 715.

5 Vgl. *MYERS*, Financial Strategy (1984), S. 136, *RAPPAPORT*, Creating Shareholder Value (1986), S. 101 f., *HANSSMANN*, Wertorientiertes Management (1988), S. 3.

gangen, die quantitative Modelle der Finanzierungstheorie qualitativ interpretieren und sich plausibel in ein „System der Aushilfen" einfügen lassen. Da das allgemeine ZGPM für gesonderte, von der Logik der Zustandspreise abgekoppelte strategische Wertkomponenten keinen Raum läßt, zielen die leicht manipulierbaren Methoden zur Ermittlung „strategischer Wertbeiträge" primär auf Argumentationswerte ab. Sie kreisen um spezielle Ausschnitte des Gesamtbewertungsproblems, hauptsächlich um Ertragsschätzungen und den Wertbeitrag der Flexibilität in Form von Realoptionen.

3.4.2 Qualitative strategische Bewertung

Strategische Planungstechniken beschäftigen sich mit der Identifikation und zielgerichteten Ausnutzung strategischer Erfolgsfaktoren.[1] Die mit ihnen abgeleiteten Handlungsempfehlungen sind i.d.R. qualitativer Art.[2] Im folgenden soll exemplarisch veranschaulicht werden, daß auch qualitative Modelle im Rahmen der Argumentationsfunktion der Unternehmensbewertung ihren Platz haben.

Eines der bekanntesten strategischen Planungsinstrumente ist die Portfolioanalyse. Sie greift auf den finanzierungstheoretischen Gedanken der Risikominderung durch Diversifikation zurück, den MARKOWITZ in seinem Modell der Portefeuilleauswahl formalisiert hat.[3] Die von Unternehmensberatern entwickelte Portfolioanalyse strebt ebenfalls ein finanzwirtschaftlich ausgeglichenes Portefeuille von strategischen Geschäftseinheiten an, die in einem Vier-Quadranten-Schema angeordnet werden.[4] Die horizontale Achse repräsentiert dabei den unternehmensinternen Erfolgsfaktor Marktanteil (korrespondierend mit dem Erfahrungskurvenkonzept) und die vertikale Achse den externen Erfolgsfaktor Marktwachstum (korrespondierend mit dem Lebenszykluskonzept).

Aus finanzwirtschaftlicher Sicht erscheint die strategische Portfolioanalyse als „äußerst naiv"[5]. Sie argumentiert wie folgt: Bei hohem Marktanteil kann aufgrund der erfahrungsbedingt niedrigen Stückkosten mit deutlich positiven Cash-flows gerechnet werden, während bei hohem Marktwachstum aufgrund der Position im Produktle-

---

[1] Zu strategischen Erfolgsfaktoren im Zusammenhang mit der Unternehmensbewertung vgl. z.B. COENENBERG/SAUTTER, Unternehmensakquisitionen (1988), S. 693-702.

[2] Zur strategischen Unternehmensplanung vgl. z.B. ADAM, Planung und Entscheidung (1996), S. 326-335, KOCH, Integrierte Unternehmensplanung (1982), S. 65-163, ROLLBERG, Unternehmensführung (1996), S. 6 f., 14-24, SCHMIDT, Strategische Erfolgsfaktoren (1997), WELGE/ALLAHAM, Planung (1992).

[3] Vgl. oben, Unterabschnitt 3.2.2.1.

[4] Zur Portfolioanalyse vgl. z.B. OLBRICH, Marketing (2001), S. 73 ff. und im Zusammenhang mit dem Unternehmenswert GÜNTHER, Controlling (1997), S. 341-378.

[5] MYERS, Financial Strategy (1984), S. 129.

3.4 Strategische Unternehmensbewertung

benszyklus in starkem Umfang investiert werden muß. Am „Konzernhimmel" strahlende „Sterne" und zu verstoßende „arme Hunde" verfügen daher über einen Umsatzüberschuß von annähernd null, während der negative Cash-flow der „Fragezeichen" durch Melken von Finanzüberschüsse erwirtschaftenden „Kühen" auszugleichen ist. Die empfohlenen Normstrategien zielen auf eine gleichgewichtige Innenfinanzierung ab, ohne auf die Möglichkeiten der Außenfinanzierung einzugehen.[1]

	niedriger Marktanteil	hoher Marktanteil
hohes Marktwachstum	**Fragezeichen**	**Sterne**
niedriges Marktwachstum	**Hunde**	**Kühe**

Abbildung 3-3: Marktanteil-Marktwachstum-Matrix

Lebenszyklus-[2] und Erfahrungskurvenkonzept[3] und die darauf aufbauende Portfolioanalyse sind sicherlich in hohem Maße kritikwürdig;[4] sie brauchen jedoch an dieser Stelle nicht diskutiert zu werden. Für den Argumentationszweck der Unternehmensbewertung genügt die Feststellung, daß qualitativ uminterpretierte Modelle aus der Finanzierungstheorie Denkanstöße zur strategischen Diversifizierung und Begründungen für die Größenordnung prognostizierter Zahlungsströme liefern können.[5] Eine näherungsweise Quantifizierung des Unternehmenswerts ist hingegen mit qualitativen Instrumenten naturgemäß nicht zu leisten.[6] Der Verweis auf Synergieeffekte und strategische Werte ersetzt keine quantitative Analyse.[7]

---

1 Vgl. z.B. *BISCHOFF*, Shareholder Value (1994), S. 74 f.
2 Zum Zusammenhang zwischen Lebenszyklus und Marktwert vgl. *SIEGERT/BÖHME/PFINGSTEN/PICOT*, Lebenszyklus (1997).
3 Vgl. z.B. *BALLWIESER*, Komplexitätsreduktion (1990), S. 127-145.
4 Vgl. z.B. *KOCH*, Integrierte Unternehmensplanung (1982), S. 140-145.
5 Vgl. auch *COENENBERG*, Unternehmensbewertung (1992), S. 104, *SIEGERT*, Shareholder Value (1995), S. 598, *VALCÁRCEL*, Strategischer Zuschlag (1992), S. 591 f.
6 Vgl. *DIRRIGL*, Strategische Unternehmensbewertung (1994), S. 414.
7 Vgl. auch *FUNK*, Unternehmensbewertung (1995), S. 494.

3.4.3 Pseudo-quantitative strategische Bewertung

Als Begründung für einen dem Ertragswert hinzuzufügenden „strategischen Zuschlag" wird i.d.R. argumentiert, herkömmliche Methoden unterschätzten den Wert der mit einer Akquisition verbundenen zusätzlichen Wahlrechte und Handlungsmöglichkeiten. Der Kauf eines Unternehmens erlaubt u.U. vorteilhafte Folgegeschäfte oder erhöht die Anpassungsfähigkeit des Bewertungssubjekts an sich ändernde Umweltbedingungen. Die mit dem Bewertungsobjekt erworbene *Flexibilität* wird auch als *Realoption* bezeichnet. Sie besitzt im Rahmen der qualitativ orientierten strategischen Unternehmensbewertung einen eigenständigen Wert.[1]

Nach dem allgemeinen ZGPM der Investitions- und Finanzierungstheorie sind jedoch ohnehin *alle* Bewertungsobjekte Realoptionen im Sinne von zustandsbedingten Zahlungsströmen,[2] so daß eine Aufspaltung des durch Zustandspreise erklärbaren Grenzpreises p^* in einen Grundwert und einen Optionswert zwar aufgrund der Wertadditivität möglich, aber unnötig und deshalb künstlich ist. Beispielsweise sind die ARROW-DEBREU-Preise zur Bewertung einer Optionsanleihe einheitlich auf die zustandsbedingten Zins- und Tilgungszahlungen (Grundwert) und die (in ihrer Struktur ungleichmäßigeren) Rückflüsse aus dem Optionsschein (Optionswert) anzuwenden. Ein theoretisch anders zu behandelnder, spezieller Wertbeitrag ergibt sich durch Optionen nicht.

Auch die investitionstheoretisch verstandene Kapitalwert- oder Ertragswertmethode berücksichtigt, sofern man sie nicht „naiv" anwendet,[3] komplette Maßnahmenbündel[4] einschließlich des Werts von Optionen: Wenn beispielsweise ein Kraftwerk mit verschiedenen Brennstoffen befeuert werden kann, reagieren die Kosten weniger stark auf eine Erhöhung des Ölpreises, weil eine Umstellungsmöglichkeit auf Kohle oder Holz besteht. Die in einer Risikoanalyse simulierte Dichtefunktion des Kapitalwerts ist dann schmaler als im Falle einer unflexiblen Anlage, deren Kapitalwert in einer Ölkrise wesentlich stärker fällt. Anpassungsfähigkeit drückt sich durch geringere Empfindlichkeit der Zielgrößenverteilung aus und geht auf diese Weise auch in die abschließende, nicht formalisierbare Entscheidung auf Basis des Risikoprofils ein. In der gleichen Weise läßt sich auch die Frage des optimalen Investitionszeitpunkts als Wahlproblem zwischen verschiedenen, sich gegenseitig ausschließenden Dichtefunk-

---

1 Vgl. MYERS, Financial Strategy (1984), S. 134-136, SIEBEN/DIEDRICH, Wertfindung (1990), HERTER, Optionen (1992), S. 321 f., VALCÁRCEL, Strategischer Zuschlag (1992), S. 591 f., LAUX, Handlungsspielräume (1993), SPREMANN, Wirtschaft (1996), S. 474, SIEGERT/BÖHME/PFINGSTEN/PICOT, Lebenszyklus (1997), S. 473, COPELAND/KOLLER/MURRIN, Valuation (2000), S. 399 ff.

2 Vgl. oben, Abschnitt 3.2.3.

3 Vgl. LAUX, Handlungsspielräume (1993), S. 944 und 954.

4 Vgl. SIEBEN/DIEDRICH, Wertfindung (1990), S. 798, SIEBEN, Unternehmensbewertung (1993), Sp. 4317 f.

3.4 Strategische Unternehmensbewertung

tionen modellieren, ohne dafür den herkömmlichen Verfahren Versagen vorzuwerfen und eine neue, optionszentrierte Investitionstheorie[1] oder Bewertungslehre einzuführen. Die prinzipielle Notwendigkeit, Entscheidungsprozesse im Zeitablauf unter Informationsverbesserung zu gestalten, ist früher schon unter der Bezeichnung „flexible Planung" diskutiert worden.[2]

Strategische Überlegungen lösen also keinen Bedarf an grundsätzlich neuen Bewertungsmethoden aus.[3] Da die Spaltung des Unternehmenswerts in einen Grundwert und einen Optionswert methodisch unnötig ist, handelt es sich bei beiden um Argumentationswerte, die es den Verhandlungsparteien gestatten, qualitative strategische Gesichtspunkte ins Spiel zu bringen und auf besonders phantasievolle Weise quantitativ zu begründen. Als ideales, weil flexibles Werkzeug dafür erweisen sich die finanzierungstheoretischen Optionspreismodelle.[4]

Probleme bei der direkten Übertragung finanzierungstheoretischer Modelle auf Realoptionen ergeben sich schon aus der Tatsache, daß Gütermärkte nicht in jeder Beziehung mit Finanzmärkten vergleichbar sind. Realoptionen sind kein homogenes Gut und im übrigen auch nicht immer exklusiv,[5] d.h., sie können unerwartet verfallen, wenn z.B. ein Konkurrent mit einer ähnlichen Idee zuvorkommt. Außerdem fällt es schwer, das „Basispapier" einer Realoption zu definieren und etwas über seine stochastischen Modellparameter auszusagen. Ein mit der zu bewertenden Unternehmung perfekt korreliertes Wertpapier (das natürlich nicht die ggf. zu bewertende Aktie selbst sein darf) wird sich kaum finden; wer derartiges voraussetzt,[6] definiert damit letztlich das Bewertungsproblem weg.[7] Bei der Quantifizierung der Modelldaten gewinnen deshalb subjektive Einschätzungen einen so großen Spielraum,[8] daß beinahe jedes gewünschte Ergebnis durch entsprechende Parameterwahl konstruierbar ist. „Die Ungewißheit läßt sich nicht überlisten."[9]

Aus diesen Gründen handelt es sich beim Einsatz des BLACK-SCHOLES- oder des Binomialmodells im Rahmen von Unternehmensbewertungen um ein pseudo-quanti-

---

1 Vgl. *DIXIT/PINDYCK*, Investment (1994), S. XI, 3, 6-9.
2 Vgl. z.B. *HAX*, Investitionstheorie (1985), S. 165-195.
3 Vgl. *DIRRIGL*, Strategische Unternehmensbewertung (1994), S. 422 f., 426-429, *PEEMÖLLER/KELLER/RÖDL*, Strategische Unternehmensbewertung (1996), S. 78 f.
4 Vgl. oben, Unterabschnitt 3.2.3.2.
5 Vgl. *LAUX*, Handlungsspielräume (1993), S. 955.
6 Vgl. z.B. *LAUX*, Handlungsspielräume (1993), S. 940 und 943.
7 Vgl. *DIRRIGL*, Strategische Unternehmensbewertung (1994), S. 427.
8 Vgl. *SIEBEN/DIEDRICH*, Wertfindung (1990), S. 799.
9 *SIEBEN/DIEDRICH*, Wertfindung (1990), S. 807.

tatives Vorgehen, dessen Hauptnutzen auf qualitativ-argumentativem Gebiet liegt.[1] In Verhandlungen sollte man sich vor voreiligen Schlüssen aus Lehrbuchwissen hüten und bedenken, daß bestimmte verbreitete qualitative Aussagen über den Wert von Optionen modellabhängig sind: Beispielsweise hat höhere Unsicherheit nicht immer einen höheren Optionswert zur Folge.[2]

Eine pseudo-quantitative, heuristische Argumentationsstrategie könnte auch darin bestehen, nicht eines der bekannten Modelle anzuwenden, sondern dem Verhandlungspartner einen eigenen, „subjektiven" Optionswert auf Basis der arbitragefreien Bewertung vorzurechnen.[3] Das Bewertungssubjekt plane bestimmte Investitionen, Finanzierungen, spezielle Anpassungsmaßnahmen, Versicherungs- und Termingeschäfte, deren Rückflüsse für ausgewählte Konstellationen von Umweltzuständen übersichtlich zusammengestellt werden. Für jede Maßnahme ist außerdem der den angesetzten Rückflüssen entsprechende Kapitaleinsatz bekannt. Tabelle 3-13 zeigt einen aus Unternehmensdaten gebildeten „vollständigen Markt", aus dem sich arbitragefreie Zustandspreise ρ_t berechnen lassen. Der „gleichgewichtige" und deshalb vorgeblich „faire" Optionswert des Bewertungsobjekts ergibt sich dann „derivativ" durch Anwendung der unternehmensinternen „Gleichgewichtspreise" ρ_t auf den zu bewertenden zustandsbedingten Zahlungsstrom.

Maßnahme	DM	Markteintritt glückt		Markteintritt scheitert	
	Kapitaleinsatz	Dollar steigt $t = 1$	Dollar fällt $t = 2$	Dollar steigt $t = 3$	Dollar fällt $t = 4$
A	...	...	...	...	...
B	...	...	...	...	...
C	...	...	...	...	...
D	...	...	...	...	...

Tabelle 3-13: Unternehmensintern „vollständiger Markt"

Dieses Vorgehen läßt auch die Argumentation mit komplexeren, z.B. bedingten Maßnahmen zu, die nur in bestimmten Zuständen zum Tragen kommen. Wegen der großen Freiheit der Modellgestaltung und der aus Sicht des Verhandlungspartners schlechten Überprüfbarkeit der in der Matrix erscheinenden Planungsdaten kann ein geschickt argumentierender Anwender mit einer solchen pseudo-quantitativen Optionsbewertung beinahe jedes gewünschte Verhandlungsergebnis rechtfertigen.

---

1 Vgl. HERTER, Optionen (1992), S. 322-324, LAUX, Handlungsspielräume (1993), S. 953, PEEMÖLLER/KELLER/RÖDL, Strategische Unternehmensbewertung (1996), S. 78 f.

2 Vgl. HERTER, Optionen (1992), S. 322, LAUX, Handlungsspielräume (1993), S. 954 und das Beispiel von TERSTEGE, Optionsbewertung (1995), S. 164. Vgl. auch oben, Unterabschnitt 3.2.3.2.

3 Vgl. oben, Unterabschnitt 3.2.3.1.

Infolge der großen Manipulationsspielräume erscheint es unwahrscheinlich, daß sich „strategische Werte" auch für die Schiedsfunktion der Unternehmensbewertung eignen. Der Gutachter könnte ebensogut gleich zum Würfel greifen.

3.5 Beurteilung der finanzierungstheoretischen Unternehmensbewertung

Die finanzierungstheoretische Unternehmensbewertung zerfällt in die kapitalmarkttheoretische und die strategische Unternehmensbewertung. Beide Ausprägungsformen sind von ihrer Anlage her ungeeignet, unter realistischen Rahmenbedingungen den *Entscheidungswert* zu ermitteln. Die subjektive Grenzpreisermittlung ist vielmehr Aufgabe der investitionstheoretischen Unternehmensbewertung; sie liefert im Ergebnis keinen Punktwert, sondern eine Bandbreite des Entscheidungswerts.[1]

Demgegenüber suchen die Verfahren der finanzierungstheoretischen Unternehmensbewertung einen punktuellen Unternehmenswert im Gleichgewicht. Da punktgenaue Quantifizierungen zukunftsabhängiger Größen das menschliche Vermögen übersteigen, kann es sich demnach nicht um den ex ante unsicheren Entscheidungswert, sondern nur um einen möglichst gerechten *Arbitriumwert* oder aber einen *Argumentationswert* handeln.

Gleichgewichtsmodelle verfolgen einen anderen Zweck als Entscheidungsmodelle: Aussagen über ein Marktergebnis im Kapitalmarktgleichgewicht erfordern strenge, idealisierende Annahmen, die für eine reale Entscheidungssituation, in der es auf die individuell gegebenen Verhältnisse des Bewertungssubjekts ankommt, im allgemeinen nicht zutreffen. Über die Größe und Tolerierbarkeit des mit dem Einsatz von Gleichgewichtsmodellen als Entscheidungsmodelle begangenen Fehlers hat der gleichgewichtsorientierte Modellvereinfacher Rechenschaft abzulegen.

Durch die anglo-amerikanische Literatur und die an ihr orientierten Unternehmensberater haben kapitalmarkttheoretische Bewertungsverfahren auch in Deutschland Fuß gefaßt.[2] Aufgrund ihrer Herkunft sind die DCF-Methoden den nordamerikanischen Verhältnissen angepaßt und ignorieren (aus Unkenntnis der Sprache, Desinteresse oder Komplexen gegenüber nicht-angelsächsischer Forschung[3]) den bereits erreichten Forschungsstand der deutschsprachigen Literatur zur Unternehmensbewertung. Nur so ist es erklärlich, daß besonders die praxisorientierte Literatur viele „alte Hüte"

---

1 Vgl. oben, Unterkapitel 2.4.

2 Die damit verbundene Kritik an der Ertragswertmethode folgt dabei durchaus nicht zwangsläufig einem Erkenntniszuwachs, sondern vielmehr einer Modeströmung. Vgl. *BALLWIESER*, Marktorientierung (2001), S. 29.

3 „Die Streber im Nachahmen angelsächsischer marktwertorientierter Unternehmensrechnung huldigen, so will es scheinen, dem Knittelvers: In Treue fest, den Blick nach West, und nur nicht selber denken." *SCHNEIDER*, Klumpfuß (1998), S. 1478. MATSCHKE kommentiert die heute verbreitete Überschätzung amerikanischer Bewertungslehren ähnlich treffend mit: *ex occidente lux*. Zur Frage kultureller Einflüsse auf die herrschende Theorie in einer Geisteswissenschaft vgl. *HERING*, Quo vadis? (2004).

(z.B. Zahlungsstromorientierung, Barwertprinzip, flexible Planung, Strategiebezug, CAPM) für sich neu entdeckt und dabei auch manche von der Theorie überwunden geglaubte Lehre wieder aufgreift (z.b. wahrer, tatsächlicher, objektiver, intrinsischer, innerer, eigentlicher, fairer Unternehmenswert). Kaum rezipiert sind dagegen die subjektive Wertlehre, die (auch für mittelständische Unternehmen aussagefähige) Investitionstheorie des unvollkommenen Kapitalmarkts und die funktionale Unternehmensbewertung. Ohne auf die Zweckorientierung der Bewertung einzugehen (Hauptfunktionen Entscheidung, Schiedsspruch, Argumentation), wird eine Fülle von konkurrierenden Konzepten empfohlen, die jeweils als heuristische Vorschläge zur Überbrückung theoretischer Lücken (z.b. Kapitalstruktur, Kapitalkosten) zu interpretieren sind.

An den DCF-Verfahren stören insbesondere Unvereinbarkeiten in den Prämissenkatalogen der miteinander pragmatisch kombinierten finanzierungstheoretischen Modelle (MODIGLIANI/MILLER, CAPM), namentlich im Hinblick auf die Existenz von Steuern, die Länge des Planungszeitraums und die Annahmen zur Präferenzfreiheit.

	MODIGLIANI/ MILLER	CAPM	Options- modelle
Präferenzfreiheit	ja	nein	ja
Planungshorizont	∞	1	n
Steuern	ja	nein	nein

Abbildung 3-4: Inkompatible Prämissen der DCF-Modellbausteine[1]

Den größten Schaden für die Vertrauenswürdigkeit der DCF-Ansätze verursacht das Fehlen eines Mehrperioden-CAPM, welches sich gerade bei einer Anwendung auf die Unternehmensbewertung fatal auswirkt. Ohne das „Rückgrat" eines gültigen neoklassischen Gleichgewichtsmodells zerbrechen die DCF-Modelle betriebswirtschaftlich schon daran, daß sie nicht einmal das elementare Wirtschaftlichkeitsprinzip beinhalten: Investitions- und Finanzierungsentscheidungen können im Rahmen dieser Modelle nicht nach den monetären Zielvorstellungen der Unternehmenseigentümer optimiert, sondern nur alternativ vorgegeben werden. Jede angenommene Finanzierungspolitik liefert einen anderen Unternehmenswert. Welcher nun gelten soll, bleibt mangels Subjektbezugs unbeantwortbar.

Mehr als nur „Schönheitsfehler" sind auch die (tauto)logischen und empirischen Defekte des Einperioden-CAPM und die Zirkularitäts- und Rekursionserschwernisse des APV-, WACC- und „Equity"-Ansatzes. Selbst wenn ein gültiges DCF-Modell im allgemeinen Mehrperiodenzusammenhang eindeutig hergeleitet werden könnte, stün-

---

[1] Entnommen aus: *HERING*, Konzeptionen (2000), S. 445.

de man immer noch vor dem Problem, seine Parameter „kapitalmarktorientiert" zu schätzen – die Eindeutigkeit des gesuchten „Gleichgewichtswerts" ginge dadurch sofort (wieder) verloren. Damit büßt die finanzierungstheoretische Bewertung in der Praxis ihren entscheidenden theoretischen Pluspunkt ein, nämlich einen punktuellen *Wert* statt (wie die investitionstheoretische Bewertung) nur eine plausible *Wertbandbreite* zu liefern.

Das Kapitalstruktur- und das mit diesem eng verbundene Kapitalkostenproblem bleiben also theoretisch im wesentlichen ungelöst. Über die individuelle Zielsetzung und das spezielle Entscheidungsfeld des Bewertungssubjekts wird mit Hilfe der Annahme des vollkommenen und vollständigen Kapitalmarktes bei vollständiger Konkurrenz hinweggegangen, obwohl derartige Bedingungen in realen Bewertungssituationen nicht vorliegen. Unter solchen Einschränkungen spricht nichts mehr dafür, daß die mit einem DCF-Verfahren schlußendlich „marktmäßig objektiviert" ermittelte Zahl als Schätzung für den subjektiven Grenzpreis (Entscheidungswert) angesehen werden könnte.[1]

Die kapitalmarkttheoretischen DCF-Verfahren erinnern in bezug auf ihr Grundgerippe noch sehr stark an die investitionstheoretische Ertragswertmethode. Es besteht daher grundsätzlich die Chance, daß ein punktuell berechneter „Discounted Cash Flow" immerhin innerhalb der Entscheidungswertbandbreiten beider Verhandlungsparteien liegt und darum als potentieller Schiedswert taugt.

Das ureigene Anwendungsgebiet der kapitalmarkttheoretischen Unternehmensbewertung ist die Bereitstellung von Argumentationswerten.[2] Dies wird zumindest so lange der Fall sein, bis der z.T. künstlich erzeugte Neuigkeitswert der DCF-Verfahren der Ernüchterung zu weichen beginnt und auch die meisten Verhandlungspartner erkennen, daß eine mit statistischen Tabellenkalkulationsdaten gefütterte Bewertungsformel mit ihrem rechnerisch fingierten objektiven „Marktwert" vor dem komplexen Problem der Unternehmensbewertung kapitulieren muß.

---

[1] Es ist aus Platzgründen nicht mehr möglich, alle theoretisch angreifbaren DCF-Beiträge im einzelnen aufzuzählen und zu kommentieren, welche heute unter der Überschrift „Unternehmensbewertung" den Weg in die wissenschaftlichen Zeitschriften finden. Zur idealtypischen Auseinandersetzung mit ihnen vgl. HERING, Quo vadis? (2004), S. 112-117 sowie HERING, Atmende Finanzierung (2005). Kritik an der herrschenden angelsächsischen Lehre üben desgleichen KRAG/KASPERZAK, Unternehmensbewertung (2000), S. 112 ff. sowie FISCHER-WINKELMANN, IDW S 1 (2003), der auf S. 157 den „permanenten Bückling vor *angelsächsischen Pseudoweisheiten*" beklagt. MATSCHKE/BRÖSEL sprechen in bezug auf viele theoretisch rückschrittliche Erzeugnisse zeitgenössischer Bewertungsautoren gar von „Voodoo-BWL" und „nacheilender Begleitforschung" zu Beratungsprodukten der Praxis. Vgl. MATSCHKE/BRÖSEL, Unternehmensbewertung (2005), S. V, 540, 630.

[2] Zur Charakterisierung von Argumentationswerten in Verhandlungen vgl. MATSCHKE, Argumentationswert (1976), S. 521-524.

Modelle der strategischen Unternehmensbewertung verfolgen von vornherein nicht den Anspruch, einen Gesamtwert zu ermitteln, und bereichern ausgewählte Facetten des Bewertungsproblems (Ertragsschätzung, Bewertung von Flexibilität) um qualitative Argumente. Nach dem ZGPM der Investitions- und Finanzierungstheorie gibt es keine Sonderrolle von Optionszahlungsströmen gegenüber allen anderen zustandsbedingten Zahlungsströmen. Ansätze zur besonderen Hervorhebung des Werts von Realoptionen zielen daher vornehmlich auf Argumentationswerte ab. Für die Schiedsfunktion scheiden sie aufgrund erheblicher Manipulationsmöglichkeiten aus.

4. Kapitel

Finanzwirtschaftliche Unternehmensbewertung

4 Finanzwirtschaftliche Unternehmensbewertung

4.1 Einheitliche Investitions- und Finanzierungstheorie nach dem ZGPM

Nachdem im Kapitel 2 die investitionstheoretischen und im Kapitel 3 die finanzierungstheoretischen Grundlagen der Unternehmensbewertung dargelegt worden sind, ist es an der Zeit, die Zusammenführung der Theorieteile zu einer *einheitlichen Bewertungstheorie unter Unsicherheit* vorzunehmen. Es zeigt sich, daß die verschiedenartigen, scheinbar unverbundenen oder gar als unvereinbar angesehenen Verästelungen der Investitions- und Finanzierungstheorie auf eine gemeinsame Wurzel zurückgeführt werden können: das allgemeine Zustands-Grenzpreismodell (ZGPM).

Wie sich bei der Untersuchung der starken Arbitragefreiheitsbedingung herausgestellt hat,[1] führt eine zunehmende Lockerung von Prämissen der arbitragefreien Bewertung auf ein als ZGPM bezeichnetes Modell, das formal mit dem lenkpreistheoretischen Ansatz übereinstimmt, wie er im Kapitel 2 aus dem HAX/WEINGARTNER-Basismodell sowie einer Synthese der Bewertungsansätze von LAUX/FRANKE und JAENSCH/MATSCHKE entwickelt worden ist.[2] Es bedarf lediglich einer Uminterpretation der Zeitpunkte t in mögliche (auch z.T. zeitverschiedene) künftige Zustände t, um das investitionstheoretische Grenzpreismodell bei Sicherheit in ein ganz allgemeines Zustands-Grenzpreismodell[3] bei Unsicherheit zu verwandeln.[4] Das ZGPM eignet sich theoretisch zur Bewertung von Unternehmen, Optionen und anderen unsicheren Zahlungsströmen, wobei der resultierende Wert als (subjektiver) Grenzpreis p* die Besonderheiten des Entscheidungsfelds (z.B. Transaktionskosten, Geld-Brief-Span-

---

1 Vgl. oben, Unterabschnitt 3.2.3.1 und HERING, Arbitragefreiheit (1998).

2 Vgl. die Basis- und Bewertungsansätze vom Typ „max. Entn", „max. GW" und „max./min. U", „min. A", „min. EE", „max. AA" in den Abschnitten 2.2.2, 2.2.3 und 2.2.4.

3 Der Grenzpreis p* ist das Ergebnis eines Bewertungsansatzes. Der zugehörige Basisansatz kann folgerichtig als Zustandspreismodell (ZPM) interpretiert werden; vgl. HERING, Investitionstheorie (2003), S. 262 ff.

4 Vgl. HERING, Unternehmensbewertung (1999), HERING, ZGPM (2000). Zu Erweiterungen des ZGPM um nichtlineare Aspekte vgl. PFAFF/PFEIFFER/GATHGE, Zustands-Grenzpreismodelle (2002), um produktionswirtschaftliche Aspekte HERING, Produktionsfaktoren (2002) und ROLLBERG, Ressourcenbewertung (2005), um Produktions- und Medien- bzw. Umweltaspekte BRÖSEL, Medienrechtsbewertung (2002) und KLINGELHÖFER, Umweltschutzinvestitionen (2004). Zu Anwendungen vgl. HERING, Konzeptionen (2000), HERING/OLBRICH, Mehrstimmrechte (2001), OLBRICH, Mantelgesellschaft (2001), HERING/OLBRICH, Börsengang (2002), BRÖSEL, Filmrechte (2003), BRÖSEL, Übertragungsrechte (2003), MATSCHKE/BRÖSEL, Basel II (2003), HERING/OLBRICH, Beteiligungen (2004), BRÖSEL/MATSCHKE, KMU (2004), MIRSCHEL/KLINGELHÖFER/LERM, Stimmrechtsänderungen (2004), HERING, Wachstumsfinanzierung (2005), HERING/OLBRICH/STEINRÜCKE, Internet Companies (2006).

nen, Mengenbegrenzungen) sowie die individuell vorgegebene Konsumentnahmezielsetzung reflektiert. Analog kann auch ein Zustands-Grenzquotenmodell (ZGQM) hergeleitet werden, welches die (subjektive) Grenzanteilsquote α^* bei einer Fusion oder Spaltung bestimmt.[1]

Ein direkter praktischer Einsatz des ZGPM zu Bewertungszwecken scheitert in realistischen Problemsituationen natürlich schon aus zwei Gründen: Erstens mißlingt mangels vollständiger Voraussicht in die Zukunft die Ermittlung sämtlicher Zustände und zustandsbedingten Zahlungsströme, und zweitens ist eine zentrale Totalplanung aller Investitions- und Finanzierungsobjekte durch organisatorische und Informationshemmnisse ausgeschlossen. Der Wert des ZGPM als zunächst bloßes Denkmodell liegt in seiner Eigenschaft als Bindeglied zwischen der entscheidungsorientiert-subjektiven Investitionstheorie und der gleichgewichtsorientiert-objektiven Finanzierungstheorie. Das ZGPM ist der gedankliche Ausgangspunkt einer einheitlichen finanzwirtschaftlichen Bewertungstheorie, von dem aus durch nähere Spezifikation sowohl die Investitions- als auch die Finanzierungstheorie abgeleitet und mit Hilfe immer speziellerer Annahmen die aus der Literatur bekannten Modelle entwickelt werden können.

Die Struktur der einheitlichen Investitions- und Finanzierungstheorie bei Unsicherheit geht aus Abbildung 4-1 hervor. Das ZGPM fungiert darin als zwar impraktikables, aber die Integrität der gesamten Bewertungstheorie sicherndes gedankliches Grundmodell. Um zu praktisch anwendbaren Modellen zu gelangen, bedarf es heuristischer Komplexitätsreduktionen im Zustandsraum. Investitions- und Finanzierungstheorie unterscheiden sich nach diesem Standpunkt im wesentlichen darin, mit welchem Zweck und mit welchen heuristischen Prinzipien die Vereinfachungen erfolgen.

In der *Investitionstheorie* liegt das Hauptaugenmerk auf dem *Entscheidungszweck*. Es geht weniger um die Erklärung von Marktprozessen und -ergebnissen als vielmehr darum, dem Einzelfall angepaßte Entscheidungshilfen zur Lösung realer betriebswirtschaftlicher Bewertungsprobleme zu geben. Aus dieser Zielsetzung folgt, daß die Investitionstheorie auf die jeweiligen individuellen Verhältnisse des Bewertungssubjekts abstellt und nicht die Perspektive des Gesamtmarktes wählt. Dem einzelnen ist für sein Entscheidungsproblem nicht damit gedient, wenn er nur als Repräsentant einer zur Vereinfachung als homogen angesehenen Masse von Marktteilnehmern gilt. Er möchte lieber seine subjektiven Ziele, Handlungsmöglichkeiten, Einschränkungen und Erwartungen im Modell berücksichtigt sehen. Die Investitionstheorie sucht deshalb nach Regeln für optimale Entscheidungen unter individuellen Zielfunktionen auf unvollkommenen und unvollständigen Märkten. Wenn aber das ZGPM im Hinblick auf Zielfunktion und Entscheidungsfeld nicht vereinfacht werden darf, besteht gar

---

[1] Vgl. HERING, Fusion (2004), BYSIKIEWICZ/MATSCHKE/BRÖSEL, Spaltung (2005). Zu Erweiterungen vgl. oben, Abschnitt 2.2.4 und 2.2.5. Zu Anwendungen vgl. MATSCHKE/WITT, Sparkassen (2004), MATSCHKE/BRÖSEL, Unternehmensbewertung (2005), S. 319 ff.

4.1 Einheitliche Investitions- und Finanzierungstheorie nach dem ZGPM

keine andere Möglichkeit, als den Hebel zur Komplexitätsreduktion an der Abbildung der Unsicherheit anzusetzen und durch das unüberschaubare Dickicht der künftigen Zustände eine gangbare „Schneise" zu schlagen.

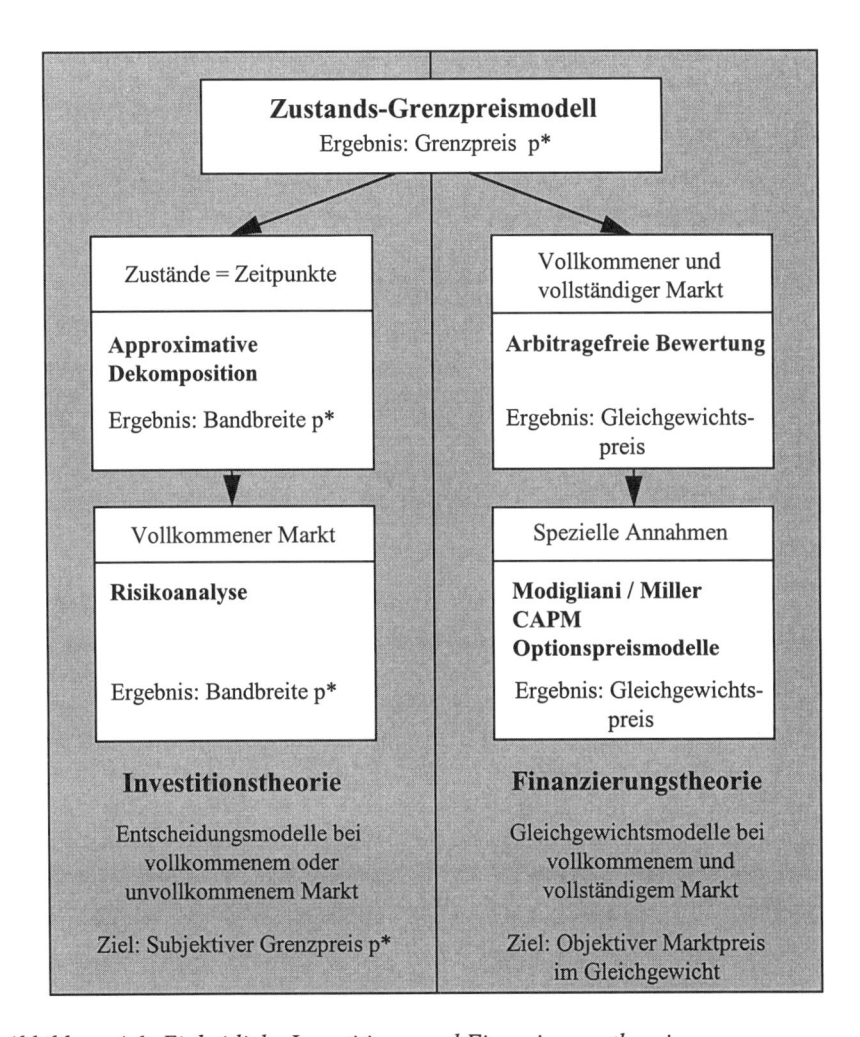

```
                    Zustands-Grenzpreismodell
                      Ergebnis: Grenzpreis p*
            ↙                                    ↘
   Zustände = Zeitpunkte              Vollkommener und
                                      vollständiger Markt

   Approximative                      Arbitragefreie Bewertung
   Dekomposition

   Ergebnis: Bandbreite p*            Ergebnis: Gleichgewichts-
                                                 preis
            ↓                                    ↓
   Vollkommener Markt                 Spezielle Annahmen

   Risikoanalyse                      Modigliani / Miller
                                      CAPM
                                      Optionspreismodelle

   Ergebnis: Bandbreite p*            Ergebnis: Gleichgewichts-
                                                 preis

   Investitionstheorie                Finanzierungstheorie

   Entscheidungsmodelle bei           Gleichgewichtsmodelle bei
   vollkommenem oder                  vollkommenem und
   unvollkommenem Markt               vollständigem Markt

   Ziel: Subjektiver Grenzpreis p*    Ziel: Objektiver Marktpreis
                                            im Gleichgewicht
```

Abbildung 4-1: Einheitliche Investitions- und Finanzierungstheorie

Basisansatz bei Vermögensmaximierung:

max. GW; $GW := \sum_{t=0}^{n} w_t \cdot G_t$

$$-\sum_{j=1}^{m} g_{jt} \cdot x_j + G_t \leq b_t \qquad \forall\, t \in \{0, 1, 2, \ldots, n\}$$

$$x_j \leq x_j^{max} \qquad \forall\, j \in \{1, 2, \ldots, m\}$$

$$x_j \geq 0 \qquad \forall\, j \in \{1, 2, \ldots, m\}$$

$$G_t \geq 0 \qquad \forall\, t \in \{0, 1, 2, \ldots, n\}$$

Bewertungsansatz bei Vermögensmaximierung:

max. U; $U := p$

$$-\sum_{j=1}^{m} g_{j0} \cdot x_j + G_0 + p \leq b_0$$

$$-\sum_{j=1}^{m} g_{jt} \cdot x_j + G_t \leq b_t + g_{Kt} \qquad \forall\, t \in \{1, 2, \ldots, n\}$$

$$\sum_{t=0}^{n} w_t \cdot G_t \geq GW^*$$

$$x_j \leq x_j^{max} \qquad \forall\, j \in \{1, 2, \ldots, m\}$$

$$x_j \geq 0 \qquad \forall\, j \in \{1, 2, \ldots, m\}$$

$$G_t \geq 0 \qquad \forall\, t \in \{0, 1, 2, \ldots, n\}$$

$$p \geq 0$$

Bewertungsformel bei Vermögensmaximierung:

$$p^* = \sum_{t=1}^{n} g_{Kt} \cdot \rho_t + \sum_{t=0}^{n} b_t \cdot \rho_t + \sum_{C_j > 0} x_j^{max} \cdot C_j - \sum_{G_t > 0} G_t \cdot \rho_t$$

Abbildung 4-2: ZGPM bei Vermögensmaximierung

4.1 Einheitliche Investitions- und Finanzierungstheorie nach dem ZGPM

Basisansatz bei arbitragefreier Bewertung:

$$\max. \text{GW}; \quad \text{GW} := \sum_{t=0}^{n} G_t$$

$$-\sum_{j=1}^{m} g_{jt} \cdot x_j + G_t \leq 0 \quad \forall\, t \in \{0, 1, 2, \ldots, n\}$$

$$x_j \in \mathbb{R} \quad \forall\, j \in \{1, 2, \ldots, m\}$$

$$G_t \geq 0 \quad \forall\, t \in \{0, 1, 2, \ldots, n\}$$

Bewertungsansatz bei arbitragefreier Bewertung:

$$\max. U; \quad U := p$$

$$-\sum_{j=1}^{m} g_{j0} \cdot x_j + G_0 + p \leq 0$$

$$-\sum_{j=1}^{m} g_{jt} \cdot x_j + G_t \leq g_{Kt} \quad \forall\, t \in \{1, 2, \ldots, n\}$$

$$\sum_{t=0}^{n} G_t \geq 0 \quad \text{(redundant)}$$

$$x_j \in \mathbb{R} \quad \forall\, j \in \{1, 2, \ldots, m\}$$

$$G_t \geq 0 \quad \forall\, t \in \{0, 1, 2, \ldots, n\}$$

$$p \geq 0$$

Bewertungsformel bei arbitragefreier Bewertung:

$$p^* = \sum_{t=1}^{n} g_{Kt} \cdot \rho_t$$

Abbildung 4-3: ZGPM bei arbitragefreier Bewertung

Dieses Vorgehen führt zum Entscheidungsmodell der *approximativen Dekomposition*:[1] Das ZGPM bleibt strukturell unangetastet, wird jedoch durch die Definition der Zustände als Zeitpunkte des Planungszeitraums auf einen durch Dezentralisierung beherrschbaren Umfang reduziert. Die Unsicherheit der den Zuständen zugeordneten Rückflüsse erfordert den Einsatz von Sensitivitäts- und Risikoanalysen, so daß auch der subjektive Grenzpreis p* nur mehr als unsichere Bandbreite geschätzt werden kann.

Wie aus der Investitionstheorie bekannt ist, entfallen bei Vorliegen eines *vollkommenen Kapitalmarkts* (FISHER-Separation) sehr viele Planungsprobleme (Dilemma der Lenkpreistheorie, Liquidität, Relevanz des Konsumziels, Ganzzahligkeit), so daß einfache Partialmodelle (Kapitalwert, Ertragswert) zur Anwendung gelangen können.[2] Lediglich die Datenunsicherheit bleibt bestehen, was genau wie bei unvollkommenem Kapitalmarkt zum Einsatz von Simulationsverfahren führt. Die Risikoanalyse liefert als subjektiven Grenzpreis p* wiederum nur eine Bandbreite.

Insgesamt erlaubt die aus dem ZGPM durch Vereinfachung abgeleitete Investitionstheorie eine verhältnismäßig realitätsgerechte Abbildung subjektiver Ziele und Entscheidungsfelder. Als Preis ist hierfür die fehlende Eindeutigkeit des Modellergebnisses p* zu akzeptieren. All dies korrespondiert mit der Entscheidungsfunktion der Unternehmensbewertung, so daß sich in einem Satz zusammenfassen läßt: Die Investitionstheorie ermittelt den *Entscheidungswert* p* als Bandbreite.[3]

Im Gegensatz dazu abstrahiert die *Finanzierungstheorie* von den subjektiven, im Einzelfall entscheidungsrelevanten Sachverhalten und richtet ihr Hauptaugenmerk auf den hypothetischen, objektiven Marktgleichgewichtspreis. Es geht also nicht darum, Entscheidungen unter realen, d.h. unvollkommenen Bedingungen zu unterstützen, als vielmehr darum, Marktergebnisse unter idealisierten Bedingungen zu *erklären*. Erklärungsmodelle der Gleichgewichtstheorie können daher grundsätzlich nicht ohne weiteres als Entscheidungsmodelle dienen.[4] Werden Gleichgewichtsmodelle dennoch heuristisch zur Entscheidungsunterstützung eingesetzt, ist jeweils genau zu begründen, ob ihre Prämissen der realen Situation gerecht werden und ob die durch ein subjektives Entscheidungsmodell erzielbare Ergebnisverbesserung tatsächlich vernachlässigt werden kann.

Wenn also nach der Zielsetzung der Finanzierungstheorie Marktergebnisse erklärt werden sollen, darf das ZGPM auch durch Vereinfachungen seine Eigenschaft nicht verlieren, einen eindeutigen Preis p* zu liefern. Dann aber besteht keine andere Mög-

---

1 Vgl. oben, Unterkapitel 2.3.
2 Vgl. oben, Abschnitt 2.2.1.
3 Vgl. oben, Unterkapitel 2.4.
4 Vgl. *PERRIDON/STEINER*, Finanzwirtschaft (2004), S. 524.

4.1 Einheitliche Investitions- und Finanzierungstheorie nach dem ZGPM

lichkeit, als den Hebel zur notwendigen Komplexitätsreduktion an der Abbildung des Entscheidungsfelds anzusetzen. Je einfacher das Entscheidungsfeld modelliert wird, desto leichter gelingt der Übergang von der Total- zur Partialanalyse.

Durch die Annahme des vollkommenen und vollständigen Kapitalmarkts bei vollständiger Konkurrenz geht das ZGPM in die *arbitragefreie Bewertung* über. Alle Marktteilnehmer errechnen den gleichen subjektiven Grenzpreis p* (für Kauf und Verkauf), und dieser muß aus Arbitragegründen auch zum objektiven Marktgleichgewichtspreis werden.[1] Die Bewertung von Zahlungsströmen kann dann mit Hilfe der aus der starken Arbitragefreiheitsbedingung resultierenden Zustandspreise (ARROW-DEBREU-Preise) erfolgen. Hierzu reicht bereits eine „relative" Vollständigkeit des Marktes aus, d.h., es genügt, daß der zu bewertende Zahlungsstrom durch Linearkombination der am Markte gehandelten Papiere nachgebildet werden kann. Obwohl unter den gegebenen Voraussetzungen eine Bewertung durch das Partialmodell „Ertragswert mit Zustandspreisen" gelingt, verbleibt immer noch die ungelöste Schwierigkeit des unüberschaubar großen Zustandsraums. Die arbitragefreie Bewertung ist also genau wie das sie als Spezialfall enthaltende ZGPM zunächst nur ein reines Denkmodell, das zur Strukturierung des Unsicherheitsproblems dient und Ausgangsplattform für pragmatische Vereinfachungen wird.

Quantitativ auswertbare heuristische Ansätze ergeben sich aus dem Grundmodell der arbitragefreien Bewertung erst durch zusätzliche, jeweils modellspezifische Annahmen. Während MODIGLIANI und MILLER zum Beweis ihrer Irrelevanzthese noch mit dem Grundmodell auskommen, vermögen sie ihre Thesen zur Höhe der „Kapitalkosten" nur durch die Unterstellung zu rechtfertigen, die Marktteilnehmer bewerteten erwartete Bruttozahlungsströme durch Diskontierung mit einem durchschnittlichen Kapitalkostensatz k. Die theoretischen Bestimmungsgründe von k bleiben dabei ungeklärt.[2] Noch einschneidender sind die Zusatzprämissen des CAPM, die den Zustandsraum auf zwei Zeitpunkte beschränken, die Zahlungsströme zu markteinheitlichen Erwartungswerten, Varianzen und Kovarianzen verdichten und sogar die Präferenzfreiheit der Bewertung aufgeben.[3] Die Grundstruktur der präferenzfreien Gleichgewichtstheorie wird noch am besten von den (insbesondere diskreten) Optionspreismodellen gewahrt, deren heuristisches Konzept darin besteht, den Zustandsraum durch strenge Verteilungsannahmen einzuschränken.[4]

---

1 Vgl. oben, Abschnitt 3.1.1 und insbesondere Unterabschnitt 3.2.3.1.

2 Vgl. oben, Abschnitt 3.2.1.

3 Vgl. oben, Unterabschnitt 3.2.2.2. Das CAPM ergibt sich auch direkt aus der schwachen Arbitragefreiheitsbedingung, wenn entsprechende Präferenz- und Verteilungsannahmen hinzugefügt werden; vgl. *FRANKE/HAX*, Finanzwirtschaft (2004), S. 388-390.

4 Vgl. oben, Unterabschnitt 3.2.3.2.

Wie die Diskussion gezeigt hat, sind die spezialisierten finanzierungstheoretischen Endmodelle (Kapitalstruktur nach MODIGLIANI/MILLER, CAPM, Optionspreismodelle) zwar auf die arbitragefreie Bewertung und damit letztlich auf das allgemeine ZGPM zurückführbar, aber leider z.T. untereinander unverträglich. Die Kapitalstrukturmodelle betonen Unterschiede in der steuerlichen Behandlung von Eigen- und Fremdkapital, von denen das CAPM und die Optionsmodelle abstrahieren müssen. Hinsichtlich des zeitlichen Horizontes betrachtet das CAPM nur eine Periode (oder zwei Zeitpunkte), während Optionsmodelle eine wesentlich größere Zahl verschiedener Zustände verarbeiten können und MODIGLIANI/MILLER wiederum eine andere Annahme treffen, nämlich die der ewigen Rente. Risikoscheu und Erwartungshomogenität sind für das CAPM von entscheidender Bedeutung, wohingegen die Optionsbewertungs- und Kapitalstrukturmodelle gerade ob ihrer Präferenzfreiheit und der Irrelevanz von Zustandswahrscheinlichkeiten gerühmt werden.

Insgesamt stellt sich die Finanzierungstheorie in ihren spezialisiertesten Ansätzen weniger einheitlich dar als die Investitionstheorie. Viele Modelle sind einem bestimmten Erklärungszweck gewidmet und daher nicht beliebig mit anderen kombinierbar. Vereinfachungen des Entscheidungsfeldes, die Interdependenzen zerschneiden und eine „objektivierende" Gleichgewichtsbewertung erst ermöglichen, lassen derartige Modelle für einen Einsatz in der Entscheidungsfunktion der Unternehmensbewertung grundsätzlich ausscheiden, es sei denn, die Modellprämissen sind auch im betrachteten einzelnen Bewertungsfall erfüllt. Die Gleichgewichtstheorie besitzt allerdings den Vorzug, ceteris paribus eindeutige Ergebnisse zu liefern, so daß sie – mit Zustimmung der Verhandlungspartner – zur Festlegung von Schiedswerten geeignet erscheint. Weil die neoklassische Finanzierungstheorie ein hohes Ansehen genießt und zahlreiche Nobelpreise errungen hat, eignet sie sich natürlich hervorragend für Argumentationszwecke. Zusammenfassend gilt: Die Finanzierungstheorie kann zur Ermittlung von *Arbitrium-* und *Argumentationswerten* eingesetzt werden.

Aus der gemeinsamen Wurzel des allgemeinen Zustands-Grenzpreismodells (ZGPM) läßt sich sowohl die vorrangig mit der *Entscheidungsfunktion* der Unternehmensbewertung betraute Investitionstheorie als auch die für die *Schieds-* und *Argumentationsfunktion* nützliche Finanzierungstheorie herleiten.

4.2 Zusammenfassende Thesen zur Unternehmensbewertung

In den Kapiteln 2 und 3 dieses Lehrbuchs sind die investitionstheoretische „deutsche" und die finanzierungstheoretische „angelsächsische" Schule[1] der Unternehmensbewertung einander gegenübergestellt und vor dem Hintergrund der im Kapitel 1 entwickelten Basisannahmen sowie des nach und nach errichteten ZGPM-Theoriegebäudes beurteilt worden. Abschließend sollen die wichtigsten Einsichten thesenförmig zusammengefaßt werden.

1. Die investitionstheoretische Unternehmensbewertung ermittelt den Entscheidungswert als Bandbreite. Sie eignet sich aber auch zur Ableitung von Arbitriumwerten und Argumentationswerten. Der Versuch, den Grenzpreis in einem offenen Entscheidungsfeld als konkrete Zahl zu bestimmen, scheitert an unüberwindlichen Erkenntnisgrenzen.

2. Bei vollkommenem Kapitalmarkt gilt die Ertragswertmethode als finanzwirtschaftliche Konkretisierung der Zukunftserfolgswertmethode. Da subjektive Grenzpreise aber in der Realität nicht von Kapitalmarktunvollkommenheiten abstrahieren können, entwickelt die vorliegende Arbeit ein allgemeines Bewertungsmodell, das die Ansätze von LAUX/FRANKE und JAENSCH/MATSCHKE miteinander verbindet. Die Vorteile dieser Synthese liegen in der leichteren und zugleich allgemeineren Beweisführung sowie in der verbesserten Anwendbarkeit durch die Vermeidung der gemischt-ganzzahligen parametrischen Optimierung. Mit Hilfe des Modells gelingt es einerseits, den Zusammenhang zwischen dem Entscheidungswert nach MATSCHKE (Basis- und Bewertungsprogramm) und der Ertragswertmethode herauszustellen. Andererseits können die Fälle der vereinfachten und komplexen Bewertung nach LAUX/FRANKE einfacher und kürzer hergeleitet werden, und zwar sowohl für die Käufer- als auch für die Verkäufer- und die Fusionssituation unter unterschiedlichen, sehr allgemein gehaltenen Entnahmezielsetzungen. Die Ertragswertmethode gilt, wie bereits LAUX/FRANKE gezeigt haben, bei unvollkommenem Kapitalmarkt nur noch eingeschränkt, weil das Bewertungsobjekt ggf. über die Grenzobjekte hinausgreifende Umschichtungen des Basisprogramms auslöst. Dieser Aspekt wird in der Bewertungsliteratur kaum beachtet.

3. Um das zunächst deterministische Modell auf den Unsicherheitsfall zu übertragen, erfolgt eine Einbindung in das heuristische Planungskonzept der approximativen Dekomposition. Damit wird ein neuartiger Vorschlag zur investitionstheoretischen Unternehmensbewertung auf unvollkommenen Märkten unter Unsicherheit zur Diskussion gestellt. Das durchaus praktikable Verfahren unterstreicht die große Bedeutung und konzeptionelle Schlagkraft der Ertragswertmethode bei der Ermitt-

---

1 Zur Geschichte und Abgrenzung beider Sichtweisen (Schulen) der Unternehmensbewertung vgl. HERING, Quo vadis? (2004).

lung von Grenzpreisen als finanzwirtschaftlichen Entscheidungswerten. Der Anwendungsbereich des investitionstheoretischen Bewertungsmodells ist mit dieser Heuristik allerdings noch nicht erschöpft.[1]

4. Durch verallgemeinernde Interpretation der Zeitpunkte als Zustände geht das vorgeschlagene Modell aus seiner deterministischen Fassung strukturgleich in ein allgemeines Zustands-Grenzpreismodell (ZGPM) bzw. Zustands-Grenzquotenmodell (ZGQM) bei Unsicherheit über. Damit läßt sich zwischen den oft als unverbunden oder inkompatibel dargestellten „Welten" der Investitions- und der Finanzierungstheorie eine feste Brücke schlagen, welche die Integrität einer einheitlichen Investitions- und Finanzierungstheorie wiederherstellt. Die Verbindung der finanzierungstheoretischen Idee zustandsabhängiger Zahlungsströme mit dem investitionstheoretischen Instrumentarium der Lenkpreistheorie des unvollkommenen Kapitalmarkts führt zu einem theoretisch fast universal einsetzbaren ZGPM zur Bewertung von Unternehmen, Optionen und anderen unsicheren Zahlungsströmen auf einem unvollkommenen Kapitalmarkt mit Geld-Brief-Spannen, Transaktionskosten, Steuern und Mengenbeschränkungen.

5. Der Wert des ZGPM in der Finanzierungstheorie erweist sich unmittelbar darin, daß es das bahnbrechende Prinzip der allgemeinen Gleichgewichtstheorie, nämlich die arbitragefreie Bewertung mit ARROW-DEBREU-Preisen, als Spezialfall enthält. Die aus der Finanzierungstheorie bekannten Arbitragefreiheitsbedingungen können mit Hilfe des ZGPM allgemeiner und schneller bewiesen werden, ohne auf das Lemma von FARKAS oder den Trennungssatz für konvexe Mengen zurückzugreifen. Damit öffnet sich ein auch didaktisch einfacherer Zugang zu grundlegenden finanzierungstheoretischen Ansätzen wie der MODIGLIANI-MILLER-Irrelevanzthese und den diskreten Optionspreismodellen.

(In Abbildung 4-1 ist die Struktur der einheitlichen Investitions- und Finanzierungstheorie nach dem ZGPM zusammengefaßt. Abbildung 4-2 und Abbildung 4-3 stellen zum formalen Vergleich das ZGPM bei Vermögensmaximierung und seinen Spezialfall, das ZGPM bei arbitragefreier Bewertung, direkt gegenüber.)

6. Die finanzierungstheoretische Unternehmensbewertung geht von einem vollkommenen und vollständigen Kapitalmarkt bei vollständiger Konkurrenz aus. Sie sucht gleichgewichtige Marktwerte, die sich aus Arbitragegründen unter den gegebenen Voraussetzungen auch als Marktpreise einstellen. In der Realität sind die Prämissen der Gleichgewichtstheorie verletzt, so daß das als Zahl ermittelte Bewertungsergebnis nicht als Entscheidungswert anzusehen ist.

---

1 Eine Zusammenfassung zur investitionstheoretischen Unternehmensbewertung findet sich mit weiteren Verweisen im Unterkapitel 2.4.

4.2 Zusammenfassende Thesen zur Unternehmensbewertung

7. Unter den Begriff der kapitalmarkttheoretischen Unternehmensbewertung fallen die „Discounted Cash Flow"(DCF)-Verfahren mit den wichtigsten Varianten „Adjusted Present Value" (APV), „Weighted Average Cost of Capital" (WACC) und „Equity". Sie kombinieren in pragmatischer Weise Ergebnisse von MODIGLIANI und MILLER mit denen des Einperioden-CAPM, ohne die Modellkomponenten schlüssig aufeinander abzustimmen. Die damit verbundenen Kapitalstruktur- und Kapitalkostenprobleme bleiben ungelöst. Insgesamt läßt sich feststellen, daß die DCF-Verfahren durch ihren Rückfall in eine (nun mit dem Markt begründete) Objektivierung keine subjektiven Grenzpreise zu bestimmen vermögen. Sie eignen sich aber u.U. zur Bestimmung von Arbitriumwerten und bis zu ihrer Ablösung durch überzeugendere oder auch nur modischere Weiterentwicklungen auf jeden Fall zur Ermittlung von Argumentationswerten.

8. Ansätze der strategischen Unternehmensbewertung treten mit einem bescheideneren Anspruch auf als die „wertorientierte" DCF-Methode. Sie ergänzen Teilprobleme der Wertermittlung um eine qualitative Argumentation, die ihre Grundideen aus der Portefeuilletheorie und der Optionsbewertung entlehnt. Da Realoptionen ebenso wie ganze Unternehmungen durch zustandsbedingte Zahlungsströme charakterisierbar sind, gibt es für sie nach dem ZGPM keine eigenständige Bewertungstheorie. Die besondere Betonung von Optionswerten dient mithin vorrangig der Argumentationsfunktion der Unternehmensbewertung. Für die Entscheidungs- und die Vermittlungsfunktion sind die leicht manipulierbaren strategischen Bewertungsmodelle ungeeignet.[1]

Insgesamt läßt sich festhalten: Die investitionstheoretische Unternehmensbewertung ist als einzige Methode in der Lage, den Entscheidungswert zu ermitteln. Der Entscheidungswert ist eine Bandbreite und keine Zahl. Mit Hilfe der investitionstheoretischen Ertragswertmethode lassen sich auch Arbitrium- und Argumentationswerte begründen. Die finanzierungstheoretische Unternehmensbewertung ermittelt Punktwerte als rechnerisch fingierte Marktgleichgewichtswerte. Während kapitalmarkttheoretische Verfahren Argumentations- und ggf. auch Arbitriumwerte liefern, bleiben strategische Verfahren auf die Argumentationsfunktion beschränkt.

Es kann also, ähnlich wie in der Physik, auch in der Unternehmensbewertung nur zwischen zwei „Unschärfen" gewählt werden: Möchte man den Entscheidungswert als subjektiven Grenzpreis investitionstheoretisch korrekt definieren, zeigt er sich wegen der unüberwindlichen Unsicherheit nur „verschmiert" als Bandbreite. Zwingt man jedoch den Unternehmenswert in das Korsett einer mit einem eindeutigen Ergebnis aufwartenden finanzierungstheoretischen Gleichgewichtsformel, entsteht eine unvermeidliche und kaum abschätzbare Unsicherheit in bezug auf die Entschei-

---

[1] Eine Zusammenfassung zur finanzierungstheoretischen Unternehmensbewertung findet sich mit weiteren Verweisen im Unterkapitel 3.5.

dungsrelevanz dieses Ergebnisses. Der Bewerter muß wählen, welche Unsicherheit ihm lieber ist.

Wer also von dieser Abhandlung einen Fortschritt in Richtung auf eine immer präzisere Eingrenzung des Unternehmenswerts erwartet hat, sieht sich enttäuscht: Ab einem bestimmten Punkt drehen sich alle Überlegungen im Kreis; die Unsicherheit läßt sich zwar veranschaulichen, aber nicht unter ein bestimmtes Maß reduzieren. Vielleicht ist es erlaubt, das geflügelte Wort von EMIL DU BOIS-REYMOND über das Wesen von Geist und Materie auch auf die Frage nach der Höhe des Unternehmenswerts ex ante zu übertragen: *Ignoramus ignorabimus.*[1]

---

1 Lat.: Wir wissen es nicht, und wir werden es nicht wissen.

Anhang

Anhang

1. Rentenrechnung

Im Rahmen der Unternehmensbewertung werden häufig Barwerte gleichförmiger oder nach anderen Mustern regelmäßig strukturierter Zahlungsströme benötigt. Obwohl zu deren Errechnung die Schulmathematik ausreicht, seien im folgenden die wichtigsten Zusammenhänge nicht nur überblicksartig zusammengestellt, sondern auch hergeleitet. Es geht dabei nicht so sehr um eine Formelsammlung, sondern vielmehr um die Vermittlung der finanzmathematischen Denkweise, die den Leser in den Stand versetzt, sich seine in Theorie und Praxis benötigten vor- und nachschüssigen, endlichen und ewigen, konstanten, periodischen und wachsenden Barwert- und Endwertgleichungen jeweils eigenständig herzuleiten und damit eigene „Phasenmodelle" der Unternehmensbewertung zu konstruieren. Wir beginnen mit dem Barwert einer gleichförmigen Rente.[1]

Mit $q := 1 + i$ als Zinsfaktor ergibt sich zunächst der Ertragswert E einer endlichen (nachschüssigen) Rente von n gleichen (jeweils am Periodenende anfallenden) Zahlungsüberschüssen g als:

$$E = g \cdot q^{-1} + g \cdot q^{-2} + \ldots + g \cdot q^{-n} = g \cdot (q^{-1} + q^{-2} + \ldots + q^{-n}) = g \cdot RBF_{i,n}.$$

Die mit g zu multiplizierende Summe heißt *Rentenbarwertfaktor* ($RBF_{i,n}$) und hängt sowohl von dem in q enthaltenen Zinssatz i als auch von der Laufzeit n ab. Sie läßt sich als geometrische Reihe durch eine kompakte Formel berechnen. Es gilt

$$RBF_{i,n} = q^{-1} + q^{-2} + \ldots + q^{-n}$$

und deshalb weiter:

$$q^n \cdot RBF_{i,n} = q^{n-1} + q^{n-2} + \ldots + q + 1$$

$$q^{n+1} \cdot RBF_{i,n} = q^n + q^{n-1} + q^{n-2} + \ldots + q$$

Zieht man die erste Zeile von der zweiten ab, folgt

$$(q^{n+1} - q^n) \cdot RBF_{i,n} = q^n - 1 \Leftrightarrow q^n \cdot (q - 1) \cdot RBF_{i,n} = q^n - 1$$

---

[1] Vgl. beispielsweise *HERING*, Investitionstheorie (2003), S. 44 f., *HIRTH*, Finanzierung und Investition (2005), S. 44 f.

und schließlich wegen $q = 1 + i$:

$$\text{RBF}_{i,n} = \frac{q^n - 1}{i \cdot q^n} \text{ mit } i > 0.$$

Durch Aufzinsen mit q^n auf den Endzeitpunkt n resultiert die aus der Schulmathematik bekannte Summenformel der geometrischen Reihe in ihrer ökonomischen Interpretation als *Rentenendwertfaktor*:

$$\text{REF}_{i,n} = \text{RBF}_{i,n} \cdot q^n = \frac{q^n - 1}{q - 1} \text{ mit } q > 1.$$

Ist eine *ewige Rente* zu beurteilen, konvergiert n also gegen unendlich,[1] gilt für den Grenzwert des Rentenbarwertfaktors wegen $q > 1$:

$$\text{RBF}_{i,\infty} = \lim_{n \to \infty} \frac{q^n - 1}{i \cdot q^n} = \lim_{n \to \infty} \frac{1 - \frac{1}{q^n}}{i} = \frac{1}{i}.$$

Der Ertragswert der (nachschüssigen) ewigen Rente g ergibt sich also mit Hilfe der kaufmännischen Kapitalisierungsformel als:

$$E = \frac{g}{i}.$$

Eine *vorschüssige* ewige Rente hat zum Zeitpunkt $t = 0$ folgenden – um den einmal zusätzlich sofort anfallenden Betrag g höheren – Barwert

$$E = g + \frac{g}{i} = g \cdot \left(1 + \frac{1}{i}\right) = g \cdot \frac{1+i}{i} = g \cdot \frac{q}{i} = q \cdot \frac{g}{i}.$$

---

[1] In der Unternehmensbewertungsliteratur werden bisweilen „Unendlichkeitsparadoxe" diskutiert, die allerdings meist der Kategorie „viel Lärm um nichts" zu subsumieren sind. Vgl. *MATSCHKE/HERING*, Unendliche Probleme (1999), *SIEGEL*, Paradoxa (2000), S. 393 f., *HERING*, Quo vadis? (2004), S. 114 f.

1. Rentenrechnung

Letztere Formel kann man sich auch anders plausibel machen: Die vorschüssige ewige Rente hat zum Zeitpunkt t = −1 den Barwert g/i, da sie aus Sicht dieses Zeitpunkts eine nachschüssige ewige Rente ist. Um nun den gesuchten Barwert in t = 0 zu erhalten, muß also der Barwert g/i von t = −1 nur mittels q um eine Periode auf t = 0 aufgezinst werden, was q · g/i ergibt.

Im folgenden seien wieder nachschüssige Renten betrachtet. Manchmal ist es nützlich, z.B. im Rahmen von Reinvestitions- oder Abschreibungszyklen, den Barwert einer ewigen Rente zu kennen, die nicht im Abstand von jeweils einer Periode, sondern von n Perioden gezahlt wird. Die Zahlung g trifft also nur in den Zeitpunkten n, 2n, 3n, ... ein. Auch diesen Barwert kann man mit zwei verschiedenen Überlegungen begründen.

Am schnellsten ist die abstrakte Lösung: Löst man sich ein wenig vom Bild des in Einerschritten unterteilten Zahlenstrahls, leuchtet schnell ein, daß im Grunde die klassische ewige Rente vorliegt, deren Zinssatz aber nicht mehr i beträgt, sondern der Rendite über n-Perioden-Zeiträume entspricht – der Einperiodenzins i ist also lediglich n-mal hintereinander anzuwenden, um auf den n-Periodenzins zu kommen. Als n-Periodenzins ergibt sich nach der Zinseszinsrechnung $q^n - 1$. In bezug auf die aneinandergereihten n-Perioden-Zeiträume ist nun die altbekannte ewige Rente gegeben, denn in jedem dieser Zeiträume fällt die Rente g genau einmal am Ende an. Der Barwert lautet dann:

$$E = \frac{g}{q^n - 1}.$$

Wer sich nicht mit Periodenumdefinitionen belasten möchte, verifiziert auf dem zweiten Wege, quasi „zu Fuß", über die Summenformel der geometrischen Reihe:

$$E = g \cdot q^{-n} + g \cdot q^{-2n} + g \cdot q^{-3n} + \ldots = g \cdot q^{-n} \cdot (1 + q^{-n} + q^{-2n} + q^{-3n} + \ldots)$$

$$= g \cdot q^{-n} \cdot \sum_{\nu=1}^{\infty} \left(q^{-n}\right)^{\nu-1} = g \cdot q^{-n} \cdot \lim_{\nu \to \infty} \frac{\left(q^{-n}\right)^{\nu} - 1}{q^{-n} - 1} = g \cdot q^{-n} \cdot \frac{1}{1 - q^{-n}}$$

$$= \frac{g}{q^n - 1}.$$

Ein Vergleich der beiden Lösungswege zeigt recht deutlich, daß man durch Problemverständnis schneller und sicherer zum Ziel kommen kann als durch automatenartiges Anwenden auswendig gelernter Formeln.

Zurück zur nachschüssigen ewigen Rente im Einperiodenabstand. Falls der Überschuß nicht konstant g bleibt, sondern mit der Rate ω mit $0 \leq \omega < i$ pro Periode wächst, ergibt sich das sog. *Dividendenwachstumsmodell*. Zur Herleitung der Barwertformel bedarf es erneut der bekannten Summe einer geometrischen Reihe. Bei der Grenzwertbildung berücksichtige man $\omega < i$.

$$E = \sum_{t=1}^{\infty} g \cdot \frac{(1+\omega)^{t-1}}{(1+i)^t} = \frac{g}{1+i} \cdot \sum_{t=1}^{\infty} \frac{(1+\omega)^{t-1}}{(1+i)^{t-1}}$$

$$= \frac{g}{1+i} \cdot \lim_{n \to \infty} \sum_{t=1}^{n} \left(\frac{1+\omega}{1+i}\right)^{t-1} = \frac{g}{1+i} \cdot \lim_{n \to \infty} \frac{\left(\frac{1+\omega}{1+i}\right)^n - 1}{\frac{1+\omega}{1+i} - 1}$$

$$= \frac{g}{1+i} \cdot \frac{0-1}{\frac{1+\omega}{1+i} - 1} = \frac{g}{1+i} \cdot \frac{-1}{\frac{1+\omega-(1+i)}{1+i}} = \frac{g}{1+i} \cdot \frac{-(1+i)}{\omega - i}$$

$$= \frac{g}{i - \omega}.$$

Selbstverständlich ist der klassische Spezialfall der konstanten ewigen Rente auch hier enthalten; man setze die Wachstumsrate $\omega = 0$ und erhält wieder $E = g/i$.

Zum Abschluß ein Exkurs in die Geschichte der Bewertungstheorie. Alte Quellen bedienen sich zwar nicht der heutigen Diktion; sie enthalten aber bei genauerer Betrachtung nicht selten bereits genau das, was auch heute noch modern ist. So heißt es beispielsweise im Jahre 1822:

„Es habe sich daher ergeben, daß die Grube n Jahre hindurch die Ausbeute A zu liefern im Stande ist; so muß dies als eine n Jahre dauernde Rente betrachtet, und deren Kapitalwerth danach bestimmt werden. Sey derselbe gleich S, so ist nach den Regeln der Rentenrechnung, bei 5 Prozent Zinsen

$$S = 20\,A - 21 \left(\frac{20}{21}\right)^{n+1} A."\,[1]$$

Diese „barocke Formel"[2] ergibt sich aus $E = g \cdot RBF_{i,n}$ mit $E = S$, $g = A$, $i = 5\%$:

---

[1] VON OEYNHAUSEN, Kapitalwert von märkischen Steinkohlenzechen (1822), S. 315.
[2] SCHNEIDER, Investitionsgüterpreise (1998), S. 205.

1. Rentenrechnung

$$S = A \cdot RBF_{5\%, n} = A \cdot \frac{1{,}05^n - 1}{0{,}05 \cdot 1{,}05^n} = 20\,A \cdot \frac{1{,}05^n - 1}{1{,}05^n} = 20\,A \cdot \left(1 - \frac{1}{1{,}05^n}\right)$$

$$= 20\,A - \frac{20}{1{,}05^n}\,A = 20\,A - \frac{20}{\left(\frac{21}{20}\right)^n}\,A = 20\,A - 20 \cdot \left(\frac{20}{21}\right)^n A$$

$$= 20\,A - 20 \cdot \frac{21}{20} \cdot \frac{20}{21} \cdot \left(\frac{20}{21}\right)^n A$$

$$= 20\,A - 21 \cdot \left(\frac{20}{21}\right)^{n+1} A.$$

2. Grenzpreis bei Versteuerung des Veräußerungsgewinns

Gegeben sei die Bewertungssituation „Verkauf". Sofern der Grenzpreis vom Bewertungssubjekt nicht ungeschmälert vereinnahmt werden kann, weil ein etwaiger Veräußerungsgewinn in Höhe der Differenz zwischen erhaltenem Grenzpreis und steuerlichem Buchwert der Ertragsbesteuerung unterliegt, muß der Verkäufer seine Grenzpreisforderung um die (sofort fällige) Steuerzahlung erhöhen, damit er nicht nach Steuern schlechter steht als ohne den Verkauf. Der Grenzpreis p^{*s} unter Berücksichtigung der Veräußerungsgewinnsteuern hängt somit von seiner eigenen Höhe mit ab. Diese Rückbezüglichkeit läßt sich aber leicht auflösen.[1]

Wie üblich sei p^* der Grenzpreis (aus dem ZGPM) ohne Berücksichtigung der Versteuerung eines Veräußerungsgewinns, s der Steuersatz. Mit BW als steuerlichem Buchwert des Bewertungsobjekts ergibt sich der Veräußerungsgewinn als $p^{*s} - BW$ und die in $t = 0$ fällige Steuer darauf als $s \cdot (p^{*s} - BW)$. Der Grenzpreis p^{*s} muß folglich nicht allein den Entscheidungswert p^* (ohne Veräußerungsgewinnbesteuerung) vergüten, sondern zusätzlich die abzuführende Steuer mit beinhalten:

$$p^{*s} = p^* + s \cdot (p^{*s} - BW).$$

Der gesuchte Entscheidungswert p^{*s} nach allen Steuern steht auf beiden Seiten der Gleichung. Einfaches Umstellen liefert:

$$p^{*s} = \frac{p^* - s \cdot BW}{1 - s}.$$

Beispiel. Mit $p^* = 100$, $BW = 50$, $s = 60\%$ gilt:

$$p^{*s} = \frac{100 - 0{,}6 \cdot 50}{1 - 0{,}6} = 175.$$

Probe: Der Veräußerungsgewinn stellt sich auf $175 - 50 = 125$. Ans Finanzamt abzuführen ist also der Betrag $0{,}6 \cdot 125 = 75$. Um diese Summe erhöht sich demnach das Ergebnis der Unternehmensbewertung, und zwar von ursprünglich $p^* = 100$ auf den endgültigen Grenzpreis $p^{*s} = 175$. Nur wenn der Käufer mindestens 175 zahlt, verbleibt dem Verkäufer nach Zahlung der Steuern die aus dem ZGPM abgeleitete Mindestforderung 100 als finanzwirtschaftliche Kompensation für den Verkauf des Bewertungsobjekts.

---

[1] Vgl. schon MOXTER, Unternehmensbewertung (1983), S. 179 f. sowie WAMELING, Steuern (2004), S. 277 ff., OLBRICH, Unternehmungsnachfolge (2005), S. 159 f.

Literaturverzeichnis

Literaturverzeichnis

ADAM, D. (Kostenbewertung): Entscheidungsorientierte Kostenbewertung, Wiesbaden 1970.

ADAM, D. (Planung und Entscheidung): Planung und Entscheidung, 4. Aufl., Wiesbaden 1996.

ADAM, D. (Investitionscontrolling): Investitionscontrolling, 3. Aufl., München/Wien 2000.

ADAM, D., HERING, TH., JOHANNWILLE, U. (Prognosequalität): Analyse der Prognosequalität impliziter Terminzinssätze, in: ZfB, 65. Jg. (1995), S. 1405-1422.

AKERLOF, G.A. (Lemons): The Market for "Lemons": Quality Uncertainty and the Market Mechanism, in: Quarterly Journal of Economics, 84. Jg. (1970), S. 488-500.

ALBACH, H. (Investition und Liquidität): Investition und Liquidität, Wiesbaden 1962.

ALBACH, H. (Shareholder Value): Shareholder Value, Editorial in: ZfB, 64. Jg. (1994), S. 273-275.

DE ANGELO, H. (Unanimity): Competition and Unanimity, in: The American Economic Review, 71. Jg. (1981), S. 18-27.

ARBEITSKREIS „FINANZIERUNG" DER SCHMALENBACH-GESELLSCHAFT (Wertorientierte Unternehmenssteuerung): Wertorientierte Unternehmenssteuerung mit differenzierten Kapitalkosten, in: ZfbF, 48. Jg. (1996), S. 543-578.

ARBEITSKREIS „FINANZIERUNG" DER SCHMALENBACH-GESELLSCHAFT (Erwiderung): Erwiderung zu der Stellungnahme von Oliver Bärtl und Dieter Pfaff, in: ZfbF, 49. Jg. (1997), S. 379-381.

ARROW, K.J. (Securities): The Role of Securities in the Optimal Allocation of Riskbearing, in: Review of Economic Studies, 31. Jg. (1964), S. 91-96.

AULER, W. (Wirtschaftseinheit): Die Bewertung der Unternehmung als Wirtschaftseinheit, in: Welt des Kaufmanns, 8. Jg. (1926/1927), S. 41-46.

AXER, E. (Verkaufswert): Der Verkaufswert industrieller Unternehmungen unter besonderer Berücksichtigung des ideellen Firmenwerts (Goodwill), Berlin 1932.

BAETGE, J., KRAUSE, C. (Unternehmensbewertung): Die Berücksichtigung des Risikos bei der Unternehmensbewertung, in: BFuP, 46. Jg. (1994), S. 433-456.

BAETGE, J., NIEMEYER, K., KÜMMEL, J. (DCF-Verfahren): Darstellung der Discounted-Cashflow-Verfahren (DCF-Verfahren) mit Beispiel, in: PEEMÖLLER, V.H. (Hrsg.), Praxishandbuch der Unternehmensbewertung, 2. Aufl., Herne/Berlin 2002, S. 263-360.

BALLWIESER, W. (Kalkulationszinsfuß): Die Wahl des Kalkulationszinsfußes bei der Unternehmensbewertung unter Berücksichtigung von Risiko und Geldentwertung, in: BFuP, 33. Jg. (1981), S. 97-114.

BALLWIESER, W. (Komplexitätsreduktion): Unternehmensbewertung und Komplexitätsreduktion, 3. Aufl., Wiesbaden 1990.

BALLWIESER, W. (Shareholder Value): Adolf Moxter und der Shareholder Value-Ansatz, in: BALLWIESER, W. (Hrsg.), Bilanzrecht und Kapitalmarkt, Festschrift für A. Moxter, Düsseldorf 1994, S. 1377-1405.

BALLWIESER, W. (Aktuelle Aspekte): Aktuelle Aspekte der Unternehmensbewertung, in: WPg, 48. Jg. (1995), S. 119-129.

BALLWIESER, W. (Unternehmensbewertung): Unternehmensbewertung, in: GERKE, W., STEINER, M. (Hrsg.), Handwörterbuch des Bank- und Finanzwesens, 2. Aufl., Stuttgart 1995, Sp. 1867-1882.

BALLWIESER, W. (Neue Lehre?): Eine neue Lehre der Unternehmensbewertung?, in: DB, 50. Jg. (1997), S. 185-191.

BALLWIESER, W. (Marktorientierung): Unternehmensbewertung, Marktorientierung und Ertragswertverfahren, in: WAGNER, U. (Hrsg.), Zum Erkenntnisstand der Betriebswirtschaftslehre am Beginn des 21. Jahrhunderts, Festschrift für E. Loitlsberger, Berlin 2001, S. 17-31.

BALLWIESER, W. (Discounted-Cashflow-Verfahren): Verbindungen von Ertragswert- und Discounted-Cashflow-Verfahren, in: PEEMÖLLER, V.H. (Hrsg.), Praxishandbuch der Unternehmensbewertung, 2. Aufl., Herne/Berlin 2002, S. 361-373.

BALLWIESER, W. (Unternehmensbewertung): Unternehmensbewertung, Stuttgart 2004.

BAMBERG, G., COENENBERG, A.G. (Entscheidungslehre): Betriebswirtschaftliche Entscheidungslehre, 12. Aufl., München 2004.

BAMBERG, G., DORFLEITNER, G. (Schwere Ränder): Is Traditional Capital Market Theory Consistent with Fat-Tailed Log Returns?, in: ZfB, 72. Jg. (2002), S. 865-877.

BAMBERG, G., DORFLEITNER, G., KRAPP, M. (Intertemporale Abhängigkeitsstruktur): Zur Bewertung risikobehafteter Zahlungsströme mit intertemporaler Abhängigkeitsstruktur, in: BFuP, 56. Jg. (2004), S. 101-118.

BAMBERG, G., KRAPP, M. (Arbitragefreiheit): Starke und schwache Arbitragefreiheit von Finanzmärkten mit Geld-Brief-Spannen, in: GEYER-SCHULZ, A., TAUDES, A. (Hrsg.), Informationswirtschaft, Bonn 2003, S. 261-276.

BANZ, R.W., MILLER, M.H. (State-contingent Claims): Prices for State-contingent Claims: Some Estimates and Applications, in: Journal of Business, 51. Jg. (1978), S. 653-672.

BARTHEL, C.W. (Unternehmenswert 1): Unternehmenswert: Der Markt bestimmt die Bewertungsmethode, in: DB, 43. Jg. (1990), S. 1145-1152.

BARTHEL, C.W. (Unternehmenswert 2): Unternehmenswert: Die vergleichsorientierten Bewertungsverfahren, in: DB, 49. Jg. (1996), S. 149-163.

BERGER, K. (Geschäftswert): Die Berechnung des Geschäftswertes eines Unternehmens auf der Grundlage des Ertragswertes, insbesondere beim Ausscheiden eines Gesellschafters, in: Der Wirtschaftstreuhänder, 10. Jg. (1941), S. 301-304.

BERENS, W. (Heuristiken): Beurteilung von Heuristiken, Wiesbaden 1992.

BERENS, W., HOFFJAN, A. (Immobilien): Wertermittlung von Immobilien auf Basis vollständiger Finanzpläne, in: ZfbF, 47. Jg. (1995), S. 373-395.

BERENS, W., STRAUCH, J. (Unternehmensbewertungen): Unternehmensbewertungen und Due Diligence-Analysen im Rahmen strategisch motivierter Akquisitionsprozesse, in: WURL, H.-J. (Hrsg.), Industrielles Beteiligungscontrolling, Stuttgart 2003, S. 151-176.

BERLINER, M. (Wert des Geschäfts): Vergütung für den Wert des Geschäfts bei dessen Uebergang in andere Hände, Hannover/Leipzig 1913.

BERNOULLI, D. (Specimen theoriae novae): Specimen theoriae novae de mensura sortis, in: Commentarii Academiae Scientiarum Imperialis Petropolitanae (1738), S. 175-192; dt. Übersetzung von L. und P. KRUSCHWITZ in: DBW, 56. Jg. (1996), S. 733-742.

BISCHOFF, J. (Shareholder Value): Das Shareholder-Value-Konzept, Wiesbaden 1994.

BITZ, M. (Entscheidungstheorie): Entscheidungstheorie, München 1981.

BITZ, M. (Finanzdienstleistungen): Finanzdienstleistungen, 6. Aufl., München/Wien 2002.

BITZ, M., EWERT, J., TERSTEGE, U. (Investition): Investition, Wiesbaden 2002.

BLACK, F., SCHOLES, M. (Pricing of Options): The Pricing of Options and Corporate Liabilities, in: Journal of Political Economy, 81. Jg. (1973), S. 637-654.

BÖCKING, H.-J., NOWAK, K. (Typisierungsproblematik): Der Beitrag der Discounted Cash Flow-Verfahren zur Lösung der Typisierungsproblematik bei Unternehmensbewertungen, in: DB, 51. Jg. (1998), S. 685-690.

BORN, A. (Investitionsplanung): Entscheidungsmodelle zur Investitionsplanung, Wiesbaden 1976.

BÖRSIG, C. (Unternehmenswert): Unternehmenswert und Unternehmensbewertung, in: ZfbF, 45. Jg. (1993), S. 79-91.

BRANDTS, R. (Bewertung): Die Bewertung von Steinkohlenbergwerken mit Hilfe neuzeitlicher Betriebsuntersuchungen, Diss. Technische Hochschule Breslau 1934.

BREALEY, R.A., MYERS, S.C. (Corporate Finance): Principles of Corporate Finance, 4. Aufl., New York u.a. 1991.

BREMER, J.-G. (Unternehmensbewertung): Die schematisierte Unternehmensbewertung bei mittelständischen Unternehmen, in: RIEPER, B., WITTE, TH., BERENS, W. (Hrsg.), Betriebswirtschaftliches Controlling, Festschrift für D. Adam, Wiesbaden 1996, S. 49-76.

BRETZKE, W.-R. (Prognoseproblem): Das Prognoseproblem bei der Unternehmungsbewertung, Düsseldorf 1975.

BRETZKE, W.-R. (Risiken): Risiken in der Unternehmungsbewertung, in: ZfbF, 40. Jg. (1988), S. 813-823.

BRETZKE, W.-R. (Unternehmungsbewertung): Unternehmungsbewertung in dynamischen Märkten, in: BFuP, 45. Jg. (1993), S. 39-45.

BREUER, W. (Marktwertmaximierung): Die Marktwertmaximierung als finanzwirtschaftliche Entscheidungsregel, in: WiSt, 26. Jg. (1997), S. 222-226.

BREUER, W. (Unternehmensbewertung): Unternehmensbewertung: Equity-, Entity- und APV-Ansatz, in: WISU, 30. Jg. (2001), S. 1511-1515.

BRINKMANN, G. (Wissenschaftstheorie): Analytische Wissenschaftstheorie, 3. Aufl., München/Wien 1997.

BRÖSEL, G. (Medienrechtsbewertung): Medienrechtsbewertung, Wiesbaden 2002.

BRÖSEL, G. (Filmrechte): Zur Bewertung von Film- und Übertragungsrechten aus der Sicht öffentlich-rechtlicher Fernsehveranstalter, in: ZögU, 26. Jg. (2003), S. 1-18.

BRÖSEL, G. (Übertragungsrechte): Bewertung von Sportübertragungsrechten, in: BRÖSEL, G., KEUPER, F. (Hrsg.), Medienmanagement, München/Wien 2003, S. 237-258.

BRÖSEL, G. (Unternehmenswerte): Objektiv gibt es nur subjektive Unternehmenswerte, in: UM, 1. Jg. (2003), S. 130-134.

BRÖSEL, G. (Argumentationsfunktion): Die Argumentationsfunktion in der Unternehmensbewertung – „Rotes Tuch" oder „Blaues Band" für Wirtschaftsprüfer?, in: BRÖSEL, G., KASPERZAK, R. (Hrsg.), Internationale Rechnungslegung, Prüfung und Analyse, München/Wien 2004, S. 515-523.

BRÖSEL, G., MATSCHKE, M.J. (KMU): Zur Ermittlung des Entscheidungswertes kleiner und mittlerer Unternehmen, in: IGA, 52. Jg. (2004), S. 49-67.

BÜHNER, R. (Shareholder Value): Shareholder Value, in: DBW, 53. Jg. (1993), S. 749-769.

BÜHNER, R. (Unternehmenssteuerung 1): Kapitalmarktorientierte Unternehmenssteuerung – Aktionärsorientierte Unternehmensführung, in: WiSt, 25. Jg. (1996), S. 334-338.

BÜHNER, R. (Unternehmenssteuerung 2): Kapitalmarktorientierte Unternehmenssteuerung – Grundidee und Varianten des Shareholder Value, in: WiSt, 25. Jg. (1996), S. 392-396.

BURCHERT, H., HERING, TH., HOFFJAN, A. (Mittelstand): Finanzwirtschaftliche Probleme mittelständischer Unternehmen, in: BFuP, 50. Jg. (1998), S. 241-262.

BUSSE VON COLBE, W. (Zukunftserfolg): Der Zukunftserfolg, Wiesbaden 1957.

BUSSE VON COLBE, W. (Unternehmensführung): Das Rechnungswesen im Dienste einer kapitalmarktorientierten Unternehmensführung, in: WPg, 48. Jg. (1995), S. 713-720.

BYSIKIEWICZ, M., MATSCHKE, M.J., BRÖSEL, G. (Spaltung): Einige grundsätzliche Bemerkungen zur Entscheidungswertermittlung im Rahmen der Konfliktsituation vom Typ der Spaltung, Wirtschaftswissenschaftliche Diskussionspapiere der Rechts- und Staatswissenschaftlichen Fakultät der Ernst-Moritz-Arndt-Universität Greifswald, Nr. 2/2005, Greifswald 2005.

CASEY, CH. (Roll Back): Neue Aspekte des Roll Back-Verfahrens in der Unternehmensbewertung, in: ZfB, 74. Jg. (2004), S. 139-163.

COENENBERG, A.G. (Monte-Carlo-Simulation): Unternehmungsbewertung mit Hilfe der Monte-Carlo-Simulation, in: ZfB, 40. Jg. (1970), S. 793-804.

COENENBERG, A.G. (Unternehmensbewertung): Unternehmensbewertung aus der Sicht der Hochschule, in: BUSSE VON COLBE, W., COENENBERG, A.G. (Hrsg.), Unternehmensakquisition und Unternehmensbewertung, Stuttgart 1992, S. 89-108.

COENENBERG, A.G., SAUTTER, M.T. (Unternehmensakquisitionen): Strategische und finanzielle Bewertung von Unternehmensakquisitionen, in: DBW, 48. Jg. (1988), S. 691-710.

COENENBERG, A.G., SCHULTZE, W. (Discounted Cash Flow): Unternehmensbewertung anhand von Entnahme- oder Einzahlungsüberschüssen: Die Discounted Cash Flow-Methode, in: MATSCHKE, M.J., SCHILDBACH, TH. (Hrsg.), Unternehmensberatung und Wirtschaftsprüfung, Festschrift für G. Sieben, Stuttgart 1998, S. 269-299.

COLLATZ, L., WETTERLING, W. (Optimierungsaufgaben): Optimierungsaufgaben, 2. Aufl., Berlin/Heidelberg/New York 1971.

COPELAND, TH.E., KOLLER, T., MURRIN, J. (Unternehmenswert): Unternehmenswert, 2. Aufl., Frankfurt am Main/New York 1998.

COPELAND, TH.E., KOLLER, T., MURRIN, J. (Valuation): Valuation: Measuring and Managing the Value of Companies, 3. Aufl., Neuyork 2000.

COPELAND, TH.E., WESTON, J.F. (Financial Theory): Financial Theory and Corporate Policy, 3. Aufl., Reading u.a. 1988.

CORSTEN, H., CORSTEN, H., SARTOR, C. (Operations Research): Operations Research, München 2005.

COX, J.C., ROSS, S.A., RUBINSTEIN, M. (Option Pricing): Option Pricing: A Simplified Approach, in: Journal of Financial Economics, 7. Jg. (1979), S. 229-263.

DANTZIG, G.B. (Lineare Programmierung): Lineare Programmierung und Erweiterungen, Berlin/Heidelberg/Neuyork 1966.

DEAN, J. (Capital Budgeting): Capital Budgeting, 8. Aufl., New York/London 1969.

DEBREU, G. (Theory of Value): Theory of Value, New Haven/London 1959.

DERMODY, J.C., ROCKAFELLAR, R.T. (Cash Stream Valuation): Cash Stream Valuation in the Face of Transaction Costs and Taxes, in: Mathematical Finance, 1. Jg. (1991), S. 31-54.

DINKELBACH, W. (Sensitivitätsanalysen): Sensitivitätsanalysen und parametrische Programmierung, Berlin/Heidelberg/Neuyork 1969.

DIRRIGL, H. (Bewertung von Beteiligungen): Die Bewertung von Beteiligungen an Kapitalgesellschaften, Hamburg 1988.

DIRRIGL, H. (Strategische Unternehmensbewertung): Konzepte, Anwendungsbereiche und Grenzen einer strategischen Unternehmensbewertung, in: BFuP, 46. Jg. (1994), S. 409-432.

DIXIT, A.K., PINDYCK, R.S. (Investment): Investment under Uncertainty, Princeton 1994.

DRUKARCZYK, J. (Konsumpräferenz): Investitionstheorie und Konsumpräferenz, Berlin 1970.

DRUKARCZYK, J. (Finanzierung): Theorie und Politik der Finanzierung, 2. Aufl., München 1993.

DRUKARCZYK, J. (DCF-Methoden): DCF-Methoden und Ertragswertmethode – einige klärende Anmerkungen, in: WPg, 48. Jg. (1995), S. 329-334.

DRUKARCZYK, J. (Unternehmensbewertung): Unternehmensbewertung, 4. Aufl., München 2003.

DRUKARCZYK, J., RICHTER, F. (APV-Ansatz): Unternehmensgesamtwert, anteilseignerorientierte Finanzentscheidungen und APV-Ansatz, in: DBW, 55. Jg. (1995), S. 559-580.

DUFFIE, D. (Dynamic Asset Pricing): Dynamic Asset Pricing Theory, 2. Aufl., Princeton 1996.

ELLINGER, TH., BEUERMANN, G., LEISTEN, R. (OR): Operations Research, 5. Aufl., Berlin u.a. 2001.

ENGELS, W. (Bewertungslehre): Betriebswirtschaftliche Bewertungslehre im Licht der Entscheidungstheorie, Köln/Opladen 1962.

ESSLER, W., KRUSCHWITZ, L., LÖFFLER, A. (Bilanzielle Verschuldung): Zur Anwendung des WACC-Verfahrens bei vorgegebener bilanzieller Verschuldung, in: BFuP, 56. Jg. (2004), S. 134-147.

EWERT, R. (Kapitalmarkt): Fixkosten, Kapitalmarkt und (kurzfristig wirksame) Entscheidungsrechnungen bei Risiko, in: BFuP, 48. Jg. (1996), S. 528-555.

FAMA, E.F. (Risk-Adjusted Discount Rates): Risk-Adjusted Discount Rates and Capital Budgeting under Uncertainty, in: Journal of Financial Economics, 5. Jg. (1977), S. 3-24.

FAMA, E.F., FRENCH, K.R. (Stock Returns): The Cross-Section of Expected Stock Returns, in: JoF, 47. Jg. (1992), S. 427-465.

FARKAS, J. (Ungleichungen): Theorie der einfachen Ungleichungen, in: Journal für die reine und angewandte Mathematik, Bd. 124 (1902), S. 1-27.

FAUSTMANN, M. (Wert): Berechnung des Werthes, welchen Waldboden, sowie noch nicht haubare Holzbestände für die Waldwirthschaft besitzen, in: Allgemeine Forst- und Jagd-Zeitung, 15. Jg. (1849), S. 441-455.

FAUSTMANN, M. (Geldwert): Wie berechnet man den Geldwerth junger, noch nicht haubarer Holzbestände, oder überhaupt den Produktionswerth eines Holzbestandes?, in: Allgemeine Forst- und Jagd-Zeitung, 20. Jg. (1854), S. 81-86.

FISCHER, G. (Lineare Algebra): Lineare Algebra, 9. Aufl., Braunschweig 1986.

FISCHER-WINKELMANN, W.F. (IDW S 1): IDW Standard: Grundsätze zur Durchführung von Unternehmensbewertungen (IDW S 1) – in aere aedificatus!, in: FISCHER-WINKELMANN, W.F. (Hrsg.), MC – Management-Consulting & Controlling, Hamburg 2003, S. 79-162.

FISHER, I. (Theory of Interest): The Theory of Interest, New York 1930.

FRANKE, G., HAX, H. (Finanzwirtschaft): Finanzwirtschaft des Unternehmens und Kapitalmarkt, 5. Aufl., Berlin u.a. 2004.

FRANKE, G., LAUX, H. (Kalkulationszinsfüße): Die Ermittlung der Kalkulationszinsfüße für investitionstheoretische Partialmodelle, in: ZfbF, 20. Jg. (1968), S. 740-759.

FREYBERG, M. (Wertbestimmungen): Die Wertbestimmungen von Bergwerken, in: Braunkohle, 6. Jg. (1907), S. 73-81.

FUNK, J. (Unternehmensbewertung): Aspekte der Unternehmensbewertung in der Praxis, in: ZfbF, 47. Jg. (1995), S. 491-514.

GAL, T. (Sensitivitätsanalyse): Betriebliche Entscheidungsprobleme, Sensitivitätsanalyse und Parametrische Programmierung, Berlin/New York 1973.

GARMAN, M.B., OHLSON, J.A. (Valuation of Risky Assets): Valuation of Risky Assets in Arbitrage-free Economies with Transactions Costs, in: Journal of Financial Economics, 9. Jg. (1981), S. 271-280.

GERKE, W., GARZ, H., OERKE, M. (Unternehmensübernahmen): Die Bewertung von Unternehmensübernahmen auf dem deutschen Aktienmarkt, in: ZfbF, 47. Jg. (1995), S. 805-820.

GERTHSEN, CH., VOGEL, H. (Physik): Gerthsen Physik, 19. Aufl., Berlin u.a. 1997.

GILLES, CH., LEROY, S.F. (Arbitrage Pricing Theory): On the Arbitrage Pricing Theory, in: Economic Theory, 1. Jg. (1991), S. 213-229.

GISCHER, H. (Terminzinsen): Der Erklärungsgehalt impliziter Terminzinsen – Ergänzungen zu Adam, Hering und Johannwille, in: ZfB, 68. Jg. (1998), S. 71-82.

GOMEZ, P. (Shareholder Value): Shareholder Value, in: GERKE, W., STEINER, M. (Hrsg.), Handwörterbuch des Bank- und Finanzwesens, 2. Aufl., Stuttgart 1995, Sp. 1720-1728.

GOSSEN, H.H. (Gesetze): Entwickelung der Gesetze des menschlichen Verkehrs, und der daraus fließenden Regeln für menschliches Handeln, Braunschweig 1854.

GÖTZE, U. (Szenario-Technik): Szenario-Technik in der strategischen Unternehmensplanung, 2. Aufl., Wiesbaden 1993.

GREEN, R.C., SRIVASTAVA, S. (Arbitrage): Risk Aversion and Arbitrage, in: JoF, 40. Jg. (1985), S. 257-268.

GROB, H.L. (Mischzinsfüße): Periodenspezifische Mischzinsfüße als theoretisch richtige Kalkulationszinsfüße, in: ZfB, 52. Jg. (1982), S. 381-395.

GROB, H.L., LANGENKÄMPER, CH., WIEDING, A. (VOFI): Unternehmensbewertung mit VOFI, in: ZfbF, 51. Jg. (1999), S. 454-479.

GÜNTHER, TH. (Controlling): Unternehmenswertorientiertes Controlling, München 1997.

GUTENBERG, E. (Die Produktion): Grundlagen der Betriebswirtschaftslehre, Erster Band: Die Produktion, 24. Aufl., Berlin/Heidelberg/New York 1983.

HACHMEISTER, D. (Discounted-Cash-Flow-Verfahren): Die Abbildung der Finanzierung im Rahmen verschiedener Discounted Cash Flow-Verfahren, in: ZfbF, 48. Jg. (1996), S. 251-277.

HACHMEISTER, D. (Unternehmenswert): Der Discounted Cash Flow als Unternehmenswert, in: WISU, 25. Jg. (1996), S. 357-366.

HACHMEISTER, D. (Discounted Cash Flow): Der Discounted Cash Flow als Maß der Unternehmenswertsteigerung, 4. Aufl., Frankfurt am Main u.a. 2000.

HANSSMANN, F. (Wertorientiertes Management): Wertorientiertes strategisches Management – eine Revolution?, in: Strategische Planung, 4. Jg. (1988), S. 1-10.

HARRER, H. (Unsicherheitsmoment): Das Unsicherheitsmoment beim Ertragswert, in: DB, 9. Jg. (1956), S. 309-311.

HAX, H. (Investitions- und Finanzplanung): Investitions- und Finanzplanung mit Hilfe der linearen Programmierung, in: ZfbF, 16. Jg. (1964), S. 430-446.

HAX, H. (Investitionstheorie): Investitionstheorie, 5. Aufl., Würzburg/Wien 1985.

HAX, H., NEUS, W. (Kapitalmarktmodelle): Kapitalmarktmodelle, in: GERKE, W., STEINER, M. (Hrsg.), Handwörterbuch des Bank- und Finanzwesens, 2. Aufl., Stuttgart 1995, Sp. 1165-1178.

HEISENBERG, W. (Der Teil und das Ganze): Der Teil und das Ganze, München 1969.

HELLWIG, K. (Partialmodelle): Die Lösung ganzzahliger investitionstheoretischer Totalmodelle durch Partialmodelle, Mathematical Systems in Economics, Hrsg. G. BAMBERG u.a., Heft 4, Meisenheim am Glan 1973.

HELLWIG, K. (Bewertung): Bewertung von Ressourcen, Heidelberg 1987.

HELLWIG, K. (Portfolioplanung): Renditeorientierte Portfolioplanung, in: ZfB, 63. Jg. (1993), S. 89-98.

HENSELMANN, K. (Unternehmenswert): Unternehmensrechnungen und Unternehmenswert, Aachen 1999.

HERING, TH. (Formeln): Rekursive und nicht-rekursive Formeln für einen Spezialfall arbitragefreier Bewertung, in: RIEPER, B., WITTE, TH., BERENS, W. (Hrsg.), Betriebswirtschaftliches Controlling, Festschrift für D. Adam, Wiesbaden 1996, S. 97-113.

HERING, TH. (Zinsfreibetrag): Steuerlicher Zinsfreibetrag und Finanzierungsentscheidungen – Eine Anwendung der Lenkpreistheorie, in: WiSt, 27. Jg. (1998), S. 111-115.

HERING, TH. (Arbitragefreiheit): Arbitragefreiheit und Investitionstheorie, in: DBW, 58. Jg. (1998), S. 166-175.

HERING, TH. (Unternehmensbewertung): Finanzwirtschaftliche Unternehmensbewertung, Wiesbaden 1999 (Erstauflage dieses Buches).

HERING, TH. (ZGPM): Das allgemeine Zustands-Grenzpreismodell zur Bewertung von Unternehmen und anderen unsicheren Zahlungsströmen, in: DBW, 60. Jg. (2000), S. 362-378.

HERING, TH. (Konzeptionen): Konzeptionen der Unternehmensbewertung und ihre Eignung für mittelständische Unternehmen, in: BFuP, 52. Jg. (2000), S. 433-453.

HERING, TH. (Produktionsfaktoren): Bewertung von Produktionsfaktoren, in: KEUPER, F. (Hrsg.), Produktion und Controlling, Festschrift für M. Layer, Wiesbaden 2002, S. 57-81.

HERING, TH. (Investition und Unternehmensbewertung): Investition und Unternehmensbewertung, in: KRAG, J. (Hrsg.), Betriebswirtschaft, Wirtschaftsprüfer-Kompendium, Bd. 2, Bielefeld 2002, Kennzahlen 2500 (S. 1-81) und 2950 (S. 1-2).

HERING, TH. (Investitionstheorie): Investitionstheorie, 2. Aufl., München/Wien 2003.

HERING, TH. (IDW-S1): Unternehmensbewertung mit DCF-Verfahren gemäß IDW-S1, in: BRÖSEL, G., KASPERZAK, R. (Hrsg.), Internationale Rechnungslegung, Prüfung und Analyse, München/Wien 2004, S. 510-514.

HERING, TH. (Fusion): Der Entscheidungswert bei der Fusion, in: BFuP, 56. Jg. (2004), S. 148-165.

HERING, TH. (Quo vadis?): *Quo vadis* Bewertungstheorie?, in: BURKHARDT, TH., KÖRNERT, J., WALTHER, U. (Hrsg.), Banken, Finanzierung und Unternehmensführung, Festschrift für K. Lohmann, Berlin 2004, S. 105-122.

HERING, TH. (Atmende Finanzierung): Betriebswirtschaftliche Anmerkungen zur „Unternehmensbewertung bei atmender Finanzierung und Insolvenzrisiko", in: DBW, 65. Jg. (2005), S. 197-199.

HERING, TH. (Wachstumsfinanzierung): Grenzpreisermittlung für die Wachstumsfinanzierung mit Wagniskapital, in: BÖRNER, CH.J., GRICHNIK, D. (Hrsg.), Entrepreneurial Finance, Heidelberg 2005, S. 179-192.

HERING, TH., BRÖSEL, G. (Argumentationswert): Der Argumentationswert als „blinder Passagier" im IDW-S1 – Kritik und Abhilfe, in: WPg, 57. Jg. (2004), S. 936-942.

HERING, TH., OLBRICH, M. (Mehrstimmrechte): Zur Bewertung von Mehrstimmrechten, in: ZfbF, 53. Jg. (2001), S. 20-38.

HERING, TH., OLBRICH, M. (Abfindung): Zur Bemessung der Abfindung nach § 5 EGAktG, in: WPg, 54. Jg. (2001), S. 809-815.

HERING, TH., OLBRICH, M. (Aktionärsabfindung): Aktionärsabfindung und allgemeines Geschäftsrisiko, in: ZfbF, 53. Jg. (2001), S. 726-727.

HERING, TH., OLBRICH, M. (Börsengang): Einige grundsätzliche Bemerkungen zum Bewertungsproblem beim Börsengang junger Unternehmen, in: ZfB, 72. Jg. (2002), Ergänzungsheft 5, S. 147-161.

HERING, TH., OLBRICH, M. (Siemens): Der Wert der Mehrstimmrechte und der Fall „Siemens", in: ZIP, 24. Jg. (2003), S. 104-106.

HERING, TH., OLBRICH, M. (Unternehmensnachfolge): Unternehmensnachfolge, München/Wien 2003.

HERING, TH., OLBRICH, M. (Entschädigung): Wert, Preis und Entschädigung der Mehrstimmrechte, in: BB, 58. Jg. (2003), S. 1519-1520.

HERING, TH., OLBRICH, M. (Unsicherheitsproblem): Bewertung von Mehrstimmrechten: Zum Unsicherheitsproblem bei der Entschädigung nach § 5 EGAktG, in: DStR, 41. Jg. (2003), S. 1579-1582.

HERING, TH., OLBRICH, M. (Beteiligungen): Der Ansatz des „fair value" bei der Bilanzierung von Beteiligungen nach IAS 39 und seine Konsequenzen für das Beteiligungscontrolling, in: LITTKEMANN, J., ZÜNDORF, H. (Hrsg.), Beteiligungscontrolling, Herne/Berlin 2004, S. 707-720.

HERING, TH., OLBRICH, M., STEINRÜCKE, M. (Internet Companies): Valuation of Start-up Internet Companies, in: IJTM, 28. Jg. (2006), im Druck.

HERING, TH., VINCENTI, A.J.F. (Wertorientiertes Controlling): Investitions- und finanzierungstheoretische Grundlagen des wertorientierten Controllings, in: SCHERM, E., PIETSCH, G. (Hrsg.), Controlling, München 2004, S. 341-363.

HERTER, R.N. (Optionen): Berücksichtigung von Optionen bei der Bewertung strategischer Investitionen, in: Controlling, 4. Jg. (1992), S. 320-327.

HERTZ, D.B. (Risk Analysis): Risk Analysis in Capital Investment, in: Harvard Business Review, 42. Jg. (1964), S. 95-106.

HESPOS, R.F., STRASSMANN, P.A. (Stochastic Decision Trees): Stochastic Decision Trees for the Analysis of Investment Decisions, in: MS, Bd. 11 (1965), S. B-244 bis B-259.

HINTERHUBER, H.H. (Wettbewerbsstrategie): Wettbewerbsstrategie, 2. Aufl., Berlin/New York 1990.

HIRIGOYEN, G., DEGOS, J.-G. (Évaluation): Évaluation des sociétés et de leurs titres, Paris 1988.

HIRSHLEIFER, J. (Optimal Investment Decision): On the Theory of Optimal Investment Decision, in: Journal of Political Economy, 66. Jg. (1958), S. 329-352.

HIRTH, H. (Marktmikrostruktur): Zur Theorie der Marktmikrostruktur, Stuttgart 2000.

HIRTH, H. (Finanzierung und Investition): Grundzüge der Finanzierung und Investition, München/Wien 2005.

HIRTH, H., WALTER, A. (Imitation): Investition, Imitation und Reputation, in: BFuP, 54. Jg. (2002), S. 35-47.

HUPE, M., RITTER, G. (Risikoadjustierte Kalkulationszinsfüße): Der Einsatz risikoadjustierter Kalkulationszinsfüße bei Investitionsentscheidungen – theoretische Grundlagen und empirische Untersuchung, in: BFuP, 49. Jg. (1997), S. 593-612.

INSTITUT DER WIRTSCHAFTSPRÜFER (HFA 2): Stellungnahme HFA 2/1983: Grundsätze zur Durchführung von Unternehmensbewertungen, in: WPg, 36. Jg. (1983), S. 468-480.

INSTITUT DER WIRTSCHAFTSPRÜFER (IDW-S1): IDW Standard: Grundsätze zur Durchführung von Unternehmensbewertungen (IDW S 1), in: WPg, 53. Jg. (2000), S. 825-842.

JAENSCH, G. (Wert und Preis): Wert und Preis der ganzen Unternehmung, Köln/Opladen 1966.

JAENSCH, G. (Unternehmungsbewertung): Ein einfaches Modell der Unternehmungsbewertung ohne Kalkulationszinsfuß, in: ZfbF, 18. Jg. (1966), S. 660-679.

KÄFER, K. (Bewertung der Unternehmung): Zur Bewertung der Unternehmung, Nachdruck von Aufsätzen aus den Jahren 1946-1973 zum 98. Geburtstag des Autors, Hrsg. C. HELBLING, Schriftenreihe der Treuhand-Kammer, Bd. 136, Zürich 1996.

KALL, P. (Operations Research): Mathematische Methoden des Operations Research, Stuttgart 1976.

KANT, I. (Kritik der reinen Vernunft): Critik der reinen Vernunft, 1. Aufl., Riga 1781.

KANT, I. (Grundlegung zur Metaphysik der Sitten): Grundlegung zur Metaphysik der Sitten, 1. Aufl., Riga 1785.

KANT, I. (Kritik der praktischen Vernunft): Critik der practischen Vernunft, Riga 1788.

KANT, I. (Kritik der Urteilskraft): Critik der Urtheilskraft, 1. Aufl., Berlin/Libau 1790.

KASPERZAK, R. (Unternehmensbewertung): Unternehmensbewertung, Kapitalmarktgleichgewichtstheorie und Komplexitätsreduktion, in: BFuP, 52. Jg. (2000), S. 466-477.

KEIFER, R. (Kalkulationszinsfuß): Der Kalkulationszinsfuß und investitionstheoretische Entscheidungsmodelle, Diss. Mannheim 1970.

KEPPE, H.-J., WEBER, M. (Risikoanalyse): Risikoanalyse bei partieller Wahrscheinlichkeitsinformation, in: DBW, 53. Jg. (1993), S. 49-56.

KEUPER, F. (Unternehmensbewertung): Unscharfe, kapitalwertbasierte Verfahren zur Unternehmensbewertung, in: ZfB, 72. Jg. (2002), S. 457-476.

KIESER, A. (Moden und Mythen): Moden & Mythen des Organisierens, in: DBW, 56. Jg. (1996), S. 21-39.

KIRSCH, H.-J., KRAUSE, C. (Kritische Überlegungen): Kritische Überlegungen zur Discounted Cash Flow-Methode, in: ZfB, 66. Jg. (1996), S. 793-812.

KLINGELHÖFER, H.E. (Entsorgung): Betriebliche Entsorgung und Produktion, Wiesbaden 2000.

KLINGELHÖFER, H.E. (Umweltschutzinvestitionen): Finanzwirtschaftliche Bewertung von Umweltschutzinvestitionen, Habilitationsschrift Greifswald 2004.

KLINK, N. (Anleihenbewertung): Anleihenbewertung auf unvollkommenen Kapitalmärkten, Wiesbaden 1997.

KOCH, H. (Integrierte Unternehmensplanung): Integrierte Unternehmensplanung, Wiesbaden 1982.

KOLB, G. (Grenznutzenlehre): Die Grenznutzenlehre, in: WISU, 30. Jg. (2001), S. 1103-1106.

Literaturverzeichnis

KOLBERG, F. (Optimierungstheorie): Hilfsblatt 4 zur Optimierungstheorie, Münster 1992.

KÖNIG, W., ZEIDLER, G.W. (Steuern): Die Behandlung von Steuern bei der Unternehmensbewertung, in: DStR, 34. Jg. (1996), S. 1098-1103.

KOSFELD, R. (Kapitalmarktmodelle): Kapitalmarktmodelle und Aktienbewertung, Wiesbaden 1996.

KRAG, J. (Ungewißheit): Die Berücksichtigung der Ungewißheit in der Unternehmungsbewertung mit Hilfe eines modifizierten Ertragswertkalküls, in: ZfB, 48. Jg. (1978), S. 439-451.

KRAG, J., KASPERZAK, R. (Unternehmensbewertung): Grundzüge der Unternehmensbewertung, München 2000.

KREKÓ, B. (Lineare Optimierung): Lehrbuch der linearen Optimierung, 6. Aufl., Berlin 1973.

KREUTZ, W. (Wertschätzung): Wertschätzung von Bergwerken, Köln 1909.

KROMSCHRÖDER, B. (Unternehmungsbewertung und Kapitalstruktur): Unternehmungsbewertung, Risikopräferenz und optimale Kapitalstruktur, in: ZfbF, 25. Jg. (1973), S. 453-480.

KROMSCHRÖDER, B. (Unternehmungsbewertung und Risiko): Unternehmungsbewertung und Risiko, Berlin/Heidelberg/New York 1979.

KRUSCHWITZ, L. (Investitionsrechnung): Investitionsrechnung, 9. Aufl., München/Wien 2003.

KRUSCHWITZ, L. (Finanzierung): Finanzierung und Investition, 4. Aufl., München/Wien 2004.

KRUSCHWITZ, L., LÖFFLER, A. (APT): Ross' APT ist gescheitert. Was nun?, in: ZfbF, 49. Jg. (1997), S. 644-651.

KRUSCHWITZ, L., LÖFFLER, A. (Mors certa): Mors certa, hora incerta, in: ZfbF, 49. Jg. (1997), S. 1089-1090.

KRUSCHWITZ, L., LÖFFLER, A. (Mißverständnisse): Fünf typische Mißverständnisse im Zusammenhang mit DCF-Verfahren, in: FB, 5. Jg. (2003), S. 731-733.

KRUSCHWITZ, L., MILDE, H. (Kapitalkosten): Geschäftsrisiko, Finanzierungsrisiko und Kapitalkosten, in: ZfbF, 48. Jg. (1996), S. 1115-1133.

LAUX, CH. (Handlungsspielräume): Handlungsspielräume im Leistungsbereich des Unternehmens: Eine Anwendung der Optionspreistheorie, in: ZfbF, 45. Jg. (1993), S. 933-958.

LAUX, H. (Unternehmensbewertung): Unternehmensbewertung bei Unsicherheit, in: ZfB, 41. Jg. (1971), S. 525-540.

LAUX, H. (Unternehmensrechnung): Unternehmensrechnung, Anreiz und Kontrolle, 3. Aufl., Berlin/Heidelberg/New York 2006.

LAUX, H., FRANKE, G. (Bewertung von Unternehmungen): Zum Problem der Bewertung von Unternehmungen und anderen Investitionsgütern, in: Unternehmensforschung, 13. Jg. (1969), S. 205-223.

LAUX, H., FRANKE, G. (Ganzzahligkeitsbedingungen): Das Versagen der Kapitalwertmethode bei Ganzzahligkeitsbedingungen, in: ZfbF, 22. Jg. (1970), S. 517-527.

LEUTHIER, R. (Interdependenzproblem): Das Interdependenzproblem bei der Unternehmensbewertung, Frankfurt am Main u.a. 1988.

LIEBERMANN, B. (Ertragswert): Der Ertragswert der Unternehmung, Diss. Frankfurt am Main 1923.

LIEBLER, H. (Strategische Optionen): Strategische Optionen, Konstanz 1996.

LINTNER, J. (Valuation of Risk Assets): The Valuation of Risk Assets and the Selection of Risky Investments in Stock Portfolios and Capital Budgets, in: The Review of Economics and Statistics, 47. Jg. (1965), S. 13-37.

LÖHR, D. (Ertragswertverfahren): Die Grenzen des Ertragswertverfahrens, Frankfurt am Main u.a. 1993.

LOISTL, O. (Kapitalmarkttheorie): Kapitalmarkttheorie, 3. Aufl., München/Wien 1994.

LÜCKE, W. (Investitionsrechnungen): Investitionsrechnungen auf der Grundlage von Ausgaben oder Kosten?, in: ZfhF, 7. Jg. (1955), S. 310-324.

LUTTER, M., DRYGALA, T. (Rechtsfragen): Rechtsfragen beim Gang an die Börse, in: SCHMIDT, K., SCHWARK, E. (Hrsg.), Unternehmen, Recht und Wirtschaftsordnung, Festschrift für P. Raisch, Köln u.a. 1995, S. 239-253.

MANDL, G., RABEL, K. (Unternehmensbewertung): Unternehmensbewertung, Wien 1997.

VON MANSTEIN, E. (Verlorene Siege): Verlorene Siege, 12. Aufl., Bonn 1991.

MARKOWITZ, H. (Portfolio Selection): Portfolio Selection, in: JoF, 7. Jg. (1952), S. 77-91.

MATSCHKE, M.J. (Bewertung): Die Bewertung der Unternehmung aus entscheidungstheoretischer Sicht, Köln 1968 (unveröffentlichte Diplomarbeit).

MATSCHKE, M.J. (Kompromiß): Der Kompromiß als betriebswirtschaftliches Problem bei der Preisfestsetzung eines Gutachters im Rahmen der Unternehmungsbewertung, in: ZfbF, 21. Jg. (1969), S. 57-77.

MATSCHKE, M.J. (Gesamtwert): Der Gesamtwert der Unternehmung als Entscheidungswert, in: BFuP, 24. Jg. (1972), S. 146-161.

MATSCHKE, M.J. (Entscheidungswert): Der Entscheidungswert der Unternehmung, Wiesbaden 1975.

MATSCHKE, M.J. (Argumentationswert): Der Argumentationswert der Unternehmung – Unternehmungsbewertung als Instrument der Beeinflussung in der Verhandlung, in: BFuP, 28. Jg. (1976), S. 517-524.

MATSCHKE, M.J. (Arbitriumwert): Funktionale Unternehmungsbewertung, Bd. II: Der Arbitriumwert der Unternehmung, Wiesbaden 1979.

MATSCHKE, M.J. (Finanzierung): Finanzierung der Unternehmung, Herne/Berlin 1991.

MATSCHKE, M.J. (Mehrdimensionale Entscheidungswerte): Einige grundsätzliche Bemerkungen zur Ermittlung mehrdimensionaler Entscheidungswerte der Unternehmung, in: BFuP, 45. Jg. (1993), S. 1-24.

MATSCHKE, M.J. (Lenkungspreise): Lenkungspreise, in: WITTMANN, W. u.a. (Hrsg.), Handwörterbuch der Betriebswirtschaft, Bd. 2, 5. Aufl., Stuttgart 1993, Sp. 2581-2594.

MATSCHKE, M.J. (Investitionsplanung): Investitionsplanung und Investitionskontrolle, Herne/Berlin 1993.

MATSCHKE, M.J., BRÖSEL, G. (Basel II): Die Bewertung kleiner und mittlerer Unternehmungen mit dem Zustands-Grenzpreismodell unter besonderer Berücksichtigung möglicher Folgen von „Basel II", in: *MEYER, J.-A.* (Hrsg.), Unternehmensbewertung und Basel II in kleinen und mittleren Unternehmen, Lohmar/Köln 2003, S. 157-181.

MATSCHKE, M.J., BRÖSEL, G. (Unternehmensbewertung): Unternehmensbewertung, Wiesbaden 2005.

MATSCHKE, M.J., HERING, TH. (Unendliche Probleme): Unendliche Probleme bei der Unternehmensbewertung?, in: DB, 52. Jg. (1999), S. 920-922.

MATSCHKE, M.J., HERING, TH., KLINGELHÖFER, H.E. (Finanzplanung): Finanzanalyse und Finanzplanung, München/Wien 2002.

MATSCHKE, M.J., WITT, C. (Sparkassen): Entscheidungswertermittlung bei der Vereinigung öffentlich-rechtlicher Sparkassen, in: *BURKHARDT, TH., KÖRNERT, J., WALTHER, U.* (Hrsg.), Banken, Finanzierung und Unternehmensführung, Festschrift für K. Lohmann, Berlin 2004, S. 249-271.

MELLEROWICZ, K. (Wert der Unternehmung): Der Wert der Unternehmung als Ganzes, Essen 1952.

MENGER, C. (Volkswirtschaftslehre): Grundsätze der Volkswirtschaftslehre, 2. Aufl., Wien 1923 (1. Aufl.: Grundsätze der Volkswirthschaftslehre, Wien 1871).

MILES, J.A., EZZELL, J.R. (Clarification): The Weighted Average Cost of Capital, Perfect Capital Markets, and Project Life: A Clarification, in: Journal of Financial and Quantitative Analysis, 15. Jg. (1980), S. 719-730.

MIRRE, L. (Ertragswert): Gemeiner Wert und Ertragswert, in: Zeitschrift des Deutschen Notarvereins, 13. Jg. (1913), S. 155-176.

MIRSCHEL, S., KLINGELHÖFER, H.E., LERM, M. (Stimmrechtsänderungen): Bewertung von Stimmrechtsänderungen, Wirtschaftswissenschaftliche Diskussionspapiere der Rechts- und Staatswissenschaftlichen Fakultät der Ernst-Moritz-Arndt-Universität Greifswald, Nr. 3/2004, Greifswald 2004.

MIRSCHEL, S., LERM, M. (Dualvariable): Zur Interpretation der Dualvariable der Mindestzielfunktionswertrestriktion im Zustandsgrenzpreismodell, Wirtschaftswissenschaftliche Diskussionspapiere der Rechts- und Staatswissenschaftlichen Fakultät der Ernst-Moritz-Arndt-Universität Greifswald, Nr. 7/2004, Greifswald 2004.

MODIGLIANI, F., MILLER, M.H. (Cost of Capital): The Cost of Capital, Corporation Finance and the Theory of Investment, in: The American Economic Review, 48. Jg. (1958), S. 261-297.

MODIGLIANI, F., MILLER, M.H. (Taxes and the Cost of Capital): Corporate Income Taxes and the Cost of Capital: A Correction, in: The American Economic Review, 53. Jg. (1963), S. 433-443.

GRAF VON MOLTKE, H. (Militärische Werke): Moltkes Militärische Werke, hrsgg. vom *GROßEN GENERALSTAB*, Bd. II, Berlin 1900.

MOSSIN, J. (Equilibrium): Equilibrium in a Capital Asset Market, in: Econometrica, 34. Jg. (1966), S. 768-783.

MOXTER, A. (Unternehmensbewertung): Grundsätze ordnungsmäßiger Unternehmensbewertung, 2. Aufl., Wiesbaden 1983.

MÜNSTERMANN, H. (Wert und Bewertung): Wert und Bewertung der Unternehmung, Wiesbaden 1966.

MYERS, S.C. (Capital Budgeting): Interactions of Corporate Financing and Investment Decisions – Implications for Capital Budgeting, in: JoF, 29. Jg. (1974), S. 1-25.

MYERS, S.C. (Financial Strategy): Finance Theory and Financial Strategy, in: Interfaces, 14. Jg. (1984), S. 126-137.

NEUS, W., NIPPEL, P. (Strategisches Verhalten): Was ist strategisch an strategischem Verhalten?, in: ZfbF, 48. Jg. (1996), S. 423-441.

NIEHANS, J. (Ungewisse Erwartungen): Ein neues Werk über ungewisse Erwartungen, in: Schweizerische Zeitschrift für Volkswirtschaft und Statistik, 86. Jg. (1950), S. 365-369.

NONNENMACHER, R. (Umtauschverhältnis): Das Umtauschverhältnis bei der Verschmelzung von Kapitalgesellschaften, in: AG, 27. Jg. (1982), S. 153-158.

NUTHMANN, G. (Kauf): Der Kauf eines Unternehmens, Diss. Königsberg i. Pr. 1922.

VON OEYNHAUSEN, C. (Kapitalwert von märkischen Steinkohlenzechen): Ueber die Bestimmung des Kapitalwerthes von Steinkohlen-Zechen. Mit besonderer Berücksichtigung des Märkschen Kohlenbergbaues, in: Archiv für Bergbau und Hüttenwesen, Bd. 5 (1822), S. 306-319.

OLBRICH, CH. (Unternehmensbewertung): Unternehmensbewertung, Herne/Berlin 1981.

OLBRICH, M. (Unternehmungswert): Unternehmungskultur und Unternehmungswert, Wiesbaden 1999.

OLBRICH, M. (Börsenkurs): Zur Bedeutung des Börsenkurses für die Bewertung von Unternehmungen und Unternehmungsanteilen, in: BFuP, 52. Jg. (2000), S. 454-465.

OLBRICH, M. (Mantelgesellschaft): Zum Kauf der Mantelgesellschaft mit ertragsteuerlichem Verlustvortrag vor dem Hintergrund des Steuersenkungsgesetzes, in: WPg, 54. Jg. (2001), S. 1326-1331.

OLBRICH, M. (Kultur): Zur Berücksichtigung unternehmungskultureller Probleme bei der Bewertung von Akquisitionsobjekten, in: ZP, 13. Jg. (2002), S. 153-172.

OLBRICH, M. (Elektronisches Geschäft): Zur Unternehmungsnachfolge im elektronischen Geschäft, in: KEUPER, F. (Hrsg.), Electronic Business und Mobile Business, Wiesbaden 2002, S. 677-708.

OLBRICH, M. (Unternehmungsnachfolge): Unternehmungsnachfolge durch Unternehmungsverkauf, Wiesbaden 2005.

OLBRICH, M. (Scheidung): Zur Unternehmungsbewertung bei Scheidung des Unternehmers, in: DBW, 65. Jg. (2005), S. 411-426.

OLBRICH, R. (Marketing): Marketing, Berlin u.a. 2001.

OSSADNIK, W. (Synergie-Controlling): Synergie-Controlling als Instrument des Shareholder Value-Konzepts, in: DStR, 35. Jg. (1997), S. 1822-1824.

PEEMÖLLER, V.H., KELLER, B., RÖDL, M. (Strategische Unternehmensbewertung): Verfahren strategischer Unternehmensbewertung, in: DStR, 34. Jg. (1996), S. 74-79.

PERRIDON, L., STEINER, M. (Finanzwirtschaft): Finanzwirtschaft der Unternehmung, 13. Aufl., München 2004.

PESCHKE, M.A. (Wertorientierte Bewertung): Wertorientierte Strategiebewertung, Wiesbaden 1997.

PFAFF, D., PFEIFFER, TH., GATHGE, D. (Zustands-Grenzpreismodelle): Unternehmensbewertung und Zustands-Grenzpreismodelle, in: BFuP, 54. Jg. (2002), S. 198-210.

PICHLER, S. (Zinsstruktur): Ermittlung der Zinsstruktur, Wiesbaden 1995.

PIERRAT, CH. (Évaluer): Évaluer une entreprise, Paris 1990.

PRIETZE, O., WALKER, A. (Kapitalisierungszinsfuß): Der Kapitalisierungszinsfuß im Rahmen der Unternehmensbewertung, in: DBW, 55. Jg. (1995), S. 199-211.

PUKE, S. (Investitionsplanung): Investitionsplanung für Prozeßinnovationen, Wiesbaden 1996.

PÜTZ, O. (Wertschätzung): Die Begutachtung und Wertschätzung von Bergwerksunternehmungen mit besonderer Berücksichtigung der oberschlesischen Steinkohlengruben, Freiberg 1911.

RAPPAPORT, A. (Creating Shareholder Value): Creating Shareholder Value, New York u.a. 1986.

RAPPAPORT, A. (Shareholder Value): Shareholder Value, 2. Aufl., Stuttgart 1999.

RASTER, M. (Shareholder Value): Shareholder-Value-Management, Wiesbaden 1995.

REICHERTER, M. (Fusionsentscheidung): Fusionsentscheidung und Wert der Kreditgenossenschaft, Wiesbaden 2000.

RICHTER, A. (Bewertung): Die Bewertung von Minderheitsanteilen an Kapitalgesellschaften, in: Der praktische Betriebswirt, 22. Jg. (1942), S. 105-110.

RICHTER, F. (Finanzierungsprämissen): Die Finanzierungsprämissen des Entity-Ansatzes vor dem Hintergrund des APV-Ansatzes zur Bestimmung von Unternehmenswerten, in: ZfbF, 48. Jg. (1996), S. 1076-1097.

RICHTER, F., SIMON-KEUENHOF, K. (Kapitalkostensätze): Bestimmung durchschnittlicher Kapitalkostensätze deutscher Industrieunternehmen – Eine empirische Untersuchung –, in: BFuP, 48. Jg. (1996), S. 698-708.

ROLLBERG, R. (Unternehmensführung): Lean Management und CIM aus Sicht der strategischen Unternehmensführung, Wiesbaden 1996.

ROLLBERG, R. (Integrierte Unternehmensplanung): Integrierte Unternehmensplanung, Wiesbaden 2001.

ROLLBERG, R. (Ressourcenbewertung): Produktions- und finanzwirtschaftlich fundierte Ressourcenbewertung, in: BFuP, 57. Jg. (2005), im Druck.

SALAZAR, R.C., SEN, S.K. (Simulation Model): A Simulation Model of Capital Budgeting under Uncertainty, in: MS, Bd. 15 (1968), S. B-161 bis B-179.

SCHILDBACH, TH. (Funktionenlehre): Kölner versus phasenorientierte Funktionenlehre der Unternehmensbewertung, in: BFuP, 45. Jg. (1993), S. 25-38.

SCHILDBACH, TH. (Verkäufer und Unternehmen): Der Verkäufer und das Unternehmen „wie es steht und liegt", in: ZfbF, 47. Jg. (1995), S. 620-632.

SCHILDBACH, TH. (Discounted Cash-flow): Ist die Kölner Funktionenlehre der Unternehmensbewertung durch die Discounted Cash-flow-Verfahren überholt?, in: *MATSCHKE, M.J., SCHILDBACH, TH.* (Hrsg.), Unternehmensberatung und Wirtschaftsprüfung, Festschrift für G. Sieben, Stuttgart 1998, S. 301-322.

SCHMALENBACH, E. (Über Verrechnungspreise): Über Verrechnungspreise, Rede am Geburtstag des Deutschen Kaisers und Königs von Preußen am 27. Januar 1909 in der Aula der Handels-Hochschule zu Köln, in: ZfhF, 3. Jg. (1908/1909), S. 165-185.

SCHMALENBACH, E. (Wert des Geschäftes): Vergütung für den Wert des Geschäftes bei dessen Übergang in andere Hände, in: ZfhF, 7. Jg. (1912/1913), S. 36-37.

SCHMALENBACH, E. (Werte von Unternehmungen): Die Werte von Anlagen und Unternehmungen in der Schätzungstechnik, in: ZfhF, 12. Jg. (1917/1918), S. 1-20.

SCHMALENBACH, E. (Pretiale Lenkung): Pretiale Wirtschaftslenkung, Bd. 1: Die optimale Geltungszahl, Bremen 1947.

SCHMIDT, J.G. (DCF-Methode): Die Discounted Cash-flow-Methode – nur eine kleine Abwandlung der Ertragswertmethode?, in: ZfbF, 47. Jg. (1995), S. 1088-1118.

SCHMIDT, J.G. (Strategische Erfolgsfaktoren): Unternehmensbewertung mit Hilfe strategischer Erfolgsfaktoren, Frankfurt am Main u.a. 1997.

SCHMIDT, R.H., TERBERGER, E. (Investitions- und Finanzierungstheorie): Grundzüge der Investitions- und Finanzierungstheorie, 4. Aufl., Wiesbaden 1997.

SCHMITZ, E., PESCH, A. (Abweichungsanalyse): Abweichungsanalyse für Zinsstruktur-Kurven, in: Die Bank (1994), S. 550-553.

SCHNEELOCH, D. (Besteuerung): Besteuerung und betriebliche Steuerpolitik, Bd. 1: Besteuerung, 4. Aufl., München 2003.

SCHNEIDER, D. (Investition): Investition, Finanzierung und Besteuerung, 7. Aufl., Wiesbaden 1992.

SCHNEIDER, D. (Betriebswirtschaftslehre): Betriebswirtschaftslehre, Bd. 1: Grundlagen, Wiesbaden 1993.

SCHNEIDER, D. (Klumpfuß): Marktwertorientierte Unternehmensrechnung: Pegasus mit Klumpfuß, in: DB, 51. Jg. (1998), S. 1473-1478.

SCHNEIDER, D. (Investitionsgüterpreise): Geldzins, natürlicher Zins und Investitionsgüterpreise: Wirtschafts- und wissenschaftsgeschichtliche Erörterungen vor und nach Wicksell, in: STREISSLER, E.W. (Hrsg.), Studien zur Entwicklung der ökonomischen Theorie XVIII, Berlin 1998, S. 187-214.

SCHNEIDER, E. (Wirtschaftlichkeitsrechnung): Wirtschaftlichkeitsrechnung, 8. Aufl., Tübingen/Zürich 1973.

SCHREIBER, U. (Unternehmensbewertung): Unternehmensbewertung auf der Grundlage von Entnahmen und Endvermögen, in: DBW, 43. Jg. (1983), S. 79-93.

SCHUMANN, J., MEYER, U., STRÖBELE, W. (Mikroökonomische Theorie): Grundzüge der mikroökonomischen Theorie, 7. Aufl., Berlin u.a. 1999.

SCHWETZLER, B. (Zinsänderungsrisiko): Zinsänderungsrisiko und Unternehmensbewertung: Das Basiszinsfuß-Problem bei der Ertragswertermittlung, in: ZfB, 66. Jg. (1996), S. 1081-1101.

SCHWETZLER, B. (Frühphasenfinanzierungen): Bewertungsverfahren für Early-Stage-Finanzierungen, in: BÖRNER, CH.J., GRICHNIK, D. (Hrsg.), Entrepreneurial Finance, Heidelberg 2005, S. 155-177.

SERFLING, K., PAPE, U. (Unternehmensbewertung 1): Theoretische Grundlagen und traditionelle Verfahren der Unternehmensbewertung, in: WISU, 24. Jg. (1995), S. 808-820.

SERFLING, K., PAPE, U. (Unternehmensbewertung 2): Das Ertragswertverfahren als entscheidungsorientiertes Verfahren der Unternehmensbewertung, in: WISU, 24. Jg. (1995), S. 940-946.

SERFLING, K., PAPE, U. (Unternehmensbewertung 3): Strategische Unternehmensbewertung und Discounted Cash Flow-Methode, in: WISU, 25. Jg. (1996), S. 57-64.

SHARPE, W.F. (Capital Asset Prices): Capital Asset Prices: A Theory of Market Equilibrium under Conditions of Risk, in: JoF, 19. Jg. (1964), S. 425-442.

SIEBEN, G. (Substanzwert): Der Substanzwert der Unternehmung, Wiesbaden 1963.

SIEBEN, G. (Bewertungsmodelle): Bewertungs- und Investitionsmodelle mit und ohne Kapitalisierungszinsfuß, in: ZfB, 37. Jg. (1967), S. 126-147.

SIEBEN, G. (Entscheidungswert): Der Entscheidungswert in der Funktionenlehre der Unternehmensbewertung, in: BFuP, 28. Jg. (1976), S. 491-504.

SIEBEN, G. (Unternehmensbewertung): Unternehmensbewertung, in: WITTMANN, W. u.a. (Hrsg.), Handwörterbuch der Betriebswirtschaft, Teilband 3, 5. Aufl., Stuttgart 1993, Sp. 4315-4331.

SIEBEN, G., DIEDRICH, R. (Wertfindung): Aspekte der Wertfindung bei strategisch motivierten Unternehmensakquisitionen, in: ZfbF, 42. Jg. (1990), S. 794-809.

SIEBEN, G., SCHILDBACH, TH. (Bewertung ganzer Unternehmungen): Zum Stand der Entwicklung der Lehre von der Bewertung ganzer Unternehmungen, in: DStR, 17. Jg. (1979), S. 455-461.

SIEGEL, TH. (Unternehmensbewertung): Unternehmensbewertung, Unsicherheit und Komplexitätsreduktion, in: BFuP, 46. Jg. (1994), S. 457-476.

SIEGEL, TH. (Steuern): Steuern in der Unternehmensbewertung bei Wachstum und Risiko, in: DB, 50. Jg. (1997), S. 2389-2392.

SIEGEL, TH. (Paradoxa): Paradoxa in der Unternehmensbewertung und ihre Erklärung, in: POLL, J. (Hrsg.), Bilanzierung und Besteuerung der Unternehmen, Festschrift für H. Brönner, Stuttgart 2000, S. 391-411.

SIEGERT, TH. (Shareholder Value): Shareholder-Value als Lenkungsinstrument, in: ZfbF, 47. Jg. (1995), S. 580-607.

SIEGERT, TH., BÖHME, M., PFINGSTEN, F., PICOT, A. (Lebenszyklus): Marktwertorientierte Unternehmensführung im Lebenszyklus, in: ZfbF, 49. Jg. (1997), S. 471-488.

SPECKBACHER, G. (Portfolioselektion): Der Erwartungswert relativer Rückflüsse als Kriterium der Portfolioselektion, in: ZfB, 66. Jg. (1996), S. 475-486.

SPECKBACHER, G. (Shareholder Value): Shareholder Value und Stakeholder Ansatz, in: DBW, 57. Jg. (1997), S. 630-639.

SPREMANN, K. (Wirtschaft): Wirtschaft, Investition und Finanzierung, 5. Aufl., München/Wien 1996.

SPREMANN, K. (Unternehmensbewertung): Finanzanalyse und Unternehmensbewertung, München/Wien 2002.

STEHLE, R. (Kapitalkosten): Kapitalkosten und Marktwert, in: GERKE, W., STEINER, M. (Hrsg.), Handwörterbuch des Bank- und Finanzwesens, 2. Aufl., Stuttgart 1995, Sp. 1111-1122.

STEINER, M., WALLMEIER, M. (Totgesagte leben länger): Totgesagte leben länger!, in: ZfbF, 49. Jg. (1997), S. 1084-1088.

STEINRÜCKE, M. (Fuzzy Sets): Fuzzy Sets und ihre konzeptionelle Anwendung in der Produktionsplanung, Wiesbaden 1997.

STIEMKE, E. (Positive Lösungen): Über positive Lösungen homogener linearer Gleichungen, in: Mathematische Annalen, Bd. 76 (1915), S. 340-342.

STRATE, K. (Erwerb): Der Erwerb eines Handelsunternehmens unter Lebenden, Diss. Greifswald 1915.

STREIßLER, E. (Carl Menger): Carl Menger, der deutsche Nationalökonom, in: PRIDDAT, B.P. (Hrsg.), Wert, Meinung, Bedeutung, Marburg an der Lahn 1997, S. 33-88.

SWOBODA, P. (Finanzierung): Betriebliche Finanzierung, 3. Aufl., Heidelberg 1994.

TERSTEGE, U. (Optionsbewertung): Optionsbewertung, Wiesbaden 1995.

TILLMANN, A. (Unternehmensbewertung): Unternehmensbewertung und Grundstückskontaminationen, Wiesbaden 1998.

VALCÁRCEL, S. (Strategischer Zuschlag): Ermittlung und Beurteilung des „strategischen Zuschlags" als Brücke zwischen Unternehmenswert und Marktpreis, in: DB, 45. Jg. (1992), S. 589-595.

VINCENTI, A.J.F. (Unternehmensbewertung): Wirkungen asymmetrischer Informationsverteilung auf die Unternehmensbewertung, in: BFuP, 54. Jg. (2002), S. 55-68.

VINCENTI, A.J.F. (Prognoseunsicherheit): Subjektivität der Prognoseunsicherheit und der Informationswirkung, Göttingen 2004.

VOLPERT, V. (Kapitalwert): Kapitalwert und Ertragsteuern, Wiesbaden 1989.

WAMELING, H. (Steuern): Die Berücksichtigung von Steuern im Rahmen der Unternehmensbewertung, Wiesbaden 2004.

WEINGARTNER, H.M. (Capital Budgeting): Mathematical Programming and the Analysis of Capital Budgeting Problems, Englewood Cliffs 1963.

WELGE, M.K., AL-LAHAM, A. (Planung): Planung, Wiesbaden 1992.

WILHELM, J. (Arbitragefreiheit): Zum Verhältnis von Capital Asset Pricing Model, Arbitrage Pricing Theory und Bedingungen der Arbitragefreiheit von Finanzmärkten, in: ZfbF, 33. Jg. (1981), S. 891-905.

WILHELM, J. (Marktwertmaximierung): Marktwertmaximierung – Ein didaktisch einfacher Zugang zu einem Grundlagenproblem der Investitions- und Finanzierungstheorie, in: ZfB, 53. Jg. (1983), S. 516-534.

WOSNITZA, M. (State-Preference 1): Der State-Preference-Ansatz in der Finanzierungstheorie: Gleichgewichtstheoretische Grundlagen, in: WISU, 24. Jg. (1995), S. 593-597.

WOSNITZA, M. (State-Preference 2): Der State-Preference-Ansatz in der Finanzierungstheorie: Zur Praxisrelevanz des SPM, in: WISU, 24. Jg. (1995), S. 698-702.

YAGIL, J. (Exchange Ratio): An Exchange Ratio Determination Model for Mergers: A Note, in: The Financial Review, 22. Jg. (1987), S. 195-202.

ZADEH, L.A. (Fuzzy Sets): Fuzzy Sets, in: Information and Control, 8. Jg. (1965), S. 338-353.

Stichwortverzeichnis

Stichwortverzeichnis

A

Abspaltung → Spaltung
Abzinsungsfaktor 38, 224
Adjusted Present Value → APV-Ansatz
Allgemeines Zustands-Grenzpreismodell → ZGPM
APT 185
APV-Ansatz 167, 174, 176, *206 ff.*, 217, 223, 241, 257
Arbitrage 36, 157 f., 160 f., *185 ff.*, 201 ff., 215, 229, 238, 247 ff., 251, 253, 256
Arbitriumwert *5 f.*, 148, 150, 162, 185, 206, *240 ff.*, 254, 257
Argumentationswert *6*, 148, 150, 162 f., 166, 185, 205 f., 224 f., 229, 234 f., 237 f., *240 ff.*, 254, 257
ARROW, KENNETH J. 157 f., 160, 163, 171, *186 ff.*, 162 f., 224 f., 253, 256
Aufspaltung → Spaltung
Ausgabenersparnisbarwert 70
Ausgliederung → Spaltung

B

Bandbreite 4, 9, *12 ff.*, 27, 30, *40 ff.*, 57, 137 f., 144 f., 150, 240, 249, 252, 255, 257
Basisansatz → Basisprogramm
Basisprogramm *46*, 48, 58, 64, 66, 71, 77, 79, 250 f., 255
Begleitforschung, nacheilende 242
BERNOULLI, DANIEL 12 f., 24, 42, 148, 178
Bewertung → Arbitrage, Wert, Unternehmensbewertung, komplexe 45, 52, 68, 81, 92, 99, 114, 255, triviale 87 f., 93, 96, 124, 126, vereinfachte 46, 54, 65, 78, 93, 97, 106, 109, 112, 122, 126, 129, 222, 255

Bewertungsansatz → Bewertungsprogramm
Bewertungsdefekte 8
Bewertungsobjekt 35
Bewertungsprogramm *46*, 49 f., 58 f., 64 f., 67, 72, 78, 80, 82, 89, 96, 98, 100, 103, 111 ff., 115, 120, 129, 196, 250 f., 255
Bewertungssubjekt 35
Binomialmodell 201 ff., 237, 249
BLACK, FISCHER 201, 205, 237

C

CAPM 176, *179 ff.*, 185, 201, *206 ff.*, 221, 224 f., *241*, 249, 253 f., 257, "Tax"- 214
Cash-flow, freier *164 ff.*, *171 ff.*, 207 ff., 215, 229, → Discounted Cash Flow
CRAMER, GABRIEL 204

D

DANTZIG, GEORGE B. 188
DCF → Discounted Cash Flow
DEAN, JOEL 63 ff., 76
DEBREU, GÉRARD → ARROW, KENNETH J.
Dekomposition 44, approximative *135 ff.*, *143 ff.*, 149, 200, 231, 249, 252, 255 f.
Delegation 32 ff.
Deutsches Reich (1 Mark 1914, Hamburg) 289
Deutschland, Bundesrepublik (5 Deutsche Mark 1967, Karlsruhe) 259, (1 Deutsche Mark 1990, Berlin) 267
Discounted Cash Flow 163, 167 f., *206 ff.*, 233, *240 ff.*, 257
Dividendenwachstumsmodell 39, *264*
dominierte Konfliktsituation 16 f.

DU BOIS-REYMOND, EMIL 258

E

Einkommensmaximierung *25*, 32, *43 ff.*, 71 ff., 76 ff., 85 ff., 95 ff., 101 ff., 110 ff., 114 ff., 124 ff., 127 ff., 132 ff., 218 ff.

Endwert *25*, 32 f., 57, 61, 63 ff., 95, 109 f., 119 ff.

„Entity"-Ansatz → APV-Ansatz, WACC-Ansatz

Entscheidungsfeld 4, *25 ff.*, 215 f., 230, 242, 247 f., 255, offenes 7, 13, 25, 28, 145, 255

Entscheidungswert *5*, *9*, 12 f., 20, 25, 28, 30, *35*, *43*, *49*, *148 ff.*, 162, 166, 185, 200, 206, 223, 240, 242, 252, *255 ff.*, jungierter 16, *131 f.*, mehrdimensionaler *16 ff.*, 123, *132 ff.*, 157

„Equity"-Ansatz 176, 206, *212 ff.*, 241, 257

Ertragswert *19*, 31, *35 ff.*, 45 f., *50 ff.*, 61 f., 65 f., 68 ff., 74 ff., 78, 80 f., 83 f., 93, 97, 129 f., 143 f., 146 f., *149 f.*, 158, 197, 206, 212, 214, 222, 233, 236, 242, 252 f., 255, 257

Erwartungswert 12, 163

EZZELL, JOHN R. → MILES, JAMES A.

F

FARKAS, JULIUS 187 ff., 256

Finanzierungspolitik, „atmende" oder „autonome" 211, 217

Finanzierungstheorie 3, 168, 200, 240 ff., 247 ff.

FISHER, IRVING 43 f., 111, 252

Fragmentierung 16

FRANKE, GÜNTER 45 ff., 52 ff., 65, 68, 148, 247, 255

Freiheit 10 f.

funktionale Bewertungslehre *5 ff.*, 148, 241

Fusion 15 ff., *85 ff.*

Fusionsansatz 86

Fusionsprogramm → Fusionsansatz

G

Ganzzahligkeit 44 f., 141 f., 252, 255

Gesamtbewertung 26

Gewinn 30 f., 217 ff., 225, 266

Gleichgewicht 157 ff., *160 ff.*, 183, *185 ff.*, 208, 228, 240, 249, 252 ff., 256 f.

GOSSEN, HERMANN HEINRICH 25 f.

Grenzemissionserlös 101 ff.

Grenzpreis *5*, 12 f., *35 ff.*, 49, 51 ff., 57 ff., 69 ff., 71 ff., 81 ff., 84, 86, 148, 266, bedingter 127 ff.

Grenzemissionsquote 114 ff.

Grenzquote *85 ff.*, 122 ff.

Grenzzins 27, 33, 43 f., *54*, 64 ff., 77 ff., 97 ff., 111 ff., 129 f., 222 ff., 230

H

HAX, HERBERT 45, 247

Hebeleffekt 170, 172 f.

HEISENBERG, WERNER 10

Heuristik 8, *135 ff.*, *143 ff.*, 163, 238, 253, 255 f.

HIRSHLEIFER, JACK 24

I

IdW 6, 184, 214

Informationseffizienz 9

Investitionstheorie 3, 23 ff., 35 ff., *149 f.*, 168, 187, 199, 241, *247 ff.*, *255 ff.*

J

JAENSCH, GÜNTER 46, 247, 255

jungierte Konfliktsituation 16 f., *127 ff.*

K

KANT, IMMANUEL 10 f., (5 DM zum 250. Geburtstag 1974, München) 1

Kapitalkosten 171 ff., 174 ff., 209, *223 ff.*, *225 ff.*, 241, 253, 257
Kapitalmarkt, unvollkommener 24, 28, *43 ff.*, 135, 161, 188, 198 ff., 215 f., 248, 255 f., vollkommener 9, 27, *35 ff.*, 157 f., 171, 180, *185 ff.*, 203, 229, 242, 249, 252 f., 256, vollständiger 9, 157 f., 171, 185, *195 ff.*, 203, 229, 242, 253, 256
Kapitalstruktur 168 ff., 208, 211 f., *215 ff.*, 242, 254, 257, Ziel- 167, 211 ff., *216 ff.*
Kapitalwert 29, 31 ff., 35, *37 f.*, *51 ff.*, 137 ff., 163, *189*, 226, 233, 252
Kasse 47, 164, *193 f.*
Kauf 3, 36, *43 ff.*, 63 ff., 130, 218 ff.
Kauf-Kauf 128
Kombinationswert 19
Konfliktsituationen 15 ff.
Konsumpräferenz → Zielsetzung
KUHN, HAROLD WILLIAM 177

L

LAGRANGE, JOSEPH LOUIS 178
LAUX, HELMUT 45 ff., 52 ff., 65, 68, 148, 247, 255
Lenkpreistheorie 27, 44 f., 54, 142, 199, 226, 247, 252, 256
LEUTHIER, RAINER 148
Liquidationswert 19, *69 ff.*, *84*, 154, 158
Liquidität 27, 44, *47*, 252
Lösungsdefekt 8
LÜCKE, WOLFGANG 31

M

MARKOWITZ, HARRY 176 f., 179, 234
Markt → Kapitalmarkt
Marktpreis 9, *153 ff.*, 161, 185, 200, 227, 256
Marktwert 9, *153 ff.*, 161, 165 f., 212, 215, 227, 242, 256 f.
Marktzins 9, 229 ff.

Mathematisierungsoptimierungen 149
MATSCHKE, MANFRED JÜRGEN 43, 46, 247, 255
MENGER, CARL 26
MILES, JAMES A. 211
MILLER, MERTON H. → MODIGLIANI, FRANCO
MODIGLIANI, FRANCO 111, *169 ff.*, *173 ff.*, 183, 186, 206 ff., 209 ff., 212, 214 f., 217, 223 f., 241, 249, 253, 256 f.
GRAF VON MOLTKE, HELMUTH 232
MOXTER, ADOLF 31
Multiplikator 10, 19, 150

N

VON NEUMANN, JOHN 188
Nutzen(funktion) → BERNOULLI, DANIEL

O

VON OEYNHAUSEN, CARL 29
Option 69, 84, 150, 156, 158, 169, 186, *200 ff.*, 231, 234, *236 ff.*, 241, 243, 247, 249, 253 f., 256 f.

P

Planungshorizont 7 f., 23, 28, 47, 136, 231 f., 241
Portefeuilleauswahl *176 ff.*, 234, 257
Portfolioanalyse 234 f.
Preis 3, 5, *9*, 12, *26*, *35*, 37 f., 41, 46, 153, 188, → Grenzpreis, Lenkpreistheorie, Marktpreis, Zustandspreis
Pretiale Lenkung 27, → Lenkpreistheorie
Pseudoweisheiten 242

R

Realoption → Option
Rentenrechnung 38, *261 ff.*
Risikoanalyse *40 ff.*, 135, 138, 142, 144, 150, 236, 249, 252

Risikozuschlag 214, → CAPM

S
Schiedswert → Arbitriumwert
SCHMALENBACH, EUGEN 27
SCHOLES, MYRON → BLACK, FISCHER
Sensitivitätsanalyse *40 ff.*, 128, *135 ff.*, 144, 150, 228, 252
Shareholder Value 23, 153, 159, 162, 169, 210, 220
SIEBEN, GÜNTER 70, 147
Spaltung 122 ff.
Steuern 20, 24, 27, 30, *35*, *165 ff.*, 169, 171, *173 ff.*, 180, 183 f., 207 ff., 215 f., *241*, 254, 256, 266
Steuerschild 167, *174*, 207, 215
STIEMKE, ERICH 190
Strategie 232, → Unternehmensbewertung, strategische
Stuttgarter Verfahren 20
Substanzwert *19 f.*, 71
Synergieeffekte → Verbundeffekte

T
Terminzins 9, 29, 193, *229 ff.*
TOBIN, JAMES 180
Transaktionskosten 28, 157, 180, 183, 188, *198 f.*, 216, 247, 256
TUCKER, ALBERT WILLIAM → KUHN, HAROLD WILLIAM

U
Umweltrecht 20
Unschärfe 7, 10
Unsicherheit 3, *7 ff.*, *39 ff.*, *135 ff.*, *158*, *226 f.*, 231, *247 ff.*, 256, 258, → Entscheidungsfeld, offenes
Unternehmensbewertung *1 ff.*, 258, Anlässe der 14 f., finanzierungstheoretische 153 ff., *240 ff.*, 249, *256 f.*, heuristische 143 ff., investitionstheoretische 23 ff., *148 ff.*, 164, 165, *168*, 249, *257*, kapitalmarktorientierte 7, 161, *206 ff.*, *215 ff.*, 240 ff., *257*, strategische 186, *232 ff.*, 241, 243, *257*
Unternehmenskultur 8, 20, 85
Unternehmenswert → Arbitriumwert, Argumentationswert, Entscheidungswert, Ertragswert, Grenzpreis, Unternehmensbewertung, Wert
Unternehmungs- → Unternehmens-

V
Verbundeffekte 26, 35, 165, 235
Vereinigte Staaten von Amerika (1 Dollar 1883, Oregon) 151
Vergleichswert 19 f.
Verhandlungswert → Argumentationswert
Verkauf 36 f., *71 ff.*, 128, 266
Verkauf-Kauf, -Verkauf 128
Vermittlungsfunktion → Arbitriumwert
Vermögensmaximierung 23 *ff.*, 32, 57 *ff.*, 81 ff., 94 f., 106 ff., 118 ff., 190 ff., 250
Verschmelzung → Fusion
Verteilung 13, 29, *40 ff.*, 135, 138, 140, 142, 144, 179, 186, 201, *205 f.*, 227, 236, 253
Vollreproduktionswert 19, 69 *ff.*, 154, 158
Voodoo-BWL 242

W
WACC-Ansatz 167, 172, *174 ff.*, 206, *209 ff.*, *220 ff.*, 241, 257
Wahrscheinlichkeitsverteilung → Verteilung
Weighted Average Cost of Capital → WACC-Ansatz
WEINGARTNER, H. MARTIN 45, 247
Wert 3, *9*, *26 f.*, *153*, gemeiner 20, objektivierter → IdW, subjektiver *26 ff.*, 149, 162, 185, 198 f., 229, 241,

→ Arbitriumwert, Argumentationswert, Entscheidungswert, Ertragswert, Grenzpreis, Kombinationswert, Liquidationswert, Marktwert, Substanzwert, Vergleichswert, Vollreproduktionswert, Zukunftserfolgswert

Wertadditivität 171, 236
Wettbewerb, vollständiger *158*, 185, 229, 242, 253, 256
WIENER, NORBERT 201
WILHELM I., DEUTSCHER KAISER, KÖNIG VON PREUßEN (20 Mark 1886, Berlin) 21
WILHELM II., DEUTSCHER KAISER, KÖNIG VON PREUßEN (3 Mark auf die 100-Jahr-Feier der Universität Berlin 1910, Berlin) 245
Wirkungsdefekte 8

Z

Zahlungsstrom *3 ff.*, 30, *35 ff.*, 49, *163 ff.*, 185 f., 195, 200, 224, 229, 243
ZGPM *200 f.*, 205, 224, 226, 229, 234, 236, 243, *247 ff.*, 255 ff.
ZGQM 248, 256
Zielsetzung 4, *23 ff.*, 44, 62 f., 136, *153 ff.*, 160, 230, 242, 248, → Einkommensmaximierung, Vermögensmaximierung
Zielsetzungsdefekt 8
Zins 27, 33, 35, *43 f.*, 54 f., → Grenzzins, Marktzins, Terminzins
Zukunftserfolg 19 f., *28 f.*, -swert *19*, 35, → Ertragswert
Zustands-Grenzpreismodell → ZGPM
Zustands-Grenzquotenmodell → ZGQM
Zustandspreis 158, 171, *186 ff.*, 204, 224, 238, 253, → Abzinsungsfaktor, ARROW, KENNETH J.